Mots et Merveilles

Une histoire de la littérature française

Áron Kibédi Varga
Sophie Bertho

avec la collaboration de Piet Calis

Meulenhoff Educatief

Mots et Merveilles

uitgave	*ISBN*
kernboek	90 280 **5637 8**
werkboek	90 280 **5509 6**
docentenhandleiding	90 280 **5719 6**
cassette	90 280 **1227 3**

Redactie: Rita Meijer, Amsterdam
Grafische vormgeving: Rosemarie van Boxtel, Haarlem

ISBN 90 280 5637 8
Eerste druk
00 99 98 97 96 95
8 7 6 5 4 3 2 1

Préface

La littérature française est depuis huit siècles l'une des littératures les plus riches du monde; elle a profondément marqué la civilisation occidentale. Celle-ci est inconcevable sans Descartes et Balzac, sans Voltaire et Proust. Nous présentons ici cette littérature à la fois comme histoire littéraire et comme anthologie: un court fragment permet de mieux saisir un auteur.

La richesse des siècles anciens nous interdit de les traiter trop rapidement: malgré le nombre limité de pages, les textes du passé – du Moyen Âge au naturalisme – reçoivent l'attention qu'ils méritent. Cependant, c'est la modernité, en particulier le 20e siècle, qui est traitée le plus largement. On admire les grands écrivains d'autrefois, mais on se passionne surtout pour ce qui est proche: on aime lire ce qui nous renseigne sur le monde contemporain, sur notre monde.

L'abondance des auteurs nous a imposé des choix. Nous nous sommes laissés guider par deux principes. Nous avons tenu à présenter tous les écrivains célèbres, ceux que 'l'honnête homme' doit connaître; mais nous aimerions encore que les lecteurs puissent partir à l'aventure. Il faut, dans un tel livre, retrouver les Grands, mais faire aussi des découvertes: des auteurs moins connus, des textes moins souvent retenus dans les anthologies. Nous avons cherché ainsi l'équilibre entre la tradition et l'innovation.

Pour chaque siècle, nous présentons les grandes lignes de l'histoire politique et sociale pour introduire l'histoire littéraire. Les illustrations ont été choisies avec beaucoup de soin; elles ne sont pas là uniquement pour soutenir les textes, mais elles constituent parallèlement une introduction à l'art français.

L'histoire littéraire est destinée à l'enseignement; elle doit être claire. Nous remercions très chaleureusement Riet van der Linden et Lykele Zwanenburg de leurs conseils pédagogiques qui ont accompagné notre travail.

Áron Kibédi Varga
Sophie Bertho

Table des matières

Initium.
Libre
Scorpionis
dies

I

Le Moyen Âge

L'époque qu'on appelle le Moyen Âge est très différente des siècles qui suivront. La société est autrement organisée, elle se divise en trois classes: les 'oratores' (ceux qui prient, le clergé), les 'bellatores' (ceux qui font la guerre, la noblesse) et les 'laboratores' (ceux qui travaillent, les paysans et les bourgeois). L'Église et la noblesse détiennent le pouvoir. Le christianisme est au centre de la vie, la foi doit guider le comportement des chevaliers. D'autres croyances, celtes, orientales, magiques, restent cependant vivantes.

Le pouvoir central de la royauté ne s'impose que lentement. La littérature naît à travers toute la France: dans les cloîtres et les monastères et à la cour des seigneurs dans les châteaux forts. Cette littérature enseigne la vérité, elle inspire au combat, elle charme les dames des cours. Elle peut aussi faire rire, en offrant la parodie des idéaux proposés.

La littérature en langue française commence vers la fin du 11e siècle. La plupart des œuvres sont anonymes: on connaît le nom de certains auteurs dès la fin du 12e siècle comme celui de Marie de France et de Chrétien de Troyes, mais la personnalité individuelle des poètes n'apparaît qu'à la fin du Moyen Âge, dans l'œuvre de Charles d'Orléans ou de François Villon par exemple.

◁◁ *'Le mois d'octobre', miniature, début du XVe siècle, tirée du célèbre bréviaire 'Les Très Riches Heures du Duc de Berry'*

Introduction

Conquise par l'armée de César, la France fait partie pendant 500 ans de l'empire romain; elle s'appelle la Gaule (Gallia en latin). Le pays se christianise à partir du 4e siècle, le premier monastère est fondé en 361.

Le Moyen Âge commence après l'éclatement de l'empire; c'est une longue période allant de la chute du dernier empereur romain (476) à la découverte de l'Amérique par Christophe Colomb (1492). Le roi Clovis (481-511) fonde la dynastie des Mérovingiens (481-752); il se convertit au christianisme et cherche à unifier le pays sous sa domination. En 732, les armées arabes qui avaient déjà occupé l'Espagne, sont repoussées à Poitiers.

Le règne de Charlemagne (768-814), le représentant le plus célèbre de la dynastie des Carolingiens, constitue l'apogée de la culture médiévale en Occident. Il domine la France, les Pays-Bas, l'Allemagne et une partie de l'Italie. Sa cour à Aix-la-Chapelle est un centre culturel et scientifique. La fascinante personnalité de Charlemagne exerce une grande influence sur l'imagination de plusieurs générations: il devient le sujet de nombreux récits et poèmes.

La civilisation médiévale française ne commence que lorsque la France christianisée constitue une unité politique, c'est-à-dire au 12e siècle.

La dynastie des Capétiens, qui est à l'origine de la famille royale française des temps modernes, commence en 987. Les événements sociaux et politiques les plus importants sont, pour la France médiévale, les croisades et la guerre de Cent Ans.

Voyant les conquêtes de l'Islam en Terre sainte, les chefs chrétiens décident de la reconquérir et ensuite de protéger le royaume de Jérusalem contre de nouvelles attaques (huit croisades se succèdent de 1095 à 1291). Le roi Saint Louis (1226-1270) y participe. Les croisades permettent d'exalter les vertus chevaleresques et ouvrent l'Europe aux contacts commerciaux et culturels avec le Proche-Orient.

La guerre de Cent Ans (1337-1450) oppose les rois de France aux rois d'Angleterre, qui font valoir des droits sur certaines parties du territoire français. Les Anglais ont les puissants ducs de Bourgogne comme alliés et les rois de France subissent plusieurs défaites militaires. Une jeune paysanne illettrée de 17 ans, Jeanne d'Arc (1412-1431), qui se sent appelée par Dieu pour aider le roi et sauver la France, bat les Anglais et renverse définitivement la situation. Mais elle est trahie, livrée à ses ennemis (les Anglais et leurs alliés), condamnée et brûlée vive à Rouen.

Le premier texte écrit en 'français', *le Serment de Strasbourg,* date de 842, mais jusqu'au 16e siècle une grande partie de la littérature est en latin. Pendant des siècles presque toute littérature est orale, c'est-à-dire destinée à être récitée en public, à certaines occasions, en particulier par les jongleurs (acteurs ambulants). Elle est versifiée, ainsi il est plus facile de l'apprendre par cœur ou de la chanter. La littérature en prose ne se répand que vers la fin du Moyen Âge: traductions en prose de 'romans' et de chansons de geste, essor de l'historiographie.

△ *Jeanne d'Arc en armure et chevauchant vers une ville. Miniature vers 1506*
◁◁ *Une rue au Moyen Age; miniature*
▷ *Le roi Saint Louis lave les pieds des pauvres; miniature du XVe siècle. Saint Louis est célèbre pour sa bonté et son sens de la justice: il aimait juger lui-même, assis sous un chêne de la forêt de Vincennes ou sur les marches de la Sainte-Chapelle qu'il avait fait construire à Paris*

La plus grande partie des textes médiévaux est consacrée à la religion chrétienne. La littérature profane, non-religieuse, peut être divisée en trois grandes catégories. La littérature épique propose un idéal chevaleresque et incite la noblesse à la lutte contre les ennemis de la foi: cette littérature se manifeste surtout dans les chansons de geste. La littérature courtoise propose des modèles de conduite à l'intérieur de la société aristocratique, en particulier à l'égard des femmes: la poésie des troubadours et des trouvères, *Le roman de la Rose,* font partie de cette littérature. Enfin, la littérature parodique permet l'amusement: elle montre le monde à l'envers, elle ridiculise les idéaux proposés par les deux autres catégories. *Le roman de Renart* en est un bon exemple.

Genres littéraires

◆ **Chanson de geste** ◆ Long poème narratif (épique), qui célèbre les exploits des chevaliers, souvent en rapport avec Charlemagne (exemple: *La chanson de Roland).*

◆ **Fabliau** ◆ Bref récit versifié, d'allure comique et souvent obscène.

◆ **Lai** ◆ 1 Bref récit versifié, d'allure sérieuse, précurseur de la nouvelle (exemple: les lais de Marie de France); 2 À la fin du Moyen Âge, c'est un bref poème à forme fixe (exemple: les lais des Grands Rhétoriqueurs).

◆ **Laisses** ◆ Strophes de longueur inégale dans les chansons de geste.

◆ **Miracle** ◆ Pièce de théâtre jouée devant l'église et qui traite de la vie d'un saint.

◆ **Mystère** ◆ Représentation dramatisée de la vie du Christ.

◆ **Poésie des troubadours** ◆ Poésie qui connaît des formes très strictes et qui exprime selon certaines formules stéréotypées les joies et les souffrances de la passion amoureuse.

◆ **Roman** ◆ Long récit (en général versifié) en langue vulgaire (non en latin). Il est de caractère allégorique et didactique (exemple: *Le roman de la Rose),* satirique (exemple: *Le roman de Renart),* ou bien il raconte les exploits de chevaliers mythiques réunis autour du roi Arthur (exemple: les romans de Chrétien de Troyes).

La littérature épique

La chanson de geste (geste = action, exploit) est la forme caractéristique de l'épopée au Moyen Âge en France. C'est un long poème narratif qui raconte les exploits de héros légendaires. Il se compose de strophes,'laisses', de longueur inégale, récitées et chantées par des jongleurs.

Il existe une centaine de chansons de geste, écrites entre la fin du 11e et le début du 14e siècle. La plupart ont un mince fondement historique, elles renvoient à des événements qui ont eu lieu à l'époque carolingienne: Charlemagne est le personnage le plus important dans beaucoup de ces poèmes. Les faits historiques ont été modifiés pour servir la politique du présent, en particulier pour justifier les croisades.

Au début, les chansons de geste invitent leur public à défendre la chrétienté et à faire la guerre aux ennemis de celle-ci, aux Sarrasins (les musulmans) en particulier. Après 1150, leur message politique devient moins net: les éléments merveilleux sont plus nombreux, le rôle de la femme devient plus important. *La chanson de Roland* est la plus célèbre des chansons de geste; elle est aussi la plus ancienne, elle date de 1070. Elle relate le combat héroïque de l'arrière-garde de l'armée de Charlemagne qui revient d'Espagne. Conduite par Roland, l'arrière-garde est attaquée et vaincue par les Sarrasins qui sont aidés par des traîtres de la cour de Charlemagne.

D'autres chansons de geste relatent des combats internes entre nobles et mettent en lumière la vertu et le déshonneur selon le code de la chevalerie. Le chevalier doit défendre la foi, persécuter les ennemis de Dieu; il doit protéger l'église, les femmes, les enfants et les orphelins et il doit garder une fidélité absolue à son 'suzerain', son seigneur hiérarchiquement supérieur. Dans *Ogier le Danois,* un jeune chevalier gracié par Charlemagne accomplit des exploits extraordinaires pour mériter l'amitié du roi. *Raoul de Cambrai* montre le difficile cas de conscience de l'écuyer Bernier qui est obligé de se tourner contre son suzerain, Raoul de Cambrai, parce que celui-ci désobéit au roi.

La chanson de Roland

Les Sarrasins, conduits par Marsile, roi de Saragosse, attaquent les Français dans le défilé de Roncevaux, dans les Pyrénées. Roland et ses compagnons tuent de nombreux adversaires en combats singuliers.

Gerin frappe Malprimis de Brigal. Le bon écu du païen ne lui vaut pas un denier. Gerin en brise la boucle de cristal; la moitié tombe par terre; il lui rompt le haubert jusqu'à la chair, lui enfonce son bon épieu au corps. Le païen choit comme une masse. Son âme, Satan l'emporte.

Cependant, plus nombreux, les Sarrasins gagnent.

Les Français ne reverront plus leurs pères ni leurs parents, ni Charlemagne qui les attend aux ports. En France s'élève une tourmente étrange, un orage chargé de tonnerre, et de vent, de pluie et de grêle, démesurément. La foudre tombe à coups serrés et pressés, la terre tremble. De Saint-Michel-du-Péril jusqu'aux Saints, de Besançon jusqu'au port de Wissant,

▽ *Les croisés assiègent la cité d'Antioche en Turquie orientale. Miniature vers 1490*

△ *Buste somptueux de Charlemagne, milieu du XIVe siècle, conservé dans la cathédrale d'Aix-la-Chapelle, capitale de son empire*

▽ *Charlemagne retrouve le corps de Roland. Illustration par Jean Fouquet (1415-1485), le plus célèbre des miniaturistes français*

il n'y a maison dont un mur ne crève. En plein midi, il y a de grandes ténèbres; aucune clarté, sauf quand le ciel se fend. Nul ne le voit qui ne s'épouvante. Plusieurs disent: 'C'est la consommation des temps, la fin du monde que voilà venue'. Ils ne savent pas, ils ne disent pas vrai: c'est la grande douleur pour la mort de Roland.

Voici Roland, qui meurt le dernier.

Le comte Roland est couché sous un pin. Vers l'Espagne il a tourné son visage. De maintes choses il lui vient souvenance: de tant de terres qu'il a conquises, le vaillant, de douce France, des hommes de son lignage, de Charlemagne, son seigneur, qui l'a nourri. Il en pleure et soupire, il ne peut s'en empêcher. Mais il ne veut pas se mettre lui-même en oubli; il bat sa coulpe et demande à Dieu merci: 'Vrai Père, qui jamais ne mentis, toi qui rappelas saint Lazare d'entre les morts, toi qui sauvas Daniel des lions, sauve mon âme de tous périls, pour les péchés que j'ai faits dans ma vie!' Il a offert à Dieu son gant droit: saint Gabriel l'a pris de sa main. Sur son bras il a laissé retomber sa tête; il est allé, les mains jointes, à sa fin. Dieu lui envoie son ange Chérubin et saint Michel du Péril; avec eux y vint saint Gabriel. Ils portent l'âme du comte en paradis.

Charlemagne retourne, venge les siens. Les païens s'enfuient et le roi rentre victorieux à Aix-la-Chapelle, sa capitale.

Il monte au palais, il est entré dans la salle. Voici que vient à lui Aude, une belle demoiselle. Elle dit au roi: 'Où est-il, Roland le capitaine, qui me jura de me prendre pour sa femme?' Charles en a douleur et peine. Il pleure, tire sa barbe blanche: 'Sœur, chère amie, de qui t'enquiers-tu? D'un mort. Je te ferai le meilleur échange. Ce sera Louis, je ne sais pas mieux te dire. Il est mon fils, c'est lui qui tiendra mes marches'. Aude répond: 'Cette parole m'est étrange. À Dieu ne plaise, à ses saints, à ses anges, après Roland que je reste vivante!' Elle perd sa couleur, choit aux pieds de Charlemagne. Elle est morte aussitôt; que Dieu ait pitié de son âme! Les barons français en pleurent et la plaignent.

L'amour courtois: les troubadours

L'exaltation de la passion amoureuse, le culte de la dame par son serviteur, est une invention du 12e siècle. Les troubadours, qui vivent dans le Midi de la France, ont introduit cette conception de l'amour dans la poésie européenne; les trouvères la répandent ensuite dans le Nord du pays, et elle sera imitée en Allemagne, en Italie et ailleurs. On retrouve cette conception de l'amour à la Renaissance et à l'époque romantique.

Le troubadour voue un amour exclusif à sa dame. Il chante sa beauté et parle des souffrances qu'il endure pour elle. La dame est mariée, elle est souvent la femme du protecteur du troubadour; leur amour doit rester secret. L'amour courtois est un amour profane, mais il est si absolu qu'il ressemble à un sentiment religieux.

Les troubadours écrivent en provençal, c'est-à-dire dans une langue qui est plus proche du catalan que du français. Cette poésie, chantée par les jongleurs dans les cours seigneuriales du Midi de la France, de l'Italie et de l'Espagne, a un tel succès que le public s'intéresse à la vie des troubadours; des biographies, 'vidas', sont ajoutées aux manuscrits des textes dès la fin du 13e siècle. Ces vidas sont à l'origine de l'histoire littéraire moderne.

Les deux troubadours les plus célèbres sont Jaufré Rudel, un prince, et Bernart de Ventadour, fils d'un serviteur.

Jaufré Rudel

Lorsque les jours sont longs en mai,/m'est beau le doux chant des oiseaux de loin/et quand je me suis éloigné de là,/je me souviens d'un amour de loin./Je vais courbé et incliné de désir,/si bien que chant ni fleur d'aubépine/ne me plaisent comme l'hiver gelé.

Jamais d'amour je ne jouirai/si je ne jouis de cet amour de loin/car plus noble ni meilleure je ne connais/en aucun lieu ni près ni loin;/tant est son prix vrai et sûr/que là-bas au royaume des Sarrasins/pour elle je voudrais être captif.

△ La duchesse d'Orléans quitte Paris. Miniature du XVe siècle
▷▷ Abbaye de Saint-Martin du Canigou dans les Pyrénées, XIe siècle
▽▽ Les amants se rencontrent dans un jardin. Tapisserie, XVe siècle

Vida

Jaufré Rudel de Blaye fut un homme noble, prince de Blaye. Il tomba amoureux de la comtesse de Tripoli sans la voir, à cause du grand bien qu'il entendit dire d'elle par les pèlerins qui revenaient d'Antioche. Il composa beaucoup de bons poèmes sur elle, avec de bonnes mélodies mais des vers très simples. Et pour aller la voir, il se croisa et se mit en mer. Malheureusement, il tomba malade à bord et il fut transporté dans une auberge à Tripoli, comme mort. Et ceci fut dit à la comtesse, et elle vint vers lui, auprès de son lit, et elle le prit dans ses bras. Il sut que c'était la comtesse et tout à coup il recouvra la vue et l'ouïe, et remercia Dieu de l'avoir maintenu en vie jusqu'à ce qu'il l'eût vue. Et ainsi il mourut dans les bras de la comtesse. Et elle le fit ensevelir dans la maison des Templiers; puis elle se fit nonne à cause de la douleur qu'elle éprouva de sa mort.

Bernart de Ventadour

Quand je vois l'alouette mouvoir/de joie ses ailes contre le rayon (de soleil),/qu'elle s'oublie et se laisse choir/à cause de la douceur qui lui va au cœur,/ah! quelle grande envie me vient/de tous ceux que je vois joyeux!/Je m'étonne qu'aussitôt/mon cœur n'éclate pas de désir.

Hélas! je pensais être si savant/en amour et je le suis si peu!/Car je ne puis m'empêcher d'aimer/celle dont je n'aurai jamais aucune faveur;/elle m'a pris mon cœur, elle m'a pris elle-même,/moi-même et l'univers entier;/ et quand elle me prit ainsi, elle ne me laissa/que désir et cœur envieux.

Je ne fus plus maître de moi/et je ne m'appartins plus depuis l'heure/où elle me laissa voir dans ses yeux,/en un miroir qui me plaît beaucoup./Miroir, depuis que je me mirai en toi,/les soupirs qui viennent du fond du cœur m'ont tué;/car je me suis perdu comme se perdit/le beau Narcisse en la fontaine.

Vida

Bernart de Ventadour fut du Limousin, du château de Ventadour. Ce fut un homme de pauvre famille, fils d'un serviteur qui était fournier et chauffait le four pour cuire le pain du château. Et il devint bel homme et habile et sut bien chanter et trouver, et il devint courtois et instruit. Et son seigneur, le vicomte de Ventadour, l'estima beaucoup, et apprécia ses compositions et son chant, et lui fit grand honneur.

Or, le vicomte de Ventadour avait une femme, jeune, noble et gaie. Et elle aussi estima beaucoup Bernart et ses chansons, et elle tomba amoureuse de lui et lui de la dame, de sorte qu'il fit ses chansons et ses vers sur elle, à propos de l'amour qu'il avait pour elle et de ses vertus. Leur amour dura longtemps, sans que le vicomte ni les autres gens s'en aperçoivent. Et quand le vicomte s'en aperçut, il renvoya Bernart et fit enfermer et garder sa femme. Et la dame fit dire à Bernart qu'il s'en aille et quitte la région.

Tristan et Iseut

La célèbre légende celtique de Tristan et Iseut se répand en Europe grâce à une œuvre écrite en français, le 'roman de Tristan'. Celui-ci se compose principalement de deux textes écrits pendant la deuxième moitié du 12e siècle. Leurs auteurs sont Béroul, un jongleur normand, et Thomas, un clerc de la cour d'Angleterre. La légende de Tristan et Iseut est l'histoire de la passion fatale, plus forte que la mort et plus forte que les lois du devoir et de l'honneur.

Le roi Marc de Cornouailles désire épouser Iseut la Blonde, fille de la reine d'Irlande. Son neveu Tristan se charge d'aller la chercher. Mais sur le bateau de retour, Brangien, la servante d'Iseut, commet une erreur: Tristan et Iseut boivent le philtre magique préparé par la reine d'Irlande pour les futurs époux. Les voici à jamais unis d'un amour interdit mais contre lequel ils sont impuissants.

Il semblait à Tristan qu'une ronce vivace, aux épines aigües, aux fleurs odorantes, poussait ses racines dans le sang de son cœur et par de forts liens enlaçait au beau corps d'Iseut son corps et toute sa pensée, et tout son désir. Il songeait: (...) 'Bel oncle, qui m'avez aimé orphelin (...), que n'avez-vous, dès le premier jour, chassé l'enfant errant venu pour vous trahir? Ah! qu'ai-je pensé? Iseut est votre femme, et moi votre vassal. Iseut est votre femme, et moi votre fils. Iseut est votre femme, et ne peut pas m'aimer'.

Iseut l'aimait. Elle voulait le haïr, pourtant. Elle voulait le haïr, et ne pouvait, irritée en son cœur de cette tendresse plus douloureuse que la haine.

Brangien les observait avec angoisse, plus cruellement tourmentée encore, car seule elle savait quel mal elle avait causé. Deux jours elle les épia, les vit repousser toute nourriture, tout breuvage et tout réconfort, se chercher comme des aveugles qui marchent à tâtons l'un vers l'autre, malheureux quand ils languissaient séparés, plus malheureux encore quand, réunis, ils tremblaient devant l'horreur du premier aveu.

Au troisième jour, comme Tristan venait vers la tente, dressée sur le pont de la nef, où Iseut était assise, Iseut le vit s'approcher et lui dit humblement:

'Entrez, seigneur.'

'Reine, dit Tristan, pourquoi m'avoir appelé seigneur? Ne suis-je pas votre homme lige, au contraire, et votre vassal, pour vous révérer, vous servir et vous aimer comme ma reine et ma dame?'

Iseut répondit:

'Non, tu le sais, que tu es mon seigneur et mon maître! Tu le sais, que ta force me domine et que je suis ta serve!'

(...) 'Iseut, qu'est-ce donc qui vous tourmente?'

'Ah! Tout ce que je sais me tourmente, et tout ce que je vois. Ce ciel me tourmente, et cette mer, et mon corps, et ma vie!'

Elle posa son bras sur l'épaule de Tristan; des larmes éteignirent le rayon de ses yeux, ses lèvres tremblèrent.

Il répéta:

'Amie, qu'est-ce donc qui vous tourmente?'

Elle répondit:

'L'amour de vous.'

Alors il posa ses lèvres sur les siennes.

Le roi Marc découvre bientôt la passion entre sa femme et son neveu. Il les condamne au bûcher, mais ils

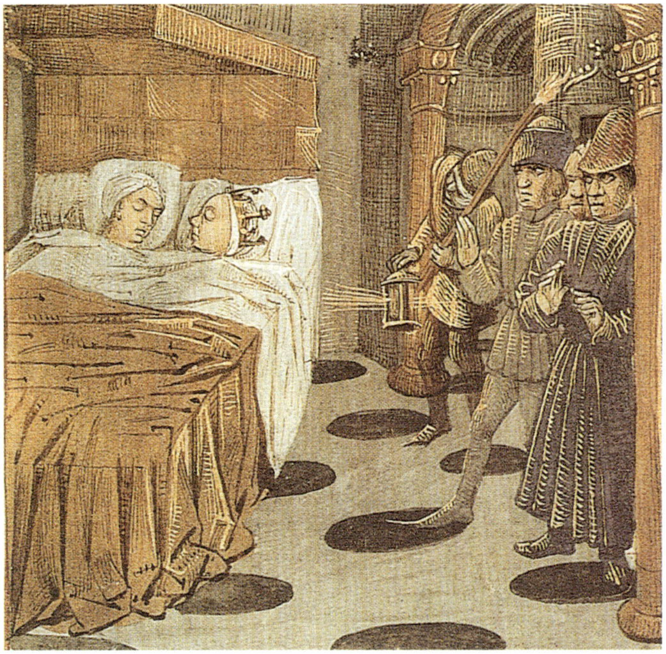

△ *A la cour du roi Marc, les barons hostiles à Tristan épient les amants pour prouver l'adultère et les dénoncer au roi Marc. Miniature du XVe siècle*

◁◁ *Tristan et Iseut sur le bateau qui les ramène en Cornouailles. Derrière eux la servante qui leur donnera le philtre fatal. Le breuvage magique était destiné à unir d'un amour éternel Iseut la blonde au roi Marc. Miniature vers 1480*

échappent et vivent pendant des années dans la forêt. Marc les découvre, mais ne les tue pas. Touchée de repentir, Iseut retourne auprès de son mari, tandis que Tristan part pour la Bretagne. Il y épouse Iseut aux Blanches Mains mais ne réussit pas à oublier Iseut la Blonde qu'il rejoint à plusieurs reprises sous des déguisements.

Blessé à mort pendant un duel, Tristan demande à son ami Kaherdin d'aller chercher Iseut la Blonde pour la revoir une dernière fois. Kaherdin doit annoncer le résultat de sa démarche en hissant sur son vaisseau une voile blanche en signe de réussite ou une voile noire en signe d'échec. Mais c'est Iseut aux Blanches Mains qui aperçoit la voile blanche: pour se venger de Tristan, elle lui annonce qu'elle est noire.

Tristan en a si grande douleur que jamais il n'en eut. Il se tourne vers la muraille et dit: 'Dieu sauve Iseut et moi! Puisqu'à moi vous ne voulez venir, par amour pour vous il me faut mourir. Je ne puis plus retenir ma vie. C'est pour vous que je meurs, Iseut, belle amie.' 'Amie Iseut!' dit-il trois fois. À la quatrième, il rend l'esprit.

Iseut la Blonde débarque enfin.

Elle entend les gémissements dans la rue, et le glas des églises et des chapelles. Elle demande aux gens ce qui se passe, pourquoi ces cloches funèbres, pourquoi ces pleurs. Un vieil homme lui répond:

'Ma dame, Dieu nous prenne en pitié! Nous subissons le pire deuil qui puisse être. Tristan, le preux, le généreux est mort: c'était le réconfort de tout le royaume. Il était prodigue envers les malheureux, venait en aide à toutes les souffrances. D'une blessure qu'il avait reçue, il vient de mourir dans son lit. Jamais si grande épreuve n'a frappé ce pays.'

Dès qu'Iseut entend la nouvelle, elle a si mal qu'elle ne peut prononcer un mot. La mort de Tristan lui égare l'esprit, et elle court dans la rue, la mise en désordre, vers le palais, où elle précède Kaherdin et ses compagnons. Les Bretons n'ont jamais vu femme si belle: ils se demandent par la cité, d'où elle vient et qui elle est. Iseut arrive près du corps, elle se tourne vers l'Orient et prie avec ferveur pour son ami:

'Tristan, mon bien-aimé, quand je vous vois sans vie, il est inconcevable que je vous survive. Vous êtes mort pour l'amour de moi: il est juste que je périsse.'

Elle l'embrasse et s'étend près de lui, elle lui baise la bouche et le visage, elle l'étreint étroitement, corps contre corps, lèvres contre lèvres, et c'est ainsi qu'elle rend l'âme.

Le roi Marc apprend la mort des amants, il ramène leurs corps et les ensevelit dans deux tombes voisines.

Pendant la nuit, de la tombe de Tristan jaillit une ronce verte et feuillue, aux forts rameaux, aux fleurs odorantes, qui, s'élevant par-dessus la chapelle, s'enfonça dans la tombe d'Iseut. Les gens du pays coupèrent la ronce: au lendemain elle renaît, aussi verte, aussi fleurie, aussi vivace, et plonge encore au lit d'Iseut la Blonde. Par trois fois ils voulurent la détruire; vainement. Enfin, ils rapportèrent la merveille au roi Marc: le roi défendit de couper la ronce désormais.

Chrétien de Troyes

Chrétien de Troyes (1135?-1190?) vit à la cour de Marie, comtesse de Champagne et fille du roi Louis VII. Il est l'auteur de cinq longs romans qui introduisent les légendes bretonnes dans la littérature française. Le roi Arthur se trouve au centre de ces légendes. Il vit dans son château de Tintagel, en Cornouailles, entouré de ses douze chevaliers de la Table Ronde. Ces chevaliers participent à des aventures extraordinaires et merveilleuses et finissent toujours par revenir à la cour de leur souverain. Ils cultivent l'amour courtois: ils sont soumis aux caprices de leur dame. Pour lui plaire, ils subissent des épreuves et réalisent des exploits qu'ils accomplissaient autrefois pour leur suzerain.

Les ouvrages de Chrétien de Troyes sont écrits pour une société raffinée où les femmes jouent un rôle central. Ces romans contiennent de fines observations psychologiques. Chrétien de Troyes est le véritable créateur du genre romanesque en France. Il est l'inventeur du procédé des digressions et intrigues entrelacées: au moment le plus captivant, un récit est interrompu par un autre récit.

Dans *Erec et Enide* et dans *Yvain* les aventures guerrières et la passion amoureuse sont tout aussi importantes: elles se complètent ou elles sont en conflit. *Cligès* est un anti-Tristan: le neveu finit par épouser la femme destinée à son oncle. Dans *Lancelot,* le chevalier est un parfait amant; il sacrifie même son honneur de chevalier à la dame aimée. Ainsi, un nain lui impose, s'il veut trouver la bonne route, de monter dans la charrette des malfaiteurs et de se faire huer par la foule. Enfin, dans *Perceval,* dernier roman de Chrétien de Troyes, l'aventure chevaleresque est soumise à la quête religieuse; ce roman inachevé inaugure la légende du Graal, il a de nombreuses suites en prose au 13e siècle.

Le Graal est le vase qui, après avoir servi à Jésus-Christ pour la Cène, aurait à la crucifixion recueilli le sang jailli de ses plaies. Les chevaliers de la Table Ronde se mettent à sa recherche; ils subissent d'innombrables aventures et épreuves, mais échouent tous, parce qu'ils vivent dans le péché. Seul Galaad, fils de Lancelot et qui refuse tout amour terrestre, réussit à le retrouver. Le Graal est la récompense de celui qui est pur, du chevalier parfait.

Les romans du Graal renversent ainsi le système des valeurs du roman de chevalerie: il faut refuser l'amour courtois pour mériter le bonheur céleste.

Yvain, le chevalier au lion

Voici l'une des innombrables aventures d'Yvain. Il a blessé et poursuivi un chevalier inconnu jusque dans son château. La porte se referme derrière eux. Le chevalier meurt, Yvain tombe amoureux de sa veuve Laudine. Il persuade Lunette, une servante, de plaider en sa faveur. Laudine se demande, dans une scène comique, quelle attitude elle doit adopter à l'égard du meurtrier de son mari.

Cependant la dame, toute la nuit, fut en grande dispute avec elle-même (...). Elle commence à se repentir d'avoir blâmé Lunette, de l'avoir injuriée et maltraitée. Elle est sûre et certaine que si elle a plaidé pour le chevalier ce n'est ni pour de l'argent, ni par reconnaissance, ni par amour pour lui; elle aime sa maîtresse plus que lui et ne

△ *Lancelot passe le dangeureux pont de l'épée. Miniature du XIVe siècle*
◁◁ *L'apparition du Graal aux chevaliers de la Table Ronde. Miniature du XVe siècle. Le roi Arthur réunit une fois l'an ses meilleurs chevaliers autour d'une table ronde. Après l'apparition du Graal, les chevaliers se lancent dans la quête de cette précieuse relique*

la conseillerait pas pour sa honte ou pour son malheur: c'est une trop fidèle amie. Voilà donc la dame retournée: celle qu'elle a maltraitée, elle n'aurait jamais cru en venir à l'aimer de bon cœur; et celui qu'elle a refusé, elle accorde, par la raison et par le droit, qu'il n'a aucun tort envers elle. Elle raisonne avec lui comme s'il était là, devant elle. Elle commence ainsi son procès: 'Va, fait-elle, peux-tu nier que par toi mon mari fut tué? – Cela, dit-il, je ne peux y contredire, et je le reconnais. – Dis-moi donc pourquoi. Est-ce pour me faire mal, par haine ou par dépit? – Que je meure sans attendre, si j'ai voulu vous faire mal. – Donc, envers moi tu n'as pas forfait; et envers lui, tu n'eus aucun tort, car s'il l'avait pu, il t'aurait tué. Ainsi, me semble-t-il, je crois que j'ai bien et droitement jugé.'
Ainsi, elle se prouve à elle-même qu'elle n'a nul droit de le haïr. (...) Maintenant, si la demoiselle venait, elle gagnait la cause pour laquelle elle a tant plaidé qu'elle en a été fort malmenée.

Lancelot

La femme du roi Arthur est enlevée par Méléagant, fils du roi de Gorre, pays 'd'où nul étranger ne retourne'. Le chevalier Lancelot le poursuit et doit traverser des épreuves nombreuses et effroyables. Devant le pont de l'épée, ses deux compagnons l'abandonnent.

Devant l'entrée de ce pont effrayant, ils mettent pied à terre. Ils voient fuir l'eau perfide aux flots noirs et grondants; torrent boueux, elle épouvante autant que le fleuve infernal; tous ceux qui tomberaient dans son courant périlleux et profond seraient aussi près de leur fin que si la mer polaire avait fait d'eux sa proie. Le pont qui la franchit n'est pareil à nul autre et jamais n'exista, jamais n'existera plus méchant pont, plus détestable passerelle: une épée bien polie qui brillait de blancheur s'offrait pour tout passage au-dessus de l'eau froide.

Lancelot se tourne vers ses compagnons effrayés, qui sont à bout d'arguments.

'Seigneurs, dit-il en riant, soyez amplement remerciés puisque mon sort vous tourmente à ce point. Ni cette eau ni ce pont ne me font plus de peur que ce sol ferme sous mes pieds. Passer sur l'autre bord est un péril où je veux me risquer: je vais m'y préparer. Plutôt mourir que reculer.'
(...) Conduite étrange et merveilleuse: il ôte à ses pieds, à ses mains, l'armure qui les couvre. Il n'arrivera indemne et sans entaille au terme de l'épreuve. Mais sur l'épée plus affilée que faux il se sera tenu bien fermement, mains nues et tout déchaux, car il n'a conservé souliers, chausses ni avant-pieds. Il ne s'inquiétait pas trop de se faire des plaies à ses mains et à ses pieds. Il aimait mieux s'estropier que tomber du pont et prendre un bain forcé dans cette eau d'où jamais il ne pourrait sortir. En souffrant le tourment qu'on prépara pour lui il accomplit l'affreuse traversée. Il a les mains, les pieds et les genoux en sang. Mais d'Amour qui le guide, il reçoit baume et guérison. C'est pourquoi son martyre était pour lui délices. S'aidant des mains, des pieds et des genoux, il réussit enfin à parvenir au but.

Aucassin et Nicolette

'Chantefable' écrite au début du 13e siècle, *Aucassin et Nicolette* est un récit anonyme où prose et vers, monologues et dialogues alternent. La prose est récitée, les vers chantés: le manuscrit indique la mélodie.

Le thème est très fréquent, c'est l'histoire des amours contrariés de deux adolescents qui finissent par se marier. Les parents, les guerres, les naufrages se conjurent contre eux, mais l'amour vainc tous les obstacles.

En même temps *Aucassin et Nicolette* est une légère satire de l'amour courtois: Aucassin n'a rien d'un chevalier, il n'a aucun goût pour les armes, Nicolette est une esclave sarrasine énergique. Le pays de Turelure, où ils sont obligés de passer quelque temps, est un pays où tout se fait à l'envers.

Aucassin et Nicolette réussissent à s'évader du château où le père d'Aucassin les a emprisonnés afin de les empêcher de s'aimer. Un bateau les emmène dans un pays inconnu.

Lorsqu'ils eurent atteint le rivage, les deux amants mirent pied à terre. Il prit son cheval par la bride, son amie par la main, et ils se mirent à longer la grève. (...) Les gens du pays, qu'ils interrogèrent, leur apprirent qu'ils étaient sur les terres du roi de Turelure, et que ce seigneur soutenait alors une terrible guerre.

Aucassin se dirigea vers le château.

'Où est le roi?'

'Il est au lit, car il vient d'être père.'

'Eh bien, et sa femme?'

'La reine est à l'armée, où elle conduit les barons du pays.'

Aucassin force le roi à se lever et à le conduire au champ de bataille.

Les deux armées faisaient rage, mais c'était avec des pommes pourries, des œufs et des fromages mous. Aucassin se mit à contempler cette bataille avec une grande stupéfaction. (..)

'Sont-ce là vos ennemis, Sire?' dit-il.

'Oui, Seigneur.'

'Vous plairait-il que je vous en délivrasse?'

'Oh! bien volontiers.'

Aucassin tire l'épée, lance son cheval au milieu des rangs ennemis, et se met à frapper à droite et à gauche. Il en abattait des monceaux. Quand le roi vit qu'il y avait des morts, il courut à Aucassin et saisit la bride du cheval.

'Eh! là, Seigneur, ne les tuez pas tant!'

'Comment? Vous ne voulez plus qu'on vous défende?'

'Oui, mais vous allez un peu loin, monseigneur. Nous n'avons pas coutume de nous entr'égorger.'

Les deux armées s'étaient enfuies; Aucassin et le roi rentrèrent au château de Turelure. Mais les gens du pays vinrent supplier le roi de chasser de ses terres ce forcené.

▷▷ *L'amour courtois. Miniature du 'roman de la Rose', XVe siècle*

▽ *Miniature illustrant 'Le Cœur d'Amour épris', poème allégorique du roi René d'Anjou, 1457*

Le roman de la Rose

Le roman de la Rose est un long récit allégorique: un songe révèle au poète ce qu'est l'amour. Il est écrit par deux auteurs, Guillaume de Lorris et Jean de Meung, qui ont travaillé à quarante ans d'intervalle (vers 1240 et vers 1280). Ce livre a un grand succès à la fin du Moyen Âge, il est très souvent cité et imité.

Les maux de l'amour

Guillaume de Lorris présente une psychologie de l'amour courtois. Dans le passage qui suit, Amour décrit longuement au poète les dures épreuves que doivent subir les amoureux.

Quand Amour eut achevé sa leçon, je lui demandai: 'Sire, comment les amoureux peuvent-ils endurer tous les maux que vous m'avez décrits? J'en suis épouvanté. Je m'émerveille qu'un homme puisse vivre en tel enfer.' 'Bel ami, me répondit Amour, nul n'a félicité, s'il ne le paie. On tient d'autant plus à ce qu'on achète davantage, et les biens qu'on a acquis à grand'peine sont reçus avec plus de plaisir. Il est vrai que les épreuves par où doivent passer les amants sont les plus terribles qu'il y ait au monde. Pas plus qu'on ne pourrait épuiser la mer, nul ne saurait énumérer dans un livre les maux de l'amour. Et toutefois, il faut que les amants vivent, car la vie leur fait besoin. (...) Celui qu'Amour tient captif espère sa guérison. Cette pensée le réconforte et lui donne le courage de supporter son martyre; l'espérance lui fait souffrir tous les maux dont nul ne sait le nombre, pour une joie qui vaut cent fois plus. Bénie soit la courtoise Espérance!'

La lune et le soleil

Jean de Meung donne une description encyclopédique de l'univers. Ici, Nature raconte au poète comment Dieu a créé le monde.

'Ce Dieu souverainement beau, quand il fit ce monde dont il portait en sa pensée la belle forme méditée de toute éternité, ne prit qu'en lui-même son modèle et tout ce qui lui était nécessaire (...); celui en qui rien ne peut manquer fit tout sortir du néant, et rien ne le poussa à le faire, sinon sa bonne volonté généreuse et désintéressée qui est la source de toute vie. (...)
La partie opaque de la lune nous représente la figure d'une bête merveilleuse: c'est un serpent qui tient sa tête constamment inclinée vers l'occident et dont la queue se termine vers l'orient; il porte sur son dos un arbre dressé qui étend ses rameaux vers l'orient, mais les étend de travers; sur ce guingois se tient un homme appuyé sur ses bras qui allonge ses jambes vers l'occident. (...)
Le beau soleil qui produit le jour, car il est la cause de toute clarté, se tient au milieu des planètes comme un roi, tout flamboyant de rayons. Ce n'est pas sans raison que Dieu, la toute sagesse et la toute puissance, a établi là sa demeure (...). De là, il distribue la lumière aux étoiles et à la lune, et les fait paraître si claires que la Nuit en fait ses chandelles.'

La société à l'envers: les parodies

La piété, le courage, la générosité, l'amour courtois sont des idéaux propagés par les chansons de geste, les romans, les lais, la poésie des troubadours et des trouvères. Mais dès la fin du 12e siècle, on écrit des histoires pour se moquer de ces idéaux ou pour montrer que la réalité est toute différente. Le grand texte 'anti-épique' est *Le roman de Renart;* la parodie des 'lais', c'est-à-dire des nouvelles, ce sont les fabliaux.

Le roman de Renart se compose de 27 'branches' ou histoires, écrites par des auteurs différents pendant 150 ans (jusqu'au début du 14e siècle). L'unité de ces histoires est garantie par le personnage central, Renart. Au total, plus de 100 000 vers lui sont consacrés. La preuve du succès: le nom propre Renard remplace aujourd'hui le nom 'goupil', qui était le mot désignant l'animal avant ce roman!

Renart est l'anti-héros, il est à l'opposé des chevaliers qui entourent Charlemagne ou le roi Arthur. Il ne respecte aucune des valeurs de la société aristocratique: il s'enrichit aux dépens des autres, il viole la femme du roi, il fait semblant d'être pieux pour échapper à la potence. La ruse et la flatterie sont ses armes préférées. Ainsi, par exemple, il veut passer pour un étranger afin que le loup ne le reconnaisse pas: 'Goodbye, cher seigneur, moi pas savoir parler ton langue.'

Le personnage principal est entouré d'autres animaux qui portent tous des noms propres: Ysengrin le loup, Noble le lion, Chantecler le coq, Couard le lièvre. La société des animaux est à l'image de la société des hommes. Le lion est roi; à sa cour, la paix règne entre espèces ennemies. Le roi commande les armées et rend la justice, le loup est son connétable, l'âne est son prêtre.

C'est un monde cruel et brutal. Les textes comportent beaucoup d'obscénités. Les fables de La Fontaine, comme beaucoup de livres d'enfants de nos jours, reprennent souvent ces mêmes histoires, mais sous une forme assagie, voire édulcorée.

Les fabliaux sont de courts récits comiques en vers. Il en existe environ 150, écrits dans le Nord de la France entre 1170 et 1340. Ces récits ridiculisent les bourgeois naïfs, les femmes rusées, les prêtres goulus et cupides. Les voleurs sont souvent des personnages sympathiques.

Pas plus que *Le roman de Renart,* les fabliaux ne sont d'invention française; la plupart des thèmes se retrouvent dans le folklore des autres peuples européens. Ils seront repris plus tard par Molière, La Fontaine ou même Maupassant.

Mieux que les épopées et les romans, *Le roman de Renart* et les fabliaux reflètent la vie quotidienne de l'époque. Mais ils ne sont pas pour autant une littérature vraiment réaliste; ils sont plutôt la parodie de la littérature aristocratique, destinés à amuser le même public.

▽ *Rusé Renart avale le fromage que le naïf corbeau a laissé tomber. La Fontaine tirera de ce récit une de ses fables les plus célèbres. Miniature tirée de l'une des premières branches du 'Roman de Renart', XIIe siècle*

▷▷ *Le Banquet des animaux, miniature du 'Roman de Renart', XIVe siècle*

Le roman de Renart

Comment Renart enseigne au loup l'art de la pêche.

Le loup et le goupil cheminent. Renart va devant. L'autre suit. C'est aux environs de Noël où l'on met bacons au saloir. Le ciel clair resplendit d'étoiles. Un vivier luit si bien gelé qu'on y pourrait donner un bal. Cependant ont percé la glace les villageois qui chaque nuit au trou mènent leur bétail boire. On y voit surnager un seau.
Renart le flaire tout joyeux, regarde son compère et dit:
'Approchez-vous, Sire, et voyez ce pullulement de nageoires. Voici l'engin dont nous pêchons les anguilles et les barbeaux et mille poissons beaux et bons.'
'Sire Renart, dit Ysengrin, prenez-moi cet objet par l'anse et me lacez à la queue.'
Renart s'en saisit et le noue à la queue aussi bien qu'il peut:
'Frère, fait-il, ne bougez plus. Les poissons vont bientôt venir.'
Il se tapit sous un buisson, pose son nez entre ses pattes, espère une sotte aventure.
Ysengrin sur la glace attend. Le seau se remplit de glaçons. L'eau du pertuis commence à prendre. La glace autour du seau se ferme. La queue en la glace se scelle. Le loup s'efforce à se dresser pour attirer le seau vers lui. De cent façons il s'y emploie. En vain. L'angoisse le poignarde. À Renart il lance un appel. Il ne veut plus rester là. Il voit déjà l'aube crever. L'autre à ses cris lève la tête, ouvre les yeux et le regarde:
'Sire, dit-il, l'affaire est faite. Beau doux ami, venez-vous-en! Assez avons de poissons pris.'
La voix du loup monte d'un ton:
'Renart, clame-t-il, ils sont trop. Plus en ai pris que ne sais dire!'
Le museau fendu par la joie, Renart répond apertement:
'Celui qui tout convoite tout perd.'

Sur ces entrefaites, le renard rentre chez lui. À l'aube, les paysans découvrent le loup. Conduits par Constant, ils l'attaquent avec leurs chiens de chasse. Une bataille héroïque s'engage, comme dans les chansons de geste.

Constant dégaine son épée toujours prête à grands coups férir. Il est descendu de cheval, a rejoint le loup sur la glace, voudrait l'atteindre par-derrière, cuide le toucher, mais le manque. Le coup lui caresse l'échine. L'agresseur tombe à la renverse. Le revers de son crâne saigne...
Remis sur ses pieds à grand-peine, derechef il requiert le loup. Écoutez la fière bataille! Sire Constant vise à la tête. Mais la lame vers la queue glisse et vous la tranche ric-à-rac au ras de l'anneau sans faillir.
Ysengrin ne le sent que trop. Il bondit de côté pour fuir. (...) Les chiens multiplient leurs attaques. Le loup pare sans se lasser. Ceux-là cèdent enfin, recrus. Ils abandonnent. L'autre fuit. Il s'enfonce droit dans un bois et suffoquant il dit et jure que de Renart se vengera au premier lieu qu'il le rencontre.

Religion et vie morale

Au Moyen Âge la religion joue un rôle central dans la vie de tous les jours. La vie sur terre est passagère, elle est une épreuve après laquelle le paradis attend les bons et l'enfer les méchants. Pour mener une vie vertueuse, pour savoir comment il faut se conduire dans les situations difficiles, les meilleurs modèles sont fournis par les saints: les événements admirables de leur vie sont cités pendant la messe, le jour de leur fête. Il existe plusieurs hagiographies (= recueils de vies de saints). La plus célèbre est celle du moine italien Jacques de Voragine, *La légende dorée* (1258). Son succès est immense, elle est utilisé, en latin ou en traduction, dans tous les pays chrétiens.

Le théâtre médiéval a une origine religieuse. Les représentations illustrent le culte et ont lieu d'abord sur le parvis des églises (*Le jeu d'Adam,* 12e siècle). Les premières pièces s'appellent des miracles, leur sujet est emprunté à *La légende dorée.* Au 15e siècle, les miracles cèdent la place aux comédies profanes (*La farce de Maître Pathelin,* vers 1460) et aux mystères, qui sont des représentations dramatisées de la vie et en particulier de la passion du Christ. Les mystères sont très longs, leur représentation dure plusieurs jours. *Le mystère de la Passion,* d'Arnoul Gréban, écrit vers 1450, est le plus connu d'entre eux. Les hagiographies ne sont pas les seuls récits édifiants; en fait, tout récit peut être interprété à plusieurs niveaux et même des anecdotes bizarres ou invraisemblables ont un sens religieux et moral. Le plus célèbre recueil d'anecdotes moralisées, les *Gesta romanorum,* date du 14e siècle.

La légende dorée

(20 janvier)

L'empereur Dioclétien fit attacher Sébastien à un poteau au milieu du champ de Mars, et ordonna à ses soldats de le percer de flèches. Et les soldats lui lancèrent tant de flèches qu'il fut tout couvert de pointes comme un hérisson; après quoi, le croyant mort, ils l'abandonnèrent. Et voici que peu de jours après, saint Sébastien, debout sur l'escalier du palais, aborda les empereurs Maximien et Dioclétien et leur reprocha durement le mal qu'ils faisaient aux chrétiens. Et les empereurs dirent: 'N'est-ce point là Sébastien, que nous avons fait tuer à coups de flèches?' Et Sébastien: 'Le Seigneur a daigné me rappeler à la vie, afin qu'une fois encore je vienne à vous, et vous reproche le mal que vous faites aux serviteurs du Christ!'

△ *Giovanni Sodoma, 'Le martyre de Saint Sébastien', 1525*
▷▷ *Intérieur de la cathédrale de Bourges, début* XIIIe *siècle*
▽▽ *Le célèbre ange souriant de la cathédrale de Reims,* XIIIe *siècle*
▽ *La Vierge et l'Enfant Jésus, cathédrale d'Autun,* XIIe *siècle*

Alors les empereurs le firent frapper de verges jusqu'à ce que mort s'ensuivît, et ils firent jeter son corps à l'égout, pour empêcher que les chrétiens ne le vénérassent comme la relique d'un martyr. Mais, dès la nuit suivante, saint Sébastien apparut à sainte Lucine, lui révéla où était son corps, et lui ordonna de l'ensevelir auprès des restes des apôtres: ce qui fut fait.

La tentation

Cette scène est tirée du 'Jeu d'Adam'.

Le Diable: Ève, je suis venu vers toi.
Ève: Dis-moi, Satan, et ce pourquoi?
Le Diable: Je cherche ton bien, ton honneur.
Ève: Ainsi soit-il!
Le Diable: Soit donc sans peur.
Voici longtemps que j'ai appris
Tous les secrets de Paradis:
Or une part je t'en dirai.
Ève: Commence donc, j'écouterai. (...)
Le Diable: Je vous préviens d'un grand engin
Qui vous est fait en ce jardin:
Le fruit que Dieu vous a donné
En soi a bien peu de bonté;
Celui qu'il vous a défendu
Possède très grande vertu:
En lui est la grâce de vie,
De puissance et de seigneurie,
De bien et mal la connaissance.
(Ici Ève regardera le fruit défendu)
Ève: Rien qu'à le voir je suis tout aise.
Le Diable: Que sera-ce, si tu le goûtes!
Ève: Comment savoir?
Le Diable: N'aie point de doutes.
Prends-le vite, à Adam le donne.
Du ciel aurez lors la couronne.
Au Créateur serez pareils,
Vous percerez tous ses conseils;
Quand vous aurez du fruit mangé,
Lors sera votre cœur changé:
Égaux à Dieu, sans défaillance,
Aurez sa bonté, sa puissance.
Goûte du fruit!
Ève: Envie en ai.

Une Anecdote des 'Gesta Romanorum'

Dioclétien fit une loi que la femme mourrait si elle était adultère. Il arriva qu'un chevalier épousa une pucelle qui eut un enfant de sa semence; l'enfant crût et fut de tous aimé. Après cela son père s'en alla en guerre, où il perdit le bras droit. Cependant sa femme se macula du crime d'adultère. Quand le chevalier fut revenu, il sut son péché. Il appela son fils et lui dit: 'Tu sais que selon la loi ta mère doit mourir par mes mains; j'ai perdu le bras, je ne peux pas la tuer: je te commande que tu fasses pour moi l'exécution.' Alors l'enfant lui dit que la loi commandait d'honorer tous ses parents; s'il mettait à mort sa mère, il agirait contre la loi divine. Il ne pourrait donc pas obéir au commandement de son père. Par ce moyen sa mère échappa à la mort.

Moralisation: Cet empereur est le Père céleste, le chevalier est Jésus-Christ, et la femme l'âme. Dieu le père fit telle loi que l'âme mourrait si elle commettait un péché mortel contre son époux Jésus-Christ. Jésus perdit le bras droit, à savoir toute fureur. Il devint doux comme agneau. L'âme peut échapper à la mort par pénitence.

La poésie à la fin du Moyen Âge

△ *Christine de Pizan offre son livre à Isabeau de Bavière, l'épouse du roi Charles VI. Miniature début XVe siècle*
▷▷ *Trois pendus, dessin de la fin du Moyen Age*

Les premiers écrivains-femmes en France sont deux poètes. Marie de France (deuxième moitié du 12e siècle) vit en Angleterre à la cour du roi Henri II. Femme cultivée parlant plusieurs langues, elle écrit une douzaine de lais, c'est-à-dire de brefs poèmes narratifs, des espèces de nouvelles. Christine de Pizan (1364-1430) est fille d'un médecin italien au service du roi Charles V. Veuve à 25 ans et mère de trois enfants, elle écrit sur commande pour plusieurs membres de la famille royale: elle est la première femme en France à vivre de sa plume. Elle écrit beaucoup; en 1429 elle célèbre Jeanne d'Arc: 'Quel honneur pour le sexe féminin! On voit combien Dieu l'aime, quand tout ce grand peuple misérable, qui perdait le royaume, est sauvé et guéri par une femme – ce que cent mille hommes n'auraient pu faire'.

Rondeau

Le poème suivant de Christine de Pizan est reproduit dans l'orthographe originale.

Source de plour, riviere de tristesse,
Flun de doulour, mer d'amertume pleine
M'avironnent, en noyent en grant peine
Mon povre cuer qui trop sent de destresse.

Si m'affondent et plongent en aspresse;
Car parmi moi courent plus fort que Seine
Source de plour, riviere de tristesse.

Et leurs grans flos cheent à grant largesse,
Si com le vent de Fortune les meine,
Tous dessus moi, dont si bas suis qu'à paine
Releverai, tant durement m'oppresse
Source de plour, riviere de tristesse.

Les deux poètes les plus célèbres du 15e siècle français sont Charles d'Orléans (1394-1465) et François Villon. Charles d'Orléans est le neveu du roi Charles VI et le père du roi Louis XII. Fait prisonnier lors de la grande débâcle de l'armée française en 1415 à Azincourt, il passe 25 ans en Angleterre. À partir de 1450 il vit dans son château à Blois, où il accueille des poètes et organise des concours de poésie; en 1456 Villon est parmi eux. Charles d'Orléans est l'auteur du poème suivant.

Rondeau

Le temps a laissé son manteau
De vent, de froidure et de pluie,
Et s'est vêtu de broderie,
De soleil luisant, clair et beau.

Il n'y a bête ni oiseau
Qu'en son jargon ne chante ou crie:
Le temps a laissé son manteau.

Rivière, fontaine et ruisseau
Portent, en livrée jolie,
Gouttes d'argent d'orfèvrerie,
Chacun s'habille de nouveau:
Le temps a laissé son manteau.

François Villon

François Villon (1431-?) naît dans une famille pauvre. Il fait ses études à Paris et mène une vie très mouvementée: il est plusieurs fois emprisonné, condamné à mort, mais gracié et banni. En janvier 1463, il doit quitter Paris pour dix ans et l'on perd définitivement sa trace.

Ses poèmes les plus célèbres sont la *Ballade des pendus*, la *Ballade pour prier Notre-Dame* que Villon écrivit à la requête de sa mère, et la *Ballade des dames du temps jadis* où le poète parle des femmes illustres d'autrefois: la mort engloutit tout, rien ne reste de la beauté et de la grandeur ('où sont les neiges d'antan?').Villon est un des plus grands poètes français, le précurseur des 'poètes maudits' du 19e siècle. Sa vie lui inspire des émotions fortes et sincères: passion, humour, mais aussi remords, piété, peur de la mort.

La ballade des pendus

À la fin de 1462, Villon est de nouveau arrêté et condamné à mort; il a déjà subi la terrible torture appelée 'la question de l'eau' et il s'attend à être pendu et étranglé. C'est à ce moment-là qu'il écrit ce poème, dont on trouve ici la première et la troisième strophe. Au dernier moment, Villon sera gracié.

Frères humains qui après nous vivez,
N'ayez les cœurs contre nous endurcis,
Car, si pitié de nous pauvres avez,
Dieu en aura plus tôt de vous mercis.
Vous nous voyez ci attachés cinq, six;
Quant de la chair, que trop avons nourrie,
Elle est piéça dévorée et pourrie,
Et nous, les os, devenons cendre et poudre.
De notre mal personne ne s'en rie;
Mais priez Dieu que tous nous veuille absoudre! (...)
La pluie nous a débués et lavés,
Et le soleil desséchés et noircis;
Pies, corbeaux nous ont les yeux cavés,
Et arraché la barbe et les sourcis.
Jamais nul temps nous ne sommes assis;
Puis ça, puis là, comme le vent varie,
À son plaisir sans cesser nous charrie,
Plus becquetés d'oiseaux que dés à coudre.
Ne soyez donc de notre confrérie;
Mais priez Dieu que tous nous veuille absoudre!

Regrets

(...) Hé! Dieu, si j'eusse étudié
Au temps de ma jeunesse folle,
Et à bonnes mœurs dédié,
J'eusse maison et couche molle,
Mais quoi! je fuyoie l'école
Comme fait le mauvais enfant.
En écrivant cette parole
A peu que le coeur ne me fend.

Où sont les gracieux galants
Que je suivais au temps jadis,
Si bien chantants, si bien parlants,
Si plaisants en faits et en dits?
Les aucuns sont morts et roidis,
D'eux n'est-il plus rien maintenant:
Repos aient en paradis
Et Dieu sauve le demeurant! (...)

Ballade pour prier Notre-Dame

Femme je suis pauvrette et ancienne,
Qui rien ne sais; onques lettre ne lus.
Au moutier vois, dont je suis parroissienne,
Paradis peint, où sont harpes et luths
Et un enfer où damnés sont boullus:
L'un me fait peur, l'autre joie et liesse.
La joie avoir me fais, haute Déesse,
À qui pécheurs doivent tous recourir,
Comblés de foi, sans feinte ni paresse:
En cette foi je veux vivre et mourir.

2 Le seizième siècle

Au seizième siècle, la France devient plus unie. Le pouvoir des seigneurs féodaux s'affaiblit, l'importance économique des villes et de la bourgeoisie grandit, en même temps que l'autorité du pouvoir central du roi. L'unité est aussi linguistique, la langue nationale s'impose face au latin. Le roi François Ier (1515-1547) édite en 1539 l'ordonnance de Villers-Cotterêts: tous les textes officiels doivent désormais être rédigés en français.

Pendant la première moitié du siècle, la France est engagée dans les guerres d'Italie et dans les conflits avec la maison des Habsbourg. Les habitudes et les goûts italiens font à cette époque leur entrée en France. François Ier est le grand prince de la Renaissance. Il invite Léonard de Vinci à travailler pour lui, il fonde en 1530 le Collège des Lecteurs Royaux (l'actuel Collège de France); ici les professeurs échappent au contrôle de l'université où règnent les esprits conservateurs.

Pendant la deuxième moitié du siècle, de 1562 à 1593, le pays est déchiré par les guerres de religion qui opposent les catholiques et les réformés. Les atrocités atteignent leur comble lorsque, en 1572, des milliers de calvinistes sont massacrés à Paris lors de la nuit de la Saint-Barthélemy. Le prince calviniste Henri de Navarre conquiert une grande partie du pays; il se convertit au catholicisme et devient le roi Henri IV (1589-1610). Dans l'édit de Nantes (1598), il garantit certaines libertés aux protestants. La paix est rétablie.

◁◁ *Antoine Caron, 'Triomphe du Printemps', détail, vers 1568-1570. Caron est l'un des plus grands peintres maniéristes français; il collabore avec Ronsard pour organiser les fêtes en l'honneur du roi Charles IX*

Introduction

Le seizième siècle est le siècle de la Renaissance. Les hommes sont conscients de ce qu'une nouvelle époque commence. Ils critiquent les 'ténèbres' du Moyen Âge et admirent l'antiquité gréco-romaine considérée comme l'âge d'or de l'humanité: à présent, c'est l'antiquité qui fournit les modèles les plus parfaits pour les lettres et les arts. Deux importantes découvertes élargissent l'horizon des hommes de la Renaissance: la boussole qui permet les voyages maritimes lointains (découverte de l'Amérique en 1492) et l'imprimerie qui permet la diffusion des livres et des connaissances scientifiques.

On imprime les grands textes d'autrefois; à côté du latin, on apprend aussi le grec et l'hébreu. Les humanistes étudient et enseignent les textes anciens et la rhétorique, ils cultivent le beau discours. Ils considèrent que la dignité de l'homme consiste dans l'étude. Dieu a créé l'homme afin qu'il admire les merveilles de la nature et qu'il en recherche les secrets.

La Renaissance commence en Italie, en particulier à Florence et à Rome; l'influence de la littérature (Pétrarque, Boccace) et de la peinture (Léonard de Vinci, Raphaël, Michel-Ange) de ce pays se répand partout en Europe. Les lettres et les arts s'émancipent de la tutelle de la religion: poètes et peintres vouent un culte à la beauté, celle de la nature et celle du corps humain.

La cour royale donne l'exemple du raffinement des mœurs. Les rois, qui habitent tour à tour leurs différents châteaux passent des commandes aux peintres, sculpteurs et architectes et ils engagent des poètes. Les châteaux de la Loire, Chambord, Chenonceaux, Amboise, tous construits à cette époque, sont les plus beaux monuments du style Renaissance en France. À côté du pays de la Loire et de Paris, la ville de Lyon, proche de l'Italie, joue un rôle important dans la vie culturelle.

L'admiration pour les langues anciennes n'exclut pas l'intérêt pour la langue nationale, au contraire: on veut que le français puisse rivaliser avec le grec et le latin (Du Bellay). Les grands textes d'autrefois sont traduits et on commence à écrire en français, non seulement de la littérature, mais aussi des ouvrages d'érudition (théologie, droit, médecine). Le célèbre réformateur Jean Calvin est vanté pour sa prose en latin et en français.

△ *Le château de Chambord, construit par François Ier, est le plus grand des châteaux de la Loire avec 440 pièces*
◁◁ *Chargé par François Ier d'explorer l'Amérique du Nord, le navigateur Jacques Cartier débarque en 1535 au Canada. Il découvre un village indien dominé par une colline qu'il appelle Mont Royal (Montréal)*
◁◁◁ *Giuseppe Arcimboldo, 'Le bibliothécaire', 1566*

La première moitié du siècle se caractérise par l'optimisme (Rabelais); on accueille avec ferveur les nouvelles idées. La situation change pendant les guerres de religion, l'insécurité et les massacres suscitent une littérature sombre et pessimiste. Les écrivains s'engagent du côté catholique (Ronsard) ou du côté protestant (d'Aubigné), leur ton est grave ou sceptique (Montaigne). Le style léger de la Renaissance est relayé vers la fin du siècle par le style pathétique du baroque.

La littérature française du 16e siècle excelle en particulier dans la poésie; quelques-uns des plus grands poètes français, Ronsard, Du Bellay, Maurice Scève, sont de cette époque. Mais c'est la prose de Rabelais qui exprime le plus directement le bruyant optimisme de la Renaissance, tandis que celle de Montaigne annonce l'homme moderne.

Maintenant toutes les études sont restaurées

Le roi-géant Gargantua envoie une lettre à son fils Pantagruel qui fait ses études à Paris. Dans cette page célèbre, qui se trouve dans 'Pantagruel', Rabelais témoigne de l'optimisme et de la fierté des hommes de la Renaissance de vivre à une époque nouvelle et passionnante.

Genres littéraires

◆ **Dizain** ◆ Poème lyrique se composant de dix vers (exemple: *Délie*, de Maurice Scève).
◆ **Nouvelle** ◆ Bref récit en prose, souvent d'origine italienne, dans lequel l'amour est souvent présenté sous une forme violente et réaliste (exemple: *L'Heptaméron* de Marguerite de Navarre).
◆ **Roman** ◆ Long récit en prose, dans lequel l'amour est présenté sous une forme idéalisée, avec beaucoup de digressions et un dénouement heureux, souvent le mariage (exemple: *Amadis de Gaule).*
◆ **Sonnet** ◆ Poème de 14 vers se composant de deux quatrains et de deux tercets, emprunté aux Italiens; le sujet est très souvent l'amour (exemples: les sonnets de Ronsard et de Du Bellay).

Bien que feu mon père Grandgousier eût apporté tous ses soins à me faire progresser en perfection et savoir politique, et que mon travail et mon application répondissent tout à fait à son désir, et même l'aient dépassé, le temps cependant, tu le sais bien, n'était pas aussi propice ni favorable à l'étude des belles-lettres qu'il l'est à présent et je n'ai pas eu autant et d'aussi bons précepteurs que toi. Les temps étaient encore ténébreux et se ressentaient des infortunes et des malheurs dus à la barbarie des Goths qui avaient ruiné toute bonne littérature. Mais, grâce à la bonté divine, la gloire et la dignité ont été, au temps où je vis, rendues aux belles-lettres, et j'y vois de tels progrès qu'à présent j'aurai bien du mal à être admis dans la première classe des petits gamins, moi qui, à l'âge de la maturité, étais tenu (et non à tort) pour le plus savant du siècle. (...)
Maintenant toutes les études sont restaurées, les langues mises à l'honneur (...). Les livres imprimés, si élégants et si corrects, sont en usage, dont l'invention, de mon vivant, est due à l'inspiration divine, comme, au rebours, l'artillerie à une suggestion diabolique. Le monde entier est plein de gens savants, de précepteurs très doctes, de bibliothèques très vastes. (...)
Mais, parce que, selon le sage Salomon, la sagesse n'entre dans une âme méchante et que science sans conscience n'est que ruine de l'âme, il te faut servir, aimer et craindre Dieu et en lui mettre toutes tes pensées et tout ton espoir.

L'époque François Ier

Pendant les premières décennies du siècle, la famille royale contribue fortement à la diffusion de la Renaissance. François Ier et sa sœur, Marguerite de Navarre, sont favorables aux idées nouvelles. Ils s'intéressent aux arts et à la littérature venant d'Italie, ils sympathisent avec l'évangélisme, le mouvement religieux qui veut des réformes à l'intérieur de l'Église.

À la demande du roi, Herberay des Essarts fait une adaptation française du roman espagnol *Amadis de Gaule,* qui sera le plus grand succès du siècle. C'est un roman de chevalerie adapté au goût de l'époque et qui influence pour longtemps les mœurs dans les milieux aristocratiques (tournois, duels, préciosité).

Marguerite de Navarre (1492-1549) vit d'abord près de son frère, mais lorsque le roi durcit son attitude à l'égard des protestants, elle se retire dans son château de Nérac qui sera un lieu de refuge pour les novateurs. Elle publie des pièces de théâtre et des poèmes religieux d'inspiration mystique.

△ François Ier, grand amateur d'art et de littérature, se fait lire la traduction française d'un historien grec
▷▷ Marguerite de Navarre joue aux échecs avec son frère. Miniature fin du XVIe siècle
▷▷▷ La salamandre est l'emblème de François Ier. On croyait que ce petit animal pouvait vivre dans le feu

L'Heptaméron

À la fin de sa vie elle écrit *L'Heptaméron*, un recueil de 72 nouvelles qui s'inspirent de Boccace. Le thème principal de ses nouvelles est l'amour, vu tantôt du côté des hommes tantôt du côté des femmes: l'amour est un sentiment violent et extrême, il peut détruire et conduire au crime, mais il peut aussi inspirer la grandeur, le dévouement et la volonté de se dépasser. Ces récits donnent en même temps un tableau assez réaliste des mœurs et des idées de l'époque, comme dans celui du mari trompé.

En la comté du Maine, il y avait un riche laboureur qui, en sa vieillesse, épousa une belle jeune femme, qui n'eut de lui nul enfant. Mais de cette perte elle se réconforta à avoir plusieurs amis. Et quand les gentilshommes et gens d'apparence lui manquèrent, elle retourna à son dernier recours qui était l'église, et prit pour compagnon de son péché celui qui pouvait l'en absoudre: ce fut son curé, qui souvent venait visiter sa brebis. (...) Un jour qu'ils faisaient bonne chère ensemble, le mari arriva si soudainement qu'il n'eut loisir de se retirer de la maison, mais monta dans un grenier et couvrit la trappe d'un van à vanner. Le mari entra en la maison et elle, de peur qu'il eût quelque soupçon, le festoya si bien à son dîner (...) qu'il lui prit envie de dormir, étant assis dans une chaise devant son feu. Le curé, qui s'ennuyait d'être si longuement en ce grenier, s'avança et aperçut que le bonhomme dormait. Et en le regardant il s'appuya par mégarde sur le van de sorte que van et homme trébuchèrent à bas auprès du bonhomme qui dormait, lequel se réveilla à ce bruit. Et le curé, qui fut plutôt levé que l'autre ne l'eût aperçu, lui dit: 'Mon compère, voilà votre van et grand merci!' Et ce disant, s'enfuit. Et le pauvre laboureur, tout étonné, demanda à sa femme: 'Qu'est cela? (...) C'est bien rudement rendre ce qu'on a emprunté, car je pensais que la maison tombât par terre!'

Au début du siècle, les poètes les plus célèbres sont les Grands Rhétoriqueurs. Ce sont en général des poètes de cour dans le Nord de la France; ils sont extrêmement virtuoses, ils s'imposent toutes sortes de contraintes: refrains, acrostiches (= lues verticalement, les lettres initiales des vers donnent un sens), rimes compliquées. Le poème suivant est écrit par Jean Molinet (1435-1507), le plus célèbre des Grands Rhétoriqueurs.

Simple lai

Fleur de beauté gracieuse,
  Précieuse,
Gemme d'honneur excellente,
Vive image somptueuse,
  Vertueuse
Branche d'amour, nouvelle ente,
Ma déesse, ma régente
  Propre et gente,
Ma très léale amoureuse,
Corps et biens et champs et sente
  Vous présente;
Ne me soyez rigoureuse.

Clément Marot (1496-1544) est pendant quelques années le poète officiel de la cour. Mais ses sympathies avec la Réforme le rendent suspect; en 1534 il suit Marguerite de Navarre à Nérac, ensuite il est obligé de partir à Ferrare en exil. Il traduit les psaumes en français; dans les églises protestantes, les psaumes sont encore aujourd'hui chantés dans la traduction de Marot. Ce travail lui attire cependant de nouvelles difficultés de la part de la Sorbonne. Il passe quelque temps à Genève auprès de Calvin, mais il supporte mal la rigueur des réformés. Il meurt en exil, à Turin. Sa poésie s'inspire de celle des Grands Rhétoriqueurs, mais elle est plus directe et plus personnelle.

Adieu aux dames de la cour

Dans ce poème, le poète prend congé de la cour parce qu'il doit accompagner le roi à la guerre. Le mot 'cœur' signifie à la fois cœur et courage.

Adieu la cour, adieu les dames,
Adieu les filles et les femmes,
Adieu vous dis pour quelque temps,
Adieu vos plaisants passetemps;
Adieu le bal, adieu la danse,
Adieu mesure, adieu cadence,
Tambourins, hautbois et violons,
Puisqu'à la guerre nous allons. (...)
Adieu ma mie la dernière,
En vertus et beauté première;
Vous prie de me rendre à présent
Le cœur dont je vous fis présent,
Pour, en la guerre où il faut être,
En faire service à mon maître.

François Rabelais

François Rabelais (1494?-1553 ou 1554) est né près de Chinon. De 1521 à 1527 il est moine franciscain, puis bénédictin. Il étudie le droit à Poitiers et fréquente des milieux humanistes proches de l'évangélisme. Il devient prêtre séculier, étudie la médecine à Montpellier, où il est bientôt chargé de cours pour commenter aux étudiants des textes grecs de médecine. Protégé par l'évêque Du Bellay (cousin du poète), il entreprend plusieurs voyages en Italie. Il exerce et enseigne la médecine à Montpellier et à Lyon; il pratique dans les deux villes la méthode nouvelle de la dissection de cadavres.

Ses curiosités scientifiques et ses sympathies en matière de religion le rendent suspect aux yeux de l'Église, qui condamne ses livres pour obscénité ou à cause de thèses hérétiques. Cependant, il obtient chaque fois, grâce à ses amis influents ou grâce au roi, l'autorisation de se faire imprimer.

L'œuvre littéraire de Rabelais se compose de quatre ou cinq livres: il n'est pas sûr que le cinquième, publié après sa mort, soit de lui. Les deux premiers livres (*Pantagruel,* 1532; *Gargantua,* 1534) contiennent les aventures bouffonnes du géant Pantagruel et de son père Gargantua: les invraisemblances de la vie des géants fournissent à l'auteur un prétexte pour critiquer les institutions religieuses et la société. Les autres livres sont plus prudents: ils racontent les voyages et les réflexions de Pantagruel et de son ami Panurge sur plusieurs sujets, notamment sur le mariage.

Il est difficile de dire à quel genre appartiennent les ouvrages de Rabelais. Ce sont des romans extrêmement libres: l'intrigue est lâche, elle est entrecoupée de dialogues, d'énumérations, d'invectives violentes ou obscènes. Rabelais s'inspire de farces et de facéties populaires mais il ne craint pas les allusions et les jeux de mots savants.
Rabelais a un vocabulaire très riche. Son style, son humour et son imagination font que les avant-gardes se sont toujours réclamées de lui.

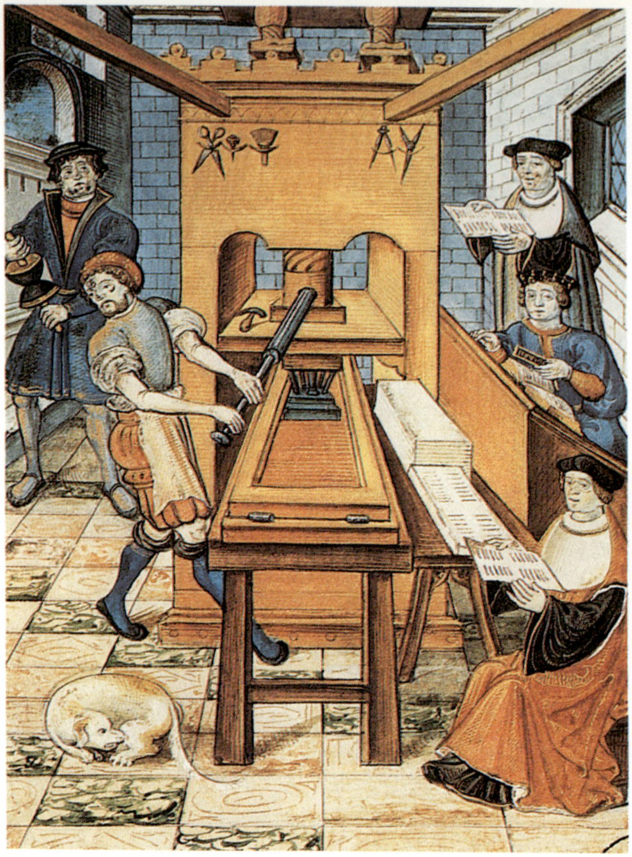

△ Atelier d'imprimeur au XVIe siècle
▷▷ Gustave Doré, 'L'enfance de Pantagruel'. Dessin, 1854. Comme son père Gargantua, Pantagruel a besoin du lait de plusieurs milliers de vaches chaque matin. Gustave Doré est le plus célèbre illustrateur français du XIXe siècle

Gargantua

Rabelais raconte d'abord la naissance du géant Gargantua, les aventures de son enfance: son appétit, ses jeux. Après l'échec d'un enseignement traditionnel, son père le roi Grandgousier l'envoie à Paris pour qu'il fasse des études modernes. Gargantua doit pourtant bientôt retourner chez lui pour aider son père à se défendre contre son méchant voisin, le roi Picrochole. C'est la 'guerre picrocholine' qui oppose ce tyran stupide et sanguinaire au roi généreux Grandgousier; vainqueur, celui-ci traite les vaincus avec humanité et autorise le frère Jean des Entommeurs, qui l'a beaucoup aidé pendant la guerre, à construire une abbaye selon ses plans. Ce sera l'abbaye de Thélème, où seigneurs et dames vivront dans une atmosphère de culture raffinée; la seule règle est la liberté: 'Fais ce que voudras'.

L'enfance du géant Gargantua

Lui furent ordonnées dix et sept mille neuf cent treize vaches pour l'allaiter ordinairement. Car de trouver nourrice suffisante n'était possible en tout le pays, considéré la grande quantité de lait requis pour l'alimenter. (...)

Gargantua, de trois à cinq ans, passa son temps comme tous les petits enfants du pays, c'est-à-dire à boire, manger et dormir; à manger, dormir et boire; à dormir, boire et manger. Il se vautrait toujours dans la fange, se noircissait le nez, se barbouillait le visage, éculait ses souliers, bayait souvent aux mouches, aimait courir après les papillons, dont son père était roi. Il pissait sur ses souliers, il chiait dans sa chemise, se mouchait sur ses manches, reniflait dans sa soupe, pataugeait partout, buvait dans sa pantoufle et se frottait habituellement le ventre avec un panier. Il aguisait ses dents sur un sabot, se lavait ses mains dans le potage (...). Les petits chiens de son père mangeaient dans son écuelle; lui de même mangeait avec eux. Il leur mordait les oreilles, ils lui griffaient le nez, il leur soufflait au cul, ils lui léchaient les badigoinces.

L'éducation de Gargantua

En décrivant les méthodes de Thubal Holopherne et de Ponocratès, les deux maîtres du jeune Gargantua, Rabelais oppose l'éducation traditionnelle du Moyen Âge et l'éducation moderne.

(...) un grand docteur sophiste, nommé maître Thubal Holopherne lui apprit si bien son abécédaire qu'il le récitait par cœur à l'envers, ce qui lui prit cinq ans et trois mois. (...)

Remarquez que, pendant ce temps-là, il lui apprit à écrire en lettres gothiques, et il copiait tous ses livres, car l'art de l'imprimerie n'était pas encore en usage.

Alors son père comprit qu'en vérité il étudiait très bien et y consacrait tout son temps, et que, malgré cela, il ne progressait en rien; bien pis, il en devenait fou, niais, tout rêveur et radoteur. (...)

Quand Ponocratès connut le mode de vie aberrant de Gargantua, il décida de le former tout autrement aux belles-lettres. Il lui fit oublier tout ce qu'il avait appris avec ses anciens précepteurs (...). Puis il le soumit à un rythme de travail tel qu'il ne perdait pas une heure de la journée, mais consacrait au contraire tout son temps aux lettres et au noble savoir. Gargantua s'éveillait donc vers quatre heures du matin. (...) on l'habillait, on le peignait, on le coiffait, on l'apprêtait, on le parfumait et pendant ce temps, on lui répétait les leçons du jour précédent. Lui-même les récitait par cœur et les confrontait avec quelques exemples pratiques concernant la vie humaine (...). Ensuite, pendant trois bonnes heures, on lui faisait la lecture.

Alors ils sortaient, en discutant toujours du sujet de la lecture et ils allaient se divertir dans les prés et jouaient à la balle, à la paume, à la pile en triangle, s'exerçant élégamment le corps comme ils s'étaient auparavant exercé l'esprit.

Le soir, avec son précepteur, Gargantua récapitulait brièvement tout ce qu'il avait lu, vu, su et entendu au cours de la journée entière. Alors ils priaient Dieu le créateur, en l'adorant et en confessant leur foi en lui, le glorifiant pour sa bonté immense.

Cela fait, ils allaient prendre leur repos.

Les poètes de Lyon

Un groupe de poètes se forme dans les milieux humanistes de Lyon, l'école lyonnaise. Les représentants les plus célèbres de ce groupe sont Maurice Scève et Louise Labé.

Maurice Scève (1501?-1564?) est docteur en droit, parle quatre langues, voyage beaucoup. Il découvre, semble-t-il, à Avignon le tombeau de Laure, l'inspiratrice du poète italien Pétrarque; Scève contribue ainsi à lancer la mode pétrarquiste en France. Il publie en 1535 l'adaptation d'un roman espagnol, *La déplorable fin de Flamette.* C'est le récit de Grimalte, un jeune homme que sa dame met à l'épreuve en lui imposant d'aller chercher l'amant infidèle de son amie; Grimalte échoue et sombre dans la folie.

Mais Scève est surtout connu comme l'auteur de *Délie, objet de plus haute vertu* (1544), un recueil de 449 dizains. Délie est un nom de femme, mais c'est aussi l'anagramme d'Idée. La perfection de la femme aimée et le caractère absolu de l'amour ressenti s'expriment en antithèses et en paradoxes: la prison est la liberté, la présence est absence, la clarté se transforme en ténèbres, la nuit en jour. Maurice Scève est un très grand poète, mais il est peu lu parce que son style est difficile.

Dizain

Libre vivais en l'Avril de mon âge,
De cure exempt, sous cette adolescence
Où l'œil, encor non expert de dommage,
Se vit surpris de la douce présence
Qui par sa haute et divine excellence
M'étonna l'Âme et le sens tellement
Que de ses yeux l'archer, tout bellement,
Ma liberté lui a tout asservie:
Et dès ce jour continuellement
En sa beauté gît ma mort, et ma vie.

Louise Labé (1524-1566) a une éducation moderne: elle apprend la musique, le latin et l'italien, elle participe comme écuyère à des tournois. En 1555 elle publie un mince recueil d'élégies et de sonnets. Elle y parle de l'amour qu'elle a ressenti pour un homme qui l'a abandonnée.

△ *'Le Parnasse', Ecole de Fontainebleau. Entouré des Muses, Apollon, le dieu de la poésie, habite le mont Parnasse*

Sonnet

Je vis, je meurs; je me brûle et me noie.
J'ai chaud extrême en endurant froidure;
La vie m'est et trop molle et trop dure.
J'ai grands ennuis entremêlés de joie.

Tout à un coup je ris et je larmoie,
Et en plaisir maint grief tourment j'endure;
Mon bien s'en va, et à jamais il dure;
Tout en un coup je sèche et je verdoie.

Ainsi Amour inconstamment me mène.
Et quand je pense avoir plus de douleur,
Sans y penser je me trouve hors de peine.

Puis quand je crois ma joie être certaine,
Et être au haut de mon désiré heur,
Il me remet en mon premier malheur.

La Pléiade – Joachim Du Bellay

La Pléiade est le mouvement poétique le plus important de la Renaissance française. À partir de 1547, et pendant plusieurs années, Ronsard, Du Bellay et quelques autres jeunes poètes se rencontrent et suivent des cours de latin, de grec et d'italien dans un petit collège parisien de la Montagne Sainte-Geneviève, le collège de Coqueret. Ils s'appellent d'abord la Brigade, puis Ronsard adopte le nom de Pléiade.

Joachim Du Bellay (1522-1560) publie en 1549 le manifeste du groupe, *La défense et illustration de la langue française.* Le but de la Pléiade est double: d'une part elle méprise la poésie du Moyen Âge et veut imiter les modèles antiques; d'autre part, elle insiste sur l'importance de la langue nationale. La Pléiade attribue à la poésie une très haute fonction: le poète est inspiré par les Dieux, par sa poésie il immortalise les rois et leurs exploits.

Du Bellay est orphelin et maladif dès son enfance. Il fait des études de droit à Poitiers, ensuite il étudie les langues et les textes anciens au collège de Coqueret. En 1549 Du Bellay publie un recueil de sonnets amoureux, *L'Olive.* En 1553 il accompagne son cousin le cardinal Jean Du Bellay à Rome. Son rêve d'humaniste se réalise, mais ce voyage est dans l'ensemble une déception. Il est content de retourner en 1557 en France, où il publiera *Les regrets* (1558), son recueil le plus célèbre.

▷ Portrait d'un jeune humaniste, tableau de Franciabigio

Les sonnets de *L'Olive,* consacrés à un sujet élevé, sont écrits en décasyllabes; ceux des *Regrets,* en alexandrins, portent sur des sujets plus personnels: ennuis, mélancolie, la satire des mœurs à la cour papale.

Si notre vie est moins qu'une journée

Si notre vie est moins qu'une journée
En l'éternel, si l'an qui fait le tour
Chasse nos jours sans espoir de retour,
Si périssable est toute chose née,

Que songes-tu, mon âme emprisonnée?
Pourquoi te plaît l'obscur de notre jour,
Si, pour voler en un plus clair séjour,
Tu as au dos l'aile bien empennée?

Là est le bien que tout esprit désire,
Là le repos où tout le monde aspire,
Là est l'amour, là le plaisir encore.

Là, ô mon âme, au plus haut ciel guidée,
Tu y pourras reconnaître l'Idée
De la beauté, qu'en ce monde j'adore.

Heureux qui comme Ulysse...

Heureux qui, comme Ulysse, a fait un beau voyage,
Ou comme cestui-là qui conquit la toison,
Et puis est retourné, plein d'usage et raison,
Vivre entre ses parents le reste de son âge!

Quand reverrai-je, hélas! de mon petit village
Fumer la cheminée, et en quelle saison
Reverrai-je le clos de ma pauvre maison,
Qui m'est une province, et beaucoup davantage?

Plus me plaît le séjour qu'ont bâti mes aïeux
Que des palais romains le front audacieux;
Plus que le marbre dur me plaît l'ardoise fine,

Plus mon Loire gaulois que le Tibre latin,
Plus mon petit Liré que le mont Palatin,
Et plus que l'air marin la douceur angevine.

Pierre de Ronsard

Pierre de Ronsard (1524-1585) est de vieille famille noble. À 12 ans, il est page du dauphin puis de Madeleine de France, reine d'Écosse, qu'il suit dans son pays. Il passe quelque temps en Angleterre et en Allemagne avant de commencer des études humanistes au collège de Coqueret, avec du Bellay.

La cour royale s'intéresse à sa poésie dont la nouveauté divise d'abord les esprits en deux camps, mais vers 1560 Ronsard est unanimement reconnu prince des poètes. Très admiré, comblé de biens, en particulier sous le roi Charles IX (1560-1574), il écrit de nombreux poèmes de circonstance et des billets doux commandés par les grands personnages de la cour. La fin de sa vie est assombrie par la maladie et par une demi-disgrâce: le nouveau roi Henri III lui préfère son jeune rival Desportes.

Ronsard laisse une œuvre immense et très variée. Sa poésie amoureuse, dédiée à trois femmes (*Les amours de Cassandre,* 1552; *Les amours de Marie,* 1555-1556; *Sonnets pour Hélène,* 1578), est la plus célèbre: elle est sensuelle et hédoniste, recommandant le plaisir des sens. Ses adversaires protestants lui reprochent même son paganisme. Mais Ronsard traite aussi des sujets graves et officiels. Hanté très tôt par l'idée de la mort, il présente des réflexions philosophiques dans ses *Hymnes* (1555-1556). Par ses *Discours* (1562-1563) il prend le parti des catholiques dans les guerres de religion. Enfin, dans *La Franciade* (1572), une épopée inachevée, il cherche à montrer l'origine troyenne (et donc très prestigieuse) de la famille royale française.

Ronsard est le poète le plus célèbre de la Renaissance en France. Cependant, il est très critiqué après sa mort: le classicisme au 17e siècle lui reproche de se servir d'une langue trop savante et compliquée. Il faut attendre le romantisme pour qu'il soit 'réhabilité'.

Les deux premiers poèmes qui suivent se trouvent dans *Les amours de Cassandre,* le troisième dans *Mélanges* (1559) et le quatrième dans *Œuvres* (1584).

△ 'Bal à la cour des Valois'. Peinture anonyme, XVIe siècle. La cour royale est le centre de fêtes somptueuses: tournois, chasses, bals. Comme poète de cour, Ronsard participe souvent à ces fêtes
▷▷ 'Diane chasseresse', Ecole de Fontainebleau. Au XVIe siècle, Diane, déesse de la chasteté et de la chasse, inspire de nombreux poèmes d'amour

Comme un chevreuil...

Comme un chevreuil, quand le printemps détruit
L'oiseux cristal de la morne gelée,
Pour mieux brouter l'herbette emmiellée
Hors de son bois avec l'aube s'enfuit

Et seul, et sûr, loin de chiens et de bruit,
Or sur un mont, or dans une vallée,
Or près d'une onde à l'écart recélée,
Libre, folâtre où son pied le conduit

De rets ni d'arc sa liberté n'a crainte,
Sinon alors que sa vie est atteinte,
D'un trait meurtrier empourpré de son sang:

Ainsi j'allais sans espoir de dommage,
Le jour qu'un œil sur l'avril de mon âge
Tira d'un coup mille traits dans mon flanc.

Vos yeux

Quand je suis tout baissé sur votre belle face,
Je vois dedans vos yeux je ne sais quoi de blanc,
Je ne sais quoi de noir, qui m'émeut tout le sang,
Et qui jusques au cœur de veine en veine passe.

Je vois dedans Amour, qui va changeant de place,
Ores bas, ores haut, toujours me regardant,
Et son arc contre moi coup sur coup débandant.
Las! si je faux, raison, que veux-tu que j'y face?

Tant s'en faut que je sois alors maître de moi,
Que je vendrais mon père, et trahirais mon roi,
Mon pays et ma sœur, mes frères et ma mère:

Tant je suis hors du sens, après que j'ai tâté
À longs traits amoureux de la poison amère,
Qui sort de ses beaux yeux, dont je suis enchanté.

Ode à Cassandre

Mignonne, allons voir si la rose
Qui ce matin avait déclose
Sa robe de pourpre au soleil,
A point perdu cette vesprée
Les plis de sa robe pourprée,
Et son teint au vôtre pareil.

Las! voyez comme en peu d'espace,
Mignonne, elle a dessus la place,
Las, las ses beautés laissé choir!
O vraiment marâtre Nature,
Puisqu'une telle fleur ne dure
Que du matin jusques au soir!

Donc, si vous me croyez, mignonne,
Tandis que votre âge fleuronne
En sa plus verte nouveauté,
Cueillez, cueillez votre jeunesse:
Comme à cette fleur, la vieillesse
Fera ternir votre beauté.

Contre les bûcherons de la forêt de Gastine

Écoute, bûcheron, arrête un peu le bras!
Ce ne sont pas des bois que tu jettes à bas;
Ne vois-tu pas le sang, lequel dégoutte à force
Des Nymphes qui vivaient dessous la dure écorce?
Sacrilège meurtrier, si on pend un voleur
Pour piller un butin de bien peu de valeur,
Combien de feux, de fers, de morts, et de détresses
Mérites-tu, méchant, pour tuer nos Déesses?
Forêt, haute maison des oiseaux bocagers,
Plus le cerf solitaire et les chevreuils légers
Ne paîtront sous ton ombre, et ta verte crinière
Plus du soleil d'été ne rompra la lumière.
(...)
Adieu, vieille forêt, adieu, têtes sacrées,
De tableaux et de fleurs autrefois honorées,
Maintenant le dédain des passants altérés,
Qui, brûlés en l'été des rayons éthérés,
Sans plus trouver le frais de tes douces verdures,
Accusent tes meurtriers et leur disent injures.

Michel Eyquem de Montaigne

Michel Eyquem de Montaigne (1533-1592) naît dans une famille de riches négociants de Bordeaux. Son père est un esprit ouvert aux idées nouvelles et lui donne une éducation moderne. De 1554 à 1570 Montaigne est magistrat; une amitié profonde le lie à son confrère La Boétie, dont la mort précoce l'affecte beaucoup. Souffrant de la maladie de la pierre, il cherche la guérison dans des stations thermales et voyage en 1580 et 1581 en Allemagne et en Italie. C'est là qu'il apprend qu'il est élu maire de Bordeaux; il occupe cette fonction jusqu'en 1585.

Montaigne aime le loisir, la solitude et les livres, mais ceci ne l'empêche pas d'assumer des responsabilités politiques et de s'intéresser à la vie des autres. Pendant les troubles des guerres de religion, il est chargé de missions diplomatiques et fait deux longs séjours à la cour royale. Il se passionne pour le Nouveau Monde et s'indigne devant le sort cruel réservé par les Européens aux Indiens d'Amérique: 'tant de villes rasées, tant de nations exterminées pour la négociation des perles et du poivre!'

Montaigne est l'auteur des *Essais* (deux livres parus en 1580, un troisième en 1588); en écrivant ce livre, il a créé un genre, celui des essais, c'est-à-dire de textes traitant de n'importe quel sujet librement et sans l'épuiser. Le but de Montaigne est moins de connaître le monde que de se connaître lui-même. Connaître le monde est impossible; tout change, rien n'est certain et l'homme est inconstant. 'Toutes les règles de notre vie' se résument en une seule: 'c'est vouloir et ne vouloir pas toujours la même chose.'

Montaigne est donc un *sceptique:* l'homme est l'esclave de ses impressions, il ne peut être sûr de rien, il ne peut atteindre à aucune certitude. Mais le scepticisme philosophiques ne dispense pas l'homme d'un devoir moral: l'homme doit faire des efforts pour se connaître; il faut oser être sincère: 'la pire de mes actions et conditions ne me semble pas si laide comme je trouve laid et lâche de ne l'oser avouer'.

△ *Dans la tour du château familial en Dordogne, Montaigne travaille et médite*
▷▷ *Des bains pour guérir; dessin du XVIe siècle*
▷▷▷ *Armoirie de Michel de Montaigne*

Il est peut-être le premier écrivain véritablement moderne de la littérature mondiale dans ce sens qu'il n'écrit pas pour les autres mais pour lui-même. Pendant des siècles, les écrivains n'ont noté que ce qui est grand, héroïque et extraordinaire, ce qui peut intéresser les hommes en général. Pour Montaigne, la vie privée a autant d'importance que la vie publique: 'Et quand personne ne me lira, ai-je perdu mon temps (...) de m'être rendu compte de moi si continuellement, si curieusement?'

Selon Montaigne, 'Trois commerces' contribuent à notre bonheur, celui des hommes, c'est-à-dire l'amitié, celui des femmes, commerce plus dangereux à cause des risques de la passion, et celui des livres, qui est le commerce 'le plus sûr'.

Au milieu des incertitudes et des guerres de son époque, Montaigne adopte une attitude *stoïcienne.* L'homme doit se méfier des passions, de toute émotion forte qui le rend dépendant d'autrui. Il doit se rendre compte de sa condition: philosopher, c'est apprendre à mourir.

L'instabilité de nos opinions

Moi qui m'épie de plus près, qui ai les yeux incessammment tendus sur moi, comme celui qui n'a pas fort à faire ailleurs (...) à peine oserai-je dire la vanité et la faiblesse que je trouve chez moi. J'ai le pied si instable et si mal assis, je le trouve si aisé à s'écrouler et si prêt au branle, et ma vue si déréglée, qu'à jeûn je me sens autre qu'après le repas; si ma santé me rit et la clarté d'un beau jour, me voilà honnête homme; si j'ai un cor qui me presse l'orteil, me voilà renfrogné, mal plaisant et inaccessible Un même pas de cheval me semble tantôt rude, tantôt aisé, et même chemin à cette heure plus court, une autre fois plus long, et une même forme ores plus, ores moins agréable.

De l'institution des enfants

Selon Montaigne, il faut donner à l'enfant un professeur qui préfère 'plutôt la tête bien faite que bien pleine'.

Qu'il ne lui demande pas seulement compte des mots de sa leçon, mais du sens et de la substance; et qu'il juge du profit qu'il aura fait, non par le témoignage de sa mémoire, mais de sa vie. Que ce qu'il viendra d'apprendre, il le lui fasse mettre en cent visages et accomoder à autant de divers sujets, pour voir s'il l'a encore bien pris et bien fait sien (...).

Qu'il lui fasse tout passer par l'étamine, et ne loge rien en sa tête par simple autorité et crédit; les principes d'Aristote ne lui soient principes, non plus que ceux des Stoïciens ou Épicuriens: il choisira, s'il peut, sinon il en demeurera en doute. Il n'y a que les fols certains et résolus.

Au Lecteur des 'Essais'

C'est ici un livre de bonne foi, lecteur. Il t'avertit dès l'entrée, que je ne m'y suis proposé aucune fin, que domestique et privée. Je n'y ai nulle considération de ton service, ni de ma gloire. Mes forces ne sont pas capables d'un tel dessein. (...) Je veux qu'on m'y voie en ma façon simple, naturelle et ordinaire, sans contention et artifice: car c'est moi que je peins. Mes défauts s'y liront au vif, et ma forme naïve, autant que la révérence publique me l'a permis. Que si j'eusse été entre ces nations qu'on dit vivre encore sous la douce liberté des premières lois de nature, je t'assure que je m'y fusse très volontiers peint tout entier, et tout nu. Ainsi, lecteur, je suis moi-même la matière de mon livre: ce n'est pas raison que tu emploies ton loisir en un sujet si frivole et si vain. Adieu donc; de Montaigne, ce premier de mars mil cinq cent quatre-vingts.

3 Le dix-septième siècle

Après les longues guerres de religion, Henri IV rétablit la paix. Pourtant les conflits religieux et politiques, entre catholiques et protestants, entre le roi et les aristocrates, ne cessent pas complètement. Le cardinal de Richelieu et ensuite Louis XIV, celui qu'on appellera le Roi Soleil, ne réussiront que très lentement à centraliser le pouvoir et à instaurer la monarchie absolue.

Pour la postérité, le 17e siècle devient le Grand Siècle: le cérémonial grandiose de la cour, la somptuosité des palais et des châteaux, des parcs et des fêtes ont eu une influence durable, les cours étrangères imitent Versailles. Le rayonnement de la France ne s'arrête pas là: le rationalisme cartésien modifie profondément la pensée occidentale et, en littérature, le classicisme français deviendra la norme esthétique pour tous les pays européens jusqu'au romantisme. Après les excès baroques, le classicisme retrouve le goût de la mesure et formule, en se fondant sur l'Antiquité et la Renaissance italienne, des règles précises pour la littérature et les arts.

◁◁ *Nicolas Poussin, 'L'Inspiration du poète', vers 1630. Poussin (1594-1665) incarne le mieux le classicisme en peinture: sujets nobles, netteté du dessin, unité de la scène représentée*

Introduction

Au début du siècle, de nombreux écrivains et poètes vivent en province; plus tard, la vie littéraire se concentre presqu'exclusivement à Paris: la centralisation de la littérature va de pair avec la centralisation politique. À cette évolution correspond un changement de goût: les genres préférés de la première moitié du siècle (le roman, la poésie lyrique) seront délaissés; d'autres genres l'emportent: la tragédie, l'histoire, les maximes.

Les auteurs et le public vivent dans une même ville, ils se rencontrent; la littérature est publique, elle s'adresse à la société. Elle ne se lit pas seulement, elle s'écoute aussi et elle se discute, dans les trois lieux où la haute société se donne rendez-vous: dans l'église, dans les salles de théâtre et dans les salons.

Les dames de la haute société tiennent leurs salons dans leurs demeures particulières où elles reçoivent leurs amis, des écrivains et des savants. Le salon le plus célèbre est celui que tient la marquise de Rambouillet de 1620 à 1665. On s'y adonne à des divertissements littéraires et on discute de littérature et de subtils problèmes de psychologie amoureuse. Les salons contribuent ainsi à un raffinement des mœurs et à la naissance de la préciosité.

La vie théâtrale est particulièrement riche, la tragédie et la comédie françaises modernes naissent au 17e siècle. On écrit et on joue beaucoup de pièces et on les discute dans les salons. Corneille, Molière et Racine sont les auteurs dramatiques les plus célèbres.

Dans la vie littéraire aussi bien que dans les œuvres, le rôle des femmes grandit. À la fin du siècle, elles occupent la première place, non seulement dans les salons mais aussi dans les œuvres: Corneille présente surtout des héros, Racine peint des héroïnes. Le nombre des femmes-écrivains augmente: parmi les plus célèbres, Madame de Sévigné qui entretient une extraordinaire correspondance avec sa fille, et Madame de La Fayette qui montre dans ses récits les dangers de la passion amoureuse.

Dans la littérature comme dans la vie, la religion joue un rôle de premier plan. De nouveaux ordres sont créés, mêmes dans les salons on discute des grands sujets théologiques. Plus tard, vers la fin du siècle, là encore un changement se fait jour: ce seront les questions de morale, de la conduite des hommes, qui passionneront le public,

La civilisation française de l'époque classique se caractérise tout autant par son architecture que par sa littérature. Aux châteaux gracieux et à l'architecture légère de la Renaissance, situés surtout dans la région de la Loire, succède une série de constructions classiques imposantes, situées pour la plupart dans les environs de Paris. En 1632, Richelieu fait construire en Touraine une ville idéale, aux formes géométriques pures, qui portera son nom. Parmi les châteaux les plus célèbres, on compte, en dehors de Versailles, celui de Vaux, dont Louis XIV s'inspirera, et celui de Chantilly où le prince de Condé reçoit La Fontaine, Mme de La Fayette, Racine et Boileau.

La peinture suit, elle aussi, les règles classiques. Le tableau d'histoire, cultivé entre autres par Poussin et La Hyre et qui exige des connaissances historiques et littéraires précises, est considéré comme le genre pictural le plus prestigieux.

△ *'Femme de qualité se rendant à l'église'. Gravure du XVIIe siècle*
◁◁ *'Conversation de dames', d'après Abraham Bosse (1602-1676). Ses nombreuses gravures constituent un riche document sur les mœurs de l'époque*
▽ *Représentation théâtrale dans la cour de marbre du château de Versailles, éclairée par des milliers de chandelles*

Genres littéraires

Attention! Au 17e siècle la définition des genres n'est pas toujours la même qu'aujourd'hui.

◆ **La comédie** ◆ Pièce de théâtre en vers ou en prose, en trois ou en cinq actes, présentant des nobles, des bourgeois et des domestiques, et ayant un dénouement tantôt grave tantôt comique (exemple: *L'Avare* de Molière).
◆ **La fable** ◆ Bref récit en vers, mettant en scène souvent des animaux (exemple: les fables de La Fontaine).
◆ **L'histoire** ◆ récit bref présentant peu de personnages (nobles) et ayant un dénouement malheureux (exemple: *La princesse de Clèves* de Madame de La Fayette); aujourd'hui on appelle ces textes des romans!
◆ **La maxime** ◆ Formule brève, souvent en une seule phrase, et qui exprime une vérité morale ou psychologique (exemple: les maximes de La Rochefoucauld).
◆ **Moralistes** ◆ Prosateurs qui dénoncent, dans des portraits et des maximes, les défauts de leurs contemporains (La Rochefoucauld, La Bruyère, Vauvenargues).
◆ **La poésie** ◆ Comprend la poésie épique, la poésie dramatique et la poésie lyrique.
◆ **Le portrait** ◆ Description d'un personnage, au physique comme au moral, pour mettre en relief les traits généraux et typiques d'un caractère (exemple: les portraits de La Bruyère).
◆ **Le roman** ◆ Récit très long, entrecoupé de nombreuses digressions, présentant beaucoup de personnages (nobles) et ayant un dénouement heureux (exemple: *L'Astrée* d'Honoré d'Urfé).
◆ **Le sermon** ◆ Discours édifiant prononcé dans une église et commentant, en général à propos d'un jour de fête, soit un dogme chrétien soit un passage de la Bible (exemple: les sermons de Bossuet).
◆ **La tragédie** ◆ Pièce de théâtre en vers et en cinq actes, présentant des personnages princiers peu nombreux et ayant un dénouement malheureux (exemple: Phèdre de Racine).
◆ **La tragi-comédie** ◆ Tragédie ayant un dénouement heureux (exemple: *Le Cid* de Corneille).

Vers la monarchie absolue

Pour l'histoire politique, le 17e siècle se divise en trois règnes, ceux des rois Henri IV, Louis XIII et Louis XIV et en deux régences, celles des reines Marie de Médicis et Anne d'Autriche. C'est le début du règne de la famille royale des Bourbons.

Après avoir été l'un des chefs du protestantisme, le futur Henri IV se convertit au catholicisme, ce qui permet son avènement au trône ('Paris vaut bien une messe'). Il est le grand pacificateur, celui qui, après les longues et cruelles guerres de religion, amène la paix religieuse. L'édit de Nantes en 1598 accorde aux protestants la liberté du culte. Henri IV travaille en même temps au redressement économique du pays et reste dans la mémoire des Français le roi le plus populaire, celui qui a dit: 'Je veux qu'il n'y ait si pauvre paysan en mon royaume qu'il n'ait tous les dimanches sa poule au pot.'

Son assassinat en 1610 inaugure une période de troubles qui ne cesse qu'au moment où Richelieu devient le premier ministre de Louis XIII (1624-1642). Le cardinal de Richelieu est l'artisan infatigable de la monarchie absolue. Sans relâche, il travaille à agrandir l'influence internationale de la France et à centraliser le pouvoir aux dépens de l'aristocratie; il n'hésite pas à s'inspirer des idées de Machiavel, ce penseur italien de la Renaissance pour qui même les conduites immorales sont permises en politique lorsqu'il s'agit de faire triompher une cause jugée juste. Par ailleurs, le cardinal s'intéresse de près à la littérature, en particulier au théâtre; par sa politique de mécénat, de soutien matériel aux écrivains, et par la fondation de l'Académie Française en 1635, il étend l'impact du pouvoir central jusque dans le domaine culturel.

Le cardinal Mazarin, qui succède à Richelieu, s'efforce de continuer son œuvre. Pourtant, cette période est surtout marquée par la Fronde (1648-1652), la révolte d'une partie de l'aristocratie et de la haute bourgeoisie contre la centralisation du pouvoir, révolte qui dégénèrera à diverses reprises en guerre civile.

△ Portrait d'apparat de Louis XIV par Hyacinthe Rigaud, 1701
▷▷ Pierre Patel, 'Le château et le parc de Versailles', 1668. En 1661, Louis XIV, qui a 23 ans, choisit Versailles pour y construire un château monumental qui abrite ensuite sa Cour et où seront organisées les fêtes somptueuses auxquelles Molière collabore. Les travaux durent plus de cinquante ans; en 1685, 36 000 ouvriers y sont employés. Le roi supervise lui-même ces travaux, le château comme le parc reflètent son goût personnel. Il écrit même, vers 1700, un petit guide, 'Manière de montrer les jardins de Versailles'

Après ce dernier sursaut de la féodalité, le rôle de la noblesse sera considérablement réduit: il sera surtout représentatif, les aristocrates deviennent des courtisans. Le roi s'entoure de ministres issus de la bourgeoisie qui lui sont entièrement dévoués (Colbert). Le travail commencé par Richelieu est achevé, le long règne personnel de Louis XIV incarne l'aboutissement de la monarchie absolue.

L'activité de Louis XIV ne se limite pas à la politique (Guerre de Hollande, 1672-1678), elle s'étend à tous les

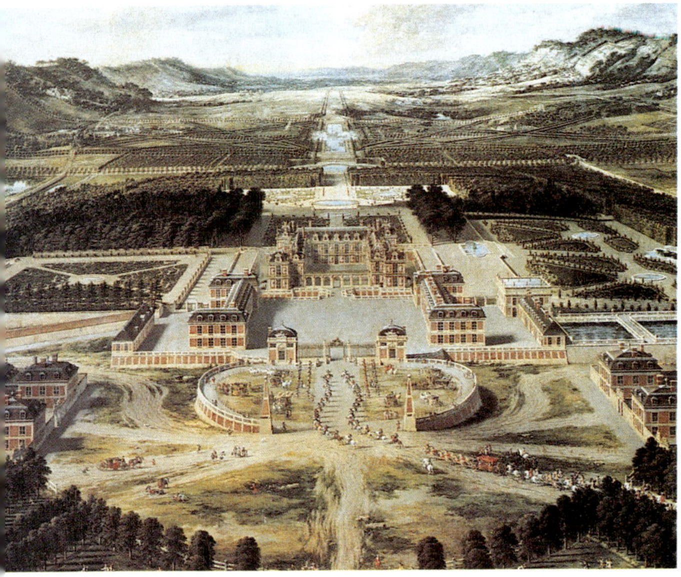

domaines qui rehaussent le prestige de la France et qui renforcent la gloire du roi: ce faisant, Louis XIV impose son goût personnel et contribue à façonner le classicisme. Les meilleurs peintres et écrivains sont réunis dans des académies et reçoivent une pension. Parallèlement, le mécénat d'État remplace de plus en plus le mécénat individuel: les écrivains dédient leurs ouvrages au roi, les architectes suivent ses directives et ils sont rémunérés par l'État. Une véritable propagande officielle répand partout en Europe l'image du grand monarque. Ainsi le 17e siècle restera dans l'histoire, en particulier au siècle suivant, 'le Siècle de Louis XIV', voire 'le Grand Siècle'.

Pourtant cette image du 'Roi Soleil' ne se fonde que sur la première moitié du règne de Louis XIV. Le roi collabore de plus en plus étroitement avec Rome et avec les jésuites et décide en 1685 de révoquer l'édit de Nantes. Les huguenots persécutés partent massivement en exil; dans certaines régions, notamment dans le Midi, il y a des révoltes armées. Des guerres longues et coûteuses ruinent l'économie (surtout la Guerre de Succession d'Espagne, 1702-1713), les famines et les soulèvements populaires sévèrement réprimés se succèdent. La fin du règne de Louis XIV ne correspond plus aucunement au mythe glorieux du Grand Siècle.

Le roi à l'image de Dieu

Pour les théologiens de l'époque, l'absolutisme royal se justifie par le caractère divin de la royauté. Selon Bossuet, évêque de Meaux et célèbre prédicateur, cette place élevée comporte pourtant une responsabilité plus grande devant Dieu. Le roi est le plus puissant et sera donc jugé plus sévérement.

La majesté est l'image de la grandeur de Dieu dans le prince.

Dieu est infini, Dieu est tout. Le prince, en tant que prince, n'est pas regardé comme un homme particulier: c'est un personnage public, tout l'Etat est en lui; la volonté de tout le peuple est renfermée dans la sienne. Comme en Dieu est réunie toute perfection et toute vertu, ainsi toute la puissance des particuliers est réunie en la personne du prince. Quelle grandeur qu'un seul homme en contienne tant!

Que Dieu retire sa main, le monde tombera dans le néant: que l'autorité cesse dans le royaume, tout sera en confusion.

Considérez le prince dans son cabinet. De là partent les ordres qui font aller de concert les magistrats et les capitaines, les citoyens et les soldats, les provinces et les armées par mer et par terre. C'est l'image de Dieu qui, assis dans son trône au plus haut des cieux, fait aller toute la nature.

(...) Je l'ai dit, vous êtes des dieux, c'est-à-dire: vous êtes dans votre autorité, vous portez sur votre front un caractère divin. Vous êtes les enfants du Très-Haut: c'est lui qui a établi votre puissance pour le bien du genre humain. Mais, ô dieux de chair et de sang, ô dieux de boue et de poussière, vous mourrez comme des hommes, vous tomberez comme les grands. La grandeur sépare les hommes pour un peu de temps; une chute commune à la fin les égale tous.

O rois! exercez donc hardiment votre puissance, car elle est divine et salutaire au genre humain: mais exercez-la avec humilité. Elle vous est appliquée par le dehors. Au fond, elle vous laisse faibles; elle vous laisse mortels, elle vous laisse pécheurs, et vous charge devant Dieu d'un plus grand compte.

Du baroque au classicisme

On se sert souvent des termes 'baroque' et 'classique' pour désigner la différence de goût et de mentalité qui distingue la première et la deuxième moitié du siècle. Le baroque est avant tout l'art des jésuites et de la Contre-Réforme, c'est-à-dire du renouveau catholique qui dès la seconde moitié du 16e siècle combat la propagation des divers protestantismes. Le baroque est un art des images sensuelles et du luxe. Le poète chante les merveilles de la nature, il multiplie les descriptions et les métaphores surprenantes: sur terre tout est illusion, le monde est un théâtre.

En revanche, la deuxième moitié du siècle est marquée par le jansénisme, qui est un mouvement catholique sobre et sévère. Le jansénisme insiste sur la chute originelle de l'homme et sur la corruption de la nature dont, par conséquent, il faut se méfier. De même, le classicisme, qui est le mouvement littéraire et artistique qui se développe pendant cette période, préfère la discrétion à l'exubérance, la discipline à la surprise, la simplicité à la profusion. Les images se font plus rares, les phrases deviennent plus simples et plus abstraites.

Le style change et les genres aussi. Grâce au goût du roi, les fêtes continuent, mais le roman, la tragi-comédie, le ballet, les représentations merveilleuses et allégoriques tendent à disparaître au profit de la tragédie, de la comédie et des formes brèves en prose (histoires, portraits, maximes).

L'optimisme moral qui caractérise la première moitié du siècle se traduit par l'idéal du 'généreux', tel qu'il est défini par Descartes et tel qu'il se rencontre dans le théâtre de Corneille: le 'généreux' est l'homme qui sait maîtriser ses passions. Il représente l'idéal d'une société aristocratique. En revanche, l'époque classique proprement dite se reconnaît davantage dans l'idéal de 'l'honnête homme', dont on vante, non pas les qualités héroïques, mais les qualités sociales. Ce n'est pas sa grandeur qui importe, mais sa modestie: ayant du goût sans être pédant, il cultive l'amitié et l'art de la conversation.

L'éloge baroque

Dans la conception baroque, l'homme mais aussi la nature vivent pour faire l'éloge de leur Créateur. Voici deux strophes d'un poème de Martial de Brives, célèbre pour ses métaphores.

Fontaines où le soleil nage,
Clairs miroirs de cristal coulant,
Où par l'éclat d'un or tremblant
Cet astre fait voir son image;
Chastes mères de nos ruisseaux,
Qui naissent du sein de vos eaux
Au point qu'ils commencent leur course,
Sources qui tarissez souvent
Bénissez l'adorable Source
Qui coule pour jamais du sein de Dieu vivant.

Homme, en qui les diverses choses
Dont ce vaste monde est rempli,
Comme en un monde recueilli
Sont délicatement encloses;
Pierre et plante conjointement,
Par l'être et par l'accroissement,
Bête en la chair, en l'esprit ange,
Puisque tous êtres sont en vous,
Honorez Dieu d'une louange
Qui seule ait la vertu de le bénir pour tous.

René Descartes

Après avoir participé en Hollande et en Allemagne à des campagnes militaires, René Descartes (1596-1650) s'intéresse aux sciences (astronomie, géométrie, optique) et veut élaborer une méthode universelle pour la recherche de la vérité. Bien que très écouté à Paris, il se retire en 1629 en Hollande pour y travailler en liberté; il ne quitte ce pays qu'un an avant sa mort, en 1649, pour s'installer à Stockholm, sur l'invitation de la reine Christine de Suède.

En 1637 Descartes publie le *Discours de la Méthode pour bien conduire sa raison et chercher la vérité dans les sciences,* qui est le premier grand ouvrage philosophique écrit en français. Il écrit une belle prose et il se sert souvent de procédés littéraires pour ses démonstrations savantes. Sa méthode consiste en un *doute méthodique* à l'égard de tout ce qui ne se présente pas au jugement comme clair et distinct, c'est-à-dire comme évident. Ce doute détruit selon Descartes les connaissances fausses et il permet d'établir les connaissances vraies: celle de Dieu, celle du monde extérieur et celle de l'homme. 'Je pense donc je suis': l'homme peut s'assurer de sa propre existence, par sa capacité de réflexion rationnelle.

Descartes a eu une influence déterminante sur la pensée française et européenne dès la seconde moitié du 17e siècle. Les progrès extraordinaires de la science et de la technique dans l'Occident moderne ont pour fondement des principes cartésiens.

▷ *Descartes. Portrait anonyme*
◁◁ *Solimena, 'Crucifixion', 1686. Voici un exemple typique de la peinture baroque: théâtralité, formes en mouvement*

Discours de la Méthode

Voici deux fragments révélateurs de l'optimisme de Descartes: tout homme possède le bon sens, la raison, et on peut raisonner sur tous les sujets aussi clairement qu'en géométrie.

Le bon sens est la chose du monde la mieux partagée; car chacun pense en être si bien pourvu que ceux même qui sont les plus difficiles à contenter en toute autre chose n'ont point de coutume d'en désirer plus qu'ils en ont. En quoi il n'est pas vraisemblable que tous se trompent: mais plutôt cela témoigne que la puissance de bien juger et distinguer le vrai d'avec le faux, qui est proprement ce qu'on nomme le bon sens ou la raison, est naturellement égale en tous les hommes. (...)

Ces longues chaînes de raisons, toutes simples et faciles, dont les géomètres ont coutume de se servir pour parvenir à leurs plus difficiles démonstrations, m'avaient donné occasion de m'imaginer que toutes les choses qui peuvent tomber sous la connaissance des hommes s'entre-suivent en même façon, et que, pourvu seulement qu'on s'abstienne d'en recevoir aucune pour vraie qui ne le soit, et qu'on garde toujours l'ordre qu'il faut pour déduire les unes des autres, il n'y en peut avoir de si éloignées auxquelles enfin on ne parvienne, ni de si cachées qu'on ne découvre.

Traité des passions de l'âme

Dans ce livre paru en 1649, Descartes proclame que la grandeur de l'homme consiste dans sa faculté de prendre librement des décisions.

Je ne remarque en nous qu'une seule chose qui nous puisse donner juste raison de nous estimer, à savoir l'usage de notre libre arbitre et l'empire que nous avons sur nos volontés: car il n'y a que les seules actions qui dépendent de ce libre arbitre pour lesquelles nous puissions avec raison être loués ou blâmés: et il nous rend en quelque façon semblables à Dieu en nous faisant maîtres de nous-mêmes.

Religion et littérature

Le 17e siècle n'est pas seulement le 'Siècle de Louis XIV', c'est-à-dire de la grandeur et du faste de Versailles; c'est aussi le grand siècle de la spiritualité religieuse, notamment catholique.

La poésie religieuse célèbre la Vierge Marie, elle paraphrase des textes bibliques (surtout les psaumes), elle exprime les angoisses du pécheur repenti. Il existe en particulier une poésie religieuse baroque, qui interprète tous les phénomènes de la nature, toute l'histoire et toute la mythologie dans un sens chrétien: tout est symbole. Jean de La Ceppède (1550-1622) est le poète baroque le plus intéressant. Il consacre dans les deux volumes de ses *Théorèmes* (1613, 1620) plus de cinq cent sonnets à la passion, c'est-à-dire à la mort et à la résurrection du Christ.

Les genres religieux par excellence sont les genres de l'éloquence chrétienne: sermons, oraisons funèbres. Bossuet (1627-1704) est le plus célèbre des orateurs sacrés. À 35 ans, il prêche déjà devant le roi et bientôt on lui confie les oraisons funèbres pour plusieurs membres de la famille royale. Pédagogue, Bossuet rédige des traités de politique et d'histoire pour ses élèves royaux; militant infatigable, il combat durement toutes les hérésies. Il représente l'Église officielle, telle que Louis XIV la conçoit.

Sermon sur la mort

Au milieu des fêtes somptueuses de Versailles, Bossuet, le prédicateur le plus en vue de la cour, n'arrête pas de parler de la toute-puissance de la mort.

J'entre dans la vie pour sortir bientôt; je viens me montrer comme les autres; après, il faudra disparaître. Tout nous appelle à la mort. La nature, presque envieuse du bien qu'elle nous a fait, nous déclare souvent et nous fait signifier qu'elle ne peut pas nous laisser longtemps ce peu de matière qu'elle nous prête, qui ne doit pas demeurer dans les mêmes mains, et qui doit être éternellement dans le commerce: elle en a besoin pour d'autres formes, elle la redemande pour d'autres ouvrages. Cette recrue continuelle du genre humain, je veux dire les enfants qui naissent, à mesure qu'ils croissent et qu'ils s'avancent, semblent nous pousser de l'épaule et nous dire: Retirez-vous, c'est maintenant notre tour. (...) Si je jette la vue devant moi, quel espace infini où je ne suis pas! Si je la retourne, quelle suite effroyable où je ne suis plus, et que j'occupe peu de place dans cet abîme immense du temps! Je ne suis rien; un si petit intervalle n'est pas capable de me distinguer du néant. On ne m'a envoyé que pour faire nombre: encore n'avait-on que faire de moi, et la pièce n'en aurait pas été moins jouée, quand je serais demeuré derrière le théâtre.

△ *Georges de La Tour (1593-1652), 'La naissance du Christ'. Longtemps oublié, La Tour est considéré aujourd'hui comme l'un des grands peintres religieux de l'époque Louis XIII*

Le débat théologique le plus connu du siècle est celui qui oppose les jansénistes et les jésuites. Ceux-ci estiment que l'homme peut contribuer lui-même par ses bonnes œuvres à son salut. Par contre, comme les calvinistes, les jansénistes réservent à Dieu seul le privilège d'accorder la grâce; l'homme, corrompu depuis la chute originelle, ne peut rien pour le salut de son âme. Le centre spirituel et intellectuel du jansénisme est l'abbaye de Port-Royal, près de Paris. Le jansénisme est condamné par le pape, persécuté par le roi; Port-Royal sera rasé en 1710. L'Église craignait en effet que la doctrine sévère des jansénistes ne pousse les fidèles à l'indifférence ou au désespoir.

Blaise Pascal

La personnalité de Blaise Pascal (1623-1662) est intimement mêlée au grand débat théologique de son époque. Génie précoce, il trouve à douze ans tout seul les trente-deux premières propositions de la géométrie d'Euclide, et quelques années plus tard il invente, pour aider son père, la première machine à calculer. Après une période mondaine qui le rapproche de jeunes gentilshommes libertins, il se retire à Port-Royal où il note ses *Pensées* dont il se propose de tirer une apologie du christianisme, à l'intention de ses amis libertins précisément. (Ce projet ne sera jamais achevé.) En bon mathématicien, Pascal leur suggère de faire le pari que Dieu existe: 'si vous gagnez, vous gagnez tout, et si vous perdez, vous ne perdez rien'. Converti, après une nuit d'extase en 1654, il garde les notes prises pendant ce moment suprême dans la doublure de son vêtement. Pascal est un savant moderne comme Descartes, mais il entend se servir de démonstrations scientifiques pour prouver ce dont il sait qu'elle ne peut pas être prouvée: la vérité de la religion chrétienne. Maître des formules paradoxales, il démontre la condition tragique de l'homme, déchiré entre sa misère et sa grandeur.

Pensées

L'homme n'est qu'un roseau, le plus faible de la nature, mais c'est un roseau pensant. Il ne faut pas que l'univers entier s'arme pour l'écraser, une vapeur, une goutte d'eau suffit pour le tuer. Mais quand l'univers l'écraserait, l'homme serait encore plus noble que ce qui le tue, puisqu'il sait qu'il meurt et l'avantage que l'univers a sur lui. L'univers n'en sait rien.

Car enfin qu'est-ce que l'homme dans la nature? Un néant à l'égard de l'infini, un tout à l'égard du néant, un milieu entre rien et tout. Infiniment éloigné de comprendre les extrêmes, la fin des choses et leur principe sont pour lui invinciblement cachés dans un secret impénétrable, également incapable de voir le néant d'où il est tiré, et l'infini où il est englouti.

J'ai dit souvent que tout le malheur des hommes vient d'une seule chose, qui est de ne savoir pas demeurer en repos dans une chambre.

Il faut n'aimer que Dieu et ne haïr que soi.

Le cœur a ses raisons que la raison ne connaît pas. C'est le cœur qui sent Dieu et non la raison. Voilà ce que c'est que la foi. Dieu sensible au cœur, non à la raison.

▽▽ *La machine à calculer inventée par Pascal*
▽ *'Vue de Port-Royal des Champs', peinture anonyme du* XVIIe *siècle*

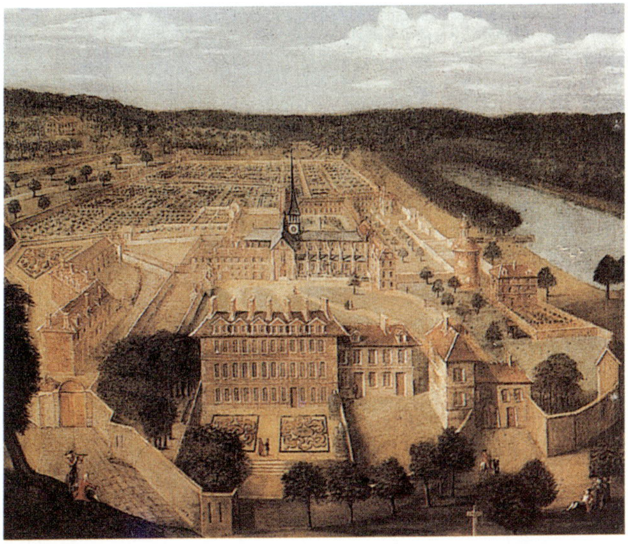

Les libertins

Dans l'ensemble, le 17e siècle est le grand siècle de la spiritualité, mais il connaît aussi un courant libertin. Le terme 'libertinage' désigne au 17e siècle non seulement une liberté des mœurs, mais aussi et surtout une liberté de la pensée dans les domaines de la morale et de la philosophie.

Une pensée libre, voire hostile à l'église, ne peut pas se manifester ouvertement à cette époque: l'hérésie est persécutée et ceux qu'on soupçonne d'athéisme risquent la peine de mort. C'est pourquoi le libertinage s'exprime en général de manière déguisée. Lorsqu'un poète, dans un poème philosophique, parle toujours de 'la Nature' et jamais de 'Dieu', on peut supposer qu'il est un libertin.

Les mémoires d'un curé

De 1653 à 1675, Pierre Beurrier est curé de la paroisse de Saint-Étienne-du-Mont. Dans ses 'Mémoires', il raconte comment il veut donner les sacrements à un avocat très malade qui les refuse.

Je frappai assez fortement à la porte, en disant assez haut que je trouvais très mauvais qu'on refusât au Pasteur de voir son ouaille malade. L'on m'ouvrit alors et je fus droit au lit du malade qui me reçut bien et me fit excuse de ce qu'on ne m'avait pas laissé entrer et lui-même fit sortir de la chambre tout le monde qui y était afin d'avoir la liberté entière de me parler plus confidemment; comme il fit, en me disant: Monsieur, je ne suis pas en état de me confesser ni de recevoir les sacrements, que vous ne m'ayez auparavant éclairci les difficultés que j'ai sur la religion chrétienne, que j'ai professé extérieurement pour n'être pas remarqué et pour sauver les dehors. Mais dans le fond de mon âme, j'ai cru que c'était une fable, et je ne suis pas seul de mon sentiment, car nous sommes bien vingt mille personnes dans Paris qui sont dans ces sentiments. La religion n'est qu'une politique mondaine, inventée pour maintenir les peuples dans la soumission et dans l'obéissance aux souverains par la crainte des enfers imaginaires.

Contrairement à la majorité bien pensante, deux écrivains parmi les plus célèbres du siècle, La Fontaine et Molière, ont laissé une œuvre qui n'est pas toujours conforme à l'orthodoxie religieuse. Sans être des libertins à proprement parler, ils proposent une morale du bon sens, opposée à tout fanatisme et aux spéculations métaphysiques: il faut pratiquer une religion modérée, il faut suivre les lois de la nature et les usages de la société qui nous apprennent à éviter les excès du fanatisme et de la pruderie. Ce scepticisme souriant est très répandu dans les milieux mondains et constitue la troisième grande attitude morale de l'époque, à côté de la morale religieuse optimiste des jésuites et de la morale religieuse pessimiste des jansénistes.

Il existe cependant quelques rares cas d'écrivains qu'on range avec certitude parmi les libertins, qui ont osé formuler clairement des idées très audacieuses. Charles Sorel (1600-1674) rédige pendant les troubles de la régence de Marie de Médicis *L'histoire comique de Francion,* publiée en 1623 et qui raconte les mauvais tours que Francion, épris de liberté et d'aventures sexuelles, joue aux gens vulgaires qu'il déteste. Savinien Cyrano de Bergerac (1620-1655) écrit pendant la Fronde deux récits fantastiques de voyage dans la lune et le soleil.

Les passages les plus osés du roman de Sorel seront supprimés dès la deuxième édition et les deux récits de Cyrano ne seront publiés qu'après sa mort, *Les états de la Lune* en 1657 et *Les états et empires du Soleil* en 1661.

Cyrano de Bergerac

Ayant dû renoncer fort tôt à la carrière militaire, le Parisien Cyrano écrit quelques pièces de théâtre très bien accueillies et, stimulé par ses études philosophiques, il prépare en même temps un roman fantastique où l'imagination est au service d'une pensée extrêmement audacieuse. Cyrano met en question systématiquement toutes les opinions officielles, qu'elles soient d'ordre religieux, moral, politique ou scientifique. En voyageant dans la lune et ensuite dans le soleil, le narrateur rencontre des personnages extraordinaires qui lui expliquent les erreurs des savants et des théologiens de notre planète; le narrateur vit des aventures merveilleuses et amusantes qui montrent un monde à l'envers: le roi est la personne la plus faible du royaume, les vieux obéissent aux jeunes, le sexe est plus respecté que les armes. Comme les philosophes et les auteurs satiriques du 18e siècle qu'il annonce (Voltaire, Swift), Cyrano relativise: ses personnages se demandent pourquoi un chou serait moins admirable qu'un homme, pourquoi la lune serait inférieure à la terre.

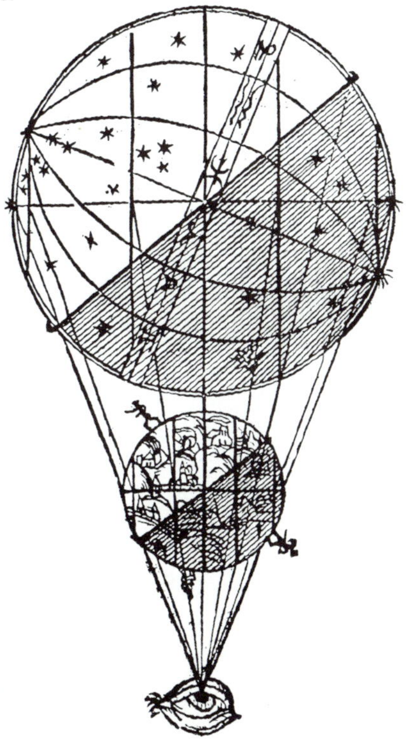

▷ *L'oeil humain en quête des secrets de l'univers. Illustration d'un traité populaire de cosmogonie*
◁◁ *Illustration du 'Theatrum cometicum 1667*

Les états de la Lune

Selon Cyrano, tout se passe autrement dans la lune que sur terre: les proverbes deviennent des réalités et on peut payer un repas avec un poème.

Je vis entrer le lendemain mon démon avec le soleil. 'Et je vous veux tenir parole,' me dit-il, 'vous déjeunerez plus solidement que vous ne soupâtes hier.'

À ces mots, je me levai, et il me conduisit par la main, derrière le jardin du logis, où l'un des enfants de l'hôte nous attendait avec une arme à la main, presque semblable à nos fusils. Il demanda à mon guide si je voulais une douzaine d'alouettes, parce que les magots (il croyait que j'en fusse un) se nourrissaient de cette viande. À peine eus-je répondu que oui, que le chasseur décharga un coup de feu, et vingt ou trente alouettes tombèrent à nos pieds toutes rôties.

'Voilà, m'imaginai-je aussitôt, ce qu'on dit par proverbe en notre monde d'un pays où les alouettes tombent toutes rôties!'

Sans doute que quelqu'un était revenu d'ici.

– 'Vous n'avez qu'à manger,' me dit mon démon, 'ils ont l'industrie de mêler parmi leur poudre et leur plomb une certaine composition qui tue, plume, rôtit, et assaisonne le gibier.'

J'en ramassai quelques-unes, dont je mangeai sur sa parole et en vérité je n'ai jamais en ma vie rien goûté de si délicieux.

Après ce déjeuner nous nous mîmes en état de partir, et avec mille grimaces dont ils se servent quand ils veulent témoigner de l'affection, l'hôte reçut un papier de mon démon. Je lui demandai si c'était une obligation pour la valeur de l'écot. Il me répartit que non; qu'il ne lui devait plus rien, et que c'étaient des vers.

– 'Comment, des vers?' lui répliquai-je, 'les taverniers sont donc si curieux de rimes?'

– 'C'est,' me dit-il, 'la monnaie du pays, et la dépense que nous venons de faire céans s'est trouvée monter à un sixain que je lui viens de donner. Je ne craignais pas demeurer court; car quand nous ferions ici ripaille pendant huit jours, nous ne saurions dépenser un sonnet, et j'en ai quatre sur moi, avec deux épigrammes, deux odes et une églogue.'

La préciosité

La préciosité est née dans les salons parisiens. C'est un phénomène à la fois littéraire et social. La préciosité littéraire s'exprime dans certains genres (épigramme, portrait) et par un style artificiel, ridiculisé plus tard par Molière. La préciosité sociale est une sorte de féminisme avant la lettre: elle permet aux femmes de protester contre les mariages forcés, de formuler certaines idées hardies sur la sexualité et de revendiquer l'égalité des sexes.

Le langage précieux

S'asseoir: Contentez, s'il vous plaît, l'envie que ce siège a de vous embrasser
Un homme d'affaires: Un inquiet
Astres: Les pères de la fortune et des inclinations
Dents: L'ameublement de la bouche
Les joues: Les trônes de la pudeur
La lune: Le flambeau de la nuit
La musique: Le paradis des oreilles
Le nez: Les écluses du cerveau
Les pieds: Les chers souffrants

Une précieuse attaque le mariage

Car enfin, et c'est où je veux venir, y a t-il une tyrannie au monde plus cruelle, plus sévère, plus insupportable que celle de ces fers qui durent jusqu'au tombeau? L'honneur la menace, sa foi la lie, son devoir la serre, et par-dessus tous ces différents bourreaux qui la tourmentent, elle se voit obligée d'aimer ce qu'elle hait, d'ériger des autels à une idole, de respecter un objet de mépris, d'avaler malgré son dégoût une éternelle amertume. Elle est obligée de supporter une chose insupportable et, ce qui à mon sens est le plus haut point de la tyrannie du mariage, elle est obligée, dis-je, de recevoir dans son sein glacé les ardeurs de son mari, d'essuyer les caresses d'un homme qui lui déplaît, qui est l'horreur de ses sens et de son cœur. Elle se trouve dans ses bras, elle en reçoit des baisers, et, quelque obstacle que son aversion et sa peine puissent rechercher, elle est contrainte de se soumettre et de recevoir la loi du vainqueur.

La satire des précieuses chez Molière

Dans 'Les Précieuses ridicules' (1659) Molière met en scène deux précieuses de province, Magdelon et Cathos qui viennent d'arriver à Paris. Gorgibus, leur père et oncle, qui représente le bon sens bourgeois, peste contre les extravagances des deux cousines, qu'il aimerait vite marier.

▷▷ *Femme de qualité en déshabillé d'été. Gravure anonyme du* XVIIe *siècle*

▷▷▷ *'La carte de Tendre', 1654. Cette carte célèbre est une allégorie, elle illustre un roman précieux de l'époque. Elle montre le chemin (le fleuve Indifférence) que doit parcourir l'amoureux, de Nouvelle Amitié à Tendre-sur-Estime, au milieu des dangers de l'Indifférence et de l'Inimitié*

▽ *Illustration de 'La Guirlande de Julie'. Ce recueil de madrigaux fut offert à Julie, fille de la marquise de Rambouillet, par le duc de Montausier qui soupira pour elle pendant quatorze ans*

GORGIBUS:
Je pense qu'elles sont folles toutes deux, et je ne puis rien comprendre à ce baragouin. Cathos et vous Magdelon...

MAGDELON:
Eh de grâce, mon père, défaites-vous de ces noms étranges, et appelez-nous autrement.

GORGIBUS:
Comment ces noms étranges? ne sont-ce pas vos noms de baptême?

MAGDELON:
Mon Dieu, que vous êtes vulgaire! pour moi un de mes étonnements, c'est que vous ayez pu faire une fille si spirituelle que moi. A-t-on jamais parlé dans le beau style de Cathos ni de Magdelon? Et ne m'avouerez-vous pas que ce serait assez d'un de ces noms pour décrier le plus beau roman du monde?

CATHOS:
Il est vrai, mon oncle, qu'une oreille un peu délicate pâtit furieusement à entendre prononcer ces mots-là, et le nom de Polixène que ma cousine a choisi, et celui d'Aminthe que je me suis donné, ont une grâce dont il faut que vous demeuriez d'accord.

GORGIBUS:
Écoutez: il n'y a qu'un mot qui serve. Je n'entends point que vous ayez d'autres noms que ceux qui vous ont été donnés par vos parrains et marraines, et pour ces messieurs dont il est question, je connais leurs familles et leurs biens, et je veux résolument que vous vous disposiez à les recevoir pour maris. Je me lasse de vous avoir sur les bras, et la garde de deux filles est une charge un peu trop pesante pour un homme de mon âge.

CATHOS:
Pour moi, mon oncle, tout ce que je puis vous dire c'est que je trouve le mariage une chose tout à fait choquante. Comment est-ce qu'on peut souffrir la pensée de coucher contre un homme vraiment nu?

MAGDELON:
Souffrez que nous prenions un peu haleine parmi le beau monde de Paris où nous ne faisons que d'arriver. Laissez-nous faire à loisir le tissu de notre roman et n'en pressez pas tant la conclusion.

GORGIBUS:
Il n'en faut point douter, elles sont achevées. Encore un coup, je n'entends rien à toutes ces balivernes; je veux être maître absolu, et pour trancher toutes sortes de discours, ou vous serez mariées toutes deux avant qu'il soit peu ou, ma foi, vous serez religieuses, j'en fais un bon serment.

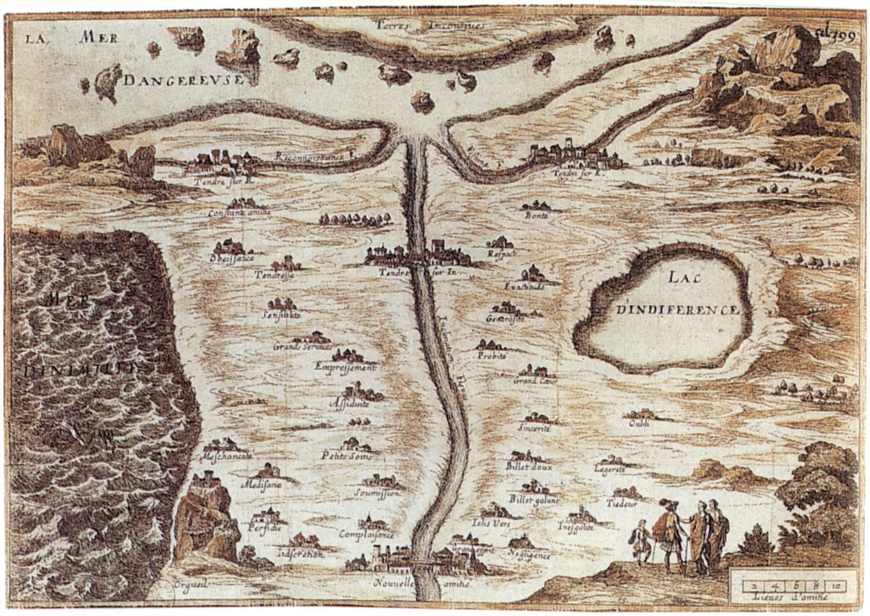

La poésie

L'épopée est traditionnellement considérée comme le genre poétique le plus noble, de nombreux poètes se sont efforcés d'en écrire. L'épopée est un long récit en vers, présentant les aventures extraordinaires et merveilleuses d'un héros exceptionnel, soutenu par les Dieux, et qui lutte pour une cause élevée: reconquérir la Terre Sainte (Saint Louis), libérer la patrie (Jeanne d'Arc). Pierre Le Moyne (1602-1671) est le plus célèbre poète épique.

Les sujets religieux sont très répandus en poésie. Par contre, la poésie de la nature et la poésie amoureuse ont une place moins centrale que pendant la Renaissance. Théophile de Viau (1590-1626), qui meurt jeune après un procès où il est accusé d'impiété, est le poète le plus lu du siècle.

Ode

Ce poème de Viau s'inscrit dans la tradition des 'impossibles': description concrète de ce qui est contraire à la nature.

Un corbeau devant moi croasse;
Une ombre offusque mes regards;
Deux belettes et deux renards
Traversent l'endroit où je passe;
Les pieds faillent à mon cheval;
Mon laquais tombe du haut mal;
J'entends craqueter le tonnerre;
Un esprit se présente à moi;
J'oïs Charon qui m'appelle à soi;
Je vois le centre de la terre.

Ce ruisseau remonte en sa source;
Un bœuf gravit sur un clocher;
Le sang coule de ce rocher;
Un aspic s'accouple d'une ourse;
Sur le haut d'une vieille tour
Un serpent déchire un vautour;
Le feu brûle dedans la glace;
Le soleil est devenu noir;
Je vois la lune qui va choir;
Cet arbre est sorti de sa place.

△ *Rubens, 'Le débarquement à Marseille de Marie de Médicis', 1625. La princesse italienne Marie de Médicis arrive en 1600 en France pour épouser Henri IV. Rubens (1577-1640) est l'un des plus célèbres peintres baroques*

L'année est bonne

Vincent Voiture (1597-1648) est l'un des piliers du plus célèbre des salons précieux, celui de Madame de Rambouillet. Sa poésie est facile et spirituelle, écrite pour être récitée.

Les demoiselles de ce temps
Ont, depuis peu, beaucoup d'amants.
On dit qu'il n'en manque à personne:
L'année est bonne.

Nous avons vu, les ans passés,
Que les galants étaient glacés.
Mais maintenant, tout en foisonne:
L'année est bonne.

Le temps n'est pas bien loin encor
Qu'ils se vendaient au poids de l'or,
Et, pour le présent, on les donne:
L'année est bonne. (...)

François de Malherbe

La poésie officielle, politique, joue un rôle très important au 17e siècle. Nombreux sont en effet les poètes qui saisissent l'occasion d'un évènement politique (bataille, naissance, mariage ou mort d'une personne appartenant à la famille royale) pour écrire des poèmes élogieux dans l'espoir d'une récompense.

François de Malherbe (1555-1628) est le plus célèbre des poètes officiels. Il avait déjà écrit des vers pour plusieurs personnages princiers, lorsqu'il présente en 1605 sa *Prière pour le roi Henri Le Grand allant en Limousin* au roi Henri IV, qui trouve ce poème admirable et retient Malherbe à Paris. Après la mort du roi, le poète continue à fréquenter les milieux de la haute aristocratie, en particulier l'hôtel de la marquise de Rambouillet.

Malherbe doit sa réputation autant à sa conduite en société qu'à ses poèmes. Il réunit ses disciples autour de lui, critique sévèrement les poètes antérieurs et dès son vivant, de nombreuses anecdotes circulent à son sujet. Ainsi, on racontait qu'il avait mis tant de temps à terminer un poème pour consoler un ami de la perte de sa femme que celui-ci s'était remarié entretemps.

Ce qui compte pour Malherbe, c'est la clarté de l'expression et la rigueur de la versification: il pourchasse les expressions alambiquées, les rimes faciles, les irrégularités rythmiques. Le poète est un artisan, un 'arrangeur de syllabes', et non pas un être privilégié, inspiré par une 'fureur divine', comme le disaient les poètes de la Renaissance. Pour Malherbe 'un bon poète n'est pas plus utile à l'État qu'un joueur de quilles'. Ses maîtres en langage sont les petits artisans de Paris.

Malherbe l'artisan, qui écrit peu, s'oppose ainsi en tous points à Ronsard l'inspiré, qui a laissé une œuvre poétique volumineuse. Il est considéré comme le précurseur du classicisme. Boileau écrira dans son *Art poétique* que Ronsard 'brouilla tout', mais que 'Enfin Malherbe vint et le premier en France/Fit sentir dans les vers une juste cadence,/D'un mot mis en sa place enseigna le pouvoir/Et réduisit la Muse aux règles du devoir.'

Cependant cette rigueur ne sera pas sans effets négatifs: en lui imposant trop de contraintes formelles, Malherbe a contribué au déclin de la poésie lyrique, qui ne renaîtra véritablement qu'avec le romantisme.

Prière pour le roi Henri Le Grand

Malherbe fait l'éloge du roi Henri IV et célèbre le retour de la paix. Les contemporains et la postérité ont célébré la facture de ces vers, la régularité rythmique, notamment de la fin de chaque strophe. Les deux derniers vers sont souvent cités, à cause de leur harmonie musicale, comme un spécimen de 'poésie pure', voire comme les plus beaux vers jamais écrits en français.

La terreur de son nom rendra nos villes fortes:
On n'en gardera plus ni les murs ni les portes,
Les veilles cesseront aux sommets de nos tours;
Le fer mieux employé cultivera la terre,
Et le peuple qui tremble aux frayeurs de la guerre,
Si ce n'est pour danser, n'orra plus de tambours.

Loin des mœurs de son siècle il bannira les vices,
L'oisive nonchalance et les molles délices
Qui nous avaient portés jusqu'aux derniers hasards;
Les vertus reviendront de palmes couronnées,
Et ses justes faveurs aux mérites données
Feront ressusciter l'excellence des arts.

La fois de ses aïeux, ton amour, et ta crainte,
Dont il porte dans l'âme une éternelle empreinte,
D'actes de piété ne pourront l'assouvir;
Il étendra ta gloire autant que sa puissance;
Et, n'ayant rien si cher que ton obéissance,
Où tu le fais régner il te fera servir.

Tu nous rendras alors nos douces destinées;
Nous ne reverrons plus ces fâcheuses années
Qui pour les plus heureux n'ont produit que des pleurs.
Toute sorte de biens comblera nos familles;
La moisson de nos champs lassera les faucilles,
Et les fruits passeront la promesse des fleurs.

Jean de La Fontaine

Jean de La Fontaine (1621-1695) est l'un des écrivains français les plus connus dans le monde entier: ses *Fables*, que des générations d'enfants ont apprises par cœur, ont été traduites dans de nombreuses langues et ont trouvé des illustrateurs célèbres à toutes les époques (Fragonard, Grandville, Doré, Moreau, Dufy), même à l'étranger (Japon, Inde). La Fontaine a pratiqué aussi d'autres genres (théâtre, journal de voyage, poésie officielle, contes), mais seules les *Fables* lui vaudront un succès immédiat et incontesté. Elles constituent un univers à la fois poétique et moral qui a valeur universelle et ne concerne pas uniquement les enfants.

La Fontaine fait des études de droit à Paris mais garde des attaches avec la province. À partir de 1659, il fréquente le puissant surintendant Fouquet, le ministre des Finances que Louis XIV, jaloux de sa magnificence, fera arrêter en 1661. La Fontaine écrit ses premières fables dans le somptueux château de Fouquet à Vaux-le-Vicomte, et sera l'un de ses rares protégés à prendre son parti même après sa disgrâce.

Le ton libre de ses contes, la critique déguisée qui se trouve dans certaines fables ainsi que l'amitié pour l'ancien ministre incarcéré expliquent les réserves du roi à son égard, mais il finit par être élu à l'Académie en 1684. Après avoir fréquenté les salons où il est en contact avec tous les écrivains de son temps et de nombreux savants libertins, La Fontaine fait en 1693 une conversion publique retentissante, renie ses contes trop frivoles et se rapproche du jansénisme.

Les *Fables* se composent de douze livres, ou parties, dont les six premiers sont publiés en 1668, les cinq livres suivants dix ans plus tard, et un douzième en 1694. En les intitulant *Fables choisies mises en vers par M. de La Fontaine*, l'auteur se présente comme l'imitateur-adaptateur de fables anciennes, il se réclame de l'autorité d'Esope et de Phèdre. Les fables (ou apologues) sont de brefs récits en vers, mettant en scène souvent des animaux. Ces récits sont dramatiques, c'est-à-dire que, comme au théâtre, les personnages (hommes ou animaux) se parlent sous forme de dialogues. Le dénouement de l'intrigue est en général surprenant: c'est l'âne, un animal bien innocent, qui devient le bouc émissaire, c'est le vieillard qui survit aux trois jeunes hommes.

La Fontaine ne raconte pas simplement des récits, il nous invite à les interpréter, à leur donner un sens: 'L'apologue, écrit-il, est composé de deux parties (...). Le corps est la fable, l'âme est la moralité'. La leçon peut contenir une allusion historique assez précise (critique ou bien même soutien à la politique royale), mais elle a toujours valeur universelle.

La morale de La Fontaine reflète une vision désabusée de l'humanité: la raison du plus fort règne partout, la prudence est préférable à la témérité, on doit se méfier de ses amis. On comprend que Rousseau et les romantiques se soient révoltés contre une telle conception du monde qu'il serait, selon eux, dangereux d'enseigner aux enfants: au lieu de grandes leçons d'héroïsme et de dévouement, ils n'apprendraient que des vices (flatterie, injustice, cruauté, ruse). Mais le scepticisme de La Fontaine est moins amer qu'on ne le dit: il exalte la liberté, la générosité, il sympathise avec les pauvres. En outre ses récits sont si amusants et si bien racontés que la poésie fait souvent oublier la morale.

Le corbeau et le renard

Maître Corbeau, sur un arbre perché,
Tenait en son bec un fromage.
Maître Renard, par l'odeur alléché,
Lui tint à peu près ce langage:
'Hé! bonjour, Monsieur du Corbeau.
Que vous êtes joli! Que vous me semblez beau!
Sans mentir, si votre ramage
Se rapporte à votre plumage,
Vous êtes le phénix des hôtes de ces bois.'
À ces mots, le corbeau ne se sent pas de joie;
Et pour montrer sa belle voix,
Il ouvre un large bec, laisse tomber sa proie.
Le renard s'en saisit, et dit: 'Mon bon Monsieur,
Apprenez que tout flatteur
Vit aux dépens de celui qui l'écoute:
Cette leçon vaut bien un fromage, sans doute.'
Le corbeau, honteux et confus,
Jura, mais un peu tard, qu'on ne l'y prendrait plus.

La mort et le bûcheron

Un pauvre bûcheron, tout couvert de ramée,
Sous le faix du fagot aussi bien que des ans
Gémissant et courbé, marchait à pas pesants,
Et tâchait de gagner sa chaumine enfumée.
Enfin, n'en pouvant plus d'effort et de douleur,
Il met bas son fagot, il songe à son malheur.
Quel plaisir a-t-il eu depuis qu'il est au monde?
En est-il un plus pauvre en la machine ronde?
Point de pain quelquefois, et jamais de repos:
Sa femme, ses enfants, les soldats, les impôts,
Le créancier et la corvée
Lui font d'un malheureux la peinture achevée.
Il appelle la mort. Elle vient sans tarder,
Lui demande ce qu'il faut faire.
'C'est, dit-il, afin de m'aider
À recharger ce bois; tu ne tarderas guère.'

Le trépas vient tout guérir;
Mais ne bougeons d'où nous sommes:
Plutôt souffrir que mourir,
C'est la devise des hommes.

◁◁ *Le château de Vaux (aujourd'hui Vaux-le-Vicomte), construit de 1656 à 1661 pour Fouquet. Louis XIV engagera pour Versailles les mêmes artistes (architecte, décorateur, jardinier) qui avaient réalisé Vaux*
▽ *Trois illustrations de 'La mort et le bûcheron', par Grandville (1838), Doré (1868) et Moreau (1881)*

Le roman baroque

Pendant la première moitié du siècle, le roman ressemble à une épopée qui serait écrite en prose: c'est un long récit merveilleux plein d'histoires secondaires et de descriptions. Ce roman-épopée que l'on trouve jusque vers 1660, offre au lecteur à travers ses personnages un modèle idéal pour le comportement dans la société: comment faire la conversation, comment écrire des lettres, comment parler aux Grands, comment s'adresser à celui ou à celle dont on est amoureux. Le roman est donc ici une encyclopédie de la vie pratique, mais une encyclopédie qui idéalise, qui décrit une vie utopique.

L'exemple le plus célèbre d'un tel roman est *L'Astrée* d'Honoré d'Urfé (1567-1625), qui se compose de cinq parties, de mille pages chacune, publiées entre 1607 et 1627. D'Urfé est avant tout un homme d'action. Il participe aux guerres de religion du côté des adversaires de Henri IV et doit se réfugier en Savoie. C'est là que, condamné à l'inaction, il se met a écrire.

L'Astrée est un roman pastoral, c'est-à-dire conforme aux lois d'un genre qui a connu un très vif succès en Italie et en Espagne; le roman est peuplé de bergers et de bergères qui se donnent des noms poétiques. Ils passent leur temps à s'aimer et se lancent dans des débats interminables sur l'amour. Le roman comporte au total 45 récits.

L'intrigue principale est conventionnelle: le berger Céladon aime la bergère Astrée, malgré l'opposition des familles. Les deux amants sont séparés par mille obstacles, restent fidèles et finissent par se marier. Les personnages, très nombreux, sont tous nobles, subtils et éloquents. Ils se distinguent par leurs opinions: l'un défend la fidélité et l'autre la critique, l'un justifie et l'autre condamne la violence de la passion.

L'Astrée a connu un immense succès; il est le livre de chevet de plusieurs générations, Rousseau s'en inspirera encore, 150 ans plus tard, lorsqu'il écrira *La Nouvelle Héloïse.*

Les 'anti-romans'

Le roman baroque, dont le roman pastoral fait partie, suscite aussi de nombreuses réactions critiques ou hostiles. Dès 1627, Charles Sorel publie *Le Berger extravagant,* une parodie de *L'Astrée;* les bergers aux noms poétiques sont présentés comme des fous, leurs actions sont ridiculisées. Dans la préface, Sorel présente son livre comme un 'anti-roman': il veut qu'il devienne 'le tombeau des romans' qui sont, selon lui, des ouvrages inutiles et fantasques.

Le Berger extravagant

Sorel raconte les aventures d'un jeune Parisien qui se prend pour un berger, se donne le nom de Lysis et donne à son amour le nom de Charite. Anselme, qui représente le bon sens, grave le portrait de celle-ci, d'après les indications du berger. Lysis, d'abord surpris, finit par admirer le chef-d'œuvre de son ami.

Le cabinet étant ouvert, Lysis y entra avec autant de respect que si c'eût été un Temple, et Anselme lui montrant la planche de cuivre sur laquelle il avait travaillé, notre passionné Amant la regarda longtemps, avec une attention extrême, mais s'écriant enfin d'une façon étonnée, il dit: 'Je ne comprends point ceci: vous me donnez un tableau pour un autre! Je vois là des chaînes, des soleils et des fleurs: ceci n'est pas un visage.' 'Je m'en vais vous faire tout remarquer avec un seul mot, dit Anselme, ne voyez-vous pas bien que j'ai fait tout ce que vous m'avez recommandé, et que j'ai représenté tous les traits de la beauté de Charite de la même sorte que vous me les avez exprimés?' Alors Lysis reconnaissant l'artifice de ce bon peintre, commença de remarquer par ordre toutes les parties de ce portrait qui l'avaient étonné lorsque de prime abord il les avait regardées en confusion.

Anselme avait fait un tour de malice ingénieuse et suivant ce que le Berger lui avait dit de sa Maîtresse, imitant les extravagantes descriptions des Poètes, il avait dépeint un visage qui au lieu d'être de couleur de chair avait un teint blanc comme neige. Il y avait deux branches de corail à l'ouverture de la bouche et à chaque joue un lys et une rose croisés l'un sur l'autre. En la place où devaient être les yeux on n'y voyait ni blanc ni prunelle: il y avait deux Soleils qui jetaient des rayons parmi lesquels on remarquait quelques flammes et quelques dards. Les sourcils étaient noirs comme ébène et étaient faits en forme de deux arcs où le peintre n'avait pas même oublié de mettre des poignées par le milieu afin que l'on les reconnût mieux. Au-dessus était le front uni comme une glace, au haut duquel un petit Amour était assis sur un trône, et pour embellir cet ouvrage, les cheveux flottaient à l'entour de tout ceci en différentes sortes. Quelques-uns étaient faits comme des chaînes d'or, d'autres comme des filets et des réseaux, et la plupart pendaient comme des lignes avec l'hameçon au bout, fourni d'appât pour attirer la proie. Il y avait quantité de cœurs pris à l'amorce, et entre autres un plus gros que ses compagnons, qui allait justement au-dessous de la joue gauche, tellement qu'il semblait qu'il servît de pendant d'oreille à cette rare beauté. 'Voilà mon cœur, s'écria Lysis en le voyant, je le reconnais! Ah, qu'il est justement placé en cet endroit! Étant si proche de l'oreille de Charite, il lui contera incessamment mes peines.'

▷ Poussin, 'Et in Arcadia ego', 1645-1648. Peuplée par des bergers et des bergères, l'Arcadie est considérée dans l'Antiquité comme le pays du bonheur calme et serein
◁◁ 'La belle Charite'. Illustration du 'Berger extravagant', 1627

Le roman classique

Le goût pour les longs romans baroques passe définitivement dans les dernières décennies du siècle. On leur reproche leur longueur et leur invraisemblance; le nouveau public demande des récits simples. 'L'action la plus légère peut former une action admirable', écrit Du Plaisir, un critique. Il ajoute: 'les qualités de l'âme plaisent à chacun'. Ce roman nouveau, qui naît vers 1680, s'appelle d'abord 'histoire', pour se distinguer du précédent, jugé démodé. C'est le début de ce genre typiquement français qu'on retrouve jusqu'à nos jours: le roman d'analyse psychologique.

Le roman baroque s'inspirait de l'épopée, il présentait un idéal. 'L'histoire' se rapproche de la tragédie. En général, elle présente un seul personnage principal: une femme mariée, exposée aux dangers de la passion et de l'adultère. Le mariage et l'amour vont rarement ensemble et l'amour-passion constitue un terrible danger pour la femme. Ces idées, souvent développées dans les salons précieux, sont à la base du nouveau type de roman. Ces romans, très répandus pendant une quarantaine d'annés, ont été écrits en majorité par des femmes. On peut les considérer comme des témoignages de protestation contre la condition féminine de l'époque: la femme ne choisit pas son mari, et l'adultère a des conséquences désastreuses d'un point de vue social.

Madame de La Fayette (1634-1693) est l'auteur de *La Princesse de Clèves* (1768), le plus célèbre de ces romans dits classiques. Elle appartient à l'aristocratie et passe toute sa vie à Paris, où elle fréquente des milieux savants et des salons mondains. Elle est fille d'honneur de la reine, elle est très liée avec Madame de Sévigné et le duc de La Rochefoucauld.

◁ 'Bal à la cour des Valois', peinture anonyme du XVIe siècle. Madame de La Fayette situe son roman à la cour du roi Henri II, qui avait de tous les rois de France au 16e siècle, le goût le plus fort pour la 'magnificence' et la 'galanterie'

▷ 'Portrait de la Duchesse de la Vallière, maîtresse de Louis XIV

▷▷ 'Sœur Louise de la Miséricorde', peinture anonyme du XVIIe siècle. Rongée par le remords, Louise de La Vallière rompt avec le roi en 1674 et entre à l'ordre du Carmel

La Princesse de Clèves

Riche et belle héritière élevée loin de la cour, Mademoiselle de Chartres épouse par raison, peu après son arrivée à la cour royale, le prince de Clèves qui l'aime passionnément. Au cours d'un bal, la princesse rencontre le duc de Nemours: c'est le coup de foudre. La princesse, instruite par sa mère des dangers qui guettent une femme à la cour, résiste à l'amour qu'elle ressent; désespérée, elle finit cependant par avouer ses sentiments à son mari dans l'espoir qu'il saura la protéger contre elle-même. Mais le prince meurt bientôt de douleur. La princesse, qui se sent coupable et qui par l'éducation reçue a appris à se méfier des hommes et des passions, refuse de céder au duc; elle se retire dans ses terres après une dernière entrevue déchirante.

La première rencontre

Mme de Clèves avait ouï parler de ce prince à tout le monde, comme de ce qu'il y avait de mieux fait et de plus agréable à la cour; et surtout Mme la Dauphine le lui avait dépeint d'une telle sorte, et lui en avait parlé tant de fois, qu'elle lui avait donné de la curiosité, et même de l'impatience de le voir. (..) Le bal commença; et comme elle dansait avec M. de Guise, il se fit un assez grand bruit vers la porte de la salle, comme de quelqu'un qui entrait et à qui on faisait place. Mme de Clèves acheva de danser, et, pendant qu'elle cherchait des yeux quelqu'un qu'elle avait dessein de prendre, le roi lui cria de prendre celui qui arrivait. Elle se tourna et vit un homme qu'elle crut d'abord ne pouvoir être que M. de Nemours, qui passait par-dessus quelques sièges pour arriver où l'on dansait.

M. de Nemours fut tellement surpris de sa beauté que, lorsqu'il fut proche d'elle et qu'elle lui fit la révérence, il ne put s'empêcher de donner des marques de son admiration. Quand ils recommencèrent à danser, il s'éleva dans la salle un murmure de louanges. Le roi et les reines se souvinrent qu'ils ne s'étaient jamais vus et trouvèrent quelque chose de singulier de les voir danser ensemble sans se connaître. Ils les appelèrent quand ils eurent fini, sans leur donner le loisir de parler à personne, et leur demandèrent s'ils n'avaient pas bien envie de savoir qui ils étaient.

Le repos de l'âme

Plusieurs mois après la mort de son mari, la princesse de Clèves et le duc de Nemours ont un entretien long et douloureux. Mais la princesse reste inébranlable: elle ne cèdera pas à la passion, qui est dangereuse et changeante. À la magnificence mondaine du début du roman s'oppose la grandiose sévérité de la fin.

M. de Nemours pensa expirer de douleur (...). Il fallut enfin que ce prince repartît, aussi accablé de douleur que le pouvait être un homme qui perdait toutes sortes d'espérances de revoir jamais une personne qu'il aimait d'une passion la plus violente, la plus naturelle et la mieux fondée qui ait jamais été. Néanmoins il ne se rebuta point encore, et il fit tout ce qu'il put imaginer de capable de la faire changer de dessein. Enfin, des années entières s'étant passées, le temps et l'absence ralentirent sa douleur et éteignirent sa passion. Mme de Clèves vécut d'une sorte qui ne laissa pas d'apparence qu'elle pût jamais revenir. Elle passait une partie de l'année dans cette maison religieuse et l'autre chez elle, mais dans une retraite et dans des occupations plus saintes que celles des couvents les plus austères; et sa vie, qui fut assez courte, laissa des exemples de vertu inimitables.

Le classicisme

Le classicisme est le courant littéraire et artistique qui caractérise la plupart des œuvres de la seconde moitié du 17e siècle. Après les exubérances du baroque, le classicisme recherche le naturel du style, les images simples, la clarté des lignes et de l'expression. Selon le Père Bouhours – il a une telle autorité en grammaire que Racine lui soumet ses tragédies pour qu'il corrige son français! – la belle prose 'ressemble à de l'eau pure qui n'a point de goût'. Les effets surprenants et les couleurs fortes sont bannis, l'idéal artistique a radicalement changé.

De nombreux critiques et théoriciens écrivent des réflexions et des arts poétiques, en s'inspirant d'Aristote et de ses commentateurs italiens. Les théoriciens les plus célèbres sont Nicolas Boileau pour la littérature et André Félibien pour la peinture. Boileau (1636-1711) publie en 1674 son *Art poétique* qui fera de lui aux yeux de la postérité 'le législateur du Parnasse'. Ce poème se compose de quatre chants qui traitent des différents genres et donnent des conseils aux écrivains: il faut rejeter les exagérations et écrire avec clarté et naturel. Dans ses *Entretiens* (1666-1688) Félibien (1619-1711) montre que les mêmes règles valent pour le travail du peintre.

Le classicisme a le goût des règles: à aucun moment de l'histoire littéraire, des règles n'ont été formulées avec autant de précision pour juger les œuvres du passé et des contemporains; ainsi, Ronsard et la plupart des auteurs de 16e siècle sont sévèrement critiqués à cause de leur vocabulaire obscur et de leur syntaxe compliquée.

L'œuvre doit plaire au public. C'est pourquoi les deux règles les plus importantes du classicisme sont la vraisemblance et la bienséance. La première exige une conformité avec le bon sens, la seconde demande la conformité avec les bonnes mœurs. La vraisemblance veut que les intrigues ne comportent pas d'éléments dus au hasard; le dénouement ne doit pas surprendre, il doit s'expliquer par ce qui précède. La bienséance exige que l'oeuvre ne contienne ni situations ni expressions qui pourraient choquer.

△ Laurent de La Hyre (1606-1656), 'Allégorie de la Musique', 1648
▷▷ L'hôtel Carnavalet à Paris, à la Renaissance
▷▷▷ L'hôtel Carnavalet remanié par l'architecte Mansart vers 1660; exemple typique d'architecture classique. Madame de Sévigné l'occupe de 1677 jusqu'à sa mort

Le classicisme demande aussi la séparation des genres. Le mélange du tragique et du comique, de l'élevé et du trivial est interdit à l'intérieur d'une même œuvre. Ainsi s'explique surtout la réserve que les classiques français manifestent pour Shakespeare. Cette séparation a aussi des conséquences pour le style et le vocabulaire: la tragédie se sert de termes nobles et s'écrit toujours en vers, la comédie peut se présenter en prose et son vocabulaire est plus simple. Les genres élevés évitent de parler de choses vulgaires et lorsqu'il est impossible d'y échapper, on les paraphrase: 'cochon' devient 'l'animal qui se nourrit de glands'.

Il existe encore d'autres règles pour les différents genres; les plus connues sont les trois unités pour la tragédie. L'unité du temps veut que l'intrigue représentée ne dépasse pas les vingt-quatre heures; l'unité de lieu demande que tout se passe dans le même lieu; enfin, l'unité d'action exige qu'une pièce ne présente qu'une seule action principale: toutes les intrigues secondaires doivent lui être rattachées.

Boileau, Bossuet, Madame de La Fayette, La Fontaine, La Rochefoucauld, Molière, Racine et Madame de Sévigné, voilà les écrivains qui représentent le mieux le classicisme à son apogée.

Madame de Sévigné

Madame de Sévigné (1626-1696) est orpheline à 7 ans, se marie à 18 ans et devient veuve à 26. Elle a une très grande affection pour ses deux enfants, en particulier pour sa fille qui vit depuis 1671 en Provence, comme épouse du comte de Grignan. Elle lui écrit d'innombrables lettres qui expriment sa tendresse et sa sollicitude. Son style si naturel et spontané est pourtant le résultat d'un long travail. Connues et admirées de son vivant, ces lettres ne seront publiées qu'après sa mort.

Cette riche correspondance a une valeur historique et une valeur littéraire. Madame de Sévigné tient sa fille au courant de tout ce qui se passe à Versailles et à Paris, elle lui fait un rapport détaillé des grands événements politiques aussi bien que des fêtes de la Cour et de la vie de ses amis.

À sa fille, après son départ

Mardi 3 mars 1671

Je vous assure, ma chère bonne, que je songe à vous continuellement, et je sens tous les jours ce que vous me dîtes une fois, qu'il ne fallait point appuyer sur ces pensées. Si on ne glissait pas dessus, on serait toujours en larmes, c'est-à-dire moi. Il n'y a lieu dans cette maison qui ne me blesse le cœur. Toute votre chambre me tue: j'y ai fait mettre un paravent tout au milieu, pour rompre un peu la vue d'une fenêtre sur ce degré par où je vous vis monter dans le carrosse et par où je vous rappelai.

La Rochefoucauld

Le duc de La Rochefoucauld (1613-1680) a connu une jeunesse remplie de campagnes militaires et d'intrigues politiques. Déçu dans ses ambitions, il revient en 1656 à Paris et fréquente les salons. C'est là que s'élaborent, presque comme un jeu de société, ses *Maximes;* publiées en 1678, elles ont un succès immédiat. Les *Maximes* reflètent un pessimisme profond; l'amour-propre est à l'origine de toutes les activités humaines. Grand seigneur désenchanté par les développements sociaux et politiques, La Rochefoucauld ne garde aucune illusion sur la nature humaine. Il dénonce les idéaux de grandeur et de générosité qui marquaient la génération de Corneille et de Descartes.

Maximes

Le refus des louanges est un désir d'être loué deux fois.

L'amour-propre est le plus grand de tous les flatteurs.

Il est plus honteux de se défier de ses amis que d'en être trompé.

Tout le monde se plaint de sa mémoire, et personne ne se plaint de son jugement.

On ne donne rien si libéralement que ses conseils.

Les vertus se perdent dans l'intérêt, comme les fleuves se perdent dans la mer.

Le théâtre

Au 17e siècle, le théâtre forme la partie la plus prestigieuse de la littérature française. C'est grâce à lui que l'idéal classique, le goût de la rhétorique et de l'analyse psychologique en littérature, vont triompher partout en Europe jusqu'au romantisme.

Le 17e siècle français produit près de mille pièces de théâtre dans le goût classique. Les contemporains saluent déjà dans Corneille, Racine et Molière les trois auteurs dramatiques les plus importants de l'époque.

La vie théâtrale est intense, surtout à Paris. Il existe des troupes ambulantes en province et le roi ainsi que certains seigneurs organisent des représentations dans leurs châteaux.

La tragédie et la comédie sont les deux genres dramatiques les plus répandus. L'opéra et le ballet musical avec leurs personnages allégoriques jouent un rôle important dans les fêtes de la Cour. Le public aime aussi les 'pièces à machines', c'est-à-dire un théâtre à grand spectacle: grâce à des artifices techniques, des anges et des demi-dieux descendent du ciel pour sauver les bons et punir les méchants. Une telle pièce, écrite par le frère cadet de Corneille, est le plus grand succès du siècle. (Thomas Corneille, *Thimocrate,* 1656).

Cependant, l'Église s'oppose à cette activité intense. Le janséniste Nicole considère que les auteurs dramatiques sont des 'empoisonneurs publics' et Bossuet condamne l'immoralité des pièces de théâtre, qui présentent les vices sous une forme séduisante. Les comédiens sont soutenus par la Cour mais excommuniés par l'Église.

▽▽ Le jeune Louis XIV aime les fêtes. Dans un ballet allégorique, il joue le rôle d'Apollon, dieu de la lumière

▽ La salle de théâtre du Palais-Royal. Inaugurée par Richelieu en 1641, elle contenait 1200 places. À partir de 1660, la troupe de Molière y donne ses représentations

Pierre Corneille

Pierre Corneille (1606-1684) passe une grande partie de sa vie à Rouen, sa ville natale, et ne s'installe définitivement à Paris qu'en 1661. À ses débuts, il connaît un grand succès à Paris, mais plus tard son jeune rival Racine l'éclipse dans la faveur du public. À la fin de sa vie sa réputation est définitivement acquise et Louis XIV fait représenter en 1676 six de ses tragédies à Versailles.

L'œuvre de Corneille est immense; elle comprend notamment de la poésie religieuse, trois *Discours* sur l'art dramatique (1660), dix comédies et vingt-deux tragédies. Au début (1629-1636), Corneille n'écrit que des comédies. Elles présentent un monde romanesque et gracieux, plus proche du monde de *L'Astrée* que des farces grossières de la tradition. Ce sont des comédies poétiques, moins engagées dans l'actualité que celles de Molière. Avec *Le Cid* (1636, joué début 1637) Corneille s'attaque à la tragi-comédie et à la tragédie, qu'il n'abandonnera plus. Ses tragédies les plus célèbres sont ensuite: *Horace* (1640), *Polyeucte* (1643) et *Suréna* (1674).

La tragédie cornélienne constitue une nouveauté. Au centre de ses pièces se trouve presque toujours un héros unique, aux prises à la fois avec des problèmes politiques et des problèmes sentimentaux. Le héros cornélien vit en société, il est soucieux de sa grandeur; il n'accepte pas la passion qui dégrade, mais seulement l'amour qui ennoblit, qui est conforme à sa volonté. Toutefois, dans ses pièces ultérieures, Corneille donne parfois l'impression de vouloir dessiner la dégradation et même la caricature de cet idéal: après avoir créé des héros glorieux comme Le Cid et Horace, il semble fasciné par la détermination monstrueuse des héros criminels comme la reine Cléopâtre (*Rodogune,* 1644).

Le théâtre cornélien est un théâtre rhétorique: les morceaux d'éloquence sont nombreux. Tantôt ce sont des scènes de délibération politique où deux personnages développent des thèses opposées, tantôt des scènes de monologues dans lesquelles le héros énumère tous les arguments pour et contre avant de prendre une décision.

Le Cid

Rodrigue et Chimène s'aiment et veulent se marier. Mais le père de Rodrigue, insulté par le père de Chimène, charge son fils de le venger. Rodrigue tue en duel le père de Chimène. Malgré son amour pour Rodrigue, celle-ci exige que son père soit vengé. Rodrigue sauve le royaume en triomphant des Maures. À son retour, Chimène demande à Don Sanche de venger l'honneur de sa famille. Le roi qui doit rendre justice, propose un jugement de Dieu: le vainqueur épousera Chimène. Lorsque Rodrigue revient victorieux du duel avec Don Sanche, le roi accorde à Chimène un délai d'un an, voyant ses scrupules.

Les stances de Rodrigue

Le Cid doit prendre une décision terrible: va-t-il provoquer en duel le père de sa bien-aimée pour venger l'honneur de sa famille, ou non? Voici le début du monologue où il formule son dilemme.

Percé jusques au fond du cœur
D'une atteinte imprévue aussi bien que mortelle,
Misérable vengeur d'une juste querelle
Et malheureux objet d'une injuste rigueur,
Je demeure immobile, et mon âme abattue
Cède au coup qui me tue.
Si près de voir mon feu récompensé,
Ô Dieu, l'étrange peine!
En cet affront mon père est l'offensé,
Et l'offenseur le père de Chimène!

Que je sens de rudes combats!
Contre mon propre honneur mon amour s'intéresse:
Il faut venger un père, et perdre une maîtresse:
L'un m'anime le cœur, l'autre retient mon bras.
Réduit au triste choix ou de trahir ma flamme
Ou de vivre en infâme,
Des deux côtés mon mal est infini.
Ô Dieu, l'étrange peine!
Faut-il laisser un affront impuni?
Faut-il punir le père de Chimène?

Jean Racine

Racine (1639-1699) est, avec La Fontaine et Molière, l'écrivain français le plus célèbre du 17e siècle. Ses tragédies constituent les chefs-d'œuvre les plus parfaits du théâtre classique et de la littérature classique en général.

Jean Racine, orphelin à trois ans, est recueilli par ses grands-parents paternels acquis aux idées jansénistes. Il est élevé à Port-Royal, où ses maîtres éveillent sa curiosité pour les grands auteurs grecs, mais lui inculquent en même temps une vision pessimiste de l'humanité. En se tournant vers le théâtre, Racine rompt délibérément avec les jansénistes qui condamnent les spectacles. En dix ans, de 1667 à 1677, il écrit sept tragédies qui font de lui, aux yeux des contemporains déjà, le maître incontesté du genre. Après la cabale montée par ses ennemis contre *Phèdre* (1677), il se retire du théâtre, se marie et devient historiographe du roi.

Plus tard, à la demande de Madame de Maintenon, l'épouse de Louis XIV, il écrit encore deux pièces bibliques: elle veut les faire représenter par les jeunes filles nobles élevées à Saint-Cyr dans un établissement qu'elle dirige. Avec *Andromaque* (1667) et *Phèdre*, on considère en général *Athalie* (1691), la deuxième de ces pièces, comme sa plus grande réussite. À la fin de sa vie, Racine se rapproche à nouveau de Port-Royal, ce qui lui vaut une semi-disgrâce à la cour.

La tragédie racinienne démontre la faiblesse humaine face à la passion irrésistible. L'amour-passion n'est pas une source de bonheur, il détruit tout. Racine nous communique cette leçon en particulier grâce à ses héroïnes, comme Hermione et Phèdre, plus fortes mais aussi plus passionnées que ses héros. L'action est réduite à un minimum, elle commence aussi près que possible de la fin. Ce qui compte, c'est l'action intérieure, le conflit psychologique présenté dans les dialogues et les monologues. Comme l'action, le style est aussi d'une grande simplicité. De tous les grands écrivains français, Racine est celui qui a le vocabulaire le plus réduit: il se sert de très peu de mots.

△ *Andromaque avec son fils Astyanax qu'Oreste voudrait lui enlever. Dessin de Prudhon, fin XVIIIe siècle*
▷▷ *L'actrice Sylvia Monfort dans le rôle de Phèdre*

Les contemporains avaient déjà l'habitude de comparer Corneille et Racine et de préférer, selon leur goût, l'un ou l'autre. Selon La Bruyère, Corneille 'peint les hommes comme ils devraient être' tandis que Racine 'les peint tels qu'ils sont'. Chez Corneille, le héros est en effet maître de son âme. Il concilie ses amours et ses intérês. Mais les personnages raciniens ne sont pas pour autant 'naturels': esclaves des passions, ils semblent en outre accablés par la cruauté du destin. Racine retrouve ainsi, plus que Corneille, la véritable émotion tragique léguée par les Grecs.

Andromaque

Après la chute de Troie, Andromaque, la veuve du chef troyen Hector, devient avec son fils prisonnière du roi Pyrrhus. Celui-ci est fiancé à Hermione, mais tombe amoureux de sa prisonnière. Andromaque refuse, elle veut rester fidèle à la mémoire de son mari tué au combat. Oreste, amoureux d'Hermione, vient réclamer le fils d'Andromaque au nom des Grecs. Hermione, furieuse contre Pyrrhus, demande à Oreste comme preuve d'amour de tuer le roi. Oreste obéit; Hermione se suicide et Oreste sombre dans la folie.

Phèdre

Croyant son mari Thésée mort, la reine Phèdre avoue malgré elle son amour à Hippolyte, fils d'un premier mariage de Thésée. Mais Hyppolyte aime la princesse Aricie, seule survivante d'une famille que Thésée a fait massacrer, et refuse avec horreur. Coup de théâtre: Thésée n'était pas mort. Son retour provoque le désarroi de Phèdre. Pour sauver sa maîtresse, Œnone, la confidente de Phèdre, accuse Hippolyte d'avoir attenté à l'honneur de la reine. Outré, le roi maudit son fils et appelle le dieu de la mer. Hippolyte s'enfuit. Mais lorsqu'on apprend le suicide d'Œnone, rejetée par sa maîtresse repentie, Thésée saisi de peur voudrait rappeler son fils. Il est trop tard: Théramène, le vieux précepteur d'Hippolyte vient raconter comment celui-ci a été dévoré par un monstre marin. Phèdre se traîne devant le roi pour avouer son crime et mourir. Thésée, trop bien servi par les dieux, privé de ceux qu'il aimait et resté seul, décide d'adopter Aricie, son ennemie d'autrefois.

L'aveu de Phèdre

PHEDRE:
On ne voit point deux fois le rivage des morts,
Seigneur. Puisque Thésée a vu les sombres bords,
En vain vous espérez qu'un dieu vous le renvoie;
Et l'avare Achéron ne lâche point sa proie.
Que dis-je? Il n'est point mort, puisqu'il respire en vous
Toujours devant mes yeux je crois voir mon époux.
Je le vois, je lui parle; et mon cœur... Je m'égare,
Seigneur, ma folle ardeur malgré moi se déclare.E

HIPPOLYTE:
Je vois de votre amour l'effet prodigieux.
Tout mort qu'il est, Thésée est présent à vos yeux;
Toujours de son amour votre âme est embrasée.

PHEDRE:
Oui, Prince, je languis, je brûle pour Thésée.
Je l'aime, non point tel que l'ont vu les enfers,
Volage adorateur de mille objets divers,
Qui va du dieu des morts déshonorer la couche;
Mais fidèle, mais fier, et même un peu farouche,
Charmant, jeune, traînant tous les cœurs après soi,
Tel qu'on dépeint nos dieux ou tel que je vous voi. (...)

HIPPOLYTE:
Dieux! qu'est-ce que j'entends? Madame, oubliez-vous
Que Thésée est mon père, et qu'il est votre époux?

PHEDRE:
Et sur quoi jugez-vous que j'en perds la mémoire,
Prince? Aurais-je perdu tout le soin de ma gloire?

HIPPOLYTE:
Madame, pardonnez. J'avoue, en rougissant,
Que j'accusais à tort un discours innocent.
Ma honte ne peut plus soutenir votre vue,
Et je vais...

PHEDRE:
Ah! cruel, tu m'as trop entendue!
Je t'en ai assez dit pour te tirer d'erreur.
Eh bien! connais donc Phèdre et toute sa fureur.
J'aime. Ne pense pas qu'au moment que je t'aime,
Innocente à mes yeux, je m'approuve moi-même;
Ni que du fol amour qui trouble ma raison
Ma lâche complaisance ait nourri le poison.
Objet infortuné des vengeances célestes,
Je m'abhorre encor plus que tu ne me détestes.
Les dieux m'en sont témoins, ces dieux qui dans mon flanc
Ont allumé le feu fatal à tout mon sang;
Ces dieux qui se sont fait une gloire cruelle
De séduire le cœur d'une faible mortelle.

Molière

Déjà de son vivant, et encore de nos jours, Molière (1622-1673) est considéré comme le plus grand auteur comique de tous les temps; en outre, il est le meilleur acteur comique de son temps. Ses pièces, immédiatement traduites et jouées à l'étranger, lui valent une réputation internationale.

Né à Paris d'une famille de bourgeois aisés, de son vrai nom Jean-Baptiste Poquelin, il ne prend qu'en 1643 le pseudonyme de Molière, au moment où il renonce à la vie bourgeoise pour fonder une troupe théâtrale. Il parcourt la province et ne trouve le succès dans la capitale qu'en 1659 avec *Les Précieuses ridicules.* Lorsque le roi organise en 1664 des divertissements somptueux à Versailles en l'honneur de Mademoiselle de La Vallière, Molière y joue plusieurs pièces, des comédies-ballets mais aussi *Tartuffe,* qui est une satire violente de l'hypocrisie religieuse. Critiquée par les milieux bien pensants, interdite, la pièce ne sera autorisée à être jouée qu'en 1669, grâce encore à l'intervention du roi et dans une nouvelle version.

Ensuite, Molière écrit une série de comédies qui traitent de sujets graves: *Don Juan* (1665) parle de l'athéisme d'un grand seigneur, *Le Misanthrope* (1666) du conflit entre sincérité et vie mondaine, *L'Avare* (1668) des ravages d'un défaut de caractère, *Les femmes savantes* (1672) du ridicule de la pédanterie. Mais Molière ne cesse d'écrire en même temps et tout au long de sa vie des farces et des comédies-ballets, des pièces destinées en premier lieu à plaire et à divertir (*Le bourgeois gentilhomme,* 1670; *Les fourberies de Scapin,* 1671).

Molière meurt en scène, en jouant une pièce, *Le malade imaginaire,* où il se moque de la maladie et des médecins. La sépulture chrétienne étant refusée aux acteurs, le roi doit intervenir auprès de l'archevêque de Paris pour que Molière puisse être inhumé religieusement. Sa mort marque le déclin du théâtre classique: Corneille donne sa dernière pièce en 1674, Racine se retirera après la cabale de *Phèdre,* en 1677.

◁ Molière. Portrait par Pierre Mignard
▷▷ 'Farceurs français et italiens'. Peinture anonyme du XVIIe siècle. Les farces, souvent improvisées, présentent des personnages types dont les défauts font rire

Bien qu'attiré par la tragédie – il en joue quelques-unes –, Molière ne pratique lui-même que les genres comiques: comédies de caractère et de mœurs, comédies-ballets, farces. Son œuvre reflète par cette diversité les ambitions et les préoccupations de la société de son époque. Elle met en scène des nobles, des bourgeois avec leurs domestiques, parfois même des paysans; le langage et les intérêts de toutes ces classes sont différents. Ainsi, la comédie de Molière permet tantôt l'évasion grâce au plaisir d'un spectacle invraisemblable, tantôt elle invite à prendre parti dans l'un des débats moraux ou religieux qui préoccupent la société.

Tartuffe

Madame Pernelle approuve son fils Orgon d'avoir recueilli chez lui Tartuffe, un saint personnage, que les autres membres de la famille accusent d'hypocrisie. Malgré les efforts de son beau-frère Cléante, qui représente une attitude chrétienne tolérante, Orgon veut donner sa fille à Tartuffe. Mais celui-ci, lorsqu'il entre enfin en scène au 3e acte, essaye de séduire Elmire, la (seconde) femme d'Orgon. Pour convaincre son mari de la mauvaise foi de son hôte, Elmire le fait cacher sous la table, appelle Tartuffe et feint de répondre à son amour. Les yeux d'Orgon se dessillent enfin, mais il ne peut pas mettre l'imposteur à la porte: Tartuffe jette le masque, il révèle que la maison lui appartient et Orgon risque d'être arrêté. Coup de théâtre: le roi averti fait arrêter non pas Orgon mais l'imposteur Tartuffe. La pièce se termine par l'éloge du roi ennemi de la fraude.

Le bourgeois gentilhomme

Le roi commande en 1670 à Molière et au compositeur Lully une comédie-ballet qui comprendrait une 'turquerie': la pièce culmine sur un déguisement du personnage principal en turc.

Monsieur Jourdain, marchand enrichi, fait tout pour ressembler aux nobles, bien que sa femme et sa servante se moquent de ses prétentions. Il tient à marier sa fille à un noble mais le jeune bourgeois Cléonte qui en est amoureux arrive à ses fins grâce à un stratagème inventé par son valet. Il se fait passer pour le fils du Grand Turc et Monsieur Jourdain, ravi, subit un anoblissement fictif: il est fait 'mamamouchi'.

Pour devenir gentilhomme, le bourgeois prend des leçons. Il veut apprendre les bonnes manières, mais aussi la galanterie, l'art d'écrire des billets doux.

M. JOURDAIN:
Il faut que je vous fasse une confidence. Je suis amoureux d'une personne de grande qualité, et je souhaiterais que vous m'aidassiez à lui écrire quelque chose dans un petit billet que je veux laisser tomber à ses pieds.

LE MAITRE DE PHILOSOPHIE:
Fort bien!

M. JOURDAIN:
Cela sera galant, oui.

LE MAITRE DE PHILOSOPHIE:
Sans doute. Sont-ce des vers que vous lui voulez écrire?

M. JOURDAIN:
Non, non; point de vers.

LE MAITRE DE PHILOSOPHIE:
Vous ne voulez que de la prose?

M. JOURDAIN:
Non, je ne veux ni prose ni vers.

LE MAITRE DE PHILOSOPHIE:
Il faut bien que ce soit l'un ou l'autre.

M. JOURDAIN:
Pourquoi?

LE MAITRE DE PHILOSOPHIE:
Par la raison, monsieur, qu'il n'y a, pour s'exprimer, que la prose ou les vers.

M. JOURDAIN:
Il n'y a que la prose ou les vers?

LE MAITRE DE PHILOSOPHIE:
Non, monsieur. Tout ce qui n'est point prose est vers, et tout ce qui n'est point vers est prose.

M. JOURDAIN:
Et comme l'on parle, qu'est-ce que c'est donc que cela?

LE MAITRE DE PHILOSOPHIE:
De la prose.

M. JOURDAIN:
Quoi! quand je dis: Nicole, apportez-moi mes pantoufles, et me donnez mon bonnet de nuit, c'est de la prose?

LE MAITRE DE PHILOSOPHIE:
Oui, monsieur.

M. JOURDAIN:
Par ma foi, il y a plus de quarante ans que je dis de la prose, sans que j'en susse rien, et je vous suis le plus obligé du monde de m'avoir appris cela.

La fin du règne de Louis XIV

Après la mort de la reine en 1683, le roi épouse secrètement Madame de Maintenon. Elle a une grande influence sur la vie à la cour et y impose une atmosphère d'austérité. En 1685, le roi révoque l'édit de Nantes, les persécutions religieuses contre les protestants recommencent. La situation politique et économique se dégrade. La littérature reflète ces changements.

De 1688 à la fin de sa vie, Jean de La Bruyère (1645-1696) donne plusieurs éditions de *Les caractères ou les mœurs de ce siècle* qui connaissent immédiatement un grand succès. La Bruyère y mélange des réflexions, des maximes et des portraits; c'est surtout grâce aux portraits qu'il est devenu célèbre. Dans les romans baroques et dans les écrits des précieuses on rencontre des portraits abstraits et idéalisés; ceux de La Bruyère sont en revanche précis et visuels: le personnage est saisi sur le vif, son caractère se trahit par ses actions, ses gestes, ses tics de langage. Il ne s'agit cependant pas d'individus, mais de types; comme chez Molière, on trouve ici aussi l'avare, le snob, le faux dévot, etc. La Bruyère est le critique sévère d'une société en déclin.

Les fausses dévotes

La dévotion vient à quelques-uns, et surtout aux femmes, comme une passion, ou comme le faible d'un certain âge, ou comme une mode qu'il faut suivre. Elles comptaient autrefois une semaine par les jours de jeu, de spectacle, de concert, de mascarade ou d'un joli sermon; elles allaient le lundi perdre leur argent chez *Ismène,* le mardi leur temps chez *Climène,* et le mercredi leur réputation chez *Célimène;* elles savaient dès la veille toute la joie qu'elles devaient avoir le jour d'après et le lendemain; elles jouissaient tout à la fois du plaisir présent et de celui qui ne leur pouvait manquer; elles auraient souhaité de les pouvoir rassembler tous en un seul jour: c'était alors leur unique inquiétude et tout le sujet de leurs distractions. Autres temps, autres mœurs: elles outrent l'austérité et la retraite: elles n'ouvrent plus les yeux qui leur sont donnés pour voir; elles ne mettent plus leurs sens à aucun usage; et, chose incroyable! elles parlent peu; elles pensent encore, et assez bien d'elles-mêmes, comme assez mal des autres (...) Elles se perdaient gaiement par la galanterie, par la bonne chère et par l'oisiveté; et elles se perdent tristement par la présomption et par l'envie.

Fénelon (1651-1715) est nommé en 1689 précepteur du duc de Bourgogne (1682-1712), le petit-fils de Louis XIV et héritier du trône. Il écrit plusieurs ouvrages dans un but pédagogique, dont le plus célèbre est le grand roman philosophique *Télémaque* (écrit vers 1695). Télémaque, fils d'Ulysse, part avec son précepteur Mentor à la recherche de son père qui n'est pas revenu de la guerre de Troie; cette recherche leur permet de traverser de nombreux pays ayant des gouvernements différents. Fénelon développe ici des idées politiques audacieuses. Il est déjà mal accepté à la cour à cause de ses penchants mystiques, la publication de ce roman en 1699 achève sa disgrâce. Archevêque de Cambrai, il se consacre désormais principalement à son diocèse.

Télémaque a un grand succès en Angleterre et en Hollande. L'ouvrage est pris pour une satire déguisée des institutions politiques en France. Si Fénelon reste classique dans ses goûts littéraires, ses idées politiques font de lui un précurseur des philosophes du 18e siècle et son style poétique annonce déjà les romantiques qui l'admireront.

Celui qui a dessiné l'image la plus noire du Grand Siècle est un écrivain inclassable, le duc de Saint-Simon (1675-1755). Ses *Mémoires* occupent des milliers de pages et sont écrits dans un style violent et irrégulier, absolument étranger à l'idéal classique. Saisie par ordre du roi Louis XV, à cause du danger qu'elle représente, cette œuvre immense reste près de deux cents ans en manuscrit et ne sera connue du grand public qu'au 19e siècle; les plus grands écrivains modernes (Stendhal, Proust) en subissent l'influence et saluent en Saint-Simon leur maître. Partisan d'une monarchie féodale où l'aristocratie garde ses privilèges, Saint-Simon est un esprit conservateur; il ne comprend pas les transformations sociales de son temps et tout en étant fasciné par la personnalité de Louis XIV, il condamne la monarchie absolue qui s'appuie sur la bourgeoisie. Partial et passionné, il n'a que mépris pour la plupart des hautes personnalités de la cour.

Louis XIV vu par Saint-Simon

(...) c'était un homme uniquement personnel, et qui ne comptait tous les autres, quels qu'ils fussent, que par rapport à soi. Sa dureté là-dessus était extrême. Dans les temps les plus vifs de sa vie pour ses maîtresses, leurs incommodités les plus opposées aux voyages et au grand habit de cour, car les dames les plus privilégiées ne paraissaient jamais autrement dans les carrosses ni en aucun lieu de cour, rien, dis-je, ne les en pouvait dispenser. Grosses, malades, moins de six semaines après leurs couches, dans d'autres temps fâcheux, il fallait être en grand habit, parées et serrées dans leurs corps, aller en Flandres, et plus loin encore, danser, veiller, être des fêtes, manger, être gaies et de bonne compagnie, changer de lieu, ne paraître craindre, ni être incommodées du chaud, du froid, de l'air, de la poussière, et tout cela précisément aux jours et aux heures marquées, sans déranger rien d'une minute. Il voyageait toujours son carrosse plein de femmes: ses maîtresses, après ses bâtardes, ses belles-filles, quelquefois Madame, et des dames quand il y avait place.

Dans ce carrosse, lors des voyages, il y avait toujours beaucoup de toutes sortes de choses à manger: viandes, pâtisseries, fruits. On n'avait pas sitôt fait un quart de lieue que le roi demandait si on ne voulait pas manger. Lui jamais ne goûtait à rien entre ses repas, non pas même à aucun fruit, mais il s'amusait à voir manger, et manger à crever. Il fallait avoir faim, être gaies, et manger avec appétit et de bonne grâce, autrement il ne le trouvait pas bon, et le montrait même aigrement: on faisait la mignonne, on voulait faire la délicate, être du bel air; et cela n'empêchait pas que les mêmes dames ou princesses qui soupaient avec d'autres à sa table le même jour, ne fussent obligées, sous les mêmes peines, d'y faire aussi bonne contenance que si elles n'avaient mangé de la journée.

Le roi, qui aimait l'air, voulait toutes les glaces du carosse baissées, et aurait trouvé fort mauvais que quelque dame eût tiré le rideau contre le soleil, le vent ou le froid. (...) Il allait toujours extrêmement vite, avec des relais le plus ordinairement. Se trouver mal était un démérite à n'y plus revenir.

▽ *Le Nain peint la misère du peuple*

La critique politique et sociale devient de plus en plus forte à la fin du Grand Siècle, l'idéal artistique reste cependant inchangé. Le classicisme français s'impose partout en Europe comme un idéal à suivre. Mais en France les débats littéraires s'achèvent au 17e siècle sur la *Querelle des Anciens et des Modernes*, qui se déroule entre 1687 et 1715 et qui aura des effets considérables. Charles Perrault, soutenu par une partie des Académiciens, proclame la supériorité culturelle du siècle de Louis XIV sur celui d'Auguste: les hommes ne cessent pas d'apprendre, c'est donc 'un avantage à un siècle de venir après les autres'. Les Modernes sapent ainsi la base même du classicisme, qui repose sur le respect de l'autorité et l'imitation des grands écrivains grecs et romains; ils introduisent l'idée du progrès dans le domaine des arts.

4 Le dix-huitième siècle

Le Siècle des Lumières est un siècle bref. Il comprend la régence du duc d'Orléans (1715-1723) et les règnes de Louis XV (1723-1774) et de Louis XVI (1774-1792). La mort de Louis XIV est accueillie avec soulagement, la Régence est une période de liberté. Louis XV, le 'Bien-Aimé' est d'abord très populaire, mais bientôt une politique de guerres souvent désastreuses (perte des colonies en Amérique) et une situation économique qui s'aggrave font de lui un monarque détesté. Louis XVI n'a pas la force de redresser la situation.

Le 14 juillet 1789, le peuple exaspéré prend la Bastille, forteresse et prison d'Etat à Paris; c'est le début de la Révolution française. Les tentatives de collaboration entre le pouvoir royal et le parlement échouent; en 1792 la République est proclamée, en 1793 Louis XVI et la reine Marie-Antoinette, 'l'Autrichienne' haïe, sont menés à l'échafaud. La Terreur, qui fait des milliers de victimes, écrase les adversaires du régime (les aristocrates, le haut clergé); une partie de la noblesse fuit à l'étranger. Les succès de la première armée nationale (soldats républicains), qui repousse les puissantes armées étrangères, impressionnent les peuples européens.

Le dix-huitième siècle est le siècle des Lumières, le premier siècle résolument moderne, qui cherche à se libérer de la tutelle de l'Église et des traditions. Il est le siècle des 'philosophes', d'une philosophie fondée sur le bon sens et sur la croyance au progrès. La littérature se fait critique et dénonce les abus religieux et sociaux; elle se renouvelle aussi en abordant des sujets jusque là interdits ou méprisés, comme l'érotisme et le fantastique. La civilisation française continue à avoir un rayonnement européen; de Londres à Saint-Pétersbourg, Voltaire est fêté partout comme le champion du rationalisme libéral et antireligieux, son adversaire Rousseau comme celui de la sensibilité romantique et même du socialisme.

◁◁ *Dans les salons du XVIIIe siècle on s'entretient de sujets philosophiques et politiques. Voici une soirée, en 1755, chez Madame Geoffrin*

Introduction

L'alphabétisation se répand; à la fin du 18e siècle un Français sur quatre sait lire. Parallèlement, le nombre des livres imprimés se multiplie tellement que les lecteurs ont besoin d'être guidés pour faire leur choix: le rôle de la presse grandit, de nombreuses revues publient des comptes-rendus sur les ouvrages nouveaux.

L'influence du classicisme reste considérable. Les règles formelles sont encore respectées, mais le contenu de la littérature se modifie: elle s'ouvre à de nouvelles influences, elle se démocratise. La poésie est en déclin, mais le théâtre et surtout le roman se développent et accueillent des sujets et des problèmes qui n'avaient pas été traités jusque-là: l'érotisme, le fantastique, les voyages exotiques.

Paris reste le centre de la vie littéraire et exerce, par la liberté des mœurs et des idées qui y règne, une fascination sur l'Europe entière. Écrivains, savants et philosophes se rencontrent dans les cafés (comme le célèbre Procope qui existe encore aujourd'hui) et dans les salons, dont les plus célèbres sont ceux de Madame de Tencin (1726-1749) et de Madame du Deffand (1740-1780). Dans les salons précieux du siècle précédent, on s'intéressait surtout à la littérature et à la psychologie amoureuse: maintenant, c'est de religion et de politique que débattent les invités. C'est ainsi que se prépare le triomphe de l'esprit philosophique moderne. La diffusion de ces idées se fait également dans les 'académies' de province, sociétés savantes où se réunissent les notables des grandes villes et dont le nombre se multiplie au cours du siècle.

La haute société et les intellectuels des pays étrangers veulent suivre de près l'actualité culturelle parisienne; de 1753 à 1790, un Allemand établi à Paris, Melchior Grimm, rédige avec grand succès sa *Correspondance littéraire* à l'intention de plusieurs princes étrangers (dont l'impératrice de Russie et le roi de Pologne) qui voulaient être tenus au courant de la vie intellectuelle à Paris. Le prestige du français est tel que dans plusieurs cours étrangères on parle et écrit cette langue; le roi Frédéric II de Prusse, l'abbé napolitain Galiani, ou encore l'aventurier vénitien Casanova, comptent, selon le jugement des contemporains, parmi les meilleurs écrivains français du siècle.

Tout au long du 18e siècle l'influence anglaise est considérable, aussi bien dans le domaine des idées que dans la littérature. Les noms du physicien Newton, du philosophe Locke et, plus tard, du romancier Richardson sont sur toutes les lèvres et même le 'spleen', la fameuse dépression à la mode, vient d'Angleterre.

La littérature et la civilisation françaises du dix-huitième siècle sont dominées par trois hommes: Voltaire dont l'œuvre immense combat l'influence des traditions religieuses; Rousseau qui proclame les droits de l'individu: l'homme doit écouter d'abord sa propre conscience pour savoir quelle conduite morale il doit suivre; et Diderot, curieux de tout, rédacteur de la célèbre *Encyclopédie,* qui s'intéresse à toutes les disciplines, de la biologie aux beaux-arts, et à toutes les formes du savoir humain. Contrairement aux grands auteurs du siècle

△ *Un cabinet de physique au XVIIIe siècle. Détail d'un tableau de Jacques de Lajoue*
◁◁ *Antoine Watteau (1684-1721), 'Le faux-pas', vers 1716. Watteau peint des scènes frivoles, d'une sensualité raffinée*
▽ *Fête allégorique pour 'La Déclaration des droits de l'homme'*

classique, qui ont été soit des dramaturges, soit des poètes, soit des romanciers, ces trois écrivains ont pratiqué à peu près tous les genres.

Genres littéraires

◆ **Le roman picaresque** ◆ Roman satirique d'origine espagnole, présentant un jeune homme qui part à l'aventure et fait la connaissance de divers milieux sociaux; se confond plus tard avec le roman d'apprentissage (exemple: *Gil Blas* de Le Sage).

◆ **Le roman d'apprentissage ou de formation** ◆ Roman présentant les aventures d'un jeune homme ou d'une jeune femme, venant en général de la province et qui cherche à faire fortune dans la grande ville (Paris) (exemple: *Le paysan parvenu* de Marivaux).

◆ **Le roman érotique** ◆ Roman psychologique qui décrit la lente progression des stratégies de séduction entreprises par un homme ou une femme expérimentés – et en général plus âgés – et dirigées contre une victime inexpérimentée et souvent naïve (exemple: *Les liaisons dangereuses* de Laclos).

◆ **Le roman épistolaire** ◆ Roman qui se présente, pour des raisons de vraisemblance et de vivacité, comme une suite de lettres (exemple: *La Nouvelle Héloïse* de Rousseau et *Les liaisons dangereuses* de Laclos).

◆ **Le dialogue philosophique** ◆ Dialogue entre deux ou plusieurs personnages, permettant d'éviter la lourdeur et l'esprit de système et de présenter le pour et le contre d'une cause, sans être obligé de trancher (exemple: *Le rêve de d'Alembert* de Diderot).

◆ **Le conte philosophique** ◆ Récit invraisemblable dont la structure ressemble à celle du roman picaresque et qui se propose d'illustrer une vérité morale ou philosophique (exemple: *Candide* de Voltaire).

◆ **Le conte fantastique** ◆ Récit merveilleux, souvent érotique, qui s'inspire des contes orientaux et où le diable joue souvent le rôle de séducteur (exemple: *Le diable amoureux* de Cazotte).

◆ **Le drame bourgeois** ◆ Genre dramatique intermédiaire entre la tragédie et la comédie qui présente aux bourgeois un tableau touchant et moralisant de leurs propres aventures (exemple: *Le fils naturel* de Diderot).

◆ **La poésie descriptive** ◆ Une poésie ni lyrique ni épique qui s'inspire de la peinture et veut donner une description minutieuse et scientifique de la nature (exemple: *Les jardins* de Delille).

Le siècle des Lumières – philosophie et politique

Le dix-huitième siècle est le siècle des grands débats autour de la religion, de la politique et du bonheur de l'individu. Le mot 'philosophe' prend un sens spécial: ce n'est pas nécessairement quelqu'un qui écrit des ouvrages abstraits de réflexion, c'est plutôt 'l'honnête homme' du dix-septième siècle mais qui veut être 'utile' et travailler activement au bonheur de l'humanité; nous dirions aujourd'hui 'un intellectuel engagé'.

La philosophie des Lumières combine le rationalisme hérité de Descartes avec le sensualisme venant de la philosophie anglaise. Le sensualisme prétend que toute connaissance humaine provient des sens; ce sont nos expériences sensorielles qui nous permettent de connaître le monde. Il faut rejeter l'autorité des traditions et se fier uniquement à l'expérience. Le monde comme création divine est remplacé par un monde anthropocentrique, un monde dont le centre est l'homme.

△ *Le café joue, depuis le XVIIIe siècle, un rôle social important: on y lit des journaux, on y discute l'actualité politique et artistique. Ici, un café à l'époque de la Révolution*
▷▷ *Jean-Baptiste Siméon Chardin (1699-1779), 'L'enfant au toton'*

La raison éclaire les 'ténèbres'; les ténèbres, pour les philosophes du dix-huitième siècle, c'est d'abord l'ignorance, mais aussi toutes les spéculations créées par les religions et les systèmes philosophiques. Le philosophe des Lumières veut soumettre toutes les croyances et toutes les traditions à un examen critique, il n'accepte pour vrai que ce que l'expérience concrète et le bon sens confirment. Il critique la religion chrétienne, à cause de ses dogmes irrationnels et à cause de l'intolérance des Églises. Il n'admet que le déisme: la croyance en un Dieu, une providence, mais sans révélation historique comme dans le judaïsme, le christianisme et l'Islam.

Le philosophe critique également l'absolutisme royal et les institutions politiques qui entravent la liberté du citoyen; son idéal est la monarchie constitutionnelle, selon l'exemple de l'Angleterre, où les lois limitent le pouvoir royal. La critique de l'esclavage et de la politique coloniale des grandes puissances européennes devient de plus en plus forte au cours du siècle; elle se présente dans la perspective des Lumières: selon l'abbé Raynal, dont *L'histoire des deux Indes* (1770) a un immense succès, c'est le commerce qui fera disparaître l'esclavage et non pas la propagation du christianisme, qui n'est, selon lui, qu'une 'superstition dominante'.

Parmi les écrivains politiques Montesquieu (1689-1755) est sans aucun doute le plus célèbre. Conseiller au Parlement de Bordeaux, il est souvent à Paris où il fréquente les salons. Ses *Lettres persanes* (1721) sont le premier grand roman selon le goût des 'philosophes'.

Lettres persanes

Deux Persans qui font un séjour à Paris, envoient des lettres à leurs amis et parents restés en Perse; ils observent d'un regard neuf et étonné ce qui se passe en France. Ce procédé est une ruse qui permet à l'auteur de montrer les côtés ridicules ou absurdes des habitudes et des mœurs en France. Voici la célèbre lettre XXX.

Les habitants de Paris sont d'une curiosité qui va jusqu'à l'extravagance. Lorsque j'arrivai, je fus regardé comme si j'avais été envoyé du ciel: vieillards, hommes, femmes, enfants, tous voulaient me voir. Si je sortais, tout le monde se mettait aux fenêtres; si j'étais aux Tuileries, je voyais aussitôt un cercle se former autour de moi: les femmes mêmes faisaient un arc-en-ciel, nuancé de mille couleurs, qui m'entourait; si j'étais aux spectacles, je trouvais d'abord cent lorgnettes dressées contre ma figure: enfin jamais homme n'a été tant vu que moi. Je souriais quelquefois d'entendre des gens qui n'étaient presque jamais sortis de leur chambre, qui disaient entre eux: 'Il faut avouer qu'il a l'air bien persan.' Chose admirable! je trouvais de mes portraits partout; je me voyais multiplié dans toutes les boutiques, sur toutes les cheminées: tant on craignait de ne m'avoir pas assez vu.

Tant d'honneurs ne laissent pas d'être à charge: je ne me croyais pas un homme si curieux et si rare; et, quoique j'aie très bonne opinion de moi, je ne me serais jamais imaginé que je dusse troubler le repos d'une grande ville où je n'étais point connu. Cela me fit résoudre à quitter l'habit persan et à en endosser un à l'européenne, pour voir s'il resterait encore dans ma physionomie quelque chose d'admirable. Cet essai me fit connaître ce que je valais réellement: libre de tous les ornements étrangers, je me vis apprécié au plus juste. J'eus sujet de me plaindre de mon tailleur, qui m'avait fait perdre en un instant l'attention et l'estime publique: car j'entrai tout à coup dans un néant affreux. Je demeurais quelquefois une heure dans une compagnie sans qu'on m'eût regardé, et qu'on m'eût mis en occasion d'ouvrir la bouche. Mais si quelqu'un, par hasard, apprenait à la compagnie que j'étais Persan, j'entendais aussitôt autour de moi un bourdonnement: 'Ah! ah! Monsieur est Persan? c'est une chose bien extraordinaire! Comment peut-on être Persan?'

En 1748, Montesquieu publie *L'Esprit des lois* qui est, avec *Le contrat social* (1762) de Rousseau, un des textes classiques de la philosophie politique. Montesquieu cherche à fonder une science de la politique: il distingue les trois grands types de gouvernement (despotisme, monarchie, république), dont les lois sont déterminées par l'étendue géographique des pays et par leur climat. Ce déterminisme n'empêche pas Montesquieu de préférer le libéralisme de la monarchie constitutionnelle, qui est garanti par la séparation des trois pouvoirs (législatif, exécutif et judiciaire).

Dans ce passage célèbre de ses 'Cahiers' posthumes, Montesquieu esquisse le code moral des démocrates.

Si je savais une chose utile à ma nation qui fût ruineuse à une autre, je ne la proposerais pas à mon prince, parce que je suis homme avant d'être Français ou bien parce que je suis nécessairement homme, et que je ne suis Français que par hasard.
Si je savais quelque chose qui me fût utile, et qui fût préjudiciable à ma famille, je la rejetterais de mon esprit.
Si je savais quelque chose utile à ma famille, et qui ne le fût pas à ma patrie, je chercherais à l'oublier.
Si je savais quelque chose utile à ma patrie, et qui fût préjudiciable à l'Europe, ou bien qui fût utile à l'Europe et préjudiciable au genre humain, je la regarderais comme un crime.

Le siècle des Lumières – sciences et éducation

Pierre Bayle (1647-1706), réfugié en Hollande à cause de la persécution des huguenots en France, enseigne la philosophie et l'histoire à Rotterdam. Selon lui, la tolérance religieuse n'est possible que si la religion devient une affaire privée dont l'État ne se mêle pas. Mais l'État ne doit rien craindre; la religion et la morale sont deux choses différentes: on peut être vertueux sans être croyant. 'Une société d'athées pratiquerait les actions civiles et morales aussi bien que les pratiquent les autres sociétés, pourvu qu'elle fît sévèrement punir les crimes et qu'elle attachât de l'honneur et de l'infamie à certaines choses.' Bayle introduit ainsi une idée souvent discutée depuis, celle d'une morale laïque.

Le philosophe

Dumarsais définit le philosophe dans l'Encyclopédie'.

La raison est à l'égard du philosophe ce que la grâce est à l'égard du chrétien. La grâce détermine le chrétien à agir; la raison détermine le philosophe.
Le philosophe forme ses principes sur une infinité d'observations particulières. Le peuple adopte le principe sans penser aux observations qui l'ont produit: il croit que la maxime existe, pour ainsi dire, par elle-même; mais le philosophe prend la maxime dès sa source; il en examine l'origine; il en connaît la propre valeur, et n'en fait que l'usage qui lui convient. (...)
Notre philosophe ne se croit pas en exil dans ce monde, il ne croit point être en pays ennemi; il veut jouir en sage économe des biens que la nature lui offre; il veut trouver du plaisir avec les autres; et pour en trouver il en faut faire: ainsi il cherche à convenir à ceux avec qui le hasard ou son choix le font vivre; et il trouve en même temps ce qui lui convient; c'est un honnête homme qui veut plaire et se rendre utile. (...)
Il serait inutile de remarquer ici combien le philosophe est jaloux de tout ce qui s'appelle honneur et probité. La société est, pour ainsi dire, une divinité pour lui sur la terre (...). Plus vous trouverez de raison dans un homme, plus vous trouverez en lui de probité. Au contraire, où règne le fanatisme et la superstition, règnent les passions et l'emportement.

L'engouement pour les sciences de la nature est universel, les ouvrages de vulgarisation scientifique sont nombreux, tel ce 'Newtonianisme pour les dames' qui connaît un grand succès; le tout Paris assiste à des démonstrations publiques de physique et de chimie et visite les cabinets (musées privés où sont exposés des machines et des objets de curiosité). Leur nombre, à la fin du siècle, s'élève à près de cent. La vaste *Encyclopédie* que Diderot rédige de 1751 à 1766 répond en partie à ce même besoin de vulgarisation des sciences.

Parmi les écrivains-savants, le plus célèbre est Buffon (1707-1788). Intendant des Jardins du Roi, il passe la plus grande partie de sa vie dans son château de Montbard et y rédige avec ses collaborateurs les 36 volumes de son *Histoire naturelle* (1749-1789). Il décrit minutieusement les animaux et développe quelques intuitions qui seront reprises par les savants du siècle suivant, sur l'unité du règne animal et sur la sélection naturelle (Darwin).

Le philosophe accorde une très grande importance à l'éducation du peuple: les tyrans et les prêtres, dit-il, ne peuvent opprimer que les ignorants. Le savoir est lié au bonheur: plus un peuple est 'éclairé', c'est-à-dire 'savant', plus il sera heureux. Le dix-huitième siècle est porté par un immense optimisme fondé sur la croyance au progrès. Condorcet, qui mourra pourtant en 1794 victime de la Révolution, rédige quelques mois avant sa mort une *Esquisse d'un tableau historique des progrès de l'esprit humain,* dans laquelle il affirme la perfectibilité indéfinie de l'espèce humaine: 'Il arrivera donc, ce moment où le soleil n'éclairera plus sur la terre que des hommes libres, ne reconnaissant d'autre maître que leur raison; où les tyrans et les esclaves, les prêtres et leurs stupides ou hypocrites instruments n'existeront plus que dans l'histoire et sur les théâtres.'
La tâche ultime du philosophe c'est de conduire les hommes vers le bonheur.

Le bonheur

En 1773, Diderot est à la cour de la tsarine en Russie. Il réfléchit sur l'idéal du philosophe. Ce texte paraît longtemps après sa mort, dans les *Mélanges philosophiques.*

> Le philosophe éclaire les hommes sur leurs droits inaliénables. Il tempère le fanatisme religieux. Il dit aux peuples qu'ils sont les plus forts et que, s'ils vont à la boucherie, c'est qu'ils s'y laissent mener. Il prépare aux révolutions qui surviennent toujours à l'extrémité du malheur. (...)
> Il n'y a qu'un devoir, c'est d'être heureux. Puisque ma pente naturelle, invincible, inaliénable, est d'être heureux, c'est la source et la source unique de mes vrais devoirs, et la seule base de toute bonne législation. La loi qui prescrit à l'homme une chose contraire à son bonheur est une fausse loi, et il est impossible qu'elle dure.

Pourtant, ceux qui ne partagent pas l'optimisme des philosophes deviennent de plus en plus nombreux au cours du siècle. Leur déisme et leur athéisme ne satisfont pas tout le monde; toutes sortes de mouvements religieux se répandent en dehors des églises: la franc-maçonnerie et en particulier l'illuminisme, dont les doctrines influenceront les écrivains du 19e siècle (Balzac, Baudelaire).

Un changement net apparaît également dans le domaine des idées esthétiques. À l'époque classique, l'art devait plaire et instruire, maintenant il doit avant tout toucher. Dès 1719, l'abbé Du Bos proclame que le sentiment du lecteur et du spectateur est le seul juge des ouvrages artistiques; pour la première fois, le principal critère esthétique n'est plus une norme imposée par une autorité extérieure, mais il se trouve en nous, dans le cœur de l'individu.

▽▽ *Illustration tirée du 'Traité de géométrie' de Sébastien le Clerc: démonstration scientifique et conversation galante vont de pair*
▽ *Joseph Wright of Derby, 'Expérience dans une pompe à air' (1768)*

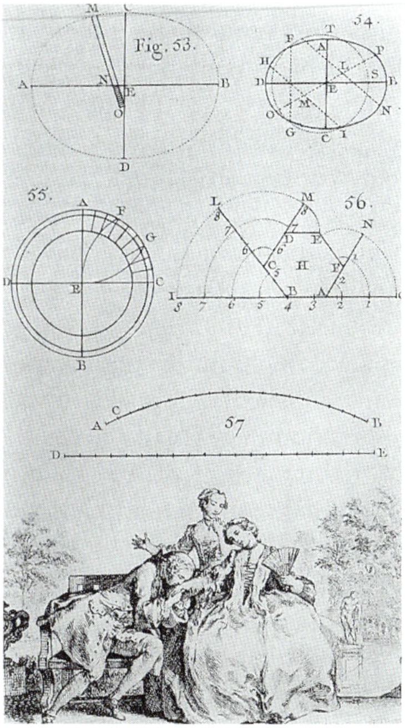

Voltaire

'Le but de la vie, écrit Voltaire, c'est l'action.' François-Marie Arouet (1694-1778), qui adopte en 1718 le nom de plume Voltaire, est un personnage très dynamique. Il voyage dans toute l'Europe, il se mêle à tous les débats intellectuels de son époque et ayant pratiqué à peu près tous les genres, il laisse une œuvre immense.

À peine sorti du lycée, Voltaire a déjà des succès mondains comme écrivain, mais son impertinence lui vaut un séjour à la Bastille, puis l'exil en Angleterre (1726-1729). Accueilli à Londres par la meilleure société, il étudie avec curiosité et sympathie la civilisation anglaise. Dès les années 1730, il est au sommet de la gloire, il est célèbre dans toutes les cours de l'Europe.

En 1750, Voltaire accepte une invitation du roi Frédéric II de Prusse et s'installe à Berlin. Il admire d'abord profondément ce roi qui incarne à ses yeux l'idéal du roi-philosophe, du despote éclairé. Pourtant il est assez vite déçu et s'enfuit en 1753 pour regagner la France. Après quelques pérégrinations, il s'installe en 1760 à Ferney, près de Genève. Il y reçoit des invités de marque, monte des pièces de théâtre et écrit de nombreux pamphlets pour défendre ou faire réhabiliter les victimes de l'intolérance et de l'erreur judiciaire. Ainsi, il réussit à obtenir la réhabilitation posthume du protestant Calas, mais il n'obtient pas celle du chevalier de La Barre, exécuté à 19 ans pour avoir blasphémé et mutilé un crucifix. Voltaire ne revient à Paris qu'en 1778 et est accueilli triomphalement. Il mourra quelques mois plus tard.

Voltaire incarne la philosophie des Lumières telle qu'elle se discute à l'époque partout en Europe, dans les salons et les milieux intellectuels. Il attaque avec beaucoup d'esprit tout ce qui est contraire au bon sens et à l'expérience, en particulier dans le domaine de la religion. Pourtant, Voltaire n'est pas athée: sa religion est le déisme, qui admet l'existence de Dieu mais récuse la révélation historique, le caractère sacré de la Bible.

△ *'Le lever de Voltaire'. Tableau de Jean Huber*
▷▷ *'Candide chassé par le baron'. Illustration de Moreau le Jeune*

On a reproché à Voltaire que sa philosophie n'était pas très profonde et qu'elle était presqu'uniquement négative; son influence fut pourtant énorme: acclamé à la Révolution, Voltaire restera au 19e siècle aussi la principale référence pour la bourgeoisie anticléricale.

Deux genres ont contribué tout particulièrement à assurer à Voltaire sa célébrité en littérature: le genre épistolaire (plus de 10 000 lettres) et le conte philosophique. Le conte philosophique est une création originale de Voltaire, dans laquelle il critique les injustices sociales et la corruption des hommes: fanatisme des prêtres, bassesse des courtisans, vénalité des juges. Le message est clair: les hommes ne peuvent pas échapper au destin, qui est aveugle, mais ils peuvent corriger les abus, améliorer leur situation et en accepter les limites. Les personnages des contes sont peu individualisés, sans profondeur psychologique: ils incarnent une attitude que Voltaire défend ou ridiculise; ce sont des personnages allégoriques.

Candide ou l'optimisme

Ce récit invraisemblable, publié en 1759, est devenu célèbre grâce à son style, simple, rapide et amusant, et grâce à l'ironie voltairienne. Candide (au nom significatif!) suit au château d'un baron westphalien les leçons du précepteur Pangloss. Celui-ci enseigne, à la suite du philosophe Leibniz, que tout est pour le mieux dans le meilleur des mondes. Chassé du château pour avoir voulu embrasser Mademoiselle Cunégonde, la fille du baron, il est enrôlé de force dans l'armée bulgare, participe à un massacre et s'enfuit en Hollande. Il y retrouve Pangloss et tous deux vont au Portugal. À Lisbonne, Candide retrouve sa chère Cunégonde et s'embarque avec elle pour l'Amérique du Sud. Obligé de se séparer d'elle, Candide traverse bien des aventures avant de pouvoir regagner l'Europe. Il finit par se rendre à Constantinople où il retrouve Pangloss et Cunégonde, devenue vieille et laide, mais qu'il peut enfin épouser. Revenu de ses illusions, Candide comprend que, au lieu de poursuivre des aventures ou de s'adonner à des spéculations, l'homme doit se proposer un champ de travail précis et limité: 'il faut cultiver notre jardin'.

Au début du conte, le jeune Candide mène une vie idyllique au château de Thunder-ten-tronckh, et suit les leçons du précepteur Pangloss, en compagnie des enfants du baron, son fils et sa fille Cunégonde.

Pangloss enseignait la métaphysico-théologo-cosmolonigologie. Il prouvait admirablement qu'il n'y a point d'effet sans cause, et que, dans ce meilleur des mondes possibles, le château de monseigneur le baron était le plus beau des châteaux, et madame la meilleure des baronnes possibles. (...)

Un jour, Cunégonde, en se promenant auprès du château, dans le petit bois qu'on appelait parc, vit entre des broussailles le docteur Pangloss qui donnait une leçon de physique expérimentale à la femme de chambre de sa mère, petite brune très jolie et très docile. Comme Mademoiselle Cunégonde avait beaucoup de disposition pour les sciences, elle observa, sans souffler, les expériences réitérées dont elle fut témoin; elle vit clairement la raison suffisante du docteur, les effets et les causes, et s'en retourna tout agitée, songeant qu'elle pourrait bien être la raison suffisante du jeune Candide, qui pouvait aussi être la sienne.

Elle rencontra Candide en revenant au château, et rougit; Candide rougit aussi; elle lui dit bonjour d'une voix entrecoupée, et Candide lui parla sans savoir ce qu'il disait. Le lendemain, après le dîner, comme on sortait de table, Cunégonde et Candide se trouvèrent derrière un paravent; Cunégonde laissa tomber son mouchoir, Candide le ramassa; elle lui prit innocemment la main; le jeune homme baisa innocemment la main de la jeune demoiselle avec une vivacité, une sensibilité, une grâce toute particulière; leurs bouches se rencontrèrent, leurs yeux s'enflammèrent, leurs genoux tremblèrent, leurs mains s'égarèrent. Monsieur le baron de Thunder-ten-tronckh passa auprès du paravent, et, voyant cette cause et cet effet, chassa Candide du château à grands coups de pied dans le derrière; Cunégonde s'évanouit: elle fut souffletée par madame la baronne dès qu'elle fut revenue à elle-même; et tout fut consterné dans le plus beau et le plus agréable des châteaux possibles.

Denis Diderot

Né à Langres, Denis Diderot (1713-1784) passe la plus grande partie de sa vie à Paris. En 1746 il est chargé par un libraire d'éditer *L'Encyclopédie.* L'Église et la Sorbonne se méfient, font interdire la vente; Diderot, abandonné par plusieurs de ses collaborateurs, mène un dur combat pour réussir finalement cette entreprise gigantesque. Ce combat le rend célèbre en Europe; invité par Catherine II, il séjourne en 1773-1774 pendant plusieurs mois à Saint-Pétersbourg. Protégé par la tsarine, Diderot passe les dernières années de sa vie dans une relative aisance.

Le jeune Diderot est déiste et se sent proche de Voltaire, mais il adopte bientôt une position plus radicale: le sensualisme le fait évoluer vers le matérialisme et l'athéisme. Pourtant dans ses écrits critiques, lorsqu'il parle de la poésie, du théâtre et de la peinture, Diderot se laisse entraîner par son imagination, par son enthousiasme, et aussi par son moralisme. Le théâtre doit être adapté aux besoins de la société. La tragédie classique, qui représente les malheurs des rois et des princes, ne touche plus le public du dix-huitième siècle; Diderot invente un nouveau genre, le drame bourgeois, qui montre les métiers et les soucis des hommes de son époque. Dans ses *Salons,* il commente les expositions de peintures (appelées 'salons') qui se tenaient tous les deux ans au Louvre. Il critique la tradition des tableaux d'histoire et leur préfère la représentation pathétique de drames domestiques. Son peintre préféré est Greuze.

La plupart de ses écrits philosophiques sont rédigés sous forme de dialogues, ce qui permet d'éviter la lourdeur et d'atténuer les audaces de la pensée (*Le rêve de d'Alembert,* 1769). En outre, Diderot a écrit des traités critiques, beaucoup de lettres, plusieurs pièces de théâtre et des romans.

Aucun des romans de Diderot n'a paru de son vivant. Ses deux romans les plus célèbres sont ceux qui ont le moins l'allure d'un roman: *Le neveu de Rameau* (1762), portrait dialogué d'un parasite génial, et *Jacques le Fataliste et son maître* (1765).

Jacques le Fataliste

Jacques et son maître voyagent à cheval. Jacques veut raconter à son maître l'histoire de ses amours, mais il n'y parvient pas: il se laisse interrompre, ils rencontrent d'autres personnages qui racontent d'autres histoires. À travers une structure très libre qui s'inspire du romancier anglais Sterne et qui annonce les expériences du 20e siècle, un élément constant: Jacques est fataliste, revient sans cesse à un problème moral qui le hante: si 'tout est écrit là-haut' sur 'le grand rouleau', l'homme dispose-t-il encore de la liberté de se décider pour le bien ou le mal?

> Comment s'étaient-ils rencontrés? Par hasard, comme tout le monde. Comment s'appelaient-ils? Que vous importe? D'où venaient-ils? Du lieu le plus prochain. Où allaient-ils? Est-ce que l'on sait où l'on va? Que disaient-ils? Le maître ne disait rien; et Jacques disait que son capitaine disait que tout ce qui nous arrive de bien et de mal ici-bas était écrit là-haut.

Encyclopédie

L'Encyclopédie ou Dictionnaire raisonné des sciences, des arts et des métiers, rédigée par Diderot et dont les 27 volumes (au total plus de 60 000 articles) ont paru entre 1751 et 1772, est le grand ouvrage collectif qui représente le mieux l'esprit des Lumières. Le but est triple:
1. Rendre accessible la science moderne à un public qui s'intéresse de plus en plus aux sciences naturelles.
2. Examiner de manière critique la tradition à propos de chaque sujet traité; ceci permet de répandre les idées philosophiques nouvelles.
3. Réhabiliter les métiers manuels: ceux-ci, appelés 'arts mécaniques', sont en général méprisés, à l'inverse des arts dits 'libéraux', comme la peinture, la sculpture et l'architecture. D'Alembert, le principal collaborateur de Diderot, écrit dans son *Discours préliminaire:* 'Le mépris pour les arts mécaniques semble avoir influé jusqu'à un certain point sur leurs inventeurs mêmes. Les noms de ces bienfaiteurs du genre humain sont presque tous inconnus, tandis que l'histoire de ses destructeurs, c'est-à-dire des conquérants, n'est ignorée de personne.'

Voici deux passages, représentatifs de 'l'Encyclopédie', tirés des articles 'Cruauté' et 'Nègres'.

Cruauté

Mais le zèle destructeur inspire surtout la *cruauté,* et une *cruauté* d'autant plus affreuse, qu'on l'exerce tranquillement par de faux principes qu'on suppose légitimes. Voilà quelle a été la source des barbaries incroyables commises par les Espagnols sur les Maures, les Américains, et les habitants des Pays-Bas. On rapporte que le Duc d'Albe fit passer dix-huit mille personnes par les mains du bourreau pendant les six années de son gouvernement; et ce barbare eut une fin paisible, tandis qu'Henri IV fut assassiné.

Lorsque la superstition, dit un des beaux esprits du siècle, répandit en Europe cette maladie épidémique nommée croisade, c'est-à-dire ces voyages d'outre-mer prêchés par les moines, encouragés par la politique de la Cour de Rome, exécutés par les Rois, les Princes de l'Europe et leurs vassaux, on égorgea tout dans Jérusalem, sans distinction de sexe ni d'âge; et quand les croisés arrivèrent au Saint-Sépulcre, ornés de leurs croix encore toutes dégouttantes du sang des femmes qu'ils venaient de massacrer après les avoir violées, ils baisèrent la terre et fondirent en larmes. Tant la nature humaine est capable d'associer extravagamment une religion douce et sainte avec le vice détestable qui lui est le plus opposé!

Nègres

Les Européens font depuis quelques siècles commerce de ces *nègres,* qu'ils tirent de Guinée et des autres côtes de l'Afrique, pour soutenir les colonies qu'ils ont établies dans plusieurs endroits de l'Amérique et dans les îles Antilles. On tâche de justifier ce que ce commerce a d'odieux et de contraire au droit naturel, en disant que ces esclaves trouvent ordinairement le salut de leur âme dans la perte de leur liberté; que l'instruction chrétienne qu'on leur donne, jointe au besoin indispensable que l'on a d'eux pour la culture des sucres, des tabacs, des indigos, etc. adoucissent ce qui paraît d'inhumain dans un commerce où des hommes en achètent et en vendent d'autres, comme on ferait des bestiaux pour la culture des terres.

▽▽ *'Le fils puni'. Tableau de Jean-Baptiste Greuze (1725-1805)*
▽ *Denis Diderot. Portrait par Jean Honoré Fragonard (1732-1806)*

Jean-Jacques Rousseau

Par son tempérament aussi bien que par son œuvre, Rousseau se sépare au cours de sa vie de plus en plus nettement de ses confrères, les 'philosophes', réunis autour de Voltaire ou autour de *L'Encyclopédie.* Sa pensée, subjective et sentimentale, a profondément influencé la Révolution française et toutes les idéologies, souvent irrationnelles, des temps modernes.

Jean-Jacques Rousseau (1712-1778) est né à Genève. Orphelin de mère, il passe sa jeunesse dans des lieux très divers. En 1742 il s'installe à Paris. C'est en allant visiter son ami Diderot dans la prison de Vincennes qu'il lit la question mise en concours par l'Académie de Dijon: 'Si le rétablissement des sciences et des arts a contribué à épurer les mœurs'. Sa réponse, le *Discours sur les sciences et les arts* (1750) obtient le premier prix et le rend immédiatement célèbre: le progrès des Lumières entraîne la décadence des mœurs, la civilisation a corrompu les hommes. Une telle réponse est en contradiction avec la pensée de la plupart de ses amis.
En 1758, c'est la rupture; Rousseau publie sa *Lettre à d'Alembert sur les spectacles,* dans laquelle il condamne l'art dramatique comme immoral. Il se retire à Montmorency où il publie coup sur coup un roman d'amour, *La Nouvelle Héloïse* (1761), qui sera le plus grand succès de librairie du siècle, un traité politique, *Le contrat social* (1762) et un roman philosophique, *Émile ou de l'éducation* (1762). Ce livre est condamné par le Parlement de Paris; exposé en outre à la critique souvent violente de ses anciens amis, en particulier à celle de Voltaire, Rousseau persécuté développe une véritable obsession. Il passe ses dernières années à se justifier devant ses contemporains en rédigeant des ouvrages autobiographiques (*Rêveries d'un promeneur solitaire* et *Les Confessions,* les deux publiés à titre posthume en 1782).

Selon Rousseau, l'homme moderne est malheureux, il faut retrouver l'homme naturel. Mais le 'retour à la nature' ne peut plus signifier un retour à l'état sauvage; il faut élaborer, au milieu de la civilisation moderne, une politique et une pédagogie qui permettent le bonheur de

△ *'Le tombeau de J. J. Rousseau à Ermenonville'. Gouache de J. Moreth*
▷▷ *'Rousseau en exil en Suisse'. Gouache*
▽▽ *Dans une lettre chiffrée, Rousseau avoue à une amie l'abandon de ses enfants*

l'individu. L'inégalité est la source de tous les problèmes sociaux; un contrat social doit garantir l'égalité de chaque citoyen. Une telle société est formée par des hommes élevés dans la liberté. L'enfant doit s'instruire lui-même par ses jeux, expériences et découvertes.

L'idéal démocratique que Rousseau propose, annonce à certains égards le socialisme et on lui a même reproché d'avoir préparé la voie aux régimes totalitaires du 20e siècle.

Rousseau n'est pas le seul à critiquer l'inégalité au 18e siècle. Plusieurs utopies socialistes ont vu le jour, la plus radicale est celle de Morelly. Son *Code de la nature* (1755) proclame que 'rien dans la société n'appartiendra singulièrement ni en propriété à personne'. Pour bannir la vanité, tous seront uniformément vêtus; le commerce et l'argent seront abolis, tout le monde prendra ce dont il a besoin et l'abus sera sévèrement puni.

La pensée de Rousseau s'oppose fortement à celle de Voltaire. Celui-ci fait l'éloge de la civilisation, qui, en revanche, représente un danger selon Rousseau. Exception faite de *Robinson Crusoé,* il n'admet pas l'utilité pédagogique de la littérature; il condamne les fables de La Fontaine et les comédies de Molière qui 'raillent quelquefois les vices, sans jamais faire aimer la vertu'. L'innocence et la bonté qui sont naturelles à

l'homme sont menacées dans la vie sociale; il faut préférer la simplicité et la solitude de la campagne à l'animation des grandes villes. – La différence entre les deux hommes est aussi nette en religion et en politique: au déisme intellectuel de Voltaire s'oppose le déisme sentimental de Rousseau. Voltaire reste un bourgeois libéral, les idées politiques de Rousseau, qui insiste surtout sur l'égalité des hommes, sont beaucoup plus radicales.

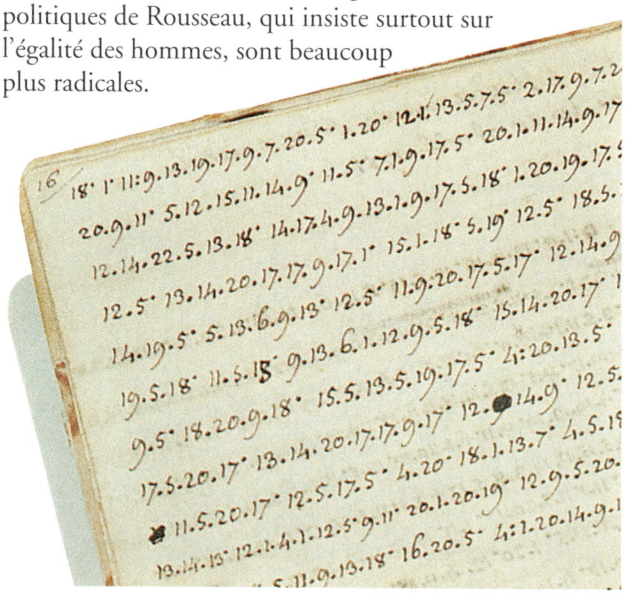

Sa vie durant, Voltaire a attaqué et ridiculisé Rousseau et ses idées. Rousseau lui ayant envoyé son 'Discours sur l'inégalité', Voltaire le remercie de la façon suivante dans une lettre du 30 août 1755.

J'ai reçu, monsieur, votre nouveau livre contre le genre humain, je vous en remercie. Vous plairez aux hommes, à qui vous dites leurs vérités, mais vous ne les corrigerez pas. On ne peut peindre avec des couleurs plus fortes les horreurs de la société humaine, dont notre ignorance et notre faiblesse se promettent tant de consolations. On n'a jamais employé tant d'esprit à vouloir nous rendre bêtes; il prend envie de marcher à quatre pattes, quand on lit votre ouvrage. Cependant, comme il y a plus de soixante ans que j'en ai perdu l'habitude, je sens malheureusement qu'il m'est impossible de la reprendre, et je laisse cette allure naturelle à ceux qui en sont plus dignes que vous et moi.

Les Confessions

Malgré Montaigne et quelques autres, Rousseau se considère comme le premier homme qui se dévoile dans ses écrits en toute sincérité; il est tout à fait conscient des difficultés de son entreprise: 'il faudrait pour ce que j'ai à dire inventer un langage aussi nouveau que mon projet'. Cet individualisme radical, qui s'oppose à l'esprit classique, annonce les héros romantiques. Voici la première page des *Confessions.*

Je forme une entreprise qui n'eut jamais d'exemple et dont l'exécution n'aura point d'imitateur. Je veux montrer à mes semblables un homme dans toute la vérité de la nature; et cet homme ce sera moi. Moi seul. Je sens mon cœur et je connais les hommes. Je ne suis fait comme aucun de ceux que j'ai vus; j'ose croire n'être fait comme aucun de ceux qui existent. Si je ne vaux pas mieux, au moins je suis autre. Si la nature a bien ou mal fait de briser le moule dans lequel elle m'a jeté c'est ce dont on ne peut juger qu'après m'avoir lu. Que la trompette du jugement dernier sonne quand elle voudra, je viendrai, ce livre à la main, me présenter devant le souverain juge.

La poésie, le théâtre, la prose

Pour un grand nombre de philosophes, la poésie est un ornement superflu qui empêche d'exprimer directement la vérité. Au 18e siècle, la poésie est en déclin. Mais l'abbé Delille (1738-1813) qui sera le poète le plus célèbre de l'Empire, crée une poésie descriptive qui rivalise avec la peinture et qui fait l'éloge des paysans et de la vie vertueuse à la campagne. Pour André Chénier (1762-1794), victime de la Terreur révolutionnaire, le retour à l'idéal classique va de pair avec une volonté de modernisation: 'sur des pensers nouveaux faisons des vers antiques'. Chénier représente la mode néoclassique de la fin du siècle (avec l'archéologue allemand Winckelmann ou encore le peintre David). Il conçoit une poésie scientifique et politiquement engagée qui chanterait le monde nouveau, en particulier l'Amérique.

Le théâtre poursuit la tradition héritée du 17e siècle. La tragédie classique subsistera jusqu'à l'époque romantique. Les comédies de Pierre Carlet de Chamblain de Marivaux (1688-1763) reprennent les grands sujets amoureux, déjà traités par Corneille, mais sur un ton plus badin et plus léger. Le mot de 'marivaudage' désigne depuis la préciosité des conversations entre amoureux qui cherchent à dissimuler leur amour naissant. Ces comédies comportent en même temps des leçons sociales et politiques (*La colonie,* 1729, *Le jeu de l'amour et du hasard,* 1730).

Le jeu de l'amour et du hasard

Silvia est destinée à épouser Dorante. Pour mieux observer l'autre, pour s'assurer de la sincérité de ses sentiments, chacun décide à l'insu de l'autre de se déguiser: Silvia prend le rôle de sa servante Lisette, Dorante celui de son valet Arlequin. Après une série de malentendus amusants qui dévoilent la franchise des valets et la préciosité des maîtres, tout le monde se démasque et un double mariage pourra être célébré.

Dorante, déguisé en laquais et se faisant appeler Bourguignon, veut savoir si Lisette, qui est en réalité Silvia, l'aime vraiment.

DORANTE:
Il est donc bien vrai que tu ne me hais, ni ne m'aimes, ni ne m'aimeras?

SILVIA:
Sans difficulté.

DORANTE:
Sans difficulté! Qu'ai-je donc de si affreux?

SILVIA:
Rien; ce n'est pas là ce qui te nuit.

DORANTE:
Eh bien! chère Lisette, dis-le-moi cent fois, que tu ne m'aimeras point.

SILVIA:
Oh! je te l'ai assez dit; tâche de me croire.

DORANTE:
(...) J'agis de bonne foi, donne-moi du secours contre moi-même; il m'est nécessaire; je te le demande à genoux. *(Il se jette à genoux)*

SILVIA *(à part):*
Ah! nous y voilà! il ne manquait plus que cette façon-là à mon aventure. Que je suis malheureuse! C'est ma facilité qui le place là. *(Haut)* Lève-toi, Bourguignon, je t'en conjure; il peut venir quelqu'un. Je dirai ce qu'il te plaira. Que me veux-tu? je ne te hais point. Lève-toi; je t'aimerais si je pouvais; tu ne me déplais point; cela doit te suffire.

DORANTE:
Quoi! Lisette, si je n'étais pas ce que je suis, si j'étais riche, d'une condition honnête, et que je t'aimasse autant que je t'aime, ton cœur n'aurait point de répugnance pour moi?

SILVIA:
Assurément.

DORANTE:
Tu ne me haïrais pas? tu me souffrirais?

SILVIA:
Volontiers. Mais lève-toi.

DORANTE:
Tu parais le dire sérieusement, et, si cela est, ma raison est perdue.

SILVIA:
Je dis ce que tu veux, et tu ne te lèves point.

△ *N. Lancret, 'Les acteurs de la Comédie italienne'. Peinture du XVIIIe siècle. Marivaux écrit la plupart de ses pièces pour les comédiens italiens installés à Paris, qui ont un autre style de jeu que les comédiens français*
▽ *Dorante et Silvia dans une mise en scène moderne à la Comédie française*

Les romans de Marivaux offrent les meilleurs exemples d'un nouveau type de roman: le 'roman d'apprentissage'. *La vie de Marianne* (1731-1741) est l'histoire d'une jeune orpheline à Paris, qui travaille chez une lingère et tombe

amoureuse d'un gentilhomme; *Le paysan parvenu* (1735) raconte les aventures du paysan Jacob, qui, intelligent et rusé, réussit à devenir un personnage important à Paris à force de séduire femmes de chambre et bourgeoises pieuses.

La comédie engagée trouve son représentant le plus célèbre à la fin du siècle dans Pierre-Augustin Caron de Beaumarchais (1732-1799); celui-ci, adversaire déclaré du théâtre classique, crée à travers le personnage de Figaro le type même du valet qui, par ses ruses comme par ses qualités, est supérieur à son maître *(Le barbier de Séville*, 1775; *Le mariage de Figaro,* pièce écrite en 1778, d'abord interdite par la censure et représentée pour la première fois en 1784).

Parmi les genres en prose, il faut citer en particulier les correspondances et les mémoires.

Les épistoliers les plus célèbres sont Voltaire, Diderot et l'abbé Galiani (1728-1787): vivant dans une demi-disgrâce à Naples, c'est grâce à ses lettres spirituelles et nostalgiques que l'abbé reste en contact avec ses amis parisiens. Rousseau n'est pas le seul à vouloir se connaître et se faire connaître; le nombre des autobiographies et des mémoires augmente. Madame Roland (1754-1793) écrit ses *Mémoires* en prison avant d'être conduite avec ses amis girondins à l'échafaud. Elle est issue de la petite bourgeoisie et elle témoigne de sa jeunesse déchirée entre la foi et la philosophie. En revanche l'autobiographie du Prince de Ligne (1735-1814) raconte la vie et représente le point de vue d'un nostalgique de l'Ancien Régime, d'un aristocrate frivole et spirituel.

Ce n'est que depuis 1960 que nous connaissons la version non censurée de l'*Histoire de ma vie* de Giacomo Casanova (1725-1798) qui se lit comme un roman d'aventures: né à Venise de parents comédiens, séminariste puis soldat, il est jeté en prison pour athéisme, s'évade et parcourt l'Europe pendant quinze ans. Il connaît Paris, Potsdam et Saint-Pétersbourg, rencontre toutes les célébrités et ses conquêtes féminines, qu'il raconte dans le détail, sont innombrables.

Le roman d'amour

Malgré l'attaque de critiques moralisateurs, le 18e siècle consacre le triomphe définitif du roman. Celui-ci reflète l'évolution de la société: une plus grande liberté d'esprit permet de parler de sujets autrefois défendus (érotisme, folie, suicide, inceste).

L'abbé Prévost (1697-1763) est le romancier le plus important de la première moitié du siècle. Bien que prêtre, il mène pendant longtemps une vie d'aventures. Il passe plusieurs années en exil, en Angleterre et en Hollande. Il publie une revue, traduit Richardson et écrit de nombreux romans. Ses romans contiennent des situations excessives, dont aucun romancier ne parle avant lui, et qui assurent leur succès. La folie amoureuse est renforcée par les obstacles matériels et moraux. Prévost analyse la passion uniquement du point de vue de l'homme; ses personnages féminins restent mystérieux, ils annoncent déjà la femme fatale du 19e siècle. *Manon Lescaut* (1731) est le roman le plus célèbre de l'abbé Prévost.

Mémoires et aventures d'un Homme de Qualité qui s'est retiré du monde (1728-1731)

Dans ces Mémoires, l'Homme de Qualité raconte ses nombreux voyages et aventures. Lorsque sa jeune femme Selima meurt, il croit devenir fou de douleur.

Je formai le projet d'un genre de vie qui ne serait guère différent de la mort, et qui selon mes idées ne tarderait pas longtemps à me l'attirer. J'engageai d'abord le médecin par l'espoir d'une grosse récompense, à m'apporter dans une boîte d'or que je fis faire exprès, le cœur de Selima, quoiqu'elle fût déjà inhumée (...). Mon premier soin fut de faire couvrir les murs et le pavé de la chambre que j'avais choisie pour ma demeure, d'un drap noir. Les fenêtres furent bouchées, n'ayant plus envie de revoir la lumière du Soleil, mais de me servir seulement de celle de quelques flambeaux. Je fis suspendre aux

▽ *Illustration des 'Liaisons dangereuses' par Monnet, 1796*
▽▽ *Jean-Honoré Fragonard, 'Le Verrou' avant 1784*

murailles les habits de Selima, afin qu'ils pussent frapper continuellement mes yeux. Je posai son cœur sur une table couverte d'un grand tapis noir, au-dessus de laquelle était un tableau qui la représentait au naturel et dans toute sa beauté. Aux deux côtés de la table étaient des guéridons qui soutenaient les flambeaux, qui devaient sans cesse éclairer ce triste lieu. Quelques livres, un lit et une robe de couleur noire composaient le reste des meubles. Telle était la disposition de cette espèce de tombeau dans lequel j'avais résolu de m'ensevelir tout vivant. Si les pleurs et les soupirs ne peuvent porter le nom de plaisirs, il est vrai néanmoins qu'ils ont une douceur infinie pour une personne mortellement affligée.

La véritable histoire du chevalier des Grieux et de Manon Lescaut

Ce roman constitue le dernier tome des *Mémoires d'un Homme de Qualité.* Des Grieux rencontre Manon dans une auberge à Amiens et l'enlève. Ils vont vivre la grande passion à Paris. Ayant le goût du luxe, l'argent leur manque bientôt. Manon se prostitue, Des Grieux triche au jeu. Leur situation se dégrade, ils sont arrêtés. Des Grieux est libéré, mais Manon est déportée comme prostituée en Louisiane. Le chevalier suit sa maîtresse à la Nouvelle Orléans, se bat pour elle et ils s'enfuient ensemble dans le désert où elle meurt épuisée. L'histoire est racontée à la première personne par Des Grieux, après la mort de Manon, à l'Homme de Qualité.

Les trois romanciers les plus représentatifs du roman érotique sont Crébillon fils, Laclos et Sade. Les personnages de Crébillon fils (1707-1777) sont des aristocrates, l'érotisme est pour eux un agréable jeu de société (*Les égarements du cœur et de l'esprit*, 1736). Le marquis de Sade (1740-1814) passe la plus grande partie de sa vie en prison; c'est là qu'il écrit ses romans. Son érotisme, qu'on appellera plus tard sadisme, est attaché au plaisir de faire souffrir. Sade montre la puissance du mal; la nature n'est pas bonne, comme chez Rousseau, au contraire: elle est indifférente et cruelle.

Les liaisons dangereuses

Les liaisons dangereuses (1782) de Pierre Choderlos de Laclos (1741-1803) est le roman érotique le plus célèbre du siècle. La marquise de Merteuil et le vicomte de Valmont sont d'anciens amants; ils ont gardé une complicité. La forme du roman par lettres leur permet de garder des apparences de vertu dans la société, tout en s'exprimant avec le plus grand cynisme. Mme de Merteuil charge le vicomte de séduire la vertueuse présidente de Tourvel. Lorsque Valmont réussit, Mme de Merteuil exige la rupture immédiate. Le vicomte obéit: Mme de Tourvel meurt de chagrin, mais Valmont est tué dans un duel; la marquise, couverte d'opprobre, se retire. Les méchants sont châtiés à la fin, la morale est sauve.

La marquise de Merteuil craint que le vicomte de Valmont ne s'attache trop à Mme de Tourvel qui, elle, est déjà très amoureuse de lui. Elle lui propose un moyen de s'en débarrasser: il n'a qu'à recopier la lettre suivante.

'On s'ennuie de tout, mon ange, c'est une loi de la nature; ce n'est pas ma faute.

'Si donc, je m'ennuie aujourd'hui d'une aventure qui m'a occupé entièrement depuis quatre mortels mois, ce n'est pas ma faute.

'Si, par exemple, j'ai eu juste autant d'amour que toi de vertu, et c'est sûrement beaucoup dire, il n'est pas étonnant que l'un ait fini en même temps que l'autre. Ce n'est pas ma faute.

'Il suit de là, que depuis quelque temps je t'ai trompée: mais aussi, ton impitoyable tendresse m'y forçait en quelque sorte! Ce n'est pas ma faute.

'Je sens bien que voilà une belle occasion de crier au parjure: mais si la Nature n'a accordé aux hommes que la constance, tandis qu'elle donnait aux femmes l'obstination, ce n'est pas ma faute.

'Crois-moi, choisis un autre amant, comme j'ai fait une autre maîtresse. Ce conseil est bon, très bon; si tu le trouves mauvais, ce n'est pas ma faute.

'Adieu, mon ange, je t'ai prise avec plaisir, je te quitte sans regret: je te reviendrai peut-être. Ainsi va le monde. Ce n'est pas ma faute.'

La littérature à la fin du 18e siècle

À la fin du siècle la littérature se transforme. L'optimisme des Lumières n'est plus partagé par tout le monde. De nouveaux mouvements religieux, comme l'illuminisme, se répandent. Dans la littérature, l'exotisme et le fantastique sont les signes de cette inquiétude.

Jacques-Henri Bernardin de Saint-Pierre (1737-1814) est un ami et disciple de Rousseau. En 1788 il publie *Paul et Virginie* (1788), un bref roman qu'il appelle 'idylle' et qui réunit la beauté de la nature à 'la beauté morale'. Deux mères élèvent leurs enfants, Paul et Virginie, dans un cadre paradisiaque, dans l'île de France (aujourd'hui île Maurice). Les deux jeunes s'aiment tendrement; Virginie part pour la France pour recueillir un héritage, mais au retour elle meurt dans un naufrage sous les yeux mêmes de Paul.

△ *Joseph Vernet (1714-1789), 'La tempête'*
△△ *Coiffure à la mode, dite 'à l'indépendance américaine'. Gravure anonyme, 1778*
▽▽ *Révolution française. Dessin satirique contre les aristocrates*

Paul et Virginie

Le vaisseau Saint-Géran, qui ramène Virginie, est jeté par la tempête contre les récifs. Paul fait des efforts pour atteindre la bateau, mais en vain: il reste le témoin impuissant de la mort de sa bien-aimée.

Tout l'équipage, désespérant de son salut, se précipitait en foule à la mer sur des vergues, des planches, des cages à poules, des tables et des tonneaux. On vit alors un objet digne d'une éternelle pitié: une jeune demoiselle parut dans la galerie de la poupe du Saint-Géran, tendant les bras vers celui qui faisait tant d'efforts pour la joindre. C'était Virginie. Elle avait reconnu son amant à son intrépidité. Elle nous faisait signe de la main, comme nous disant un éternel adieu. Tous les matelots s'étaient jetés à la mer. Il n'en restait plus qu'un sur le pont qui était tout nu et nerveux comme Hercule. Il s'approcha de Virginie avec respect: nous le vîmes se jeter à ses genoux et s'efforcer même de lui ôter ses habits; mais elle, le repoussant avec dignité, détourna de lui sa vue. On entendit aussitôt ces cris redoublés des spectateurs: 'Sauvez-la, sauvez-la, ne la quittez pas!' Mais dans ce moment, une montagne d'eau d'une effroyable grandeur s'engouffra entre l'île d'Ambre et la côte, et s'avança en rugissant vers le vaisseau qu'elle menaçait de ses flancs noirs et de ses sommets écumants. À cette terrible vue, le matelot s'élança seul sur la mer; et Virginie, voyant la mort inévitable, posa une main sur ses habits, l'autre sur son cœur, et, levant en haut des yeux sereins, parut un ange qui prend son vol vers les cieux. O jour affreux! Hélas! tout fut englouti.

Le conte fantastique est un genre qui naît en Angleterre et en France à la fin du siècle des philosophes. Le fantastique est le signe du désarroi des esprits. Le surnaturel est de nature religieuse et morale: il concerne en général le diable et la sexualité. Les trois récits fantastiques les plus intéressants écrits en français ont pour auteurs un Français, un Anglais et un Polonais.

Jacques Cazotte (1719-1792), un illuminé et adversaire farouche de la Révolution (dont il devient la victime), publie en 1772 *Le diable amoureux:* un jeune gentilhomme espagnol, Alvaro, s'éprend de la jolie Biondetta, qui devient sa maîtresse, mais qui disparaît au moment où il la ramène chez sa mère pour se marier avec elle: était-elle l'incarnation du diable?

William Beckford (1760-1844), un Anglais, est l'auteur de *Vathek* (1787): le calife Vathek, séduit par un messager du diable qui lui promet un pouvoir illimité, décide de faire systématiquement le mal. Le récit est un conte de fée à rebours, les crimes les plus abominables sont commis.

Vathek

Au bout de leur long voyage, le sultan Vathek et la princesse Nouronihar sont enfin admis devant Eblis, le diable: les récompensera-t-il des crimes qu'ils ont commis en son nom sur terre? Rassurés d'abord par ses paroles, ils sont bientôt conduits par leur guide, le Giaour, dans des salles sinistres et ils découvrent avec horreur que l'enfer les attend eux aussi, ils ne peuvent pas échapper.

Vathek et Nouronihar entrèrent dans un vaste tabernacle tapissé de peaux de léopards. Un nombre infini de vieillards à longue barbe, d'Afrites en complète armure, étaient prosternés devant les degrés d'une estrade, au haut de laquelle, sur un globe de feu, paraissait assis le redoutable Eblis. Sa figure était celle d'un jeune homme de vingt ans, dont les traits nobles et réguliers semblaient avoir été flétris par des vapeurs malignes. Le désespoir et l'orgueil étaient peints dans ses grands yeux, et sa chevelure ondoyante tenait encore un peu de celle d'un ange de lumière. Dans sa main délicate, mais noircie par la foudre, il tenait le sceptre d'airain qui fait trembler toutes les puissances de l'abîme. (...)

Le Calife et Nouronihar restèrent dans un accablement mortel; leurs larmes ne pouvaient couler, à peine pouvaient-ils se soutenir: enfin, ils se prirent tristement par la main, et sortirent en chancelant de cette salle funeste, sans savoir où ils allaient. Toutes les portes s'ouvraient à leur approche, les Dives se prosternaient devant leurs pas, des magasins de richesses se déployaient à leurs yeux; mais ils n'avaient plus ni curiosité, ni orgueil, ni avarice. Avec la même indifférence, ils entendaient les chœurs des Ginns, et voyaient les superbes repas qui étaient étalés de toutes parts. Ils allaient errant de chambres en chambres, de salles en salles, d'allées en allées, tout autant de lieux sans fond et sans limite, tous éclairés par une sombre lueur, tous parés avec la même triste magnificence, tous parcourus par des gens qui cherchaient en vain, puisqu'ils portaient partout un cœur tourmenté dans les flammes. Évités de tous ces malheureux, qui par leurs regards, semblaient se dire les uns aux autres: c'est toi qui m'as séduit, c'est toi qui m'as corrompu, ils se tenaient à l'écart, et attendaient dans une angoisse le moment qui devait les rendre semblables à ces objets de terreur.

Le comte polonais Jan Potocki (1761-1815) est un savant et un homme politique bien connu dans son pays. Le *Manuscrit trouvé à Saragosse*, dont la version intégrale ne sera publiée qu'en 1989, est une véritable somme romanesque qui s'inspire de Boccace, de Cervantès, de Diderot. Arrivé en Espagne pour rejoindre son régiment, le jeune officier Alphonse Van Worden est pendant deux mois retenu par des forces mystérieueses dans les lieux désertiques de la Sierra Morena. Il rencontre – véritablement ou en rêve? – deux séduisantes princesses arabes et un grand nombre d'autres personnages qui lui racontent l'histoire de leur vie.

La Révolution n'a pas une influence directe en littérature, mais elle marque profondément la vie culturelle. La censure étant abolie, la presse politique va naître. La liberté règne dans les théâtres où l'on joue des pièces pathétiques. Enfin, l'éloquence politique, qui n'a pratiquement pas existé depuis l'Antiquité, renaît: la Révolution connaît de grands orateurs, comme Mirabeau et Danton.

5 Le dix-neuvième siècle

La France connaît au dix-neuvième siècle une vie politique très mouvementée: différentes formes de gouvernement se succèdent, le renversement d'un régime et l'installation ou la restauration d'un autre ne vont pas sans tensions ni révoltes. La vie intellectuelle est d'abord dominée par le passé récent: les nostalgiques de l'Ancien Régime s'opposent aux partisans du progrès et de la République. Bientôt ce conflit se transforme en un conflit social: les pauvres se dressent contre les riches, les ouvriers contre la bourgeoisie triomphante.

Le romantisme marque la première moitié du siècle. C'est une révolution dans les idées: refus de la mesure classique, culte du Moi qui s'oppose à la société, triomphe de l'imagination face au présent qui déçoit. En revanche, la deuxième moitié du siècle est dominée par le réalisme; c'est l'époque où les sciences et les techniques se développent considérablement, la vie moderne commence. En littérature, deux genres en particulier se renouvellent entièrement, aussi bien dans leur contenu que dans leur style: le roman réaliste et la poésie symboliste auront un immense rayonnement international.

Pierre-Auguste Renoir (1841-1919), 'Le Moulin de la Galette', 1876. Le quartier de Montmartre, où se trouve ce célèbre moulin, fut très fréquenté par les peintres impressionistes; depuis le 19e siècle, Parisiens et étrangers viennent s'amuser à Montmartre

Introduction

Les idées et les lettres sont dominées au 19e siècle par deux grands courants, le romantisme et le réalisme. Les auteurs romantiques, malheureux dans la société où ils vivent, se tournent vers des époques et des pays lointains (le Moyen Age, l'Orient); les ouvrages historiques et les récits exotiques sont nombreux. En revanche, les réalistes s'intéressent au présent et décrivent, souvent de manière critique, la réalité sociale en France. Deux autres courants apparaissent à la fin du siècle: le naturalisme, qui est une forme particulière du réalisme, et le symbolisme, qui se limite à la poésie.

De la Révolution de 1789 à la fin du 19e siècle, les bouleversements politiques sont nombreux, la structure de la société change considérablement. Les écrivains sont obligés de prendre position: quelques-uns participent activement à la vie politique, comme Chateaubriand et Lamartine, d'autres, comme Hugo et Zola, proclament la responsabilité du poète et de l'intellectuel. Mais dans leur majorité, les écrivains rejettent cette société, marquée par le goût pour l'argent et dominée par la bourgeoisie qui veut s'enrichir à tout prix.

Face à une société obsédée par le principe de l'utilité, Théophile Gautier proclame sa théorie de 'l'art pour l'art'; pour lui, utilité et beauté sont inconciliables. L'art n'a qu'un seul but: le culte de la beauté. Pendant des siècles, l'artiste était au service de la société et défendait les valeurs morales – à présent la rupture est consommée entre l'artiste et la société bourgeoise. Pour la première fois dans l'Histoire, art et morale entrent en conflit violent.

Depuis la fin du 18e siècle les différents régimes politiques prennent des mesures pour combattre l'analphabétisme et pour améliorer l'enseignement. Le nombre des lecteurs s'accroit considérablement. Deux cultures écrites se développent, celle d'un public cultivé qui lit les grands écrivains et, phénomène nouveau, une culture populaire des masses qui lisent des romans d'aventure et les journaux à sensation.

△ *Victor Hugo, 'Burg en ruines', 1857; encre, lavis et gouache. Les ruines des forteresses (= Burg) médiévales sont une source d'inspiration pour les poètes romantiques*
▷▷ *Edouard Manet (1832-1883), 'Jeune femme au milieu des fleurs', 1874. Les impressionistes s'intéressent au jeu de la lumière et des couleurs*
▽ *Gustave Courbet (1819-1877), 'Les cribleuses de blé', 1855. Les peintres réalistes représentent la vie quotidienne et le peuple au travail*

Le dix-neuvième siècle invente peu de genres littéraires nouveaux, mais les genres anciens sont parfois diffusés d'une manière nouvelle (exemple: le roman-feuilleton). Le genre dramatique n'est plus le genre suprême comme au dix-septième siècle. Par contre, la poésie lyrique, étouffée au 18e, renaît: elle exprime la sensibilité de l'individu, l'imagination domine et non plus les règles.

Le rayonnement international de poètes comme Baudelaire et Rimbaud est immense; on peut dire que la France est à l'origine de la poésie moderne partout en Europe. Cependant, le roman reste le genre le plus populaire: le romancier nous invite à quitter le présent pour le passé (le roman historique de Victor Hugo), il examine son âme (le roman-confession de Chateaubriand) et surtout il décrit la société qui le fascine mais qu'il critique en même temps (le roman réaliste et naturaliste, de Balzac à Zola).

Les rapports entre écrivains et peintres sont de plus en plus fréquents. Beaucoup d'écrivains se font critiques d'art. La bataille pour le réalisme est menée à la fois par des peintres (Courbet) et des écrivains (Champfleury). Ce sont les écrivains naturalistes (Zola, Maupassant) qui prennent la défense des peintres impressionnistes (Manet, Monet, Cézanne) incompris par la critique et le grand public.

Les écrivains-femmes (Madame de Staël, George Sand) sont peu nombreuses au dix-neuvième siècle. Les personnages romanesques principaux sont souvent des hommes, surtout dans le période romantique. Les femmes apparaissent comme des victimes, des épouses opprimées. Vers la fin du siècle, certains écrivains et peintres (Jean Lorrain, Gustave Moreau) vont créer le type de la 'femme fatale', lointaine et inaccessible, qui séduit et détruit.

Genres littéraires

◆ **Drame historique** ◆ Pièce présentant des personnages illustres dans un passé lointain mais qui, pour l'intrigue, s'inspire du mélodrame (exemple: *Hernani* de Victor Hugo).

◆ **Épopée** ◆ Long poème romantique (ou recueil de poèmes), dans lequel le merveilleux est remplacé par la religion et dont le héros n'est pas un individu mais l'humanité (exemple: *La légende des siècles* de Victor Hugo).

◆ **Mélodrame** ◆ Pièce de théâtre populaire, à l'intrigue invraisemblable, au style pathétique et aux émotions fortes, dans laquelle les bons sont toujours persécutés mais où la vertu finit toujours par triompher (exemple: *La tour de Nesle* d'Alexandre Dumas père).

◆ **Poème en prose** ◆ Né de la révolte contre les contraintes de la versification, le poème en prose veut être une poésie plus vraie et qui décrit les réalités de la vie moderne: la ville, le rêve, etc. (exemple: *Les petits poèmes en prose* de Charles Baudelaire).

◆ **Roman historique** ◆ Roman qui veut faire revivre l'histoire, réhabiliter les grands moments et les grands hommes du passé (exemple: *Cinq Mars* d'Alfred de Vigny).

◆ **Roman réaliste** ◆ Roman qui cherche à donner un tableau exact de la société contemporaine et qui se termine presque toujours par l'échec du personnage principal (exemple: *Madame Bovary* de Gustave Flaubert).

◆ **Roman naturaliste** ◆ Roman qui s'inspire des méthodes scientifiques (empruntées notamment à la médecine et à la biologie) pour donner une description de la société, en particulier des classes pauvres (exemple: *Germinal* d'Émile Zola).

◆ **Sonnet** ◆ Forme poétique héritée de la Renaissance et que les poètes de la deuxième moitié du 19e siècle reprennent pour exprimer des sujets et des sentiments neufs (exemple: *El Desdichado* de Nerval).

◆ **Théâtre de boulevard** ◆ Théâtre de pur divertissement, sans valeur littéraire, qui a un immense succès à partir du milieu du siècle (exemple: *Un chapeau de paille d'Italie* d'Eugène Labiche).

L'histoire politique et sociale

Le dix-neuvième siècle connaît un grand nombre de régimes politiques. La chute de Robespierre marque la fin de la Terreur révolutionnaire (1794) et la naissance du Directoire qui sera suivi par le coup d'Etat du général Bonaparte (1799). Celui-ci se fait sacrer empereur en 1804 sous le nom de Napoléon Ier: c'est la fin de la Première République et le début de l'Empire (1804-1815), qui ouvre une période nouvelle dans l'histoire de la France et de l'Europe. Malgré ses mérites dans le domaine législatif et administratif et son génie militaire, son règne se termine par un échec. Ses nombreuses guerres de conquête (jusqu'en Egypte et en Russie) affaiblissent la France et la plupart des puissances européennes s'unissent contre lui. Après la défaite de Waterloo, Napoléon est définitivement exilé à Sainte-Hélène.

Le Congrès de Vienne (1815) efface les transformations imposées par Napoléon aux pays conquis et établit un ordre légitime qui va permettre la restauration de la royauté en France.

La Restauration (Louis XVIII, 1815-1823; Charles X, 1823-1830), qui s'appuie sur les 'ultras' (les conservateurs), est renversée en 1830, pendant l'émeute des Trois Glorieuses (= journées de juillet). Les députés font alors appel à un cousin du roi, le prince libéral Louis-Philippe (1830-1848): c'est la Monarchie de Juillet et les débuts d'une civilisation bourgeoise et libérale. Cette civilisation s'affermira pendant les deux régimes suivants: d'abord la Deuxième République (1849-1952) instituée après la révolution de 1848, qui a des répercussions immmenses dans de nombreux pays européens, ensuite le Second Empire (1852-1870).

△ *Eugène Delacroix (1798-1863), 'La liberté guidant le peuple', 1830 (détail). Là révolution de juillet 1830 inspire à Delacroix ce célèbre tableau. Delacroix a été lié avec tous les grands écrivains de son temps. Il est considéré comme le plus grand peintre romantique en France*
▽ *Wagons de houille traînés par un remorqueur à vapeur. Gravure anonyme*

Le Second Empire est installé après le coup d'Etat du président élu Louis-Napoléon Bonaparte, un neveu de Napoléon Ier qui devient empereur sous le nom de Napoléon III. Napoléon III pratique une politique extérieure impérialiste et brouillonne: conquête achevée de l'Algérie, construction du Canal de Suez, intervention au Mexique, soutien à l'unité italienne. Il se heurte à la politique de Bismarck.

La guerre de 1870 contre les armées allemandes dirigées par Bismarck tourne au désastre, les Prussiens font le siège de Paris, c'est la fin du Second Empire. En 1871, une brève et violente guerre civile met face à face les ouvriers de Paris (mouvement révolutionnaire de la Commune qui veut résister aux Prussiens) et les dirigeants politiques, assemblés à Versailles et prêts aux compromis. La Commune est écrasée, la Troisième République est née: ses institutions subsisteront jusqu'en 1940.

La distinction moderne entre la pensée politique de la droite et de la gauche remonte au 19e siècle. La droite (Joseph de Maistre, le vicomte de Bonald) naît au début du siècle. Elle critique la philosophie des Lumières et la Révolution de 1789; seule la monarchie héréditaire, soumise à l'autorité du pape, est un gouvernement conforme à la volonté de Dieu et à la nature humaine. Les libertés démocratiques sont fatales, l'homme n'est heureux que s'il peut obéir.

La pensée politique de gauche s'affirme en particulier après 1848. Elle ne se tourne pas vers le passé mais cherche à concilier les progrès du monde moderne avec les revendications sociales. La misère peut être combattue, la prospérité générale est possible si les hommes se laissent porter par le sentiment de la fraternité. Les utopistes socialistes, tels que Saint-Simon, Fourier et Proudhon, élaborent plusieurs projets précis de communautés idéales mais qui n'ont pas pu être réalisées. Ils peuvent être considérés à certains égards comme les précurseurs de Marx, dont les idées commencent à se répandre en France à partir de 1864. À la chambre des députés, les princiaux débats politiques se déroulent entre les conservateurs, qui défendent la monarchie, et les libéraux, qui luttent pour le maintien des acquis de la Révolution, en particulier pour les droits de la bourgeoisie. Pendant la seconde moitié du siècle, une troisième tendance politique commence à se développer, le socialisme, mais ce n'est qu'au vingtième siècle qu'il constituera un parti puissant. L'échec de 1870 fait naître des idées de revanche, il favorise la naissance du nationalisme.

Deux phénomènes parallèles marquent la société du dix-neuvième siècle: l'industrialisation et l'avènement de nouvelles classes sociales. La création de l'industrie attire les jeunes vers les villes, les campagnes commencent à se dépeupler et une nouvelle classe sociale va naître: celle des ouvriers. La bourgeoisie triomphante impose un nouveau mode de vie, des valeurs et des habitudes nouvelles. Le respect des valeurs traditionnelles (morales, religieuses) est remplacé par le respect de la science et de l'argent. La religion devient une affaire privée, le gouvernement décrète sous la Troisième République la séparation de l'Eglise et de l'Etat et organise l'enseignement laïc gratuit et obligatoire (les lois de Jules Ferry, 1881).

▽▽ *Le comptoir de ganterie au Bon Marché; gravure anonyme. Les grands magasins, qui ruinent souvent le petit commerce, naissent à Paris pendant la deuxième moitié du 19e siècle*
▽ *Atelier dans le bassin minier de Blanzy près du Creusot. Tableau de F. Bonhommé, vers 1860*

Le romantisme

Le terme 'romantisme' désigne le mouvement des idées et la nouvelle littérature pendant la première moitié du siècle. Sur le plan des idées, le romantisme s'oppose à la philosophie du 18e siècle, sur le plan de la littérature, il s'oppose au classicisme, il rejette la mesure et les règles. Né en Angleterre et en Allemagne où il coïncide avec un effort de libération nationale, le romantisme, mouvement 'importé', rencontre plus de résistances en France, où le classicisme est ressenti comme l'héritage national.

Les romantiques reprochent aux générations qui les précèdent leur goût de l'analyse qui, disent-ils, détruit l'harmonie; l'analyse produit des fragments. Pour retrouver l'unité perdue, l'homme moderne se tourne vers le passé, les sciences historiques lui permettent de remonter aux sources: les romantiques aiment le folklore, qui serait un art plus ancien et plus naturel que la littérature écrite des citadins. Ils s'intéressent aussi à la linguistique historique qui révèle l'origine des langues et de l'humanité. Le Moyen Age est revalorisé: loin d'être une époque de barbarie et de ténèbres, l'unité y règne grâce à la religion chrétienne partagée par tous. On entreprend des travaux de restauration de monuments historiques, on s'intéresse à l'archéologie.

L'époque romantique produit les premiers grands historiens modernes (Alexis de Tocqueville, Jules Michelet). La littérature est présentée, elle aussi, dans son développement historique: le romantisme invente l'histoire littéraire et en fait une matière d'enseignement dans les écoles. Sainte-Beuve (1804-1869) réhabilite les poètes du seizième siècle. Pour lui, l'étude des œuvres est inconcevable sans celle de la biographie de l'auteur.

En littérature, le romantisme cherche à se libérer des contraintes classiques. Dans la *Préface de Cromwell* (1827), qui est un manifeste de l'école romantique, Victor Hugo critique la règle des trois unités, la séparation des styles et des genres et réclame le naturel: dans la vie, le laid existe à côté du beau, le grotesque à côté du sublime. Est-ce à l'homme de les séparer, de 'rectifier Dieu' (comme le font les classiques)? La tragédie s'oppose aux innovations romantiques. Hugo, Vigny, Musset, Dumas inventent des formes dramatiques nouvelles, le mélodrame et le drame historique.

La littérature romantique donne naissance à un nouveau personnage, le héros romantique. Celui-ci ne ressemble en rien aux héros de la littérature classique. Le héros romantique n'est pas le représentant le plus parfait d'une société dont il partage les normes et valeurs (comme le Cid), au contraire: il fuit la société qu'il considère comme hypocrite et qui le rejette. Il est l'individu solitaire, le génie incompris. Nous assistons à un véritable renversement de la morale: les vraies valeurs sont représentées et défendues par ceux que la société n'accepte pas, les poètes, les bâtards, les courtisanes. Le bandit

△ *Léopold Robert, 'Italienne et sa fille', vers 1829. Le goût de l'exotisme est très fort chez les romantiques*
◁◁ *John Martin (1789-1854), 'Le barde', 1817. Les tableaux de ce peintre anglais sont accueillis avec un grand enthousiasme par les poètes romantiques en France*

Hernani est un héros de Victor Hugo. Vigny écrit un drame sur le poète écossais Chatterton qui se suicide. Marguerite Gautier, la courtisane 'rachetée par l'amour', est l'héroïne de la pièce d'Alexandre Dumas fils (1824-1895), *La dame aux camélias* (1852), qui inspire *La Traviata,* le célèbre opéra de Verdi.

Qu'est-ce que le Romantisme?

Le Romantisme est un mouvement qui a suscité dès sa naissance de très nombreux essais de définition. Dans un article paru dans la *Revue des Deux Mondes* (15 septembre 1836), Musset met en relief avec humour la difficulté qu'il y a à réunir en une doctrine cohérente les différents aspects et moments de la pensée romantique.

Je vous disais que nous ne comprenions pas ce que signifiait ce mot de romantisme... C'était donc vers 1824, ou un peu plus tard, je l'ai oublié; on se battait dans le Journal des Débats. Il était question de pittoresque, de grotesque, du paysage introduit dans la poésie, de l'histoire dramatisée, du tragique fondu avec le comique, et du moyen-âge ressuscité... Nous crûmes d'abord, pendant deux ans, que le romantisme, en matière d'écriture, ne s'appliquait qu'au théâtre, et qu'il se distinguait du classique parce qu'il se passait des unités. (...) Mais on nous apprend tout à coup (c'était, je crois, en 1828) qu'il y avait poésie romantique et poésie classique, roman romantique et roman classique ... Heureusement, dans la même année, parut une illustre préface, que nous dévorâmes aussitôt, et qui faillit nous convaincre à jamais. Il y respirait un air d'assurance qui était fait pour tranquilliser, et les principes de la nouvelle école s'y trouvaient détaillés au long. On y disait très nettement que le romantisme n'était autre chose que l'alliance du fou et du sérieux, du grotesque et du terrible, du bouffon et de l'horrible, autrement dit, si vous l'aimez mieux, de la comédie et de la tragédie.

Nous le crûmes pendant l'espace d'une année entière... Nous crûmes, jusqu'en 1830, que le romantisme était l'imitation des Allemands, et nous y ajoutâmes les Anglais...

De 1830 à 1831, nous crûmes que le romantisme était le genre historique, ou, si vous voulez, cette manie qui, depuis peu, a pris nos auteurs d'appeler des personnages de romans et de mélodrames Charlemagne, François Ier ou Henri IV, au lieu d'Amadis, d'Oronte ou de Saint-Albin.

De 1831 à l'année suivante, voyant le genre historique discrédité, et le romantisme toujours en vie, nous pensâmes que c'était le genre intime, dont on parlait fort...

De 1832 à 1833, il nous vint à l'esprit que le romantisme pouvait être un système de philosophie et d'économie politique. En effet, les écrivains affectaient alors dans leurs préfaces de parler de l'avenir, du progrès social, de l'humanité et de la civilisation...

De 1833 à 1834, nous crûmes que le romantisme consistait à ne pas se raser et à porter des gilets à larges revers, très empesés. L'année suivante, nous crûmes que c'était de refuser de monter la garde. L'année d'après, nous ne crûmes rien...

Les premiers romantiques

La première génération des écrivains romantiques est marquée par son contact avec l'étranger. Émigrés ou exilés sous la Terreur ou sous Napoléon, ils font connaissance avec d'autres civilisations européennes, en particulier avec celle de l'Allemagne, berceau du romantisme.

D'abord fascinée par Napoléon, Madame de Staël (1766-1817) devient bientôt son adversaire; elle est exilée dans son château de Coppet, près de Genève, qui devient un centre d'intellectuels qui résistent à l'Empereur. Dans ses romans, Madame de Staël peint le destin tragique des femmes de génie, en conflit avec les conventions de la société. Ses réflexions sur la littérature (*De la littérature,* 1800: *De l'Allemagne,* 1813) marquent profondément le romantisme français. Elle insiste sur l'influence des climats sur la littérature et établit une distinction entre les littératures du Midi, qui sont classiques, et les littératures du Nord, qui sont romantiques: 'ce que l'homme a fait de plus grand, il le doit au sentiment douloureux de l'incomplet de sa destinée.' C'est le 'besoin d'échapper aux bornes qui circonscrivent l'imagination, source de toutes les passions généreuses, comme de toutes les philosophies, qui inspire particulièrement la poésie du Nord.'

Après une enfance passée en Bretagne, François-René de Chateaubriand (1768-1848) séjourne brièvement en Amérique, puis s'exile en Angleterre (1793-1800). Revenu en France, il poursuit une carrière politique mouvementée. Chateaubriand écrit beaucoup, des traités, des récits et des mémoires. Dans *Le génie du christianisme* (1802), il cherche à réhabiliter le prestige de la religion et insiste en particulier sur sa beauté. Le christianisme enchante l'imagination, la Bible est plus belle que les épopées homériques. Chateaubriand analyse également le 'mal du siècle', l'état d'âme des générations romantiques. La jeunesse est insatisfaite: elle a des rêves infinis, mais la réalité est décevante. 'On habite avec un cœur plein un monde vide, et sans avoir usé de rien on est désabusé de tout.' *René,* publié d'abord dans *Le Génie du christianisme,* est le héros romantique par excellence.

René

René est un jeune homme solitaire, d'une mélancolie incurable. Il fuit la société, les voyages le déçoivent. Il fuit sa sœur, la seule personne capable de partager ses rêves, et part en Amérique, où il fait le récit de son enfance à un sage Indien et à un missionnaire. Celui-ci condamne sévèrement sa conduite: 'Je vois un jeune homme entêté de chimères, à qui tout déplaît, et qui s'est soustrait aux charges de la société pour se livrer à d'inutiles rêveries. On n'est point, Monsieur, un homme supérieur parce qu'on aperçoit le monde sous un jour odieux.'

L'automne me surprit : j'entrai avec ravissement dans le mois des tempêtes. (...) Le jour, je m'égarais sur de grandes bruyères terminées par des forêts. Qu'il fallait peu de choses à ma rêverie! Le clocher solitaire s'élevant au loin dans la vallée a souvent attiré mes regards; souvent j'ai suivi des yeux les oiseaux de passage qui volaient au-dessus de ma tête. Je me figurais les bords ignorés, les climats lointains où ils se rendent; j'aurais voulu être sur leurs ailes. Un secret instinct me tourmentait: je sentais que je n'étais moi-même qu'un voyageur (...). La nuit, lorsque l'aquilon ébranlait ma chaumière, que les pluies tombaient en torrent sur mon toit, qu'à travers ma fenêtre je voyais la lune sillonner les nuages amoncelés, il me semblait que la vie redoublait au fond de mon cœur, que j'aurais la puissance de créer des mondes.

Benjamin Constant (1767-1830) passe son enfance et sa jeunesse en Hollande, en Angleterre, en Allemagne. Il se lie d'amitié avec Madame de Charrière (Belle Van Zuylen, 1740-1805), écrivain suisse d'origine néerlandaise dont les idées éclairées et les écrits influencent le jeune homme. Ensuite, de 1794 à 1817, sa vie gravite autour de celle de Madame de Staël, qu'il suit dans son exil. Après la Restauration, Constant devient l'un des chefs des libéraux. En 1816 il publie un bref roman, *Adolphe.*

◁◁ *Anne-Louis Girodet-Trioson, 'Chateaubriand', détail, 1807 ou 1808*
▽ *François baron Gérard, 'Madame Récamier', vers 1805. Madame Récamier, célèbre pour sa beauté, tient un salon réputé que fréquente Chateaubriand*

Adolphe

Adolphe, le narrateur, est un jeune homme faible, lâche, mais extrêmement lucide. Attiré par Ellénore, de dix ans son aînée et maîtresse d'un comte, il décide de la séduire. Mais dès qu'elle cède, leur liaison commence à lui peser. Elle lui sacrifie tout, ils s'en vont en Pologne, mais Adolphe se demande sans cesse comment rompre.

Ellénore et Adolphe sont en Pologne. Ellénore sait qu'Adolphe veut la quitter. Ils font une promenade.

C'était une de ces journées d'hiver où le soleil semble éclairer tristement la campagne grisâtre, comme s'il regardait en pitié la terre qu'il a cessé de réchauffer. Ellénore me proposa de sortir. 'Il fait bien froid, lui dis-je. – N'importe, je voudrais me promener avec vous.' Elle prit mon bras; nous marchâmes sans rien dire; elle avançait avec peine, et se penchait sur moi presque tout entière. 'Arrêtons-nous un instant. – Non, me répondit-elle, j'ai du plaisir à me sentir encore soutenue par vous.' Nous retombâmes dans le silence. Le ciel était serein; mais les arbres étaient sans feuilles; aucun souffle n'agitait l'air, aucun oiseau ne le traversait: tout était immobile, et le seul bruit qui se fit entendre était celui de l'herbe glacée qui se brisait sous nos pas. 'Comme tout est calme, me dit Ellénore; comme la nature se résigne! Le cœur aussi ne doit-il pas apprendre à se résigner?' Elle s'assit sur une pierre; tout à coup elle se mit à genoux, et, baissant la tête, elle l'appuya sur ses deux mains. J'entendis quelques mots prononcés à voix basse. Je m'aperçus qu'elle priait. Se relevant enfin: 'Rentrons, dit-elle, le froid m'a saisie. J'ai peur de me trouver mal. Ne me dites rien; je ne suis pas en état de vous entendre.'

Quelques jours après, Ellénore meurt.

Je sentis le dernier lien se rompre, et l'affreuse réalité se placer à jamais entre elle et moi. Combien elle me pesait, cette liberté que j'avais tant regrettée! Combien elle manquait à mon cœur, cette dépendance qui m'avait révolté souvent! J'étais libre, en effet, je n'étais plus aimé: j'étais étranger pour tout le monde.

La poésie romantique – Gérard de Nerval

Le romantisme qui marquera la littérature française pendant plus d'un demi-siècle, prend essentiellement trois formes: le romantisme mélancolique et conservateur, fidèle aux valeurs politiques et religieuses d'autrefois, se manifeste après Chateaubriand surtout en poésie (Lamartine, Vigny). Par contre le romantisme social et dynamique (Hugo, Dumas, Sand) et le romantisme ironique et désenchanté de la dernière génération (Musset, Nerval) se partagent le théâtre et le roman.

Alphonse de Lamartine (1790-1869) publie en 1820 les *Méditations,* un recueil de poèmes qui est le premier et très grand succès romantique. C'est une poésie 'intime', 'sincère', qui dit inlassablement la vie intérieure du poète: confidences, souvenirs (son amour pour Julie qui meurt de phtisie en 1817), inquiétudes religieuses, métaphysiques (ainsi dans son célèbre poème *Le Lac,* l'angoisse de la fuite du temps liée à la perte de la femme aimée). À côté de la poésie lyrique, Lamartine s'essaie aussi à l'épopée, comme beaucoup d'autres romantiques (*Jocelyn,* 1836). Comme Chateaubriand, son activité littéraire s'accompagne d'une intense activité politique. Ministre pendant la révolution de 1848, il signe le décret qui abolit l'esclavage dans les colonies françaises. Battu aux élections présidentielles, il quitte la politique après le coup d'État de Napoléon III en 1851.

Alfred de Vigny (1797-1863) est un poète très différent de Lamartine. Plus réservé et plus philosophique, il se détourne de la politique pour s'intéresser à l'individu qui souffre et qui se sent rejeté par la société: 'l'individu n'a jamais tort, l'ordre social toujours'. Ses poèmes et ses récits parlent de métiers et de conditions qui sont devenus d'un idéalisme démodé et ridicule aux yeux des contemporains: l'aristocrate (*Cinq-Mars,* 1826), le soldat, le poète (*Chatterton,* 1835), mais qui sont justement à ses yeux les hommes supérieurs. Contrairement aux autres romantiques, la Nature pour Vigny est indifférente, elle ne 'console' pas, et Dieu est silencieux.

Après une enfance passée dans les petits villages du Valois, Gérard de Nerval (pseudonyme de Gérard Labrunie, 1808-1855) fait des études à Paris et fréquente le Cénacle, le salon des jeunes écrivains romantiques. En 1836, il tombe amoureux d'une actrice, Jenny Colon, qui le quitte cependant bientôt pour en épouser un autre. Jenny, qui mourra en 1842, lui apparaît dans ses rêves comme l'idéal perdu. Dès 1841 il est régulièrement soigné pour des troubles mentaux. Il voyage en Orient, puis en Allemagne, mais ses obsessions le poursuivent et il se suicide en 1855.

Nerval est fortement marqué par la culture germanique – il traduit le *Faust* de Goethe à la grande satisfaction de celui-ci – et par le mysticisme oriental. Pour lui rêve et réalité sont inséparables et l'amour a toujours un sens religieux; l'amour pour sa mère, qu'il n'a pas connue, l'amour pour Jenny, et aussi l'amour pour la Vierge Marie et la déesse égyptienne Isis se confondent. D'abord peu estimée, l'œuvre de Nerval est reconnue au 20e siècle comme l'une des manifestations les plus authentiques du romantisme.

Les trois écrits les plus célèbres de Nerval sont *Les Chimères, Sylvie* et *Aurélia* (tous trois publiés en 1853). *Sylvie* est une nouvelle qui évoque des souvenirs d'enfance. *Aurélia* retrace l'histoire de sa vie intérieure, l'intrusion des rêves dans sa vie, depuis la rupture avec Jenny.

Sylvie

L'annonce d'une fête de village dans un journal fait reprendre au narrateur le chemin des villages du Valois où il a passé son enfance. Il y retrouve sa camarade d'autrefois, la paysanne Sylvie et se rappelle la belle et blonde Adrienne, la fille du château, avec qui il a dansé une seule fois, pendant une fête dans le parc du château. Adrienne s'est faite religieuse, Sylvie est sur le point de se marier. Lors d'un second voyage, le narrateur croit reconnaître Adrienne sous les traits d'une actrice, Aurélie. Mais celle-ci, refusant d'être aimée pour une autre, le repousse. Sylvie, mère de deux enfants, lui apprend

△ *Pierre Puvis de Chavannes (1824-1898), 'Les jeunes filles et la mort', 1872. Admiré par les symbolistes, Puvis aime les grandes compositions allégoriques*

▽ *Emile Bernard, 'Madeleine au Bois d'Amour', 1888*

qu'Adrienne est morte au couvent; et Sylvie elle-même lui apparaît maintenant comme l'image d'un bonheur inaccessible qu'il a eu le tort de refuser.

El Desdichado

'Les Chimères' sont une suite d'une vingtaine de sonnets riches en symboles. Le poète cherche la réponse à la question: 'Qui suis-je?'.

Je suis le ténébreux, – le veuf, – l'inconsolé,
Le prince d'Aquitaine à la tour abolie:
Ma seule *étoile* est morte, – et mon luth constellé
Porte le *soleil noir* de la *Mélancolie.*

Dans la nuit du tombeau, toi qui m'as consolé,
Rends-moi le Pausilippe et la mer d'Italie,
La *fleur* qui plaisait tant à mon cœur désolé,
Et la treille où le pampre à la rose s'allie.

Suis-je Amour ou Phébus, Lusignan ou Biron?
Mon front est rouge encore du baiser de la reine;
J'ai rêvé dans la grotte où nage la sirène...

Et j'ai deux fois vainqueur traversé l'Achéron,
Modulant tour à tour sur la lyre d'Orphée
Les soupirs de la sainte et les cris de la fée.

Avril

Déjà les beaux jours, la poussière,
Un ciel d'azur et de lumière,
Les murs enflammés, les longs soirs;
Et rien de vert: à peine encore
Un reflet rougeâtre décore
Les grands arbres aux rameaux noirs!

Ce beau temps me pèse et m'ennuie.
Ce n'est qu'après des jours de pluie
Que doit surgir, en un tableau,
Le printemps verdissant et rose,
Comme une nymphe fraîche éclose,
Qui, souriante, sort de l'eau.

Victor Hugo

De l'enfance à la vieillesse, Victor Hugo (1802-1885) ne cesse d'écrire et laisse une œuvre immense. Il réussit dans tous les genres mais il est avant tout célèbre comme poète; il est considéré comme le plus grand poète français de tous les temps. Sa poésie, pleine d'audaces formelles, est nourrie par une imagination extraordinaire.

Génie précoce, Hugo reçoit à 20 ans une pension du roi pour son premier recueil. Il est dès 1827 le chef de file des jeunes écrivains romantiques qui se réunissent chez lui à Paris. En 1830, sa pièce *Hernani* fait triompher le romantisme sur la scène. Sa fille aînée Léopoldine se noie en 1843 accidentellement dans la Seine et cette mort le marque pour la vie. Nommé pair de France en 1845, il devient un orateur redouté. En 1851, il dénonce dans un discours violent 'Napoléon le Petit'; il est obligé de fuir. De 1851 à 1870, Hugo vit en exil, à Bruxelles, à Jersey et, à partir de 1855, dans l'île de Guernesey. Il écrit tous les matins de six à onze heures dans le 'look out' vitré de sa maison, d'où il peut contempler la mer.

L'exil est la période la plus fertile de sa vie, à certains moments il écrit plusieurs centaines d'alexandrins par jour. Il publie plusieurs recueils (*Les Contemplations*, 1856), une épopée (*La légende des Siècles*, 1859) et un roman (*Les Misérables*, 1862). Après la fin du Second Empire, Victor Hugo retourne en France. Il est nommé sénateur et continue à publier jusqu'à l'âge de 82 ans. Lors de ses funérailles nationales une foule immense accompagne son cercueil au Panthéon à Paris.

Véritable 'force de la nature', Victor Hugo est à la fois un écrivain populaire et un écrivain visionnaire. Persuadé que le poète a une vocation sociale, il écrit pour combattre les tyrans et pour montrer au peuple le chemin de l'avenir. Mais en même temps son imagination réunit les siècles anciens et modernes, la réalité et le rêve. Pour Hugo toute chose (pierre, animal, plante) a une vie propre et tout a un sens, même le Mal. Hugo aime les contrastes nets et violents: le Bien et le Mal, Dieu et Satan, la lumière et l'ombre. Ses personnages sont peu

△ *Victor Hugo contemplant la mer du haut d'un rocher à Guernesey. Photographie prise par son fils Charles Victor, vers 1853*
▷▷ *Victor Hugo, auteur de 'Napoléon-le-petit' et des 'Châtiments', est un opposant du Second Empire. Caricature de Faustin*
▷▷▷ *A. de Chatillon, 'Portrait de Léopoldine', 1835*

nuancés, son style est souvent pathétique. Son imagination très riche se traduit dans des métaphores fortes et nombreuses (l'aurore est un blanc cheval, le soleil une araignée), des rimes surprenantes ('lequel-Kehl', 'avril-disait-il') et des audaces rythmiques.

Oceano Nox

Ce poème, publié dans le recueil 'Les Rayons et les Ombres' (1840), montre la fascination de Hugo pour la mer.

Oh! combien de marins, combien de capitaines
Qui sont partis joyeux pour des courses lointaines,
Dans ce morne horizon se sont évanouis!
Combien ont disparu, dure et triste fortune!
Dans une mer sans fond, par une nuit sans lune,
Sous l'aveugle océan à jamais enfouis!

Combien de patrons morts avec leurs équipages!
L'ouragan de leur vie a pris toutes les pages
Et d'un souffle il a tout dispersé sur les flots!
Nul ne saura leur fin dans l'abîme plongée.
Chaque vague en passant d'un butin s'est chargée;
L'une a saisi l'esquif, l'autre les matelots!

Nul ne sait votre sort, pauvres têtes perdues!
Vous roulez à travers les sombres étendues,
Heurtant de vos fronts morts des écueils inconnus.
Oh! que de vieux parents, qui n'avaient plus qu'un rêve,
Sont morts en attendant tous les jours sur la grève
    Ceux qui ne sont pas revenus! (...)

Et quand la tombe enfin a fermé leur paupière
Rien ne sait plus vos noms, pas même une humble pierre
Dans l'étroit cimetière où l'écho nous répond,
Pas même un saule vert qui s'effeuille à l'automne,
Pas même la chanson naïve et monotone
Que chante un mendiant à l'angle d'un vieux pont!

Où sont-ils, les marins sombrés dans les nuits noires?
O flots, que vous savez de lugubres histoires!
Flots profonds redoutés des mères à genoux!
Vous vous les racontez en montant les marées
Et c'est ce qui vous fait ces voix désespérées
Que vous avez le soir quand vous venez vers nous!

11 juillet 1846, en revenant du cimetière

Ce poème, tiré des 'Contemplations', n'a pas de titre, Hugo l'a écrit à peu près trois ans après la mort de sa fille Léopoldine.

On vit, on parle, on a le ciel et les nuages
Sur la tête; on se plaît aux livres des vieux sages;
On lit Virgile et Dante; on va joyeusement
En voiture publique à quelque endroit charmant,
En riant aux éclats de l'auberge et du gîte;
Le regard d'une femme en passant vous agite;
On aime, on est aimé, bonheur qui manque aux rois!
On écoute le chant des oiseaux dans les bois;
Le matin, on s'éveille, et toute une famille
Vous embrasse, une mère, une soeur, une fille!
On déjeune en lisant son journal; tout le jour
On mêle à sa pensée espoir, travail, amour;
La vie arrive avec ses passions troublées;
On jette sa parole aux sombres assemblées;
Devant le but qu'on veut et le sort qui vous prend,
On se sent faible et fort, on est petit et grand;
On est flot dans la foule, âme dans la tempête;
Tout vient et passe; on est en deuil, on est en fête;
On arrive, on recule, on lutte avec effort... –
Puis, le vaste et profond silence de la mort!

L'esprit humain

Dans ce poème paru dans le recueil posthume 'Dieu' (1891), Victor Hugo définit l'homme.

Entre les brutes, foule, et les anges, élite,
Il est sur chaque terre et chaque satellite,
Un être à part; pensée et chair; matière esprit;
Page mixte du livre où la nature écrit,
Dernier feuillet du Monstre et premier du Génie;
Créature où la fange et l'or font harmonie,
Dans la bête à moitié, dans l'idée à demi,
Flamme accouplée avec le corps son ennemi,
Double rayon tordu d'ombre et d'aube ravie,
Mystère; ayant un pied, dans l'échelle de vie,
Sur une fin, un pied sur un commencement;
Cet être comparant, sentant, voyant, aimant,
C'est l'homme.

Le théâtre romantique

Le manifeste le plus important du mouvement romantique en France, la *Préface de Cromwell* (1827) de Victor Hugo concerne surtout l'art dramatique. Pour faire triompher le romantisme, il fallait battre le classicisme sur son propre terrain, là où son influence a été la plus forte et la plus durable: le théâtre. Partisans et adversaires du nouveau théâtre s'affrontent le 25 février 1830 et les jours suivants au Théâtre-Français, pendant 'la bataille d'*Hernani*'.

Le triomphe se confirme en 1831, avec le succès de l'*Antony* d'Alexandre Dumas. À ce théâtre mouvementé et romanesque vont s'ajouter les pièces, ironiques et désenchantées, du poète Alfred de Musset (1810-1857): *On ne badine pas avec l'amour* (1834), *Lorenzaccio* (1834).

Les trois auteurs dramatiques les plus célèbres de l'époque romantique ont chacun une vision différente du monde. Victor Hugo se tourne de préférence vers l'Espagne et le Moyen Age. Il réécrit le passé: les bâtards (Hernani, Ruy Blas) sont les véritables héros, les rois et les grands ne sont que des rusés et des tyrans. Dumas reprend ce schéma pour l'appliquer au présent: Antony est un bâtard qui séduit une femme mariée, Kean un acteur débauché, mais supérieur grâce à son génie. Le théâtre de Musset est plus tragique. Ses pièces, rarement jouées de son temps, figurent aujourd'hui au répertoire. Ses personnages ne sont ni innocents ni coupables. Le héros de Musset est sceptique: il sait que personne n'échappe au vice et s'il ne peut pas réaliser son idéal, ce n'est pas uniquement la faute de la société.

La Bataille d'Hernani

La jeunesse s'oppose au nom de la liberté et du naturel aux conventions et règles du classicisme. Théophile Gautier, en gilet rouge, dirige le soir de la première la 'claque' des amis de Victor Hugo. Il reparle de cet événement dans ses mémoires publiés après sa mort sous le titre 'Histoire du romantisme' (1874).

L'orchestre et le balcon étaitent pavés de crânes académiques et classiques. Une rumeur d'orage grondait sourdement dans la salle, il était temps que la toile se levât; on en serait peut-être venu aux mains avant la pièce, tant l'animosité était grande de part et d'autre. Enfin les trois coups retentirent; le rideau se replia lentement sur lui-même, et l'on vit, dans une chambre à coucher du seizième siècle, dona Josefa Duarte, vieille en noir (...), écoutant les coups que doit frapper à la porte secrète un galant attendu par sa maîtresse:

Serait-ce déjà lui? – C'est bien à l'escalier
Dérobé –

La querelle était déjà engagée. Ce mot rejeté sans façon à l'autre vers, cet enjambement audacieux, impertinent même, semblait un spadassin (...) allant donner une pichenette sur le nez du classicisme pour le provoquer en duel.

– Eh quoi, dès le premier mot l'orgie en est déjà là! On casse les vers et on les jette par les fenêtres, dit un classique admirateur de Voltaire.

– Mais, ce n'est pas une négligence, c'est une beauté, répliquait un romantique (...). 'Ne voyez-vous pas que ce mot *dérobé*, rejeté et comme suspendu en dehors du vers, peint admirablement l'escalier d'amour et de mystère qui enfonce sa spirale dans la muraille du manoir? Quel sentiment de l'art du seizième siècle! (...) Il suffisait de jeter les yeux sur ce public pour se convaincre qu'il ne s'agissait pas là d'une représentation ordinaire; que deux systèmes, deux partis, deux armées, deux civilisations même – ce n'est pas trop dire – étaient en présence.

On ne badine pas avec l'amour

Camille a appris au couvent à craindre les hommes; elle n'ose pas montrer ses véritables sentiments à son cousin Perdican. Celui-ci, pour rendre Camille amoureuse de lui, veut éveiller sa jalousie en usant d'une ruse: il fait la cour à l'innocente Rosette, sœur de lait de Camille.

CAMILLE: Connaissez-vous le cœur des femmes, Perdican? Êtes-vous sûr de leur inconstance, et savez-vous si elles changent réellement de pensée en changeant quelquefois de langage? Il y en a qui disent que non. Sans doute, il nous faut souvent jouer un rôle, souvent mentir; vous voyez que je suis franche; mais êtes-vous sûr que tout mente dans une femme, lorsque sa langue ment? (...)

PERDICAN: Je n'entends rien à tout cela, et je ne mens jamais. Je t'aime, Camille, voilà tout ce que je sais.

CAMILLE: Vous dites que vous m'aimez, et vous ne mentez jamais?

PERDICAN: Jamais.

CAMILLE: En voilà une qui dit pourtant que cela vous arrive quelquefois. (*Elle lève la tapisserie; Rosette paraît dans le fond, évanouie sur une chaise.*) Que répondrez-vous à cette enfant, Perdican, lorsqu'elle vous demandera compte de vos paroles? Si vous ne mentez jamais, d'où vient donc qu'elle s'est évanouie en vous entendant me dire que vous m'aimez? Je vous laisse avec elle; tâchez de la faire revenir. (*Elle veut sortir.*)

PERDICAN: Un instant, Camille, écoutez-moi.

CAMILLE: Que voulez-vous me dire? C'est à Rosette qu'il faut parler. Je ne vous aime pas, moi; je n'ai pas été chercher par dépit cette malheureuse enfant au fond de sa chaumière, pour en faire un appât, un jouet; je n'ai pas répété imprudemment devant elle des paroles brûlantes adressées à une autre; je n'ai pas feint de jeter au vent pour elle le souvenir d'une amitié chérie; je ne lui ai pas mis ma chaîne au cou; je ne lui ai pas dit que je l'épouserais.

PERDICAN: Écoutez-moi, écoutez-moi.

▷ *Eugène Lami, 'La nuit d'octobre'. Le titre du tableau renvoie à un poème célèbre d'Alfred de Musset: le poète souffre, abandonné par la Muse, mais la souffrance l'inspire*
◁◁ *Jacques Isidore Grandville, 'La première d'Hernani'; gravure. Grandville est, avec Daumier et Doré, l'illustrateur et caricaturiste le plus célèbre du 19e siècle*

Le romantisme social – George Sand

La première moitié du 19e siècle voit la naissance d'une littérature populaire, grâce à l'alphabétisation croissante et au rôle de la presse. Les journaux publient des romans-feuilletons aux épisodes multiples ('la suite au prochain numéro'), aux personnages romanesques: c'est le triomphe du romantisme commercial. Les plus célèbres auteurs de romans populaires sont Eugène Sue (1804-1857), avec les *Mystères de Paris* (1842) et Alexandre Dumas père (1802-1870) avec *Les trois Mousquetaires* (1844) et *Le comte de Monte-Cristo* (1844-1845). Traduits dans toutes les langues, les romans historiques de Dumas sont encore aujourd'hui très lus par les jeunes.

George Sand (pseudonyme d'Aurore Dupin, 1804-1876) représente le romantisme social: elle considère la littérature comme une arme pour défendre les opprimés (les paysans, les femmes, les orphelins). Dynamique, indépendante, George Sand réunit ses amis autour d'elle, l'hiver à Paris, l'été dans son château à Nohant: Musset, avec qui elle a une passion fulgurante à Venise, le peintre Delacroix, Balzac, Flaubert et les compositeurs Liszt et Chopin (qui devint son amant).

Après quelques romans autobiographiques qui soulignent l'oppression des femmes de son époque (*Indiana*, 1832), elle subit l'influence du socialisme utopique. Déçue dans ses espoirs par le coup d'Etat de Napoléon III, elle se retire à Nohant et écrit des romans champêtres où les paysans et la vie campagnarde sont idéalisés (*La mare au diable*, 1846, *La petite Fadette*, 1849, *Les maîtres sonneurs*, 1853). Son œuvre est immense, à peine moins volumineuse que celle de Balzac, et extrêmement variée.

La mare au diable

Germain, un jeune veuf, s'apprête à demander la main d'une riche paysanne. Il emmène avec lui son fils et Marie, une adolescente pauvre. En chemin, Germain tombe amoureux de Marie.

Plus Germain cherchait à raisonner et à se calmer, moins il en venait à bout. Il s'en allait à vingt pas de là, se perdre dans le brouillard; et puis, tout d'un coup, il se retrouvait à genoux à côté des deux enfants endormis. Une fois même il voulut embrasser Petit-Pierre, qui avait un bras passé autour du cou de Marie, et il se trompa si bien que Marie, sentant une haleine chaude comme le feu courir sur ses lèvres, se réveilla et le regarda d'un air tout effaré, ne comprenant rien du tout à ce qui se passait en lui.

– Je ne vous voyais pas, mes pauvres enfants! dit Germain en se retirant bien vite. J'ai failli tomber sur vous et vous faire du mal.

La petite Marie eu la candeur de le croire, et se rendormit. Germain passa de l'autre côté du feu et jura à Dieu qu'il n'en bougerait jusqu'à ce qu'elle fût réveillée. Il tint parole, mais ce ne fut pas sans peine. Il crut qu'il en deviendrait fou.

Enfin, vers minuit, le brouillard se dissipa, et Germain

△ *Jean-François Millet (1814-1875) 'Les glaneuses de blé', 1857. Millet représente le romantisme social en peinture*
◁◁ *Eugène Delacroix, 'George Sand', 1838*

put voir les étoiles briller à travers les arbres. La lune se dégagea aussi des vapeurs qui la couvraient et commença à semer des diamants sur la mousse humide. Le tronc des chênes restait dans une majestueuse obscurité; mais, un peu plus loin, les tiges blanches des bouleaux semblaient une rangée de fantômes dans leurs suaires (...); c'était un bel endroit, mais si désert et si triste, que Germain, las d'y souffrir, se mit à chanter et à jeter des pierres dans l'eau pour s'étourdir sur l'ennui effrayant de la solitude. Il désirait aussi éveiller la petite Marie; et lorsqu'il vit qu'elle se levait et regardait le temps, il lui proposa de se remettre en route. (...)

Comme ils ne savaient point du tout de quelle direction ils étaient partis, ils ne savaient pas celle qu'ils suivaient; si bien qu'ils remontèrent encore une fois tout le bois, se retrouvèrent, de nouveau, en face de la lande déserte, revinrent sur leurs pas, et, après avoir tourné et marché longtemps, ils aperçurent de la clarté à travers les branches.

– Bon! voici une maison, dit Germain, et des gens déjà éveillés, puisque le feu est allumé. Il est donc bien tard? Mais ce n'était pas une maison: c'était le feu de bivouac qu'ils avaient couverts en partant, et qui s'était rallumée à la brise...

Notre vie est faite d'amour

George Sand tout entière apparaît dans cette lettre. Elle oppose ici son amour du peuple au nihilisme de son ami Flaubert qui lui reproche sa 'naïveté' lors des événements de la Commune.

À Gustave Flaubert

1871. 14 septembre. Nohant

Eh quoi, tu veux que je cesse d'aimer? Tu veux que je dise que je me suis trompée toute ma vie, que l'humanité est méprisable, haïssable, qu'elle a toujours été, qu'elle sera toujours ainsi? Et tu me reproches ma douleur comme une faiblesse, comme le puéril regret d'une illusion perdue? Tu affirmes que le peuple a toujours été féroce, le prêtre toujours hypocrite, le bourgeois toujours lâche, le soldat toujours brigand, le paysan toujours stupide? Tu dis que tu savais tout cela dès ta jeunesse et tu te réjouis de n'en avoir jamais douté, parce que l'âge mûr ne t'a apporté aucune déception: tu n'as donc pas été jeune. Ah! nous différons bien car je n'ai jamais cessé de l'être, si c'est être jeune que d'aimer toujours! (...)

Non, non, on ne s'isole pas, on ne rompt pas les liens du sang, on ne méprise pas son espèce. L'humanité n'est pas un vain mot. Notre vie est faite d'amour, et ne plus aimer c'est ne plus vivre.

Le peuple, dis-tu! – Le peuple, c'est toi et moi, nous nous en défendrions en vain. Il n'y a pas deux races, la distinction des classes n'établit plus que des inégalités relatives et la plupart du temps illusoires. Je ne sais si tu as des aïeux très avant dans la bourgeoisie; moi, j'ai mes racines maternelles directes dans le peuple et je les sens toujours vivantes au fond de mon être. Nous les y avons tous, que l'origine soit plus ou moins effacée; les premiers hommes étaient chasseurs et pasteurs, puis laboureurs et soldats. (...) Le *peuple toujours féroce,* dis-tu; moi je dis: La noblesse toujours sauvage!

Stendhal

Né à Grenoble, Henri Beyle (1783-1842) grandit dans un milieu bourgeois avec lequel il prendra vite ses distances: il se déclare athée, il admire les jacobins. Les guerres napoléoniennes le conduisent en Allemagne, en Russie et surtout en Italie. À la chute de l'Empereur, il quitte l'armée et séjourne souvent à Milan, sa ville préférée. Après quelques annés de vie mondaine à Paris, il regagne l'Italie comme consul de France et ne revient dans son pays, malade, qu'un an avant sa mort.

Henri Beyle, qui prend en 1817 le pseudonyme de Stendhal, publie tardivement son premier grand roman *Le rouge et le noir* (1831). Suivront *La chartreuse de Parme* (1839), qui est un récit d'amour romantique en Italie et les *Chroniques italiennes* (1839), un recueil de nouvelles qui se situent à l'époque de la Renaissance. Admiré par Balzac, Stendhal n'a connu la gloire – comme il l'avait prévu – que longtemps après sa mort, vers la fin du siècle.

Ses contemporains pouvaient en effet être déroutés. Stendhal voue un culte à Napoléon, tout en étant démocrate, par haine de la bourgeoisie. Il défend le romantisme sans être romantique, par goût de la nouveauté: 'jamais peuple n'a éprouvé, dans ses mœurs et dans ses plaisirs, de changement plus rapide et plus total que celui de 1780 à 1823; et l'on veut nous donner toujours la même littérature!,' écrit-il dans *Racine et Shakespeare* (1823). Il s'intéresse passionnément à lui-même, c'est le célèbre 'égotisme' stendhalien qui est ici la volonté de toujours mieux se connaître. Sa sincérité l'éloigne de la sensibilité pathétique de Chateaubriand (qu'il appelle 'l'hypocrite le plus consommé de France').

Stendhal déteste l'hypocrisie et l'ennui, selon lui les deux grandes caractéristiques de la France bourgeoise, de la province surtout . À son pays, il préfère l'Italie, la véritable patrie de la peinture et de la musique, où les hommes sont encore capables de vraies passions, sans dissimulation. Julien Sorel et Fabrice del Dongo, ses célèbres héros, représentent les jeunes gens cyniques de l'époque postnapoléonienne, mais ils incarnent en même temps l'enthousiasme et l'ardeur à vivre de la jeunesse.

▷▷ *J.O. Södermak, 'Stendhal', 1840*
▽▽ *Tableau du peintre vénitien Pietro Longhi, 'La porteuse de pains', 1750*
▽ *Exécution de Louis XVI*

À côté de ses romans et de ses biographies d'artistes, Stendhal a laissé plusieurs textes nettement autobiographiques (*Journal, Vie de Henry Brulard, Souvenirs d'égotisme*). Ces écrits, rédigés dans un style rapide et ironique, révèlent un homme à la recherche du bonheur, toujours en dialogue avec lui-même: Stendhal suit comme dans un miroir ses actions et porte ensuite sur elles et sur 'Myself' un jugement impartial. À ceci s'ajoute un portrait féroce de ses contemporains (des 'lâches' ou des 'canailles') avec qui il ne se sent aucun point commun.

Vie de Henri Brulard

Dans ce texte autobiographique publié en 1890, la personnalité future de l'écrivain apparaît déjà. Stendhal s'oppose à sa famille: il se réjouit de l'exécution de Louis XVI.

(...) ma famille bourgeoise, mais qui se croyait sur le bord de la noblesse (mon père surtout, qui se croyait noble ruiné), lisait tous les journaux, suivait le procès du roi, comme elle eût pu suivre celui d'un ami intime ou d'un parent.

Arriva la nouvelle de la condamnation; ma famille fut au désespoir absolument.

Mais jamais ils n'oseront faire exécuter le roi, disait-elle.

Pourquoi pas, pensais-je, s'il a trahi?

J'étais dans le cabinet de mon père, rue des Vieux Jésuites, vers les sept heures du soir, lisant à la lueur de ma lampe et séparé de mon père par une grande table. Je faisais semblant de travailler, mais je lisais les *Mémoires d'un Homme de Qualité,* de l'abbé Prévost, dont j'avais découvert un exemplaire tout gâté par le temps. La maison fut ébranlée par la voiture du courrier qui arrivait de Lyon et de Paris.

'Il faut que j'aille voir ce que les monstres auront fait', dit mon père en se levant.

J'espère que le traître sera exécuté, pensai-je. (...)

'C'en est fait, dit-il avec un grand soupir, ils l'ont assassiné.'

Je fus saisi d'un des plus vifs mouvements de joie que j'aie éprouvés de ma vie.

De l'amour

Dans ce traité publié en 1822, Stendhal donne une description de 'tous les sentiments qui composent la passion nommée amour'. Vers la fin du livre, il critique l'éducation des femmes.

Par l'actuelle éducation des jeunes filles qui est le fruit du hasard et du plus sot orgueil, nous laissons oisives chez elles les facultés les plus brillantes et les plus riches en bonheur pour elles-mêmes et pour nous. Mais quel est l'homme prudent qui ne se soit écrié au moins une fois en sa vie:

Une femme en sait toujours assez,
Quand la capacité de son esprit se hausse
À connaître un pourpoint d'avec un haut-de-chausse.

À Paris, la première louange pour une jeune fille à marier est cette phrase: 'Elle a beaucoup de douceur dans le caractère' et, par habitude moutonne, rien ne fait plus d'effet sur les sots épouseurs. Voyez-les deux ans après, déjeunant tête à tête avec leur femme par un temps sombre, la casquette sur la tête et entourés de trois grands laquais.

Stendhal: Le rouge et le noir

Julien Sorel, fils d'un scieur de bois, est engagé par M. de Rênal, le maire de Verrières, comme précepteur de ses enfants. La carrière des armes (le Rouge) n'ayant plus le prestige qu'elle a eu sous l'Empereur, le jeune homme extrêmement ambitieux (son grand modèle est Napoléon) rêve d'une carrière ecclésiastique (le Noir). Ce qui ne l'empêche pas de séduire froidement Mme de Rênal.

Renvoyé par le mari jaloux, Julien passe quelque temps au séminaire de Besançon, puis accepte avec joie un poste de secrétaire auprès du marquis de la Mole à Paris. Après la critique de la bourgeoisie corrompue (Verrières) et du clergé hypocrite (Besançon), Stendhal décrit les aristocrates vaniteux. Julien rencontre dans ce milieu un seul être vrai et passionné, Mathilde, la fille romanesque du marquis.

Au moment où il a enfin réussi à vaincre toutes les résistances et les obstacles sociaux et se trouve sur le point d'épouser Mathilde enceinte, une lettre de Mme de Rênal, dictée par son confesseur, le dénonce au marquis comme un ambitieux sans scrupules. Julien court à Verrières pour se venger et, pendant la messe, blesse Mme de Rênal de deux coups de revolver. En prison, il découvre enfin qu'il n'a véritablement aimé que Mme de Rênal. Condamné à mort dans un procès où, fils du peuple, il défie ses juges, il refuse tout recours en grâce et meurt sans faiblir sur l'échafaud. Mathilde ensevelit sa tête dans une grotte. Mme de Rênal, qui n'a cessé de l'aimer, meurt quelques jours après lui.

Une victoire

Julien Sorel a décidé de conquérir Mme de Rênal à la manière dont son grand modèle Napoléon mène ses batailles. Le 'livre inspiré' est, bien entendu, le 'Mémorial de Sainte-Hélène', mémoires dictés par Napoléon pendant l'exil dans l'île Sainte-Hélène et publiés après sa mort. L'empereur s'y présente comme le continuateur de la Révolution, ennemi des rois.

Dans cette scène, Julien est assis dans le jardin avec Mme de Rênal et une amie. Julien pense 'qu'il est de son devoir' que Mme de Rênal ne retire pas sa main quand il la touche.

Son unique affaire, toute cette journée, fut de se fortifier par la lecture du livre inspiré qui retrempait son âme. Il abrégea beaucoup les leçons des enfants, et ensuite, quand la présence de Mme de Rênal vint le rappeler tout à fait aux soins de sa gloire, il décida qu'il fallait absolument qu'elle permît ce soir-là que sa main restât dans la sienne. (...)

On s'assit enfin, Mme de Rênal à côté de Julien, et Mme Derville près de son amie. Préoccupé de ce qu'il allait tenter, Julien ne trouvait rien à dire. La conversation languissait.

'Serai-je aussi tremblant, et malheureux au premier duel qui me viendra?' se dit Julien, car il avait trop de méfiance et de lui et des autres, pour ne pas voir l'état de son âme.

Dans sa mortelle angoisse, tous les dangers lui eussent semblé préférables. Que de fois ne désira-t-il pas voir survenir à Mme de Rênal quelque affaire qui l'obligeât de rentrer à la maison et de quitter le jardin! La violence que Julien était obligé de se faire était trop forte pour que sa voix ne fût pas profondément altérée; bientôt la voix de Mme de Rênal devint tremblante aussi, mais Julien ne s'en aperçut point. L'affreux combat que le devoir livrait à la timidité était trop pénible pour qu'il fût en état de rien observer hors lui-même. Neuf heures trois quarts venaient de sonner à l'horloge du château, sans qu'il eût encore rien osé. Julien, indigné de sa lâcheté, se dit: 'Au moment précis où dix heures sonneront, j'exécuterai ce que, pendant toute la journée, je me suis promis de faire ce soir, ou je monterai chez moi me brûler la cervelle.'

Après un dernier moment d'attente et d'anxiété,

▷ *Jacques Louis David (1748-1825), 'Le général Bonaparte' 1797-1798, détail*
◁◁ *Gérard Philippe (Julien) et Antonella Lualdi (Mathilde) dans 'Le Rouge et le Noir' de Claude Autant-Lara, 1954*

pendant lequel l'excès de l'émotion mettait Julien comme hors de lui, dix heures sonnèrent à l'horloge qui était au-dessus de sa tête. Chaque coup de cette cloche fatale retentissait dans sa poitrine et y causait comme un mouvement physique.

Enfin, comme le dernier coup de dix heures retentissait encore, il étendit la main et prit celle de Mme de Rênal, qui la retira aussitôt. Julien, sans trop savoir ce qu'il faisait, la saisit de nouveau. Quoique bien ému lui-même, il fut frappé de la froideur glaciale de la main qu'il prenait; il la serrait avec une force convulsive; on fit un dernier effort pour la lui ôter, mais enfin cette main lui resta.

Son âme fut inondée de bonheur, non qu'il aimât Mme de Rênal, mais un affreux supplice venait de cesser.

Le procès

Julien emprisonné reçoit la visite de ses amis et de ses deux maîtresses. Tous veulent le sauver, mais pendant le procès il décide au dernier moment de prendre la parole: ce sera sa perte.

Le lendemain à neuf heures, quand Julien descendit de sa prison pour aller dans la grande salle du Palais de Justice, ce fut avec beaucoup de peine que les gendarmes parvinrent à écarter la foule immense entassée dans la cour. (...) En se retournant vers le public, il vit que la tribune circulaire qui règne au-dessus de l'amphithéâtre était remplie de femmes: la plupart étaient jeunes et lui semblèrent fort jolies; leurs yeux étaient brillants et remplis d'intérêt. Dans le reste de la salle, la foule était énorme; on se battait aux portes, et les sentinelles ne pouvaient obtenir de silence. (...)

Voilà le dernier de mes jours qui commence, pensa Julien. Bientôt il se sentit enflammé par l'idée du devoir. Il avait dominé jusque-là son attendrissement, et gardé sa résolution de ne point parler; mais quand le président des assises lui demanda s'il avait quelque chose à ajouter, il se leva. (...)

'Messieurs les jurés,

'L'horreur du mépris, que je croyais pouvoir braver au moment de la mort, me fait prendre la parole. Messieurs, je n'ai point l'honneur d'appartenir à votre classe, vous voyez en moi un paysan qui s'est révolté contre la bassesse de sa fortune.

'Je ne vous demande aucune grâce, continua Julien en affermissant sa voix. Je ne me fais point illusion, la mort m'attend: elle sera juste. J'ai pu attenter aux jours de la femme la plus digne de tous les respects, de tous les hommages. Mme de Rênal avait été pour moi comme une mère. Mon crime est atroce, et il fut *prémédité*. J'ai donc mérité la mort, Messieurs les jurés. Mais quand je serais moins coupable, je vois des hommes qui, sans s'arrêter à ce que ma jeunesse peut mériter de pitié, voudront punir en moi et décourager à jamais cette classe de jeunes gens qui, nés dans une classe inférieure et en quelque sorte opprimée par la pauvreté, ont le bonheur de se procurer une bonne éducation, et l'audace de se mêler à ce que l'orgueil des gens riches appelle la société.

'Voilà mon crime, Messieurs, et il sera puni avec d'autant plus de sévérité, que, dans le fait, je ne suis point jugé par mes pairs. Je ne vois point sur les bancs des jurés quelque paysan enrichi, mais uniquement des bourgeois indignés...'

Pendant vingt minutes, Julien parla sur ce ton; il dit tout ce qu'il avait sur le cœur; l'avocat général, qui aspirait aux faveurs de l'aristocratie, bondissait sur son siège; mais malgré le tour un peu abstrait que Julien avait donné à la discussion, toutes les femmes fondaient en larmes.

Honoré de Balzac

Romancier visionnaire et observateur critique des transformations de la société française sous la Restauration, Honoré de Balzac (1799-1850) a écrit 90 romans; il crée ainsi un immense monument historique et fonde en même temps l'art du roman moderne, basé sur la représentation de la réalité sociale.

Né à Tours, il suit d'abord des cours de droit et de philosophie à la Sorbonne; c'est en 1819 qu'il choisit la carrière littéraire. Il veut l'amour, l'argent, la gloire: 'ce que Napoléon a entrepris par l'épée, je l'accomplirai par la plume'. Sa vitalité et sa persévérance sont inébranlables, malgré les insuccès des débuts: il a déjà écrit dix romans lorsque, en 1829, *Les Chouans* reçoit enfin l'accueil favorable du public. Éditeur puis imprimeur de 1825 à 1827, ses entreprises font faillite; il est poursuivi par ses créanciers et les fuit en changeant de domicile. Mais il écrit 15 à 16 heures par jour, restant éveillé grâce à d'énormes quantités de café, et la célébrité vient rapidement. Quelques mois avant sa mort, il peut enfin épouser 'l'Étrangère', Mme Hanska, une comtesse russe avec qui il entretient une correspondance amoureuse pendant presque vingt ans. Son existence se confond si entièrement avec son travail que, sur son lit de mort, il appelle le docteur Bianchon, un médecin qu'il a inventé lui-même et qui n'existe que dans ses romans.

Dès 1835, Balzac décide de faire réapparaître certains personnages d'un roman à l'autre: ce 'retour des personnages' contribue à l'unité de son œuvre. En 1842, il donne (en souvenir de *La divine comédie* de Dante) le titre *La comédie humaine* à l'ensemble de ses romans, déjà publiés ou encore à écrire et il en formule le principe fondamental. Inspiré par la zoologie, il veut faire l'inventaire de la société humaine qui selon lui présente autant de types que le règne animal. 'Je vis que (...) la Société ressemblait à la Nature. La Société ne fait-elle pas de l'homme, suivant les milieux où son action se déploie, autant d'hommes différents qu'il y a de variétés en zoologie? Les différences entre un soldat, un ouvrier, un administrateur, un avocat, un oisif, un savant, un homme

d'état, un commerçant, un marin, un poète, un pauvre, un prêtre sont, quoique plus difficiles à saisir, aussi considérables que celles qui distinguent le loup, le lion, l'âne, le corbeau, le requin, le veau marin, la brebis.'

Balzac présente deux visages: il est l'observateur implacable et pessimiste de la réalité sociale, mais c'est aussi un idéaliste romantique, défenseur de la monarchie et de la religion. Dans l'ensemble de son œuvre, le premier aspect domine. Les romans idéalistes d'amour pur sont rares (*Le lys dans la vallée*, 1835), les romans philosophiques de même (*La peau de chagrin*, 1831; *Louis Lambert*, 1832). La plupart des grands romans de Balzac (*Eugénie Grandet*, 1833; *Le père Goriot*, 1834; *César Birotteau*, 1837; *Les illusions perdues*, 1837-1843; *La cousine Bette*, 1846; *Splendeurs et misères des courtisanes*, 1847) donnent une peinture sombre de la société, à Paris comme en province: l'argent est le grand moteur et le grand corrupteur de cette société. Les hommes conspirent, sont prêts à tout pour réussir, ils sont poussés

▷ Bosio, 'Jeu de société dans un salon'; gravure
◁◁ Anonyme, 'Honoré de Balzac'. Daguerréotype rehaussé de pastel, 1842

par une énorme volonté de puissance. Les âmes nobles et généreuses forment l'exception. Mais qu'ils soient bons ou méchants, c'est la destruction, la ruine, la mort qui attend la plupart des personnages, car ils sont habités par des passions extrêmes.

Eugénie Grandet

Eugénie Grandet mène une vie triste à Saumur, auprès de son père richissime mais maladivement avare et qui tyrannise sa femme et sa fille. Elle refuse les prétendants mais tombe amoureuse de son cousin Charles, dandy parisien qui veut refaire sa vie aux Indes. Elle lui donne toutes ses économies. Il ne se manifeste que des années après, pour lui annoncer qu'il a fait entre-temps un mariage d'intérêt. Désenchantée, elle se résigne à épouser un vieux monsieur; bientôt veuve, elle consacre sa fortune aux œuvres de charité.

Les rues de Paris

La vie grouillante et mystérieuse des grandes villes, en particulier de Paris, est l'un des thèmes préférés de Balzac. Voici un passage caractéristique de l''Histore des Treize' (1834).

Il est dans Paris certaines rues déshonorées autant que peut l'être un homme coupable d'infamie; puis il existe des rues nobles, puis des rues simplement honnêtes, puis de jeunes rues sur la moralité desquelles le public ne s'est pas encore formé d'opinion; puis des rues assassines, des rues plus vieilles que des vieilles douairières ne sont vieilles, des rues estimables, des rues toujours propres, des rues toujours sales, des rues ouvrières, travailleuses, mercantiles. Enfin, les rues de Paris ont des qualités humaines, et nous impriment par leur physionomie certaines idées contre lesquelles nous sommes sans défense. Il y a des rues de mauvaise compagnie où vous ne voudriez pas demeurer, et des rues où vous placeriez volontiers votre séjour. Quelques rues, ainsi que la rue Montmartre, ont une belle tête et finissent en queue de poisson. La rue de la Paix est une large rue, une grande rue, mais elle ne réveille aucune des pensées gracieusement nobles qui surprennent une âme impressible au milieu de la rue Royale, et elle manque certainement de la majesté qui règne dans la place Vendôme. Si vous vous promenez dans les rues de l'Île Saint-Louis, ne demandez raison de la tristesse nerveuse qui s'empare de vous qu'à la solitude, à l'air morne des maisons et des grands hôtels déserts.

Honoré de Balzac: Le Père Goriot

Le jeune et ambitieux étudiant Eugène de Rastignac habite la modeste pension bourgeoise de Mme Vauquer à Paris. Grâce à ses contacts avec sa cousine Mme de Beauséant et en observant les autres pensionnaires, Rastignac fait l'apprentissage de la vie et de la grande ville. Cet apprentissage est terrible. Le bagnard évadé Vautrin lui donne des leçons de cynisme et fait tuer en duel un jeune homme afin que la sœur de celui-ci fasse un plus gros héritage et épouse Rastignac. Par ailleurs le héros apprend que le père Goriot, l'un des hôtes de la pension Vauquer, vit dans une misère extrême: il a sacrifié toute sa fortune afin d'assurer à ses deux filles, égoïstes et ingrates, une existence luxueuse. Lorsque le vieillard, frappé d'apoplexie, se meurt, ses deux filles qui ont des programmes mondains chargés, refusent de venir le voir. C'est Rastignac qui règle l'enterrement au cimetière du Père-Lachaise.

Leçons de cynisme

Vautrin fait l'éducation de Rastignac et lui explique à sa manière les dures lois de la société.

Une rapide fortune est le problème que se proposent de résoudre en ce moment cinquante mille jeunes gens qui se trouvent tous dans votre position. Vous êtes une unité de ce nombre-là. Jugez des efforts que vous avez à faire et de l'acharnement du combat. Il faut vous manger les uns les autres comme des araignées dans un pot, attendu qu'il n'y a pas cinquante mille bonnes places. Savez-vous comment on fait son chemin ici? Par l'éclat du génie ou par l'adresse de la corruption. Il faut entrer dans cette masse d'hommes comme un boulet de canon, ou s'y glisser comme une peste. L'honnêteté ne sert à rien. On plie sous le pouvoir du génie, on le hait, on tâche de le calomnier, parce qu'il prend sans partager; mais on plie s'il persiste; en un mot, on l'adore à genoux quand on n'a pas pu l'enterrer sous la boue. La corruption est en force, le talent est rare. Ainsi, la corruption est l'arme de la médiocrité qui abonde.

Tirez vos conclusions. Voilà la vie telle qu'elle est.

Un élégant parricide

Rastignac, voyant le père Goriot à l'agonie, va chercher sa fille Delphine de Nucingen, dont il est amoureux.

Le jeune homme se présenta navré de douleur à Delphine, et la trouva coiffée, chaussée, n'ayant plus que sa robe de bal à mettre. (...)

– Eh quoi, vous n'êtes pas habillé? dit-elle.

– Mais, madame, votre père...

– Encore mon père, s'écria-t-elle en l'interrompant. Mais vous ne m'apprendrez pas ce que je dois à mon père. Je connais mon père depuis longtemps. Pas un mot, Eugène. Je ne vous écouterai que quand vous aurez fait

▷▷ *L'honnête homme'. Tableau anonyme de l'époque*

▽ *Voici la première page du manuscrit des 'Illusions perdues'; Balzac y a noté les grandes lignes du roman et griffonné les principaux personnages*

votre toilette. Thérèse a tout préparé chez vous; ma voiture est prête, prenez-la; revenez. Nous causerons de mon père en allant au bal. Il faut partir de bonne heure; si nous sommes pris dans la file des voitures, nous serons bien heureux de faire notre entrée à onze heures.

– Madame!

– Allez! pas un mot, dit-elle courant dans son boudoir pour y prendre un collier.

– Mais allez donc, monsieur Eugène, vous fâcherez madame, dit Thérèse en poussant le jeune homme épouvanté de cet élégant parricide.

Il alla s'habiller en faisant les plus tristes, les plus décourageantes réflexions. Il voyait le monde comme un océan de boue dans lequel un homme se plongeait jusqu'au cou, s'y trempait le pied. (...) Sa pensée se reporta au sein de sa famille. Il se souvint des pures émotions de cette vie calme, il se rappela les jours passés au milieu des êtres dont il était chéri. (...) Malgré ces bonnes pensées, il ne se sentit pas le courage de venir confesser la foi des âmes pures à Delphine, en lui ordonnant la Vertu au nom de l'Amour. Déjà son éducation commencée avait porté ses fruits. Il aimait égoïstement déjà. Son tact lui avait permis de reconnaître la nature du cœur de Delphine. Il pressentait qu'elle était capable de marcher sur le corps de son père pour aller au bal, et il n'avait ni la force de jouer le rôle d'un raisonneur, ni le courage de lui déplaire, ni la vertu de la quitter. (...)

– Eh bien! comment va mon père? lui dit madame de Nucingen quand il fut de retour et en costume de bal.

– Extrêmement mal, répondit-il, si vous voulez me donner une preuve de votre affection, nous courrons le voir.

– Eh bien, oui, dit-elle, mais après le bal. Mon bon Eugène, sois gentil, ne me fais pas de morale, viens.

À nous deux maintenant!

Eugène de Rastignac accompagne seul avec Christophe, le domestique de la pension Vauquer, le corbillard qui mène le corps du père Goriot au cimetière.

Quand les deux fossoyeurs eurent jeté quelques pelletées de terre sur la bière pour la cacher, ils se relevèrent et l'un d'eux, s'adressant à Rastignac, lui demanda leur pourboire. Eugène fouilla dans sa poche et n'y trouva rien; il fut forcé d'emprunter vingt sous à Christophe. Ce fait, si léger en lui-même, détermina chez Rastignac un accès d'horrible tristesse. Le jour tombait, un humide crépuscule agaçait les nerfs, il regarda la tombe et y ensevelit sa dernière larme de jeune homme, cette larme arrachée par les saintes émotions d'un cœur pur, une de ces larmes qui, de la terre où elles tombent, rejaillissent jusque dans les cieux. Il se croisa les bras, contempla les nuages, et le voyant ainsi, Christophe le quitta.

Rastignac, resté seul, fit quelques pas vers le haut du cimetière et vit Paris tortueusement couché le long des deux rives de la Seine, où commençaient à briller les lumières. Ses yeux s'attachèrent presque avidement entre la colonne de la place Vendôme et le dôme des Invalides, là où vivait ce beau monde dans lequel il avait voulu pénétrer. Il lança ces mots grandioses: 'À nous deux maintenant!'

Et pour premier acte de défi qu'il portait à la Société, Rastignac alla dîner chez Mme de Nucingen.

Charles Baudelaire

A mi-chemin entre le romantisme et le symbolisme, Charles Baudelaire (1821-1867) est le premier poète moderne. Son attitude de dandy, ses idées originales et provocatrices, son langage imagé ont profondément influencé la poésie française et européenne.

Baudelaire perd très tôt son père; sa mère se remarie avec un général, à qui le jeune homme voue une haine tenace. À Paris il se lance dans la vie de bohème. Il dilapide rapidement son héritage. Sa famille le place sous tutelle; à partir de là, il vivra dans une demi-misère. La publication de son recueil *Les Fleurs du Mal* en 1857 provoque un scandale; le recueil est condamné pour outrage à la morale publique.

Le 'spleen' domine la vie de Baudelaire, un état de malaise profond, auquel le poète essaie d'échapper par tous les moyens. L'architecture des *Fleurs du Mal* témoigne de cette recherche désespérée. Ni l'amour, ni la beauté, ni les pays lointains, ni les drogues, ni les séductions et les vices des grandes villes n'offrent de remède. Seule la Mort permet d'échapper au spleen.

Contrairement aux romantiques qui exaltent la nature, Baudelaire est un poète de la grande ville. Il est fasciné par la laideur et il croit fermement à l'existence du Mal: la conscience du péché est un stimulant, qui renforce même les sensations érotiques. En même temps, Baudelaire voue un culte profond à la beauté, qui est au centre de ses convictions poétiques: 'C'est cet admirable, cet immortel instinct du Beau,' écrit-il, 'qui nous fait considérer la Terre et ses spectacles comme un aperçu, comme une correspondance du Ciel.'

Dans ses poèmes comme dans sa critique d'art, Baudelaire est préoccupé par la modernité: 'La modernité, c'est le transitoire, le fugitif, le contingent, la moitié de l'art, dont l'autre moitié est l'éternel et l'immuable.' Il est sensible à toute nouveauté. En peinture, il s'intéresse en particulier à Ingres et à Delacroix, les deux grands peintres de son époque, mais aussi à Constantin Guys, qui peint des sujets neufs, courses de chevaux et dandys.

Hugo et Baudelaire dominent la poésie française du 19e siècle: ce sont deux personnalités très différentes. Victor Hugo est un poète optimiste et prolixe, Charles Baudelaire un poète tourmenté aux idées profondément originales.

L'Invitation au Voyage

Mon enfant, ma sœur,
Songe à la douceur
D'aller là-bas vivre ensemble!
Aimer à loisir,
Aimer et mourir
Au pays qui te ressemble!
Les soleils mouillés
De ces ciels brouillés
Pour mon esprit ont les charmes
Si mystérieux
De tes traîtres yeux,
Brillant à travers leurs larmes.

Là, tout n'est qu'ordre et beauté,
Luxe, calme et volupté.

Des meubles luisants,
Polis par les ans,
Décoreraient notre chambre;
Les plus rares fleurs
Mêlant leurs odeurs
Aux vagues senteurs de l'ambre,
Les riches plafonds,
Les miroirs profonds,
La splendeur orientale,
Tout y parlerait
A l'âme en secret
Sa douce langue natale.

Là, tout n'est qu'ordre et beauté.
Luxe, calme et volupté.

Vois sur ces canaux
Dormir ces vaisseaux
Dont l'humeur est vagabonde;
C'est pour assouvir
Ton moindre désir
Qu'ils viennent du bout du monde.
– Les soleils couchants
Revêtent les champs,
Les canaux, la ville entière,
D'hyacinthe et d'or;
Le monde s'endort
Dans une chaude lumière.

Là, tout n'est qu'ordre et beauté,
Luxe, calme et volupté.

L'Étranger

L'étranger, c'est-à-dire le rêveur, le poète, donne les réponses aux questions conformistes qu'on lui pose. Ce texte se trouve dans les 'Petits poèmes en prose' (1869).

– Qui aimes-tu le mieux, homme énigmatique, dis? ton père, ta mère, ta sœur ou ton frère?
– Je n'ai ni père, ni mère, ni sœur, ni frère.
– Tes amis?
– Vous vous servez là d'une parole dont le sens m'est resté jusqu'à ce jour inconnu.
– Ta patrie?
– J'ignore sous qu'elle latitude elle est située.
– La beauté?
– Je l'aimerais volontiers, déesse et immortelle.
– L'or?
– Je le hais comme vous haïssez Dieu.
– Eh! qu'aimes-tu donc, extraordinaire étranger?
– J'aime les nuages... Les nuages qui passent... Là-bas... les merveilleux nuages!

Sur la photographie

Daguerre invente la photographie en 1838. Baudelaire critique l'engouement pour cette nouveauté dans le 'Salon' de 1859.

Le Credo actuel des gens du monde, surtout en France, est celui-ci: 'Je crois que l'art est et ne peut être que la reproduction exacte de la nature. Ainsi l'industrie qui nous donnerait un résultat identique à la nature serait l'art absolu.' Un Dieu vengeur a exaucé les vœux de cette multitude. Daguerre fut son messie. Et alors elle se dit: 'Puisque la photographie nous donne toutes les garanties désirables d'exactitude, (ils croient cela, les insensés!), l'art, c'est la photographie.' À partir de ce moment, la société immonde se rua, comme un seul Narcisse, pour contempler sa triviale image sur le métal. (...) Il faut que la photographie rentre dans son devoir, qui est d'être la servante des sciences.

Quelques pensées

Baudelaire a noté dans ses 'Journaux intimes' des réflexions qui montrent l'audace subversive et l'originalité de sa pensée.

Le Dandy doit aspirer à être sublime sans interruption; il doit vivre et dormir devant un miroir.

Être un homme utile m'a paru toujours quelque chose de bien hideux.

Il y a dans tout homme, à toute heure, deux postulations simultanées, l'une vers Dieu, l'autre vers Satan. L'invocation à Dieu, ou spiritualité, est un désir de monter en grade; celle de Satan, ou animalité, est une joie de descendre.

Je m'ennuie en France, surtout parce que tout le monde y ressemble à Voltaire. (...) Voltaire, comme tous les paresseux, haïssait le mystère.

△ *John Constable, 'Étude de cirrus', vers 1821-1822*
◁ *Jean Auguste Dominique Ingres (1780-1867), 'Le grande odalisque', 1884*

Positivisme et réalisme – Gustave Flaubert

Le romantisme était fasciné par l'histoire, le positivisme s'intéresse aux sciences de la nature. Selon Auguste Comte, l'humanité a traversé 'l'état théologique' et 'l'état métaphysique' et entre maintenant dans 'l'état positif': 'l'esprit humain reconnaissant l'impossibilité d'obtenir des notions absolues, renonce à chercher l'origine et la destination de l'univers'. Il s'attache 'uniquement à découvrir, par l'usage bien combiné du raisonnement et de l'observation, leurs lois effectives.' Le positivisme est agnostique, ne s'intéresse pas à ce qui est inconnaissable et propage la science des faits.

Des méthodes scientifiques nouvelles s'élaborent. Dans son *Introduction à l'étude de la médecine expérimentale* (1865), Claude Bernard expose la méthode scientifique de l'expérimentation qui influencera le naturalisme. Hippolyte Taine cherche à faire de l'étude de la littérature une science: la race, le milieu et le moment déterminent toute production artistique (*Histoire de la littérature anglaise,* 1864).

L'esprit positiviste se répand aussi dans le milieu des arts et des lettres. Les écrivains et les peintres refusent le pathos romantique, ils se documentent comme les savants. La recherche de la froide objectivité caractérise aussi bien la poésie parnassienne (Leconte de Lisle, Heredia) que le réalisme des peintres (Courbet) et des romanciers.

Gustave Flaubert (1821-1880) est l'écrivain réaliste le plus célèbre. Il mène dans la demeure familiale, à Croisset près de Rouen, une vie entièrement consacrée à l'écriture. Cette existence austère est entrecoupée de quelques brefs séjours à Paris et de deux grands voyages en Orient (Égypte, Liban). La publication de *Madame Bovary* (1857) fait scandale, il est poursuivi pour immoralité par le parquet impérial, mais il est finalement acquitté. Ses deux romans suivants, *Salammbô* (1862) et surtout *L'éducation sentimentale* (1869) ont moins de succès, mais les *Trois contes* (1877) retrouvent la faveur du public.

△ *Les carnets du romancier. Flaubert a une puissance de travail extraordinaire. Pour lui, vivre c'est écrire*
▷▷ *Emma avec son amant Rodolphe: Isabelle Huppert et Christophe Malavoy dans le film de Claude Chabrol*

Profondément dégoûté par son siècle, Flaubert développe une haine féroce du bourgeois. Pour échapper à cette société détestée, il se voue au culte de l'Art. Extrêmement attentif au style, Flaubert réécrit inlassablement ses phrases. Il se documente avec précision. Son idéal littéraire rappelle l'idéal scientifique: l'artiste doit rester impassible, s'effacer derrière son œuvre: 'faire croire à la postérité qu'il n'a pas vécu'.

La vraie vie, c'est l'Art

Flaubert confesse ses convictions intimes dans son immense correspondance. Voici le fragment d'une lettre du 14 août 1853, adressée à son amie Louise Colet.

L'humanité nous hait, nous ne la servons pas et nous la haïssons, car elle nous blesse. Aimons-nous donc en l'Art, comme les mystiques s'aiment en Dieu, et que tout pâlisse devant cet amour! Que toutes les autres chandelles de la vie (qui toutes puent) disparaissent devant ce grand soleil! Aux époques où tout lien commun est brisé, et où la Société n'est qu'un vaste banditisme (mot gouvernemental) plus ou moins bien organisé, quand les intérêts de la chair et de l'esprit, comme des loups, se retirent les uns des autres et hurlent à l'écart, il faut donc comme tout le monde se faire un égoïsme (plus beau seulement) et vivre dans sa tanière.

Madame Bovary

Charles Bovary, petit médecin de campagne, demande en mariage Emma, la fille d'un riche paysan. Élevée dans un couvent où elle s'enivre de la lecture de romans romantiques, Emma croit que le mariage lui permettra de mener la vie brillante et passionnée des héroïnes de ces livres. La médiocrité de son mari et de la société bourgeoise de la petite ville dominée par Homais, le pharmacien anticlérical, désespère la jeune femme. Pour échapper à la platitude de sa vie, elle se laisse séduire d'abord par un riche propriétaire, ensuite par un clerc de notaire, mais sa passion excessive effraie ses amants, qui l'abandonnent. Endettée, ses rêves brisés, Emma se suicidera avec de l'arsenic.

Madame Bovary est devenu le prototype du grand roman réaliste de la désillusion au 19e siècle (Tolstoï, Fontane); il a scandalisé comme roman de l'adultère, mais il dénonce aussi les méfaits du romantisme et la misère de la condition féminine.

Son mari, au dîner, lui trouva bonne mine; mais elle eut l'air de ne pas l'entendre lorsqu'il s'informa de sa promenade; et elle restait le coude au bord de son assiette, entre les deux bougies qui brûlaient. (...)

– Sors-tu ce soir? demanda-t-elle.

– Oui. Pourquoi?

– Oh! rien, rien, mon ami.

Et, dès qu'elle fut débarrassée de Charles, elle monta s'enfermer dans sa chambre.

D'abord, ce fut comme un étourdissement; elle voyait les arbres, les chemins, les fossés, Rodolphe, et elle sentait encore l'étreinte de ses bras, tandis que le feuillage frémissait et que les joncs sifflaient. (...)

Elle se répétait: 'j'ai un amant! un amant!' se délectant à cette idée comme à celle d'une autre puberté qui lui serait survenue. Elle allait donc posséder enfin ces joies de l'amour, cette fièvre du bonheur dont elle avait désespéré. Elle entrait dans quelque chose de merveilleux où tout serait passion, extase, délire; une immensité bleuâtre l'entourait, les sommets du sentiment étincelaient sous sa pensée, l'existence ordinaire n'apparaissait qu'au loin, tout en bas dans l'ombre, entre les intervalles de ces hauteurs.

Alors elle se rappela les héroïnes des livres qu'elle avait lus, et la légion lyrique de ces femmes adultères se mit à chanter dans sa mémoire avec des voix de sœurs qui la charmaient. Elle devenait elle-même comme une partie de ces imaginations et réalisait la longue rêverie de sa jeunesse, en se considérant dans ce type d'amoureuse qu'elle avait tant envié. D'ailleurs, Emma éprouvait une satisfaction de vengeance. N'avait-elle pas assez souffert! Mais elle triomphait maintenant, et l'amour, si longtemps contenu, jaillisait tout entier dans des bouillonnements joyeux. Elle le savourait sans remords, sans inquiétude, sans trouble.

La journée de lendemain se passa dans une douceur nouvelle. Ils se firent des serments. Elle lui raconta ses tristesses. Rodolphe l'interrompit par ses baisers; et elle lui demandait, en le contemplant les paupières à demi closes, de l'appeler encore par son nom et de répéter qu'il l'aimait. C'était dans la forêt, comme la veille, sous une hutte de sabotiers. Les murs en étaient de paille et le toit descendait si bas, qu'il fallait se tenir courbé. Ils étaient assis l'un contre l'autre, sur un lit de feuilles sèches.

Le naturalisme – Emile Zola

Emile Zola (1840-1902) est le plus célèbre naturaliste. Il ne se contente pas, comme les réalistes, de décrire avec exactitude la vie quotidienne de la bourgeoisie. Influencé par Claude Bernard et par Taine, Zola entend donner au roman un caractère scientifique: à travers ses personnages, il veut démontrer que l'homme est marqué par son milieu social et par l'hérédité. Il choisit de préférence de décrire la vie misérable des ouvriers.

Zola se propose de faire pour le Second Empire ce que Balzac avait fait pour la Restauration: il écrit un ensemble de romans sous le titre *Les Rougon-Macquart, histoire naturelle et sociale d'une famille sous le Second Empire.* Le choix d'une famille n'est pas un hasard: Zola montre ainsi des personnages poussés par leur sang, leur hérédité.

La renommée ne vient qu'en 1877 avec *L'Assommoir*, description de la misère des ouvriers parisiens et de la déchéance par l'alcool; la réputation de Zola est définitivement établie lorsque paraît *Germinal* en 1885. *Germinal* est un roman politique, qui a eu aussi à l'étranger un très grand succès; dans les régimes communistes, il est devenu l'une des sources d'inspiration du 'réalisme socialiste'.

Cinq Centimes

L'AURORE

Littéraire, Artistique, Sociale

J'Accuse...!

LETTRE AU PRÉSIDENT DE LA RÉPUBLIQUE

Par ÉMILE ZOLA

LETTRE A M. FÉLIX FAURE

Président de la République

Le romancier et journaliste s'engage de plus en plus dans la vie politique. En 1898 il plaide dans un article célèbre ('J'accuse') pour l'innocence du capitaine Dreyfus, accusé d'espionnage, condamné et déporté. Obligé de se réfugier en Angleterre, Zola revient à Paris en 1899 lorsque Dreyfus est gracié.

Zola est à la fois un visionnaire qui brosse le tableau épique des foules modernes et le savant méthodique qui veut faire du roman un outil scientifique. Dans *Le roman expérimental* (1880) il proclame que le romancier doit être un *observateur*, qui enregistre les faits, et un *expérimentateur*, qui 'fait mouvoir les personnages dans une histoire particulière'. Zola croit fermement au progrès scientifique qui apportera le bonheur à l'humanité; le romancier naturaliste, qui sait comment fonctionne la société et comment il faut la modifier, aura un rôle considérable à jouer: 'Être maître du bien et du mal, régler la vie, régler la société, résoudre à la longue tous les problèmes du socialisme (...), n'est-ce pas être les ouvriers les plus utiles et les plus moraux du travail humain?'

Germinal

Le jeune ouvrier Étienne Lantier trouve du travail dans les mines du Nord. Sympathisant avec les idées socialistes, il discute avec ses camarades les moyens de lutter pour l'émancipation de la classe ouvrière. Lorsque les patrons veulent baisser les salaires, une grève éclate. Le contrôle des grévistes échappe à Lantier lorsque ceux-ci, affamés, déferlent vers la maison de Grégoire, propriétairedes mines. Une fusillade s'ensuit, le père Maheu, chez qui Lantier habite, est tué. Les mineurs vaincus retournent au travail mais un anarchiste inonde les mines: parmi les victimes se trouve la fille Maheu, dont Lantier était amoureux. Il retourne à Paris pour tirer les leçons de cet échec et préparer une action sociale plus efficace.

Un meurtre

Il s'agit ici de deux personnages secondaires: Bonnemort est un vieil ouvrier invalide, Cécile est la riche fille du fils des Grégoire, les propriétaires des mines. Ce passage montre la force aveugle de l'hérédité, thème caractéristique de Zola.

△ *'Germinal' au théâtre, affiche. La censure interdit la représentation*
◁◁ *Le 'J'accuse' de Zola à la une de 'L'Aurore' du 13 janvier 1848*
▷ *Édouard Manet (1832-1883), 'La serveuse de bocks', 1879.*
Zola est l'ami des peintres impressionistes, Manet et Cézanne en particulier. Il les soutient dans ses articles

Cécile demeura seule avec Bonnemort. Ce qui la retenait là, tremblante et fascinée, c'était qu'elle croyait reconnaître ce vieux: où avait-elle donc rencontré cette face carrée, livide, ratouée de charbon?
Peu à peu Bonnemort parut s'éveiller, et il l'apercevait, et il l'examinait aussi, de son air béant. Une flamme montait à ses joues, une secousse nerveuse tirait sa bouche, d'où coulait un mince filet de salive noire. Attirés, tous deux restaient l'un devant l'autre, elle florissante, grasse et fraîche des longues paresses et du bien-être repu de sa race, lui gonflé d'eau, d'une laideur lamentable de bête fourbue, détruit de père en fils par cent années de travail et de faim.
Au bout de dix minutes, lorsque les Grégoire, surpris de ne pas voir Cécile, rentrèrent chez les Maheu, ils poussèrent un cri terrible. Par terre, leur fille gisait, la face bleuie, étranglée. À son cou, les doigts avaient laissé l'empreinte rouge d'une poigne de géant. Bonnemort, chancelant sur ses jambes mortes, était tombé près d'elle, sans pouvoir se relever. Il avait ses mains crochues encore, il regardait le monde de son air imbécile, les yeux grands ouverts. Et, dans sa chute, il venait de casser son plat, la cendre s'était répandue, la boue des crachats noirs avait éclalsoussé la pièce; tandis que la paire de gros souliers s'alignait, saine et sauve, contre le mur.
Jamais il ne fut possible de rétablir exactement les faits. Pourquoi Cécile s'était-elle approchée? Comment Bonnemort, cloué sur sa chaise, avait-il pu la prendre à la gorge? Évidemment, lorsqu'il l'avait tenue, il devait s'être acharné, serrant toujours, étouffant ses cris, culbutant avec elle, jusqu'au dernier râle. Pas un bruit, pas une plainte, n'avait traversé la mince cloison de la maison voisine. Il fallut croire à un coup de brusque démence, à une tentation inexplicable de meurtre, devant ce cou blanc de fille. Une telle sauvagerie stupéfia, chez ce vieil infirme qui avait vécu en brave homme, en brute obéissante, contraire aux idées nouvelles. Quelle rancune, inconnue de lui-même, lentement empoisonnée, était-elle montée de ses entrailles à son crâne?

Guy de Maupassant

À côté de Zola, les frères Goncourt et Maupassant sont les romanciers naturalistes les plus connus. Edmond (1822-1896) et Jules (1830-1870) de Goncourt sont les auteurs de *Germinie Lacerteux* (1865), le récit de la déchéance d'une honnête femme de chambre; ce roman a décidé de l'orientation de Zola.

Guy de Maupassant (1850-1893) est originaire de Normandie. Fonctionnaire dans un ministère à Paris, Maupassant est encouragé à écrire par Flaubert, ami d'enfance de sa mère. Il devient surtout célèbre grâce à ses contes (plus de 300), dont les sujets sont très variés: paysans de sa Normandie natale, petits bourgeois parisiens, snobs. Maupassant est politiquement peu engagé. Marqué par un pessimisme profond, ses récits donnent une terrible leçon de désenchantement général. Maupassant se veut objectif: il n'explique pas le comportement de ses personnages; leurs gestes et leurs actions doivent les révéler au lecteur. Son style sec et condensé fait de lui, avec le Russe Tchekhov, le conteur le plus lu du 19e siècle finissant.

La parure

La belle Jeanne Loisel, née, 'comme par une erreur du destin, dans une famille d'employés', souffre de la médiocrité de sa vie et rêve de richesse et de luxe. Invitée au bal du ministre, elle s'achète une robe très chère et elle emprunte une rivière de diamants à sa riche amie, Jeanne Forestier. En rentrant de la fête, les Loisel découvrent affolés que le collier a disparu. Il faut à tout prix le remplacer. Ils voient enfin un bijou tout semblable chez un joaillier du Palais Royal; il faut trouver maintenant trente-six mille francs en trois jours.

(...) Loisel possédait dix-huit mille francs que lui avait laissés son père. Il emprunterait le reste.

Il emprunta, demandant mille francs à l'un, cinq cents à l'autre, cinq louis par-ci, trois louis par-là. Il fit des billets, prit des engagements ruineux, eut affaire aux usuriers, à toutes les races de prêteurs. (...)

△ *Eugène Boudin, 'L'heure de bain à Trouville', 1864*
▷▷ *James Tissot, 'Le bal', 1878*
▽▽ *Dédicace autographe de Maupassant à son maître Flaubert*

Quand Mme Loisel reporta la parure à Mme Forestier, celle-ci lui dit, d'un air froissé:

'Tu aurais dû me la rendre plus tôt, je pouvais en avoir besoin.'

Elle n'ouvrait pas l'écrin, ce que redoutait son amie. Si elle s'était aperçue de la substitution, qu'aurait-elle pensé? qu'aurait-elle dit? Ne l'aurait-elle pas prise pour une voleuse?

Mme Loisel connut la vie horrible des nécessiteux. Elle prit son parti, d'ailleurs, tout d'un coup, héroïquement. Il fallait payer cette dette effroyable. Elle payerait. On renvoya la bonne; on changea de logement; on loua sous les toits une mansarde.

Elle connut les gros travaux du ménage, les odieuses besognes de la cuisine. Elle lava la vaisselle, usant ses ongles roses sur les poteries grasses et le fond des casseroles. Elle savonna le linge sale, les chemises et les torchons, qu'elle faisait sécher sur une corde; elle descendit à la rue, chaque matin, les ordures, et monta l'eau, s'arrêtant à chaque étage pour souffler. Et vêtue comme une femme du peuple, elle alla chez le fruitier, chez l'épicier, chez le boucher, le panier au bras, marchandant, injuriée, défendant sou à sou son misérable argent.

Il fallait chaque mois payer des billets, en renouveler d'autres, obtenir du temps.

Le mari travaillait, le soir, à mettre au net les comptes d'un commerçant, et la nuit, souvent, il faisait de la copie à cinq sous la page.

Et cette vie dura dix ans.

Au bout de dix ans, ils avaient tout restitué, tout, avec le

taux de l'usure, et l'accumulation des intérêts superposés. Mme Loisel semblait vieille, maintenant. Elle était devenue la femme forte, et dure, et rude, des ménages pauvres. (...)

Or, un dimanche, comme elle était allée faire un tour aux Champs-Élysées pour se délasser des besognes de la semaine, elle aperçut tout à coup une femme qui promenait un enfant. C'était Mme Forestier, toujours jeune, toujours belle, toujours séduisante.

Mme Loisel se sentit émue. Allait-elle lui parler? Oui, certes. Et maintenant qu'elle avait payé, elle lui dirait tout. Pourquoi pas?

Elle s'approcha.

'Bonjour, Jeanne.'

L'autre ne la reconnaissait point, s'étonnant d'être appelée ainsi familièrement par cette bourgeoise. Elle balbutia:

'Mais... madame!... Je ne sais... Vous devez vous tromper.'

'Non. Je suis Mathilde Loisel.'

Son amie poussa un cri:

'Oh!... ma pauvre Mathilde, comme tu es changée!...'

'Oui, j'ai eu des jours bien durs, depuis que je ne t'ai vue; et bien des misères... et cela à cause de toi!...'

'De moi... Comment ça?'

'Tu te rappelles bien cette rivière de diamants que tu m'as prêtée pour aller à la fête du Ministère.'

'Oui. Eh bien?'

'Eh bien, je l'ai perdue.'

'Comment! Puisque tu me l'as rapportée.'

'Je t'en ai rapporté une autre toute pareille. Et voilà dix ans que nous la payons. Tu comprends que ça n'était pas aisé pour nous, qui n'avions rien... Enfin c'est fini, et je suis rudement contente.'

Mme Forestier s'était arrêtée.

'Tu dis que tu as acheté une rivière de diamants pour remplacer la mienne?'

'Oui. Tu ne t'en étais pas aperçue, hein? Elles étaient bien pareilles.'

Et elle souriait d'une joie orgueilleuse et naïve.

Mme Forestier, fort émue, lui prit les deux mains.

'Oh! ma pauvre Mathilde! Mais la mienne était fausse. Elle valait au plus cinq cents francs!...'

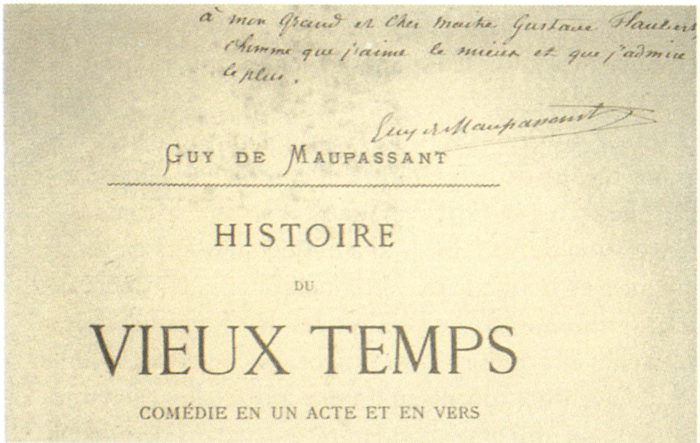

Le symbolisme

△ *Gustave Moreau (1826-1898), 'Le soir', aquarelle, 1887. Moreau est le plus célèbre peintre symboliste*

La littérature présente dans la seconde moitié du 19e siècle plusieurs types de réactions contre le romantisme. Dans le domaine du roman, ces réactions s'appellent réalisme et naturalisme; pour la poésie, il s'agit du Parnasse et du symbolisme.

Les 'Parnassiens' (Leconte de Lisle, Heredia) opposent à l'effusion sentimentale des romantiques la rigueur de la forme, la netteté des objets représentés; leurs sonnets érudits sont ciselés comme les bijoux. En revanche, les symbolistes préfèrent l'imprécision et la musicalité. 'Les Parnassiens, écrit Mallarmé, prennent la chose entièrement et la montrent: par là ils manquent de mystère (...). *Nommer* un objet, c'est supprimer les trois quarts de la jouissance du poème qui est faite de deviner peu à peu: le *suggérer*, voilà le rêve.'

Le symbolisme est un mouvement strictement esthétique, qui sépare radicalement l'usage poétique de la parole de tout autre usage. La poésie n'est plus un ornement surajouté, on ne peut plus la 'retraduire' en prose. Par ailleurs, les symbolistes se servent souvent du poème en prose et inventent le *vers libre*, qui ne tient pas compte du nombre des syllabes. Il existe aussi un théâtre symboliste.

Profondément influencée par la philosophie allemande, notamment par le pessimisme de Schopenhauer, cette poésie se détourne de la réalité sociale contemporaine: le poète est un être maudit et exilé, à la recherche d'un 'ailleurs' idéal.

Le symbolisme a eu des représentants éminents en Belgique (Maeterlinck, Verhaeren); les trois poètes symbolistes les plus célèbres sont Rimbaud, Verlaine et Mallarmé. Stéphane Mallarmé (1842-1898) est le moins accessible de tous les poètes français. Il recherche l'hermétisme. Des vers compliqués, aux inversions multiples, à la limite d'une syntaxe correcte, communiquent des sensations et une musique qui se laissent à peine interpréter et expliquer. Mallarmé accorde une attention spéciale à l'arrangement typographique de ses poèmes, rien ne doit être laissé au hasard. La mission ultime du poète serait de faire le Livre, 'architectural et prémédité', qui contiendrait l'explication et le sens de l'univers: 'Le monde est fait pour aboutir à un beau livre'.

Arthur Rimbaud (1854-1891) est l'enfant prodige et le grand révolté de la littérature. Il commence à écrire à l'âge de 15 ans et s'arrête à 21 ans. À 16 ans, il accepte l'invitation de Verlaine, qui a lu quelques-uns de ses poèmes, et vient à Paris. Verlaine quitte sa femme, une relation homosexuelle s'établit, les deux amis parcourent Bruxelles et Londres. Leur rapport se dégrade. En juillet 1873, l'aventure tourne au drame: à Bruxelles, Verlaine tire sur son ami et est condamné à deux ans de prison.

Rimbaud, lui, décide de devenir 'un homme puissant et riche'. La révolte poétique est terminée, il voyage en Angletere, en Allemagne, à Java et se fixe enfin en Éthiopie, à Harrar, pour faire du commerce. Il ne revient en France que pour mourir. Sa poésie colorée et violente (par exemple: Le bateau ivre), fondée sur 'un long, immense et raisonné dérèglement de tous les sens', est d'une nouveauté absolue.

Par contre, celle de son ami Paul Verlaine (1844-1896) se caractérise par la simplicité presque banale du sujet qui se combine avec un rythme osé et une sonorité très musicale (*Fêtes galantes* (1869); *Sagesse* (1881). Verlaine se convertit au catholicisme en prison et publie parallèlement des poèmes religieux et des poèmes érotiques.

Chanson d'automne

Ce poème, paru en 1866 dans 'Poèmes saturniens', illustre l'art poétique de Verlaine: 'De la musique avant toute chose.'

Les sanglots longs
Des violons
De l'automne
Blessent mon cœur
D'une langueur
Monotone.

Tout suffocant
Et blême, quand
Sonne l'heure,
Je me souviens
Des jours anciens
Et je pleure,

Et je m'en vais
Au vent mauvais
Qui m'emporte
Deçà, delà,
Pareil à la
Feuille morte.

Ma bohème

Écrit par Rimbaud à 16 ans.

Je m'en allais, les poings dans mes poches crevées;
Mon paletot aussi devenait idéal;
J'allais sous le ciel, Muse! et j'étais ton féal;
Oh! là là! que d'amours splendides j'ai rêvées!

Mon unique culotte avait un large trou.
– Petit Poucet rêveur, j'égrenais dans ma course
Des rimes. Mon auberge était à la Grande-Ourse.
– Mes étoiles au ciel avaient un doux frou-frou

Et je les écoutais, assis au bord des routes,
Ces bons soirs de septembre où je sentais des gouttes
De rosée à mon front, comme un vin de vigueur;

Où, rimant au milieu des ombres fantastiques,
Comme des lyres, je tirais des élastiques
De mes souliers blessés, un pied près de mon cœur!

Le dormeur du val

Sonnet inspiré au Rimbaud de 16 ans par la guerre de 1870.

C'est un trou de verdure où chante une rivière
Accrochant follement aux herbes des haillons
D'argent; où le soleil, de la montagne fière,
Luit: c'est un petit val qui mousse de rayons.

Un soldat jeune, bouche ouverte, tête nue,
Et la nuque baignant dans le frais cresson bleu,
Dort; il est étendu dans l'herbe, sous la nue,
Pâle dans son lit vert où la lumière pleut.

Les pieds dans les glaïeuls, il dort. Souriant comme
Sourirait un enfant malade, il fait un somme:
Nature, berce-le chaudement: il a froid.

Les parfums ne font pas frissonner sa narine;
Il dort dans le soleil, la main sur sa poitrine
Tranquille. Il a deux trous rouges au côté droit.

La fin-de-siècle

Après la chute de Napoléon III et surtout après 1877 (le départ du président conservateur Mac Mahon), la presse devient plus libre, la vie intellectuelle plus animée, plus frivole. Les bourgeois fréquentent les théâtres, les cirques, ils s'amusent au Moulin Rouge, immortalisé par Toulouse Lautrec. Artistes et poètes se rencontrent souvent dans les cafés et cabarets, le plus célèbre est Le Chat Noir. On y chante, récite des poèmes et fume parfois le hachich.

Les progrès techniques sont immenses. Après les chemins de fer (années 30), voici le téléphone (1879), les premières automobiles (1891). L'électricité se répand dans les villes: l'exposition universelle de 1889 consacre la réputation de Paris 'ville-lumière'. Les combats politiques sont rudes, ils opposent la gauche socialiste ou républicaine à la droite nationaliste, l'affaire Dreyfus déchire les familles: on est Dreyfusard ou anti-Dreyfusard. Mais ces tensions n'empêchent pas la croyance générale dans le progrès scientifique. Les savants sont d'un immense optimisme, certains que la science rendra bientôt la religion superflue.

Face à cette euphorie, la réaction des artistes et des écrivains est diversifiée, mais, à quelques exceptions près (Zola, Verne), ils ne partagent pas l'enthousiasme des savants. Jules Verne (1828-1905) publie plus de 60 romans destinés à la jeunesse, dans lesquels le merveilleux traditionnel est remplacé par les inventions scientifiques et par des voyages extraordinaires (*Vingt mille lieues sous les mers, Le Tour du monde en quatre vingts jours*). Il écrit 'le roman de la science', où le savant est celui qui détient le véritable pouvoir. Son optimisme initial fait plus tard place au doute: les découvertes scientifiques pourraient être utilisées à des fins non-pacifiques.

Jules Barbey d'Aurevilly (1808-1889) rejette la société parisienne, déteste la bourgeoisie et rêve des grandeurs de l'Ancien Régime. Mais son romantisme est cruel et immoral, ses livres font scandale. *Les diaboliques* (1874) est saisi par la police. Ses personnages, pour la plupart des femmes, sont excessifs et monstrueux, ils ne conçoivent le bonheur que 'dans le crime': meurtre, viol, poison.

Auguste Villiers de l'Isle-Adam (1840-1889), issu d'une vieille famille d'aristocrates, observe avec inquiétude et anxiété la société moderne. Dans les *Contes cruels* (1883), il dénonce l'hypocrisie bourgeoise, la tyrannie de l'argent, les prétentions de la science moderne.

Barbey et Villiers refusent la civilisation moderne au nom d'un idéal; d'autres écrivains, plus fatalistes, se résignent à vivre la fin d'un monde. Ce sont les 'décadents', qui rêvent de luxe et de luxure. La chute de l'empire romain les fascine; ils préfèrent l'artifice à la nature, la femme maquillée à la femme naturelle, la machine à la femme, l'androgyne (= l'être qui est à la fois homme et femme) à

△ *La tour Eiffel en pleine construction. Symbole de Paris à l'étranger, la tour est élevée à l'occasion de l'exposition universelle de 1889*
◁◁ *Gustav Adolf Mossa, 'Duellum', 1906. Comme tous les peintres et artistes décadents, Mossa s'inspire du mythe de la 'femme fatale'*

la différence sexuelle. Joris-Karl Huysmans (1848-1907) est le représentant le plus célèbre de cette attitude. C'est lui qui crée avec Des Esseintes, le héros de son roman *A Rebours* (1884), le personnage qui symbolise le type même du décadent. L'héroïne qui lui correspond, c'est la 'femme fatale' qui détruit l'homme et le détruit. On en trouve un xemple littéraire avec *Monsieur Vénus* (1889) de Rachilde.

A rebours

Jean Floressas des Esseintes est le seul personnage de ce roman sans intrigue. C'est le dernier descendant d'une famille noble. Dégoûté par ses contemporains qu'il trouve grossiers, il s'enferme dans une demeure où règne la beauté. Il l'aménage avec soin, rien n'est laissé au hasard. Il mène une lutte incessante contre la nature: s'entoure de fleurs rares qui ont l'air d'être des fleurs artificielles, fait incruster de pierreries la carapace d'une tortue, il se prépare des symphonies de liqueurs. L'art est sa passion: il collectionne des objets étranges et passe son temps à lire des ouvrages et à contempler des tableaux décadents (Baudelaire, Gustave Moreau).

L'art contre la nature: la locomotive supérieure à la femme

L'artifice paraissait à des Esseintes la marque distinctive du génie de l'homme.

Comme il le disait, la nature a fait son temps; elle a définitivement lassé, par la dégoûtante uniformité de ses paysages et de ses ciels, l'attentive patience des raffinés .

Au fond (...) quel monotone magasin de prairies et d'arbres, quelle banale agence de montagnes et de mers!

Il n'est, d'ailleurs, aucune de ses inventions réputée si subtile ou si grandiose que le génie humain ne puisse créer; aucune forêt de Fontainebleau, aucun clair de lune que des décors inondés de jets électriques ne produisent; aucune cascade que l'hydraulique n'imite à s'y méprendre; aucune fleur que de spécieux taffetas et de délicats papiers peints n'égalent!

A n'en pas douter, cette sempiternelle radoteuse a maintenant usé la débonnaire admiration des vrais artistes, et le moment est venu où il s'agit de la remplacer, autant que faire se pourra, par l'artifice.

Et puis, à bien discerner celle de ses œuvres considérée comme la plus exquise, celle de ses créations dont la beauté est, de l'avis de tous, la plus originale et la plus parfaite: la femme; est-ce que l'homme n'a pas, de son côté, fabriqué, à lui tout seul, un être animé et factice qui la vaut amplement, au point de vue de la beauté plastique? est-ce qu'il existe, ici-bas, un être conçu dans les joies d'une fornication et sorti des douleurs d'une matrice dont le modèle, dont le type soit plus éblouissant, plus splendide que celui de ces deux locomotives adoptées sur la ligne du chemin de fer du Nord?

Dans un article Barbey d'Aurevilly écrivait: 'Après un tel livre, il ne reste plus à l'auteur, qu'à choisir entre la bouche d'un pistolet ou les pieds de la croix.' Huysmans répondit: 'C'est fait.' Il se convertit en effet, et écrivit après *A rebours* plusieurs romans d'inspiration catholique.

6 Les débuts du vingtième siècle: 1900-1936

Les progrès techniques se poursuivent de plus en plus vite, mais les tensions sociales montent aussi. Le début du siècle est marqué par la lutte exacerbée entre la gauche, socialiste, anticléricale et républicaine, et la droite, nationaliste et souvent catholique. Malgré une économie assez stable, la France est secouée par des grèves. La situation politique internationale devient de plus en plus menaçante.

La Première Guerre Mondiale, entre 1914 et 1918, a été particulièrement meurtrière pour la France – un million et demi de victimes, la plupart dans les tranchées dans l'Est du pays (Verdun). Les destructions et les souffrances de la Grande Guerre ont profondément changé le climat intellectuel en France, la foi dans les valeurs traditionnelles et dans la suprématie européenne est ébranlée.

Dès avant la guerre, le climat littéraire se modifie. Le symbolisme fait place au néo-classicisme (Gide) et aux expériences d'avant-garde qui se manifestent aussi bien en littérature (Apollinaire) que dans les beaux-arts (Picasso). Les Années Folles de l'après-guerre donnent naissance à une littérature des voyages et de la vitesse (Morand). Le plein essor des avant-gardes, et en particulier du surréalisme, a lieu pendant les années vingt (Breton).

◁◁ *Robert Delaunay (1885-1941), 'Tour Eiffel dit la Tour Rouge', 1911. Ami d'Apollinaire, Delaunay est proche des cubistes et des futuristes*

Introduction

Tradition et invention, ordre et aventure: le poète Guillaume Apollinaire définit ainsi les deux sources d'inspiration de l'artiste. Après les artifices du symbolisme et de la décadence, la littérature des premières décennies du 20e siècle se présente en effet d'une part comme un retour à l'ordre, d'autre part comme une entreprise audacieuse de renouvellement.

Valéry, Gide et les écrivains réunis autour de la *Nouvelle Revue française* veulent combiner la nouveauté des sujets avec une rigueur formelle qui rappelle le classicisme.

Les artistes qui se réclament de 'l'avant-garde' – poètes et peintres surtout – se révoltent contre toutes les traditions culturelles. L'avant-garde est un phénomène international qui se manifeste dès avant 1914, en France et ailleurs; elle touche tous les domaines de l'art (poésie, théâtre, peinture, etc.). Comme les mouvements révolutionnaires en politique, l'avant-garde vise une transformation radicale de la société. Elle sympathise en général avec les idéologies politiques d'extrême-gauche et elle se passionne pour la psychanalyse: l'avant-garde veut concilier Marx avec Freud. Les mouvements les plus importants pour la littérature française sont le futurisme, dada et surtout le surréalisme (Breton, Eluard).

Contrairement au 19e siècle finissant, la littérature n'est pas hostile à la vie moderne, elle accueille avec enthousiasme les nouveautés. Apollinaire rêve de faire de la poésie avec des poteaux télégraphiques. Les grands voyages, la rapidité des trains et des automobiles fascinent les écrivains.

Genres littéraires du 20e siècle

Les genres traditionnels subsistent, mais souvent les frontières s'effacent entre prose et poésie, roman et essai par exemple.

◆ **Collage** ◆ Œuvre (tableau ou poème) faite d'éléments de provenance différente et collés ensemble (exemple: les romans-collages de Max Ernst).

◁◁ *Max Ernst (1891-1976), 'Au rendez-vous des amis', 1922. Ce tableau est le portrait collectif du groupe surréaliste. André Breton (13), debout à droite*

▽ *Les rédacteurs de la 'Nouvelle Revue française', 1922. André Gide assis, Roger Martin du Gard debout à sa droite*

◆ **Écriture automatique** ◆ Procédé surréaliste qui consiste à noter chaque mot sans contrôle.

◆ **Littérature engagée** ◆ Conception existentialiste de la littérature. Il n'y a pas de littérature 'innocente'; qu'il le veuille ou non, chaque écrivain est responsable.

◆ **Nouveau Roman** ◆ Romans des années 50 à 80, qui refusent les éléments les plus importants du roman traditionnel (les personnages, la chronologie du récit); ils se caractérisent par la description minutieuse des objets et par des monologues intérieurs à peine conscients (exemple: Michel Butor, *La modification).*

◆ **Poème-conversation** ◆ Poème qui reproduit pêle-mêle des bribes de conversations notées par le poète (Apollinaire).

◆ **Poésie** ◆ Elle connaît différentes tendances: 1 En réaction contre le symbolisme et ses obscurités, elle devient accessible, adopte un vocabulaire simple pour parler du monde moderne (Apollinaire, Cendrars); 2 Chez les surréalistes, les images surprenantes se multiplient et changent notre perception de la réalité (Breton, Eluard); 3 En réaction contre les surréalistes, la poésie retourne aux mots simples pour s'ouvrir aux grandes questions philosophiques (Char, Bonnefoy).

◆ **Roman-fleuve** ◆ Long roman, en plusieurs volumes, qui décrit, à travers la vie de plusieurs générations d'une même famille, l'histoire de la société française (exemple: Roger Martin du Gard, *Les Thibault).*

◆ **Roman policier** ◆ Roman dont l'intrigue se concentre sur l'élucidation d'un crime et des motifs du coupable; l'enquête est menée par un détective ou par un policier (exemple: Simenon).

◆ **Science-fiction** ◆ Récit fantastique (roman ou nouvelle) qui décrit les effets possibles, dans un avenir (proche ou lointain), des développements scientifiques et technologiques modernes.

◆ **Texte** ◆ Terme qui désigne, en particulier dans les années 70 et 80, des œuvres littéraires qui échappent à tout classement selon les genres.

◆ **Théâtre de l'absurde** ◆ Théâtre qui cherche à démontrer l'absurdité de l'existence: à cette fin il renonce à une intrigue chronologique et à des personnages ayant un caractère net (exemple: Eugène Ionesco, *La cantatrice chauve).*

Henri Alain-Fournier, Raymond Radiguet

Les jeunes auteurs du début du siècle se détournent des traditions symbolistes représentées par le *Mercure de France*, la grande revue littéraire de l'époque; ils veulent renouveler la littérature mais garder un style et une rigueur classiques. Le romancier André Gide et le metteur en scène Jacques Copeau lancent en 1909 la *Nouvelle Revue française*, qui reste pendant l'entre-deux-guerres la plus importante revue littéraire. Liée à la maison d'édition Gallimard, elle publie à peu près tous les grands noms de la littérature de l'époque.

En 1913, Jacques Copeau commence à monter des pièces au Théâtre du Vieux Colombier; sa mise en scène se caractérise par une extrême simplicité, par un 'tréteau nu': tout est au service du texte. Cette année 1913 est particulièrement importante en littérature: les poètes Apollinaire, Péguy et Cendrars, les romanciers Barrès, Alain-Fournier et Larbaud publient leurs meilleurs livres, Proust fait paraître le premier volume de son œuvre. Deux de ces auteurs meurent au champ de bataille, dès septembre 1914: le poète Charles Péguy et le romancier Henri Alain-Fournier.

Alain-Fournier (1886-1914) laisse un seul roman qui a connu un grand succès, *Le Grand Meaulnes* (1923). Il s'agit d'un roman poétique qui rappelle *Sylvie* de Nerval et qui contient des éléments autobiographiques.

Le Grand Meaulnes

'Le Grand Meaulnes' est un roman où l'amitié est aussi importante que l'amour. Le narrateur, François Seurel, raconte l'histoire d'Augustin Meaulnes, son camarade de classe dont l'indépendance et les aventures le fascinent. Un jour, égaré dans une forêt, le Grand Meaulnes assiste involontairement à une fête donnée en l'honneur des fiançailles de Frantz de Galais: il rencontre sa sœur, Yvonne de Galais et en tombe amoureux, mais on attend en vain Valentine, la fiancée de Frantz.

△ *Alain-Fournier photographié en 1905*
▷▷ *Marie Laurencin, 'La répétition', 1936*

(...) les deux femmes passaient près de lui et Meaulnes, immobile, regarda la jeune fille. Souvent plus tard, lorsqu'il s'endormait après avoir désespérément essayé de se rappeler le beau visage effacé, il voyait en rêve passer des rangées de jeunes femmes qui ressemblaient à celle-ci.

L'une avait un chapeau comme elle et l'autre avait son air un peu penché; l'autre son regard si pur; l'autre encore sa taille fine, et l'autre avait aussi ses yeux bleus: mais aucune de ces femmes n'était jamais la grande jeune fille.

Meaulnes eut le temps d'apercevoir, sous une lourde chevelure blonde, un visage aux traits un peu courts, mais dessinés avec une finesse presque douloureuse.

Et comme déjà elle était passée devant lui, il regarda sa toilette qui était bien la plus simple et la plus sage des toilettes...

Perplexe, il se demandait s'il allait les accompagner, lorsque la jeune fille, se tournant imperceptiblement vers lui, dit à sa compagne:

– Le bateau ne va pas tarder, maintenant, je pense?...

Et Meaulnes les suivit. La vieille dame, cassée, tremblante, ne cessait de causer gaiement et de sourire. La jeune fille répondait doucement. Et lorsqu'elles descendirent sur l'embarcadère, elle eut ce même regard innocent et grave, qui semblait dire:

– Qui êtes-vous? Que faites-vous ici? Je ne vous connais pas. Et pourtant il me semble que je vous connais.

D'autres invités étaient maintenant épars entre les arbres, attendant. Et trois bateaux de plaisance accostaient, prêts à recevoir les promeneurs. Un à un, sur le passage des dames, qui paraissaient être la châtelaine et sa fille, les jeunes gens saluaient

profondément, et les demoiselles s'inclinaient. Étrange matinée! Étrange partie de plaisir! Il faisait froid malgré le soleil d'hiver, et les femmes enroulaient autour de leur cou ces boas de plumes qui étaient alors à la mode.

Le Grand Meaulnes rencontre à Paris une jeune couturière dont il ignore le passé: Valentine, l'ex-fiancée de Frantz.

Longtemps ils restèrent là, dans leur cachette, abrités sous les branches, parlant peu. Puis le temps se leva. Il fit beau. Ils crurent que, maintenant, tout irait bien. Et ils commencèrent à parler d'amour, Valentine parlait... 'Voici, disait-elle, ce que me promettait mon fiancé, comme un enfant qu'il était: tout de suite nous aurions eu une maison, comme une chaumière perdue dans la campagne. Elle était toute prête, disait-il. Nous y serions arrivés comme au retour d'un grand voyage, le soir de notre mariage, vers cette heure-ci qui est proche de la nuit. Et par les chemins, dans la cour, cachés dans les bosquets, des enfants inconnus nous auraient fait fête, criant: "Vive la mariée!..." Quelles folies! n'est-ce pas?'
Meaulnes, interdit, soucieux, l'écoutait. Il retrouvait, dans tout cela, comme l'écho d'une voix déjà entendue. Et il y avait aussi, dans le ton de la jeune fille, lorsqu'elle contait cette histoire, un vague regret.
Mais elle eut peur de l'avoir blessé. Elle se retourna vers lui, avec élan, avec douceur.
'À vous, dit-elle, je veux donner tout ce que j'ai: quelque chose qui ait été pour moi plus précieux que tout..., et vous le brûlerez!'
Alors, en le regardant fixement, d'un air anxieux, elle sortit de sa poche un petit paquet de lettres qu'elle lui tendit, les lettres de son fiancé.
Ah! tout de suite, il reconnut la fine écriture. Comment n'y avait-il pas pensé plus tôt! C'était l'écriture de Frantz.

Raymond Radiguet (1903-1923) est l'enfant prodige de ce début de siècle. Il fréquente les milieux artistiques à Paris (Apollinaire, Cocteau, Breton) et écrit deux romans psychologiques qui rappellent le classicisme du 17e siècle. Il meurt à vingt ans en pleine gloire, emporté par la fièvre typhoïde. *Le diable au corps* (1923), son célèbre roman, est l'histoire insouciante et cynique des amours d'un jeune lycéen avec une femme dont le mari est à la guerre.

Le diable au corps

Marthe est la maîtresse du très jeune narrateur. Jacques, le mari de Marthe, est au front.

(...) quand je lus la première lettre de Jacques, je fus pris de panique. Il disait combien, s'il n'avait plus l'amour de Marthe, il lui serait facile de se faire tuer.
Je ne démêlai pas le 'chantage'. Je me vis responsable d'une mort, oubliant que je l'avais souhaitée. Je devins encore plus incompréhensible et plus injuste. De quelque côté que nous nous tournions s'ouvrait une blessure. Marthe avait beau me répéter qu'il était moins inhumain de ne plus flatter l'espoir de Jacques, c'est moi qui l'obligeais de répondre avec douceur. C'est moi qui dictais à sa femme les seules lettres tendres qu'il en ait jamais reçues. Elle les écrivait en se cabrant, en pleurant, mais je la menaçais de ne jamais revenir, si elle n'obéissait pas. Que Jacques me dût ses seules joies atténuait mes remords.
Je vis combien son désir de suicide était superficiel, à l'espoir qui débordait de ses lettres, en réponse aux *nôtres.*
J'admirais mon attitude, vis-à-vis du pauvre Jacques, alors que j'agissais par égoïsme et par crainte d'avoir un crime sur la conscience.

Paul Valéry, Roger Martin du Gard

Paul Valéry (1871-1945) est l'un des plus célèbres auteurs de la *Nouvelle Revue française*. Né à Sète, dans le Midi, de père corse et de mère italienne, il fait des études de droit. À Paris, il fréquente les 'mardis' de Mallarmé, qui avait l'habitude de rassembler ce jour-là ses amis.

En 1892, après une crise sentimentale, il renonce à la littérature. Il se consacre désormais à un 'entraînement de l'esprit' et aux mathématiques. En 1896 il écrit *La soirée avec Monsieur Teste* (1896): Monsieur Teste peut tout et se contente par conséquent de ne rien faire.

Après vingt ans de silence, Valéry revient à la poésie, à l'instigation de son ami Gide, et publie plusieurs recueils entre 1917 et 1922. Pour Valéry, la littérature est le résultat d'un effort intellectuel conscient et lucide; il est hostile aux idées romantiques du poète inspiré (Hugo): il réclame une histoire littéraire sans noms d'auteurs; ce qui importe, dit-il, c'est la rigueur de la forme. La poésie est une affaire de langage, le contenu est secondaire: 'il faut que dans un poème le sens ne puisse l'emporter sur la forme'. Ses idées annoncent la critique structuraliste des années 60 et 70.

Valéry est hostile au surréalisme et se méfie de l'inconscient au moment même où les idées de Freud sur la psychanalyse se répandent partout en Europe.

Deux longs poèmes de Valéry sont particulièrement célèbres: *La jeune Parque* (1917), qui a pour sujet l'éveil de la conscience de soi-même, du corps comme de l'esprit, au cours d'une nuit; et *Le cimetière marin* (1922), qui est une méditation sur la vie et la mort, à partir des souvenirs du cimetière de sa ville natale. Voici comment Valéry perçoit la mer dans la première strophe de ce poème.

Ce toit tranquille, où marchent des colombes,
Entre les pins palpite, entre les tombes;
Midi le juste y compose de feux
La mer, la mer, toujours recommencée!
O récompense après une pensée
Qu'un long regard sur le calme des dieux!

◁ *Henri Matisse (1864-1954), 'Polynésie – la mer', 1946*
▷▷ *Theo van Rysselberghe, 'Portrait de Roger Martin du Gard', 1926*

Les grenades

Dures grenades entr'ouvertes
Cédant à l'excès de vos grains,
Je crois voir des fronts souverains
Éclatés de leurs découvertes!

Si les soleils par vous subis,
Ô grenades entre-bâillées,
Vous ont fait d'orgueil travaillées
Craquer les cloisons de rubis,

Et que si l'or sec de l'écorce
À la demande d'une force
Crève en gemmes rouges de jus,

Cette lumineuse rupture
Fait rêver une âme que j'eus
De sa secrète architecture.

Roger Martin du Gard (1881-1958) est un romancier dont l'œuvre reflète fidèlement les préoccupations intellectuelles de toute une génération. En 1913, il publie

Jean Barois, le récit d'un intellectuel partagé entre la religion et le matérialisme scientifique. Le succès de ce livre le rapproche des écrivains de la *Nouvelle Revue française,* de Gide en particulier.

Entre 1922 et 1940 paraissent les huit volumes de *Les Thibault,* un roman-fleuve qui décrit la vie de deux familles, du début du siècle au lendemain de la première guerre mondiale. Les deux personnages principaux sont les deux frères Antoine et Jacques Thibault. Antoine, l'aîné, poursuit une brillante carrière médicale, tandis que Jacques, le cadet, révolté et non-conformiste, veut devenir écrivain mais délaisse bientôt les lettres afin de lutter pour ses idéaux socialistes et pacifistes. La guerre met fin aux deux carrières: Jacques, pacifiste, est fusillé comme espion, Antoine, soldat atteint par les gaz en 1917, met fin à ses jours un an après. Les deux frères symbolisent deux attitudes opposées à l'égard de la société, mais l'auteur réussit à susciter chez le lecteur une égale sympathie pour chacun d'eux.

Pour Martin du Gard, le roman est une construction architecturale, qui rapproche Histoire et fiction. Il ne s'intéresse pas seulement à la vie individuelle de ses personnages: ceux-ci sont étroitement liés aux problèmes politiques et aux conflits idéologiques de son époque.

Les Thibault – L'été 1914

Jacques Thibault rencontre en Suisse des révolutionnaires.

Ses sympathies naturelles le portaient vers les apôtres – qu'ils fussent socialistes, communistes ou anarchistes. Tous rêvaient, comme lui, de construire sur les ruines du monde actuel une société juste. Leur vision de l'avenir pouvait différer dans le détail, mais leur espoir était le même: un ordre nouveau de paix, de fraternité. Comme Jacques – et c'est en cela qu'il se sentait si proche d'eux – ils étaient très jaloux de leur noblesse intérieure; un instinct secret, un sens de la grandeur, les poussaient à s'élever au-dessus d'eux-mêmes, à se surpasser. Au fond, ce qui les attachait à l'idéal révolutionnaire, c'était d'y trouver, comme lui, un motif exaltant de vivre.

André Gide

André Gide (1869-1951) naît à Paris, d'une famille aisée. Il est élevé par sa mère selon de strictes traditions protestantes. Très jeune, il fréquente Mallarmé, Valéry, Oscar Wilde.

À 24 ans, malade de la tuberculose, Gide part en Afrique du Nord. Ce voyage est déterminant: il accepte son homosexualité et se libère des interdits moraux, très forts à l'époque. De retour en France, il épouse sa cousine Madeleine qui accepte le mariage blanc.

Les problèmes moraux et religieux préoccupent Gide sa vie durant. En 1902 il publie *L'immoraliste*, le récit d'une libération morale et sexuelle; en 1909 *La porte étroite* met en scène une jeune fille protestante qui par désir de pureté refuse l'amour terrestre. *La symphonie pastorale* (1919) est le drame d'un pasteur qui interprète librement les Évangiles pour légitimer sa passion adultère.

Son individualisme ne l'empêche pas de s'intéresser aux grandes questions politiques. En 1936 il part pour la Russie, mais son journal, publié après son retour, montre sa déception face au système communiste.

Gide a une conception classique de la littérature: il exige un style clair, une forme très travaillée. Pourtant Gide expérimente en même temps les possibilités du roman, en particulier dans *Les Faux-Monnayeurs* (1926): il rejette le narrateur omniscient, il multiplie les 'points de vue' et les procédés narratifs comme la 'mise en abyme': un élément à l'intérieur du récit reflète le sujet même du récit.

Le classicisme de la forme est d'ailleurs au service d'idées très modernes: Gide est un 'inquiéteur'; ses livres font scandale à l'époque ('Familles, je vous hais.'). Il rejette les conventions bourgeoises, il réclame la libération de l'individu, le droit aux plaisirs du corps. Cependant, Gide n'est pas un révolutionnaire: l'individu doit se développer librement, mais doit inventer sa propre morale. Gide exerce ainsi une profonde influence sur plusieurs générations de jeunes lecteurs.

Les Nourritures terrestres

Avec *Les Nourritures terrestres* (1897), bible de toute une génération, Gide veut rédiger un 'manuel d'évasion, de délivrance'. Voici le dernier conseil qu'il donne à Nathanaël, lecteur imaginaire

> Nathanaël, jette mon livre; ne t'y satisfais point. Ne crois pas que ta vérité puisse être trouvée par quelqu'autre; plus que tout aie honte de cela. Si je cherchais tes aliments, tu n'aurais pas de faim pour les manger; si je te préparais ton lit, tu n'aurais pas sommeil pour y dormir. Jette mon livre; dis-toi bien que ce n'est là qu'une des mille postures possibles en face de la vie. Cherche la tienne. Ce qu'un autre aurait aussi bien fait que toi, ne le fais pas. Ce qu'un autre aurait aussi bien dit que toi, ne le dis pas, aussi bien écrit que toi, ne l'écris pas. – Ne t'attache en toi qu'à ce que tu sens qui n'est nulle part ailleurs qu'en toi-même, et crée de toi, impatiemment ou patiemment, ah! le plus irremplaçable des êtres.

△ *Henri Matisse (1864-1954), 'Nature morte à la grenade', 1947*
◁◁ *André Gide photographié par Gisèle Freund dans son appartement parisien, 1938*

Les Faux-Monnayeurs

C'est un roman d'apprentissage: deux adolescents, Bernard et Olivier, découvrent le monde et l'amour. C'est aussi un roman sur le roman: le romancier Édouard, qui engage Bernard comme secrétaire, veut écrire un roman intitulé 'Les Faux-Monnayeurs'. Dans son journal, Édouard présente sa conception du 'roman pur' et se fait le porte-parole de Gide. Le titre renvoie surtout aux nombreux personnages secondaires qui rendent un son faux, inauthentique.

Le jeune Bernard a été reçu à son examen, mais il reste inquiet sur la manière dont il doit mener à présent son existence; il interroge ici Édouard, le romancier et ami qu'il admire.

Je suis reçu; cela n'a pas d'importance. Ce qui m'importe, c'est ce que je vais faire à présent. Savez-vous ce qui me retient de retourner chez mon père? C'est que je ne veux pas de son argent (...).

– Je vois surtout là de l'orgueil.

– Appelez cela du nom qu'il vous plaira (...). Mais à présent, voici ce que je voudrais savoir: pour se diriger dans la vie, est-il nécessaire de fixer les yeux sur un but?

– Expliquez-vous.

– J'ai débattu cela toute la nuit. À quoi faire servir cette force que je sens en moi? Comment tirer le meilleur parti de moi-même? Est-ce en me dirigeant vers un but? et ce but, comment le choisir? Comment le connaître, aussi longtemps qu'il n'est pas atteint?

– Vivre sans but, c'est laisser disposer de soi l'aventure.

– Je crains que vous ne me compreniez pas bien. Quand Colomb découvrit l'Amérique, savait-il vers quoi il voguait? son but était d'aller devant, tout droit. Son but, c'était lui, et qui le projetait devant lui-même...

– J'ai souvent pensé, interrompit Édouard, qu'en art, et en littérature en particulier, ceux-là seuls comptent qui se lancent vers l'inconnu. On ne découvre pas de terre nouvelle sans consentir à perdre de vue, d'abord et longtemps, tout rivage.

– Hier, en sortant de mon examen, continua Bernard sans l'entendre, je suis entré, je ne sais quel démon me poussant, dans une salle où se tenait une réunion publique. Il y était question d'honneur national, de dévouement à la patrie, d'un tas de choses qui me faisaient battre le cœur. Il s'en est fallu de bien peu que je ne signe certain papier, où je m'engageais, sur l'honneur, à consacrer mon activité au service d'une cause qui certainement m'apparaissait belle et noble.

– Je suis heureux que vous n'ayez pas signé. Mais, ce qui vous a retenu?

– Sans doute quelque secret instinct... Bernard réfléchit quelques instants (...). C'est alors que je me suis demandé comment établir une règle, puisque je n'acceptais pas de vivre sans règle, et que cette règle je ne l'acceptais pas d'autrui.

– La réponse me paraît simple: c'est de trouver cette règle en soi-même; d'avoir pour but le développement de soi.

Le théâtre: boulevard et anti-boulevard

La Belle Époque est un terme qui désigne le début du 20e siècle, de 1900 à 1914 et la vie insouciante des classes aisées pendant ces années. Le théâtre de boulevard est un genre caractéristique de cette période.

Le boulevard – c'est-à-dire les salles de théâtre qui jalonnent les Grands Boulevards à Paris – s'oppose à la Comédie-Française: ici, on joue les classiques, là le public se délasse en regardant des pièces légères. Le théâtre de boulevard naît pendant la deuxième moitié du 19e siècle, il existe encore aujourd'hui, mais son apogée se situe à la Belle Époque.

Les innombrables pièces de boulevard se ressemblent: elles mettent en scène de riches oisifs, des financiers, des cocottes et ridiculisent les maris et les amants sérieux, et les femmes vertueuses. Le sujet principal est l'amour extra-conjugal de couples bourgeois; les autres sujets (l'argent, la politique) restent soumis à celui-ci. Le théâtre de boulevard propose une critique des mœurs, mais sur un ton indulgent et enjoué.

La comédie de mœurs, illustrée par Molière et Marivaux, comporte des émotions fortes et un message clair; le théâtre de boulevard, en revanche, veut uniquement amuser. Il crée des stéréotypes qui se répandent à l'étranger, grâce à l'immense succès international de ce théâtre; ainsi, l'image de la Parisienne spirituelle et légère qui ne pense qu'à tromper son mari.

Au 19e siècle, Eugène Labiche (1815-1888) fait rire, selon Zola, 'la bourgeoisie française pendant plus d'un quart de siècle'. Il est l'auteur de 173 comédies. Dans la génération suivante, le représentant le plus célèbre de ce théâtre est Georges Feydeau (1862-1921). Il est un maître des dialogues rapides, des intrigues amusantes et invraisemblables. Sa technique est admirée par ceux mêmes qui, comme Ionesco, tournent le théâtre de boulevard en dérision.

Feu la mère de Madame

Dans cette pièce de Feydeau (1908), le valet Joseph annonce au couple Yvonne et Lucien la mort de la mère de Madame.

YVONNE: Pauvre maman! Dites-moi qu'elle n'a pas trop souffert.
JOSEPH: Pas un instant; ... Elle était très bien portante... elle avait mangé de bon appétit à dîner: deux tranches de gigot...
YVONNE *(avec émotion, les yeux au ciel)*: Deux tranches de gigot!
JOSEPH *(dans un soupir):* Deux tranches de gigot, oui! (*Reprenant son récit*) Après le dîner, elle avait fait deux ou trois patiences; puis elle était allée se coucher... avec monsieur.
YVONNE: Ma pauvre mam... Monsieur?
LUCIEN *(en même temps que sa femme):* Monsieur?
YVONNE: Maman était couchée avec un monsieur?
LUCIEN: Quel monsieur?
JOSEPH *(avec une pointe d'inquiétude dans la voix):* Mais... M. Fajolet!... le père de madame!
YVONNE: Mon père!
LUCIEN *(se lève et, les dents serrées, le menton en avant, s'avance vers Joseph):* Où ça son père? Qui ça son père? Ma belle-mère est veuve!
JOSEPH: Ah! mon Dieu! vous n'êtes donc pas monsieur et madame Pinnevinnette!
YVONNE: Pinnevinnette!
LUCIEN *(furieux):* Mais non, monsieur, nous ne sommes pas les Pinnevinnette!
YVONNE: Est-ce que nous avons l'air des Pinnevinnette?
LUCIEN: C'est sur le palier à droite, les Pinnevinnette!
JOSEPH*:* Eh bien! c'est pas le palier droit, ici?
LUCIEN: Non, monsieur, c'est le gauche! c'est le droit quand on sort de l'ascenseur, mais le gauche quand on prend l'escalier.
YVONNE: Si vous aviez pris l'escalier comme tout le monde!...
JOSEPH *(brusquement):* Ah! mon Dieu!
YVONNE et LUCIEN: Quoi?
JOSEPH: Mais alors... Il va falloir que je recommence à annoncer?

△ *Henri de Toulouse-Lautrec (1864-1901), 'La loge au mascaron doré' (1893)*

L'anti-boulevard: Alfred Jarry

Alfred Jarry (1873-1907) est l'un des premiers écrivains à faire de la littérature en détruisant tout ce qui, jusqu'alors, semblait faire partie de la littérature: psychologie du personnage, vraisemblance de l'intrigue et du style. Il provoque, il cultive le mauvais goût.

Après avoir publié des poèmes symbolistes et des romans aux sujets fantastiques et audacieux, il écrit pour le théâtre. 'Je pense, dit-il, qu'il n'y a aucune espèce de raison d'écrire une œuvre sous une forme dramatique, à moins que l'on n'ait eu la vision d'un personnage qu'il soit plus commode de lâcher sur scène que d'analyser dans un livre.' Ce personnage, c'est Ubu. Né d'une plaisanterie d'écoliers qui voulaient ridiculiser l'un de leurs professeurs du lycée de Rennes, Ubu devient la caricature féroce du bourgeois tyrannique et poltron. Ubu ne profère que des jurons et des phrases stupides. Jarry refuse de mettre des mots d'esprit dans sa bouche, comme le feraient les auteurs de boulevard. Ses personnages ressemblent à des marionnettes, il leur refuse toute profondeur psychologique. Les avant-gardes salueront Jarry comme l'un de leurs précurseurs.

Ubu Roi

Dans sa pièce la plus souvent jouée, *Ubu Roi* (1896), Jarry s'inspire de *Macbeth* de Shakespeare, qu'il tourne en farce. Ubu est poussé par sa femme à tuer le roi de Pologne et à s'emparer de son trône. Il fait massacrer la famille du roi, seul Bougrelas, le fils cadet échappe. Capricieux et cruel, Ubu extermine tout le monde, mais son règne ne dure pas longtemps. Bougrelas réussit à soulever le peuple polonais contre lui, il est chassé et retourne en France.

Le père Ubu, devenu roi de Pologne, fait tuer les uns après les autres les nobles, les magistrats et les financiers du pays.

PERE UBU: Maintenant, c'est moi qui vais faire les lois.
PLUSIEURS MAGISTRATS: On va voir ça.
PERE UBU: Je vais d'abord réformer la justice, après quoi nous procéderons aux finances.
PLUSIEURS MAGISTRATS: Nous nous opposons à tout changement.
PERE UBU: Merdre. D'abord les magistrats ne seront plus payés.
MAGISTRATS: Et de quoi vivrons-nous? Nous sommes pauvres.
PERE UBU: Vous aurez les amendes que vous prononcerez et les biens des condamnés à mort.
UN MAGISTRAT: Horreur.
DEUXIEME: Infamie.
TROISIEME: Scandale
QUATRIEME: Indignité.
TOUS: Nous nous refusons à juger dans des conditions pareilles.
PERE UBU: À la trappe, les magistrats!

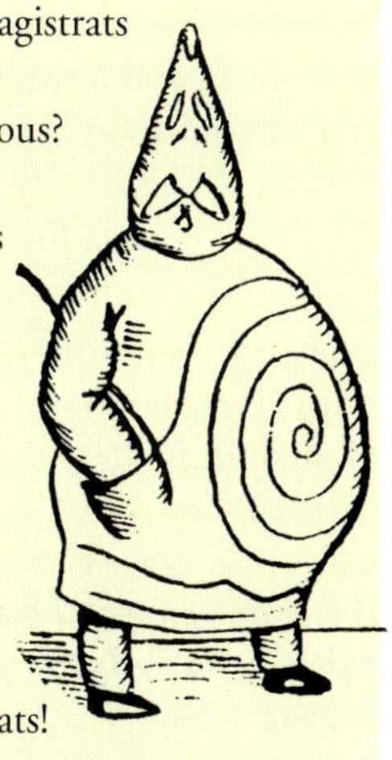

Marcel Proust

Marcel Proust (1872-1922) est considéré comme le plus grand écrivain français du vingtième siècle. Il est l'auteur d'un immense roman, *À la recherche du temps perdu*, paru en 15 volumes entre 1913 et 1927, et que les critiques du monde entier saluent comme un chef-d'œuvre. Ce roman a été traduit dans presque toutes les langues et il a profondément influencé la littérature moderne.

Né à Paris d'une famille bourgeoise aisée – son père est professeur de médecine, sa mère vient d'une famille de banquiers juifs –, Marcel Proust peut se consacrer entièrement à l'écriture et à la vie mondaine. Enfant, il passe ses vacances avec ses parents à Illiers (c'est le Combray du roman), et près des plages normandes, à Cabourg qui deviendra Balbec. Plus tard, il fréquente les salons mondains et aristocratiques du Faubourg Saint-Germain, où il rencontre les personnages qui fourniront les modèles pour son roman: la comtesse Greffulhe ('la duchesse de Guermantes') ou le poète homosexuel Robert de Montesquiou ('le baron de Charlus').

Extrêmement sensible et de santé fragile (il souffre de l'asthme), la mort de ses parents, en particulier celle de sa mère en 1905, l'attriste profondément, mais il se sent en même temps libéré de scrupules: il n'avait écrit jusque-là que quelques articles et comptes-rendus, il peut maintenant s'attaquer à ses ambitieux projets littéraires.

Malade, Proust travaille toujours davantage. Il préfère écrire la nuit, son appartement du boulevard Haussmann est tapissé de liège afin de ne rien laisser filtrer des bruits extérieurs. Vers la fin de sa vie, ses rares sorties sont pour l'Hôtel Ritz où il invite à diner ses amis survivants de la guerre. Sa courtoisie et sa générosité sont légendaires. C'est aussi au Ritz qu'il se documente auprès des maîtres d'hôtel sur les habitudes et les manies de la haute société parisienne.

Il termine en 1913 *Du côté de chez Swann,* la première partie de *la Recherche,* mais tous les éditeurs la refusent; ils ne voient pas l'intérêt d'un livre sans sujet sérieux et dont le principal personnage 'se tourne et se retourne dans son lit pendant trente pages'. L'une de ces maisons d'édition est précisément celle de son ami Gide, qui lui écrira quelques mois plus tard: 'le refus de ce livre restera la plus grave erreur de la *Nouvelle Revue française* – et (car j'ai cette honte d'en être beaucoup responsable) l'un des regrets, des remords les plus cuisants de ma vie'. Proust publie son roman à compte d'auteur.

△ Marcel Proust dans le jardin du compositeur Reynaldo Hahn, vers 1905

▷▷ Paul Helleu, 'Portrait de la comtesse Greffulhe', une des aristocrates du Faubourg Saint-Germain dont Proust s'est inspiré pour créer la princesse de Guermantes, personnage important de son roman

La gloire vient en 1919: la seconde partie (*À l'ombre des jeunes filles en fleurs*) obtient le Prix Goncourt. C'est maintenant une véritable course contre la maladie. Les trois dernières parties de *la Recherche* – qui en compte sept – paraissent à titre posthume de 1923 à 1927.

À la recherche du temps perdu est à la fois un roman réaliste et un roman d'apprentissage. Proust décrit, avec précision et souvent avec une ironie cruelle, un milieu social: la riche bourgeoisie et l'aristocratie parisiennes au tournant du siècle. Mais *la Recherche* est aussi un apprentissage de la vie: le narrateur, qui s'appelle Marcel, s'efforce de trouver une place dans la société, de donner un sens à sa propre existence. Il fait d'abord la connaissance des milieux mondains, découvre leur vide et leur snobisme; il s'intéresse en particulier à Swann, riche esthète et grand amateur d'art. Swann aime Odette qui le fait souffrir.

Plus tard, Marcel fait lui aussi l'apprentissage de l'amour: il éprouve la même passion ambigüe, faite de souffrance et de jalousie, pour Gilberte (la fille de Swann et d'Odette) et ensuite pour Albertine. Il découvre l'homosexualité (Proust lui-même était homosexuel): il soupçonne Albertine de le tromper avec une amie, il observe les scandales causés par le baron de Charlus.

La désillusion atteint son comble lorsque, bien des années plus tard, le narrateur revient à Paris après un séjour à la campagne; il se rend à une réception chez la princesse de Guermantes et il y retrouve les célébrités qu'il a tant admirées dans sa jeunesse. Toutes ces personnes ont vieilli et portent le visage de la mort. C'est alors, devant cette ultime épreuve, que le narrateur comprend le sens de sa destinée: il décide d'écrire le livre qui lui permettra d'échapper à la fuite du Temps, de transformer les expériences décevantes du passé (mondanités vides, amours cruelles). La vie est un long processus de désillusion mais, grâce à la création artistique, la souffrance et les déceptions peuvent être transformées en beauté: la vie n'est plus du temps perdu. La littérature permet de 'sortir de nous', elle est la 'vraie vie', dit Proust.

Les premiers lecteurs se sentirent désorientés par ce long roman qui n'est pas centré autour d'une intrigue unie; Proust le considère comme la démonstration d'une vérité, celle de la vie conduisant à l'art: il avait écrit en effet la fin de la dernière partie (*Le temps retrouvé*) avant tous les autres volumes.

Marcel Proust: Du côté de chez Swann

Swann et la jalousie

Swann rencontre d'habitude Odette chez les Verdurin. Un soir, elle est déjà partie lorsque Swann arrive. Il la cherche dans tous les restaurants à la mode. En fait, Odette ment, elle était avec un certain Monsieur de Forcheville.

Elle n'était pas chez Prévost; il voulut chercher dans tous les restaurants des boulevards. Pour gagner du temps, pendant qu'il visitait les uns, il envoya dans les autres son cocher Rémi (...) Mais le cocher revint lui dire qu'il ne l'avait trouvée nulle part, et ajouta son avis, en vieux serviteur:

– Je crois que Monsieur n'a plus qu'à rentrer.

Mais l'indifférence que Swann jouait facilement quand Rémi ne pouvait plus rien changer à la réponse qu'il apportait tomba, quand il le vit essayer de le faire renoncer à son espoir et à sa recherche:

– Mais pas du tout, s'écria-t-il, il faut que nous trouvions cette dame; c'est de la plus haute importance. Elle serait extrêmement ennuyée, pour une affaire, et froissée, si elle ne m'avait pas vu.

– Je ne vois pas comment cette dame pourrait être froissée, répondit Rémi, puisque c'est elle qui est partie sans attendre Monsieur, qu'elle a dit qu'elle allait chez Prévost et qu'elle n'y était pas.

D'ailleurs on commençait à éteindre partout. Sous les arbres des boulevards, dans une obscurité mystérieuse, les passants plus rares erraient, à peine reconnaissables. Parfois l'ombre d'une femme qui s'approchait de lui, lui murmurant un mot à l'oreille, lui demandant de la ramener, fit tressaillir Swann. Il frôlait anxieusement tous ces corps obscurs comme si, parmi les fantômes des morts, dans le royaume sombre, il eût cherché Eurydice. De tous les modes de production de l'amour, de tous les agents de disséminations du mal sacré, il est bien l'un des plus efficaces, ce grand souffle d'agitation qui parfois passe sur nous. Alors l'être avec qui nous nous plaisons à ce moment-là, le sort en est jeté, c'est lui que nous aimerons. (...)

Swann se fit conduire dans les derniers restaurants; c'est la seule hypothèse du bonheur qu'il avait envisagée avec calme; il ne cachait plus maintenant son agitation, le prix qu'il attachait à cette rencontre (...) Il poussa jusqu'à la Maison Dorée, entra deux fois chez Tortoni et, sans l'avoir vue davantage, venait de ressortir du Café anglais, marchant à grands pas, l'air hagard, pour rejoindre sa voiture qui l'attendait au coin du boulevard des Italiens, quand il heurta une personne qui venait en sens contraire: c'était Odette; elle lui expliqua plus tard que n'ayant pas trouvé de place chez Prévost, elle était allée souper à la Maison Dorée dans un enfoncement où il ne l'avait pas découverte, et elle regagnait sa voiture.

△ Cees van Dongen (1877-1968). Illustration pour 'Le Temps retrouvé', 1947

◁◁ Jean Bénard, 'Maxim's'. Ce tableau du début du siècle représente une compagnie sortant du plus célèbre restaurant de l'époque

L'expérience de la madeleine

Marcel raconte d'abord des souvenirs de vacances à Combray: combien, enfant, il a eu du mal à s'endormir ; mais ce passé est mort. C'est seulement plus tard, à travers l'expérience de la 'mémoire involontaire', que ce passé redevient vivant: une sensation présente rappelle une sensation du passé, passé et présent se confondent dans un immense sentiment de bonheur. Grâce au goût de la madeleine, le Temps est aboli.

Il y avait déjà bien des années que, de Combray, tout ce qui n'était pas le théâtre et le drame de mon coucher n'existait plus pour moi, quand un jour d'hiver, comme je rentrais à la maison, ma mère, voyant que j'avais froid, me proposa de me faire prendre, contre mon habitude, un peu de thé. Je refusai d'abord et, je ne sais pourquoi, me ravisai. Elle envoya chercher un de ces gâteaux courts et dodus appelés Petites Madeleines qui semblent avoir été moulés dans la valve rainurée d'une coquille de Saint-Jacques. Et bientôt, machinalement, accablé par la morne journée et la perspective d'un triste lendemain, je portai à mes lèvres une cuillerée du thé où j'avais laissé s'amollir un morceau de madeleine. Mais à l'instant même où la gorgée mêlée de miettes du gâteau toucha mon palais, je tressaillis, attentif à ce qui se passait d'extraordinaire en moi. Un plaisir délicieux m'avait envahi, isolé, sans la notion de sa cause. Il m'avait aussitôt rendu les vicissitudes de la vie indifférentes, ses désastres inoffensifs, sa brièveté illusoire, de la même façon qu'opère l'amour, en me remplissant d'une essence précieuse: ou plutôt cette essence n'était pas en moi, elle était moi. J'avais cessé de me sentir médiocre, contingent, mortel. D'où avait pu me venir cette puissante joie? Je sentais qu'elle était liée au goût du thé et du gâteau, mais elle le dépassait infiniment, ne devait pas être de même nature. (...)

Et tout d'un coup, le souvenir m'est apparu. Ce goût, c'était celui du petit morceau de madeleine que le dimanche matin à Combray (parce que ce jour-là je ne sortais pas avant l'heure de la messe), quand j'allais lui dire bonjour dans sa chambre, ma tante Léonie m'offrait après l'avoir trempé dans son infusion de thé ou de tilleul. La vue de la petite madeleine ne m'avait rien rappelé avant que je n'y eusse goûté; peut-être parce que, en ayant souvent aperçu depuis, sans en manger, sur les tablettes des pâtissiers, leur image avait quitté ces jours de Combray pour se lier à d'autres plus récents; peut-être parce que, de ces souvenirs abandonnés si longtemps hors de la mémoire, rien ne survivait, tout s'était désagrégé; les formes – et celle aussi du petit coquillage de pâtisserie, si grassement sensuel sous son plissage sévère et dévot – s'étaient abolies, ou, ensommeillées, avaient perdu la force d'expansion qui leur eût permis de rejoindre la conscience. Mais, quand d'un passé ancien rien ne subsiste, après la mort des êtres, après la destruction des choses, seules, plus frêles mais plus vivaces, plus immatérielles, plus persistantes, plus fidèles, l'odeur et la saveur restent encore longtemps, comme des âmes, à se rappeler, à attendre, à espérer, sur la ruine de tout le reste, à porter sans fléchir, sur leur gouttelette presque impalpable, l'édifice immense du souvenir.

Deux poètes catholiques – Charles Péguy, Paul Claudel

Charles Péguy (1873-1914) est un enfant du peuple marqué par les idées socialistes. Poète catholique, il recherche l'authenticité de la foi. Il critique le catholicisme bourgeois et exerce une influence durable sur le socialisme chrétien. Ses poèmes se composent d'une longue suite de strophes qui se ressemblent et qui chantent les martyrs de la religion ou de la patrie, comme Jeanne d'Arc. Mobilisé au début de la guerre, il est tué dès les premières batailles.

Nuit tu es pour l'homme une nourriture

Dans son recueil de poèmes *Le Porche du mystère de la deuxième vertu* (1912), Péguy célèbre les trois vertus, la Foi, la Charité et l'Espérance. La nuit nourrit l'espérance. Pendant son sommeil, l'homme apprend à espérer, à se défaire de ses soucis. C'est Dieu qui parle ici.

O nuit, ô ma fille la Nuit, toi qui sais te taire, ô ma fille au beau manteau.
Toi qui verses le repos et l'oubli. Toi qui verses le baume, le silence, et l'ombre.
O ma Nuit étoilée je t'ai créée la première.
Toi qui endors, toi qui ensevelis déjà dans une Ombre éternelle
Toutes mes créatures
Les plus inquiètes, le cheval fougueux, la fourmi laborieuse,
Et l'homme, ce monstre d'inquiétude.
Nuit qui réussis à endormir l'homme
Ce puits d'inquiétude.
À lui seul plus inquiet que toute la création ensemble.
L'homme, ce puits d'inquiétude.
Comme tu endors l'eau du puits.
O ma nuit à la grande robe
Qui prends les enfants et la jeune Espérance
Dans le pli de ta robe
Mais les hommes ne laissent pas faire.
O ma belle nuit je t'ai créé la première. (...)

△ *Georges Rouault (1871-1958), 'La Sainte Face', 1933*

Toi qui répands de tes mains, toi qui verses sur terre
Une première paix
Avant-coureur de la paix éternelle.
Un premier repos
Avant-coureur éternel.
Un premier baume, si frais, une première béatitude
Avant-coureur de la béatitude éternelle.

Paul Claudel (1868-1955) connaît deux expériences déterminantes dans sa jeunesse: d'une part la lecture de Rimbaud, qui décide de sa vocation littéraire et d'autre part sa conversion. Le jour de Noël 1886, il entre dans la cathédrale de Notre-Dame de Paris: 'En un instant mon cœur fut touché et je crus.' À partir de 1890, il fait partie du corps diplomatique. De 1922 à sa retraite en 1938 il est ambassadeur de France à Tokyo, à Washington et à Bruxelles.

Personnage passionné, selon certains même dur et intolérant, Claudel est le poète de la tradition et de la foi triomphante (*Cinq grandes odes*, 1910). Le poète a pour tâche de 'rappeler l'univers entier à son rôle ancien de paradis'. Claudel s'exprime par de longs versets, qu'il faut réciter à haute voix (comme les poèmes de Péguy).

Claudel est tout aussi connu pour son théâtre que pour sa poésie. Ses pièces (*Partage de Midi*, 1906, *L'annonce faite à Marie*, 1912) sont baroques et violentes; elles ont d'abord du mal à s'imposer. Sa pièce la plus célèbre, *Le soulier de satin*, achevée en 1924, n'est jouée qu'en 1943. Claudel est aussi un maître de la prose: il a écrit des études sur les cathédrales, la peinture hollandaise et la versification.

Saint Matthieu

Le christianisme de Claudel s'exprime dans un vocabulaire simple, comme dans ce poème sur Saint Matthieu, l'un des quatre Évangélistes qui racontent la vie de Jésus dans la Bible.

C'est Matthieu le publicain qui eut cette idée le premier,
Sachant la force d'un écrit, de coucher en noir sur le papier
Jésus, exactement ce qu'Il a dit et ce que nos yeux ont vu.
C'est pourquoi retrouvant l'ancien outil qui servait à ses calculs,
Consciencieux, tranquille, imperturbable comme un bœuf,
Il commence lentement à labourer son grand champ de papier neuf,
Il fait son sillon, revient, prend l'autre, afin que rien ne soit omis,
Ce que sa mémoire lui offre et ce que dicte le Saint-Esprit,
Non point pour un temps seulement, mais pour toute l'Église indivisible,
Le Verbe de Dieu avec nous en ces petites lignes inflexibles.
'En ce temps-là' le Maître dit ceci, vint là et fit telle action.
Ce n'est pas son affaire de donner aucune explication.
Il n'y a aucune raison de le croire, sinon qu'il dit vrai.
Il n'y a aucune raison à Dieu, sinon qu'Il Est.
Et parfois notre sens humain s'étonne, ah! c'est dur! et nous aimerions mieux autre chose.
Tant pis! le récit tout droit continue, il n'y a repentir ni glose.
Voici Jésus au delà du Jourdain, voici l'Agneau de Dieu, voici le Christ,
Voici, qui ne changera jamais, le Verbe écrit.
Le nécessaire seul est dit, et partout un petit mot irréfragable
Barre à point nommé l'ouverture de l'hérésie et de la fable,
Pousse un chemin rectiligne par le milieu
De ceux-là qui nient qu'Il est homme, de ceux-là qui nient qu'Il est Dieu,
Pour l'édification des Simples et la perdition de ceux qui ne le sont pas,
Pour la rage, agréable au Ciel, des savants et des prêtres renégats.

Le soulier de satin

Le soulier de satin se compose de quatre journées qui se déroulent en Espagne, en Afrique et en Chine. 'La scène de ce drame est le monde et plus spécialement l'Espagne à la fin du XVIe siècle, à moins que ce ne soit le commencement du XVIIe siècle. L'auteur s'est permis de comprimer les pays et les époques.' Claudel a en effet le projet ambitieux de présenter un drame total, une allégorie chrétienne de la vie humaine, avec beaucoup de changements de scène et beaucoup de personnages. Le personnage principal, Dona Prouhèze est mariée à Don Pélage. Convoitée par Don Camille, elle aime Don Rodrigue. Ces deux êtres passionnés se cherchent à travers le monde, le désir les pousse mais au moment où, après de longues années, ils se rencontrent enfin, ils décident de renoncer l'un à l'autre. Ils vont suivre leur vocation religieuse.

La Grande Guerre

La Première Guerre Mondiale éclate le 28 juillet 1914 et se termine le 11 novembre 1918. Elle coûte la vie à près de vingt millions de personnes de nombreuses nationalités, civils et militaires compris. Pour la France, elle est surtout une guerre contre l'Allemagne.

Dès septembre 1914, la guerre de mouvement – les armées qui se déplacent et se livrent des batailles – fait place à une guerre d'usure. C'est la guerre des tranchées, de la mer du Nord à la frontière suisse.

En France, la Première Guerre Mondiale est souvent appelée la Grande Guerre: elle a été en effet particulièrement meurtrière. 1 350 000 soldats français y laissent leur vie (contre 200 000 pendant la Deuxième). L'offensive déclenchée par l'armée allemande contre la ville de Verdun laisse le souvenir le plus terrible. Elle dure quatre mois (février-juin 1916) et fait 360 000 victimes côté français et 335 000 victimes côté allemand.

Le nationalisme guerrier et revanchard est très répandu dans les deux camps. Cependant, dès le début de la guerre, des voix se lèvent pour protester contre la barbarie; en France, celles de Romain Rolland et d'Henri Barbusse en particulier. Le romancier Romain Rolland (1866-1944) luttera toute sa vie pour la paix et l'humanisme. Au début de la guerre, en 1914, il publie ce texte retentissant.

Au-dessus de la mêlée

Les trois plus grands peuples d'Occident, les gardiens de la civilisation, s'acharnent à leur ruine. Notre civilisation est-elle donc si solide que vous ne craignez pas d'ébranler ses piliers? Est-ce que vous ne voyez pas que si une seule colonne est ruinée, tout s'écroule sur vous? Était-il impossible d'arriver, entre vous, sinon à vous aimer, du moins à supporter, chacun, les grandes vertus et les grands vices de l'autre? N'auriez-vous pas dû vous appliquer à résoudre dans un esprit de paix (vous ne l'avez même pas, sincèrement, tenté), les questions qui vous divisaient?

Le trait le plus frappant de cette monstrueuse épopée, le fait sans précédent est, dans chacune des nations en guerre, l'unanimité pour la guerre. C'est une contagion de fureur meurtrière qui (...) se propage et parcourt tout le corps de la terre.

Les deux documents littéraires français les plus célèbres sont les romans *Le feu* de Barbusse (1916) et *Les croix de bois* de Roland Dorgelès (1919). Ce dernier raconte, sur un ton mélancolique et sentimental, la vie quotidienne des 'poilus'. Henri Barbusse (1873-1935), qui devient ensuite un communiste militant, dresse en revanche un réquisitoire pathétique contre les atrocités et la folie de la guerre. Il attaque en particulier ceux qui, dans les deux camps, inventent des motifs et des idéologies pour envoyer les jeunes au front et pour faire tuer les autres. La presse nationaliste idéalise les soldats en les appelant des héros, mais selon Barbusse, lui-même engagé volontaire de la première heure, 'on a fait honnêtement le métier de bourreaux'.

La crise de l'esprit

Au lendemain de la première guerre mondiale, en 1919, Paul Valéry rappelle, dans une page devenue célèbre, le désarroi des Européens: les valeurs de leur civilisation sont profondément menacées.

Nous autres, civilisations, nous savons maintenant que nous sommes mortelles; nous avions entendu parler de mondes disparus tout entiers, d'empires coulés à pic avec tous leurs hommes et tous leurs engins; descendus au fond inexorable des siècles, avec leurs dieux et leurs lois, leurs académies et leurs dictionnaires, leurs classiques, leurs romantiques et leurs symbolistes, leurs critiques et les critiques de leurs critiques...

Nous savions bien que toute la terre apparente est faite de cendres, que la cendre signifie quelque chose; nous apercevions, à travers l'épaisseur de l'histoire, les fantômes d'immenses navires qui furent chargés de richesses et d'esprit; nous ne pouvions pas les compter. Mais ces naufrages, après tout, n'étaient pas notre affaire;

EXCELSIOR

Journal Illustré Quotidien

Directeur : Pierre LAFITTE

Informations - Littérature - Sciences - Arts - Sports - Théâtres - Élégances

LA FRANCE DÉCRÈTE LA MOBILISATION GÉNÉRALE

UN OFFICIER PORTÉ EN TRIOMPHE À LA GARE DE L'EST

ARMÉE DE TERRE ET ARMÉE DE MER

ORDRE DE MOBILISATION GÉNÉRALE

Ordre de Mobilisation Générale

le 1er Jour de la mobilisation est le Dimanche 2 Août 1914

△ *Page de titre de 'l'Excelsior' du 2 août 1914*

Ninive, Babylone, étaient de beaux noms vagues, et la ruine totale de ces mondes avait aussi peu de signification pour nous que leur existence même. Nous voyons maintenant que l'abîme de l'Histoire est assez grand pour tout le monde. Nous sentons qu'une civilisation a la même fragilité qu'une vie. Les circonstances qui enverraient les œuvres de Keats et celles de Baudelaire rejoindre les œuvres de Ménandre ne sont plus du tout inconcevables: elles sont dans les journaux. (...)

Les faits sont clairs et impitoyables: il y a des milliers de jeunes écrivains et de jeunes artistes qui sont morts; il y a l'illusion perdue d'une culture européenne et la démonstration de l'impuissance de la connaissance à sauver quoi que ce soit; il y a la science atteinte mortellement dans ses ambitions morales et comme déshonorée par la cruauté de ses applications; il y a l'idéalisme profondément meurtri, responsable de ses rêves; le réalisme déçu, battu, accablé de crimes et de fautes (...).

L'oscillation du navire a été si forte que les lampes les mieux suspendues se sont à la fin renversées.

Scènes de guerre

Le feu

Devant la mort, Allemands et Français se confondent.

C'est maintenant un surnaturel champ de repos. Le terrain est partout taché d'êtres qui dorment, ou qui, s'agitant doucement, levant un bras, levant la tête, se mettent à revivre, ou sont en train de mourir. (...) Dans ce cycle vertigineux de fange, pas de corps. Mais là, pire qu'un corps, un bras, seul, nu et pâle comme la pierre, sort d'un trou qui se dessine confusément dans la paroi à travers l'eau. L'homme a été enterré dans son abri et n'a eu que le temps de faire jaillir son bras. De tout près, on remarque que des amas de terre alignés sur les restes des remparts de ce gouffre étranglé sont des êtres. Sont-ils morts? dorment-ils? On ne sait pas. En tout cas, ils reposent.

Sont-ils Allemands ou Français? On ne sait pas. L'un d'eux a ouvert les yeux et nous regarde en balançant la tête. On lui dit:

– Français?

Puis:

– Deutsch?

Il ne répond pas, il referme les yeux et retourne à l'anéantissement. On n'a jamais su qui c'était.

Les croix de bois

L'arrivée des lettres.

Un tas de colis devant lui comme un éventaire de camelot, le fourrier appelait les lettres en souffrance, au milieu d'une cohue de soldats qui jouaient des coudes et s'écrasaient les pieds. (...) Grimpés sur le banc de pierre, nous écoutions.

– Doulou Maurice, première section.

– Il a été tué à Courcy, cria quelqu'un.

– Vous en êtes sûr?

– Oui, des copains l'ont vu tomber devant l'église... Il avait reçu une balle. Maintenant, hein, je n'y étais pas...

Dans le coin de l'enveloppe, au crayon, le fourrier écrivit: 'Tué'.

– Marquette Édouard.

– Il doit être tué aussi, dit une voix.

– T'es pas louf, protesta un autre... Le soir qu'on dit qu'il s'est fait descendre, il est allé à l'eau avec moi.

– Alors, demanda le fourrier, il serait à l'hôpital. Mais on n'a pas reçu sa fiche.

– À mon idée, il a été évacué par un autre régiment.

– Mais non, il était blessé; les Boches ont dû le ramasser.

– C'est malheureux, c'est toujours ceux qui ont rien vu qui ont le plus de gueule.

△ *Roger de La Fresnaye, 'L'artillerie', 1912*
◁◁ *Le Douanier Rousseau (1844-1910), 'La Guerre', 1894*
▽▽ *Le premier ministre Clémenceau visite les tranchées*

Tout le monde parlait dans un tohu-bohu d'affirmations contradictoires et de démentis insultants. Le fourrier, pressé, les mit d'accord.
– J'm'en fous. Je le porte 'disparu'...
Bréval écoutait anxieusement et quand un nom rappelait le sien, il faisait répéter:
– C'est pas pour moi, des fois? Caporal Bréval...
Mais ce n'était jamais pour lui, et tournant vers nous son pauvre visage gêné, il expliquait:
– Elle écrit si mal, hein, ça n'aurait rien de drôle.

On enterre Monpoix, un vieux paysan qui n'a pas voulu quitter sa terre.

On enterre Monpoix. Il est mort l'autre nuit, sans une plainte, sans agonie. Au jour, sa femme l'a trouvé froid dans le lit.
Sa bière portée à bras vient de partir à travers champs, deux robes noires derrière, quelques paysans et des soldats. (...)
Comme l'enterrement, ayant traversé l'herbage, atteignait le chemin, les Allemands nous ont aperçus et se sont mis à tirer. Le premier obus est tombé court, l'autre à cinquante pas, et le cortège aussitôt s'est disloqué. Les quatre porteurs – je les vois encore – s'étaient arrêtés, interdits, puis, voyant les paysans courir, ils ont lourdement posé le brancard d'où la bière a culbuté, et ils ont sauté avec nous dans le fossé. Il était temps: le troisième obus a éclaté juste sur le talus, criblant le cercueil. En file, courbés, nous avons filé en nous poussant, et le mort est resté seul au milieu du sentier, sa bière renversée échappée du drap noir. (...)
Au jour tombant, les paysans sont revenus et les porteurs ont repris leur charge. Ils viennent à peine de partir; dehors le chien hurle encore, tirant sur sa chaîne.

Une lettre d'amour jamais parvenue

Paul Éluard reprend dans son recueil 'Les sentiers et les routes de la poésie' (1947) la lettre d'une femme inconnue adressée à un soldat au front. Elle a été trouvée parmi les lettres au rebut non parvenues à leur destinataire. L'enveloppe porte au verso la mention: 'tué'.

Mon Pierre,

Non, non, ne doute pas, ne doute jamais de moi... La lettre où j'ai senti tant de souffrance inutile m'a fait mal comme une injure, comme un crime. (...)
Entends-moi bien. Je ne veux pas que la jalousie te morde ainsi. Je ne veux pas. Elle est déplacée, elle est inutile – ah! surtout, elle est inutile! Tu as assez à souffrir là-bas, sans y ajouter cela.
Il faut que tu te convainques de ceci: je t'aime, je me garde pour toi, je ne suis qu'à toi. (...)
Oh! Pierre, songes-y... Vous, là-bas, souffrant de toute votre âme et de tout votre corps et tellement que la double passion du Christ nous fera bientôt sourire, tellement que, malgré nos efforts, nous ne pourrons jamais parvenir à nous représenter vos peines et tu veux ajouter à cela cette niaiserie stupide alors que de toutes les forces de mon amour, de ma volonté, de ma certitude, je te crie: ne crains rien! ne crains rien! Alors que je t'attends chez nous, si fidèle et si constamment angoissée!
Pierre, il faut chasser cela, je le veux, je l'exige. J'ai pour toi l'amour le plus profond, le plus tendre, le plus sérieux et j'aime ton baiser; pas le baiser, Pierre: ton baiser. Souviens-toi...

Les années folles: vitesse et voyage

Les années vingt sont appelées parfois 'les années folles': après la Belle Époque de l'avant-guerre, voici les années folles de l'après-guerre. La génération qui a échappé aux massacres de 1914-1918 veut rattraper les années perdues: elle s'amuse éperdument, elle aime le risque et l'aventure, elle découvre la voiture et les trains internationaux, les autres continents. Valery Larbaud, Blaise Cendrars et Paul Morand représentent cette génération.

Valery Larbaud (1881-1957) est à l'image de son héros Barnabooth, un homme 'dont l'horizon s'étend bien au-delà de sa ville; qui connaît le monde et sa diversité'. À partir de 1899, il parcourt avec une curiosité insatiable l'Europe et les autres continents; il se désigne lui-même comme un 'citoyen des wagons-lits'. Son pays préféré est l'Angleterre; Larbaud traduit des écrivains anglais contemporains, notamment Joyce, et il se bat pour assurer leur succès en France.

Après *Fermina Marquez* (1911), un roman sur l'adolescence qui le rapproche d'Alain-Fournier, Larbaud publie en 1913 les *Oeuvres complètes de A. O. Barnabooth.* Ce livre lui apporte la célébrité. Il contient des poèmes et le journal intime d'un homme riche qui voyage.

Journal intime de A. O. Barnabooth

Larbaud décrit l'atmosphère particulière de l'Europe centrale, réunie politiquement dans l'empire austro-hongrois avant la première guerre mondiale. Son cosmopolitisme est ici frappant: auteur français, il invente un personnage latino-américain, Barnabooth, qui dans ce passage regrette Londres (Bond Street) à Trieste!

Je me retrouve avec plaisir dans Trieste, capitale de l'Adriatique, aussi italienne que Venise, mais plus à notre portée, avec quelque chose de cru, de neuf, qui nous inquiète un peu, au sortir de villes où l'existence, rendue aisée par l'usage des siècles, tourne et glisse sans bruit sur ses charnières et ses rails bien graissés: Florence, Saint-Marin, Ravenne... Il neige des pigeons sur les places, entre les grands blocs de palais d'une matière jaune et terne; et le mélange des noms italiens des rues, des noms slaves des enseignes, des inscriptions allemandes au front des monuments, et l'uniforme autrichien, d'un bleu aigu dans cette lumière, résument la situation politique. (...) Ah, que cela est loin de Bond Street!

On voit passer de beaux Viennois au visage pâle et fin, allongé par les favoris bien disciplinés et coupé haut; des Monténégrins trop habitués à l'uniforme national pour être à l'aise dans leurs vestons européens, et leurs visages de guerriers paraissent rustiques sous les cokes noirs qui les avalent. J'ai suivi la rue principale, qui est la mieux éclairée du monde sans doute, et par une lumière rose électrique. L'hôtel aussi est de civilisation mêlée: grands couloirs dallés à l'italienne, chambres viennoises, avec la décoration sobre et le noir et blanc qui rappellent l'écriture cunéiforme et les portées de musique, et les servantes sont trop jolies et trop polies pour n'être pas hongroises.

Blaise Cendrars (1887-1961) est né en Suisse, mais quitte le foyer paternel à l'âge de 16 ans. Saisi par une 'boulimie de voyage', il parcourt l'Europe, les États-Unis, l'Extrême-Orient, l'Afrique. En 1914 il s'engage dans la Légion étrangère; son bras droit est arraché par un obus. De retour à Paris, il se lie d'amitié avec les écrivains et les artistes de l'avant-garde – le poète Guillaume Apollinaire, les peintres Sonia Delaunay, Fernand Léger et Francis Picabia – et il s'intéresse aux nouveaux médias comme le film et la photographie.

Cendrars s'impose d'abord comme poète, avec un langage poétique simple et direct, ensuite il publie surtout des récits et des romans. Ceux-ci ont un rythme rapide: personnages nombreux et fugitifs, intrigue disparate caractérisent *Moravagine,* (1926) et *Bourlinguer,* (1948).

▷▷ *Sonia Delaunay illustre 'La Prose du Transsibérien', 1913. Dépliant de 2 mètres sur 35,7 cm*

Prose du Transsibérien

Cendrars parcourt en 1903 la Russie et traverse notamment la Sibérie dans le train transsibérien qui relie Moscou à Vladivostok. Neuf ans plus tard il 'refait' ce voyage dans un long poème, publié en 1912, dont voici deux fragments.

En ce temps-là j'étais en mon adolescence
J'avais à peine seize ans et ne me souvenais déjà plus de ma naissance
J'étais à Moscou, où je voulus me nourrir de flammes
Et je n'avais pas assez des tours et des gares que constellaient mes yeux
En Sibérie tonnait le canon, c'était la guerre
La faim le froid la peste le choléra
Et les eaux limoneuses de l'Amour charriaient des millions de charognes
Dans toutes les gares je voyais partir les derniers trains
(...)
Tous les visages entrevus dans les gares
Toutes les horloges
L'heure de Paris l'heure de Berlin l'heure de Saint-Pétersbourg et l'heure de toutes les gares
Et à Oufa, le visage ensanglanté du canonnier
Et le cadran bêtement lumineux de Grodno
Et l'avance perpétuelle du train
Tous les matins on met les montres à l'heure
Le train avance et le soleil retarde
Rien n'y fait, j'entends les cloches sonores
Le gros bourdon de Notre-Dame
La cloche aigrelette du Louvre qui sonna la Barthélémy
Les carillons rouillés de Bruges-le-Morte
Les sonneries électriques de la bibliothèque de New York
Les campaniles de Venise
Et les cloches de Moscou, l'horloge de la Porte-Rouge
qui me comptait les heures quand j'étais dans un bureau
Et mes souvenirs
Le train tonne sur les plaques tournantes
Le train roule
Un gramophone grasseye une marche tzigane
Et le monde, comme l'horloge du quartier juif de
Prague, tourne éperdument à rebours.

Paul Morand

Paul Morand (1888-1976) symbolise mieux que quiconque l'esprit des 'années folles', la joie de vivre frénétique et immorale de cette génération, son obsession de la vitesse, son cosmopolitisme: 'toute existence est une lettre postée anonymement; la mienne porte trois cachets: Paris, Londres, Venise'.

Diplomate, en congé pendant 15 ans où il parcourt le monde, Paul Morand devient ambassadeur du gouvernement de Vichy à Bucarest puis à Berne. Après la Libération, il reste en Suisse. Autorisé à rentrer à Paris en 1955, il ne retrouve plus la gloire d'autrefois, malgré son élection à l'Académie française en 1968. C'est seulement après sa mort que ses livres, réédités, retrouveront le succès.

Paul Morand a une passion pour les voitures rapides et les voyages. Riche et sportif, il mène la vie, dit-il, que ses amis Proust et Larbaud 'auraient voulu mener'. Il possède 35 voitures au cours de sa vie et à 80 ans il aime encore 'faire du 200 à l'heure'. Le goût de la vitesse dans le monde moderne est selon lui lié à cette peur de mourir qui caractérise la civilisation occidentale.

Paul Morand a laissé une œuvre considérable: romans, romans historiques, récits de voyage (sur New York, Venise, les Caraïbes, la Roumanie) – mais il doit sa célébrité aux recueils de nouvelles publiés au début de sa carrière (*Ouvert la nuit*, 1922; *Fermé la nuit*, 1923; *L'Europe galante*, 1925). Ces nouvelles conduisent le lecteur chaque fois dans des pays différents – très souvent dans les pays de l'Europe Centrale – où le narrateur rencontre des hommes pressés et inquiets, des femmes mystérieuses, énergiques et émancipées. Morand décrit des cocktails, des fêtes nocturnes, des scènes érotiques, des promenades en voiture, dans un style original et désinvolte. Il se crée ainsi la réputation d'un auteur superficiel et libertin, qui scandalise les milieux bien-pensants de son temps.

△ *Le pont des sports sur le paquebot 'L'Atlantique', 1931*
△△ *Une femme émancipée: Coco Chanel vers 1935. Elle révolutionne la mode en supprimant le corset*
◁◁ *Robert Delaunay, 'Les amoureux de Paris: Le baiser', 1929*
◁◁◁ *Paul Morand dans l'une des nombreuses automobiles qu'il posséda pendant sa vie*

Baisers

Un baiser
abrège la vie humaine de 3 minutes,
affirme le Département de Psychologie
de Western State College,
Gunnison (Col.).
Le baiser
provoque de telles palpitations
que le cœur travaille en 4 secondes
plus qu'en 3 minutes.
Les statistiques prouvent
que 480 baisers
raccourcissent la vie d'un jour,
que 2 360 baisers
vous privent d'une semaine
et que 148 071 baisers,
c'est tout simplement une année de perdue.

L'homme pressé

En 1941, Paul Morand publie *L'homme pressé,* un roman amusant mais grave qui ridiculise l'obsession moderne de la vitesse, que l'auteur cultive pourtant lui aussi. Le personnage principal, Pierre a la manie de tout faire vite, de vouloir gagner du temps à tout prix. Dans ce fragment, Pierre fait sa toilette matinale.

'Ce qui nous retarde tellement', monologue Pierre à haute voix, 'c'est que nous ne faisons qu'une chose à la fois. Et que nous hésitons entre divers gestes. Il m'a fallu vingt ans pour me créer une méthode et améliorer mes temps, mais que de faux pas encore: je jette mon pyjama pour entrer dans l'eau; à ce moment je m'aperçois que j'ai oublié le savon sur la toilette (...)'
'Il faudra supprimer ces résidus incohérents', continue Pierre. 'Commençons par numéroter les mouvements: *un,* repasser la lame du rasoir et profiter de ce que les jambes me sont inutiles à ce moment-là pour me livrer à des flexions du cou-de-pied, ce qui diminuera d'autant la durée de ma culture physique; *deux,* visser le rasoir de la main droite entre le pouce et l'index, tandis que la main gauche trempe l'éponge dans l'eau chaude; *trois,* se raser au bain et éviter ainsi le temps gaspillé dans l'eau.'
'Avoir des chemises qui se boutonnent de haut en bas? Folie! Huit boutons, c'est chaque jour dix-huit secondes de perdues. J'ai déjà supprimé les boutons de manchettes et le plastron qui vous mangent la vie, ce n'est pas pour les remplacer par d'autres boutons. Entrer dans ses chaussures tout en nouant sa cravatte, c'est l'enfance de l'art. Et maintenant, le pantalon. Tous mes pantalons sont munis de fermetures-éclair.'
'Quatre, se coiffer tout en se séchant le corps... Non, patientons, car passer une chemise par-dessus sa tête, c'est avoir à se coiffer deux fois. (...)
Maintenant Pierre lit le journal. Il le lit, si l'on peut dire. Il s'est jeté dessus et l'avale. Il le prend par la fin, de même qu'il commence ses lettres par la signature, et la suscription des enveloppes par le nom de la ville ou le numéro de l'arrondissement. C'est plus fort que lui. C'est toujours plus fort que lui.

Les avant-gardes: le cubisme et le futurisme

À côté du néoclassicisme, représenté par la *Nouvelle Revue française* et des auteurs comme Gide et Valéry, la vie littéraire et artistique des trois premières décennies du siècle est surtout marquée par les différents mouvements d'avant-garde.

L'avant-garde est un phénomène européen, ses centres sont nombreux: Dresde, Paris, Zurich, Prague, Moscou. Artistes et poètes publient des manifestes et des revues et fondent l'expressionnisme en Allemagne, le futurisme en Italie et en Russie, le cubisme et le surréalisme en France, Dada en Suisse, le constructivisme en Russie, en Hollande (de Stijl), en Hongrie et en Allemagne (Bauhaus).

L'avant-garde se veut révolutionnaire: elle veut rompre avec le passé, avec toutes les traditions de la culture occidentale bourgeoise; elle ne craint pas le scandale, les manifestations tapageuses contre l'ordre établi et contre les représentants officiels de la culture.

Comme tous les mouvements révolutionnaires, l'avant-garde a confiance dans l'avenir et veut libérer l'homme. L'activité artistique doit être au service de la révolution politique. Les écrivains et les artistes d'avant-garde sympathisent en général avec le marxisme, parfois même avec le stalinisme, à l'exception des futuristes italiens qui ont des attaches avec le fascisme.

La plupart de ces mouvements naissent avant la première guerre mondiale et perdent leur élan au début des années 30. Le cubisme, le futurisme, Dada et le surréalisme joueront un rôle important en France.

Le cubisme est en premier lieu un mouvement pictural, né vers 1907 et illustré en particulier par Braque, Léger, Picasso et Gris. Le cubisme refuse le réalisme des détails et recherche la pureté géométrique. Chaque objet peut être ramené à un cube ou à un cylindre, il se présente séparément et sous sa forme la plus générale. Il s'agit,

selon Reverdy, de 'créer des œuvres d'art à partir d'éléments de la réalité, en explorant, à l'aide de moyens nouveaux, les rapports parfois lointains entre ces éléments'. Le cubisme se situe ainsi à mi-chemin entre la peinture figurative et la peinture abstraite.

Plusieurs écrivains et poètes sont liés d'amitié avec les peintres cubistes. Le poète Guillaume Apollinaire est l'un des premiers à leur consacrer des articles. Pierre Reverdy (1889-1960) a été souvent considéré comme un poète cubiste. Typographe, rédacteur d'une revue d'avant-garde, il passe une quinzaine d'années dans les milieux artistiques de Montmartre, puis se retire à Solesmes, près de la célèbre abbaye bénédictine. Reverdy note des phénomènes et énumère des objets détachés du réel pour créer un monde différent.

△ Fernand Léger (1881-1955), 'La baigneuse', 1931
◁◁ Juan Gris (1887-1927), 'Nature morte à la guitare', 1915
▽▽ Giacomo Balla (1871-1958), 'Chien en laisse', 1912. Les peintres futuristes veulent représenter le mouvement. Ils s'opposent au statisme cubiste

Nature morte-portrait

Pierre Reverdy recherche le même effet dans ce poème, publié dans *Sources du vent*, 1929, que les peintres cubistes dans leurs tableaux; les objets sont nommés, mais les liens qui les réunissent sont supprimés: des substantifs et pas de conjonctions.

Le Nil le calendrier et la blague à tabac
Nature
Comme doit être la peinture
Morte
Et la littérature
Une tête sans chevelure
Des yeux en trait
Une virgule
Un nez plat un méplat
Au front
Mon portrait
Mon cœur bat
Et c'est la pendule
Dans la glace je suis en pied
Ma tête fume

Le futurisme est un mouvement qui veut rompre avec les traditions étouffantes pour s'intéresser uniquement à ce qui est nouveau, jeune et violent. Il exalte les inventions techniques, la vitesse, la violence et l'avenir. Les peintres futuristes inventent des procédés nouveaux pour représenter la vitesse sur leurs tableaux.

Les futuristes sont surtout nombreux en Russie et en Italie, où plusieurs d'entre eux sympathisent avec le fascisme de Mussolini. Les futuristes italiens ont des attaches en France et publient parfois en français. Guillaume Apollinaire et Pierre Albert-Birot sont proches des futuristes.

Manifeste du futurisme

Les mouvements d'avant-garde aiment se faire connaître en publiant des manifestes bruyants, qui doivent choquer. L'un des plus célèbres est celui des futuristes italiens, publié par leur chef Marinetti (1876-1944) directement en français dans *le Figaro* du 20 février 1909. Contrairement aux manifestes des autres mouvements d'avant-garde, le caractère fasciste de ce texte est évident. C'est pourquoi les futuristes russes (Maïakovski) se détournent très tôt des futuristes italiens. Marinetti adhère dès 1919 au mouvement de Mussolini.

1. Nous voulons chanter l'amour du danger, l'habitude de l'énergie et de la témérité.
2. Les éléments essentiels de notre poésie seront le courage, l'extase et la révolte.
3. La littérature ayant jusqu'ici magnifié l'immobilité pensive, l'extase et le sommeil, nous voulons exalter le mouvement agressif, l'insomnie fiévreuse, le pas gymnastique, le saut périlleux, la gifle et le coup de poing.
4. Nous déclarons que la beauté du monde s'est enrichie d'une beauté nouvelle: la beauté de la vitesse. Une automobile de course avec son coffre orné de gros tuyaux tels des serpents à l'haleine explosive, une automobile rugissante qui a l'air de courir sur de la mitraille, est plus belle que la *Victoire de Samothrace*. (...)
9. Nous voulons glorifier la guerre – seule hygiène du monde –, le militarisme, le patriotisme, le geste destructeur des anarchistes, les belles idées qui tuent, et le mépris de la femme.

Guillaume Apollinaire

Né d'une mère polonaise et d'un père italien, Guillaume Apollinaire (1880-1918), de son vrai nom Wilhelm Apollinaris de Kostrowitzky, est une personnalité dominante de la poésie française et de la vie artistique parisienne de l'avant-guerre. Il voyage beaucoup. Engagé volontaire dès 1914 – il chante la beauté de la guerre dans certains de ses poèmes –, grièvement blessé en 1916, il est emporté deux ans plus tard par la grippe espagnole.

Auteur de plusieurs romans fantastiques et érotiques, Apollinaire se fait surtout connaître comme critique d'art: ami de Picasso, ses articles dans les journaux contribuent à faire connaître et accepter les nouveaux peintres. La postérité retient en premier lieu sa poésie: comme Cendrars, il écrit une poésie simple mais, fidèle aux traditions romantiques et au folklore, il s'éloigne davantage de la langue quotidienne. Comme les futuristes, Apollinaire supprime la ponctuation et mêle dans son dernier recueil des poèmes visuels – des 'calligrammes' – à des poèmes ayant une typographie traditionnelle.

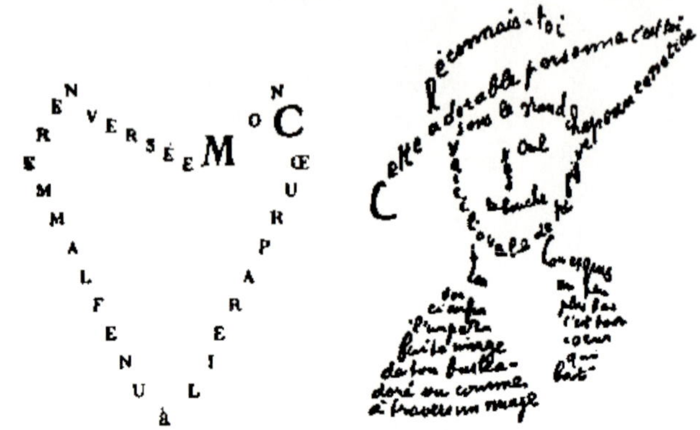

△ *Calligrammes, dont une déclaration d'amour à Lou*

Les deux poèmes suivants figurent dans le recueil 'Alcools', paru en 1913.

Le pont Mirabeau

Sous le pont Mirabeau coule la Seine
Et nos amours
Faut-il qu'il m'en souvienne
La joie venait toujours après la peine

Vienne la nuit sonne l'heure
Les jours s'en vont je demeure

Les mains dans les mains restons face à face
Tandis que sous
Le pont de nos bras passe
Des éternels regards l'onde si lasse

Vienne la nuit sonne l'heure
Les jours s'en vont je demeure

L'amour s'en va comme cette eau courante
L'amour s'en va
Comme la vie est lente
Et comme l'Espérance est violente

Vienne la nuit sonne l'heure
Les jours s'en vont je demeure

Passent les jours et passent les semaines
Ni temps passé
Ni les amours reviennent
Sous le pont Mirabeau coule la Seine

Vienne la nuit sonne l'heure
Les jours s'en vont je demeure

△ *Apollinaire vu par son ami, le poète Max Jacob*
◁◁ *Portrait d'Apollinaire par son amie, le peintre Marie Laurencin*

Les colchiques

Le pré est vénéneux mais joli en automne
Les vaches y paissant
Lentement s'empoisonnent
Le colchique couleur de cerne et de lilas
Y fleurit tes yeux sont comme cette fleur-là
Violâtres comme leur cerne et comme cet automne
Et ma vie pour tes yeux lentement s'empoisonne

Les enfants de l'école viennent avec fracas
Vêtus de hoquetons et jouant de l'harmonica
Ils cueillent les colchiques qui sont comme des m`eres
Filles de leurs filles et sont couleur de tes paupières
Qui battent comme les fleurs battent au vent dément

Le gardien du troupeau chante tout doucement
Tandis que lentes et meuglant les vaches abandonnent
Pour toujours ce grand pré mal fleuri par l'automne

Il y a

Voici le fragment d'un 'poème simultané', d'inspiration futuriste, écrit au front en 1915 et publié dans le recueil 'Calligrammes' (1918). Aux images de la guerre se mêlent les images de ce qui se passe en même temps ailleurs.

Il y a un vaisseau qui a emporté ma bien-aimée
Il y a dans le ciel six saucisses et la nuit venant on dirait des asticots dont naîtraient les étoiles
Il y a un sous-marin ennemi qui en voulait à mon amour
Il y a mille petits sapins brisés par les éclats d'obus autour de moi
Il y a un fantassin qui passe aveuglé par les gaz asphyxiants
Il y a que nous avons tout haché dans les boyaux de Nietzsche de Goethe et de Cologne
Il y a que je languis après une lettre qui tarde
Il y a dans mon porte-cartes plusieurs photos de mon amour
Il y a les prisonniers qui passent la mine inquiète
Il y a une batterie dont les servants s'agitent autour des pièces
Il y a le vaguemestre qui arrive au trot par le chemin de l'Arbre isolé
Il y a dit-on un espion qui rôde par ici invisible comme l'horizon dont il s'est indignement
revêtu et avec quoi il se confond
Il y a dressé comme un lys le buste de mon amour
Il y a un capitaine qui attend avec anxiété les communications de la TSF sur l'Atlantique
Il y a à minuit des soldats qui scient des planches pour les cercueils
Il y a des femmes qui demandent du maïs à grands cris devant un Christ sanglant à Mexico
Il y a le Gulf Stream qui est si tiède et si bienfaisant
Il y a un cimetière plein de croix à 5 kilomètres (...)

Albert-Birot, Raymond Roussel

Ami de Reverdy et d'Apollinaire, Pierre Albert-Birot (1876-1967) cherche à réaliser l'idéal futuriste du théâtre total, où les couleurs et les sons jouent un rôle égal aux mots. Il doit sa renommée au grand roman épique *Grabinoulor* auquel il travaille pendant 40 ans et dont la totalité ne sera publiée qu'en 1991. Grabinoulor est un géant animé d'une profonde curiosité philosophique et scientifique; il ne cesse de parcourir les espaces et les siècles et harasse de questions tous ceux qu'il rencontre, par exemple le Bon Dieu et le roi Henri IV. Près de mille pages sans ponctuation, *Grabinoulor* est une plaisanterie à la fois rabelaisienne et futuriste.

Grabinoulor

Grabinoulor marche à travers les rues de Paris par l'une de ces belles journées comme il n'y en a que trois ou quatre par an; son attitude témoigne du vitalisme futuriste.

(...) il s'agit de regarder en ce royalissime jour Grabinoulor se jeter plus que jamais la tête la première au risque de la casser sur tout ce qui a l'air de la vie cette vieille habitude soi-disant mais tuée à chaque instant à chaque instant ressuscitée ô vie neuve à tous les pas et il aime au milligramme il admire au dixième de seconde il regarde la joie à la loupe il prend des lèvres jusqu'au danger d'explosion il aspire un chef-d'œuvre jusqu'à s'en dévirer la cervelle et quand il officie c'est-à-dire quand il donne à sa bouche une crémeuse gourmandise il encrème vraiment toute sa personne se disant à chaque bouchée attention que ta bouche ne soit pas distraite qu'elle ne pense pas à autre chose qu'à cette bouchée de bonté goûte goûte à fond tandis que tu la tiens prolonge le passage dans la précieuse caverne du goût tourne-la et retourne-la lentement n'avale pas encore car aussitôt la bonté engagée dans le précipice c'est fini et ta conscience à vif dis-toi j'ai de la bonté plein la bouche que ce soit enfin bouchée consciente et organisée (...)

Homme richissime et excentrique, Raymond Roussel (1877-1933) emploie 16 domestiques dans sa villa de Neuilly et fait venir en Rolls Royce les fruits frais de sa propriété des Alpes-Maritimes. Il voyage autour du monde comme le héros de Jules Verne, qui est son écrivain préféré. Il fait construire une luxueuse roulotte automobile que Mussolini visite.

Roussel rêve de gloire littéraire, mais la presse éreinte ses livres, qu'il publie à compte d'auteur; ses pièces de théâtre, qu'il monte également à ses frais, font scandale. Seuls les surréalistes ont pour lui une profonde admiration. Ruiné, il se suicide à Palerme.

Roussel ne s'intéresse pas à la psychologie; ses récits présentent des êtres simples et idéalisés qui cherchent à élucider un mystère. Ce mystère est en général lié à un objet rare et précieux, le récit en explique l'origine. *Locus Solus* (1914), son roman le plus célèbre, est une longue promenade dans un parc, une visite guidée au cours de laquelle le propriétaire, Mathias Canterel explique à ses invités le fonctionnement de diverses machines extrêmement compliquées qu'il y a fait installer.

▷▷ *Chambre à coucher de la cantatrice Mlle Spinelly, décorée par Iribe en 1924*
▽ *Henri Matisse (1869-1954), 'Jazz', 1947*

L'étoile au Front

Dans les pièces de Roussel, comme dans 'L'étoile au front' publiée en 1924, il ne se passe jamais rien: les personnages se racontent des histoires longues et compliquées. Ici, le riche Trézel explique, dans sa somptueuse villa de Marly, l'origine des objets de sa collection à quelques jeunes amies.

TRÉZEL: (...) la trouvaille sur laquelle vous m'interrogez tous comprend un manuscrit de Racine.

GENEVIEVE: Un manuscrit de Racine?

TRÉZEL *(sortant un rouleau d'un meuble)*: Le voici.

ZÉOUG: Tenu de quelle étrange manière!

TRÉZEL *(montrant un fil de fer qui entoure le manuscrit)*: Ah! quant au cercle, ce n'est autre chose qu'un fragment du fil sur lequel Blondin, l'équilibriste fameux, traversa le Niagara.

LEIDJÉ: Est-il possible?

TRÉZEL: Quand il eut vingt-cinq ans de carrière, Blondin résolut de célébrer ce qu'il appelait ses noces d'or avec lacorde, jamais changée, qui lui servait depuis ses débuts.

CLAUDE: Jamais changée?

TRÉZEL: Jamais changée. Il réunit dans un immense banquet famille, camarades et amis. Tout autour de la table, entre les faïences et les brocs, courait une sorte de liane magique prodigieusement fleurie...

GENEVIEVE: Je devine... Cétait la corde...

TRÉZEL: La corde elle-même...

CLAUDE: Celle qu'il avait tant de fois parcourue en public...

TRÉZEL: ... et tout au long de laquelle s'épanouissaient ce soir-là mille fleurs diverses attachées par des fils de laiton. De plus, chaque convive avait trouvé à sa droite un rouleau de parchemin passé dans un grossier fil de fer recourbé en forme de bracelet. Ce parchemin, fait pour être sorti et déployé...

ZÉOUG: C'était le menu du banquet?...

TRÉZEL: Précisément; mais un menu artistique, bon à conserver et digne de commémorer une grande date. Parmi les convives de Blondin figurait un certain père Crapard, son voisin de palier du moment, qui tenait au rez-de-chaussée de leur maison une boutique de livres d'occasion et d'autographes (...). Or, comme la vue des bracelets à menu avait mis la conversation sur le téméraire exploit de Blondin, Crapard fixa soudain l'attention générale en affirmant que l'aventure faillit avoir un lointain précédent sous Septime Sévère.

CLAUDE: Sous Septime Sévère! Mais l'Amérique ne devait être découverte que plus de douze siècles après son règne...

TRÉZEL: Aussi n'était-ce pas du Niagara qu'il s'agissait mais du détroit de Bonifacio. Crapard, l'année précédente, avait fait une des plus précieuses trouvailles de sa vie d'acharné fureteur: une série de lettres manuscrites de Racine adressées à une dame de la cour dont il avait gagné les faveurs.

(Pour impressionner une jeune fille, un jeune amoureux voulait traverser sur une corde le détroit de Bonifacio, entre la Corse et la Sardaigne. Racine raconte cette anecdote, qui se passe sous Septime Sévère, dans une des lettres que Crapard a retrouvée: il l'offre à Blondin en la substituant au menu. Trézel achète ensuite aux enchères la corde et le manuscrit de Racine.)

Dada et surréalisme

Réfugié à Zurich pendant la guerre, le Roumain Tristan Tzara (1896-1963) fonde en 1916 le mouvement Dada avec quelques amis venus d'autres pays. Pour protester contre une civilisation qui mène aux boucheries de la guerre, Dada se sert de tous les moyens: il provoque, il fait scandale. Après la guerre, les dadaïstes s'installent à Paris.

Pour faire un poème dadaïste

Ce poème de Tristan Tzara figure dans 'Sept manifestes DADA' (1916). Tzara veut détruire l'idée romantique de l'inspiration.

Prenez un journal.
Prenez des ciseaux.
Choisissez dans ce journal un article ayant la longueur
que vous comptez donner à votre poème.
Découpez l'article.
Découpez ensuite avec soin chacun des mots qui
forment cet article et mettez-les dans un sac.
Agitez doucement.
Sortez ensuite chaque coupure l'une après l'autre dans
l'ordre où elles ont quitté le sac.
Copiez consciencieusement.
Le poème vous ressemblera.
Et vous voilà 'un écrivain infiniment original et d'une
sensibilité charmante, encore qu'incomprise du vulgaire'.

En littérature, Dada est bientôt supplanté par le surréalisme, fondé en 1922 par André Breton et ses amis. Les surréalistes se proposent de libérer l'homme. Ils refusent la rationalité: l'homme doit accepter son inconscient, ses rêves, ses désirs, il doit être sensible au hasard, aux rencontres inattendues, au merveilleux. Les surréalistes soutiennent en même temps la révolution russe. Psychanalyse et marxisme les fascinent.

L'histoire du surréalisme est jalonnée de querelles et de scandales. Les surréalistes attaquent les écrivains bien pensants. Ils défendent Violette Nozières, une jeune femme qui avait empoisonné son père pour pouvoir vivre avec son amant. Dans la littérature, ils réhabilitent la folie, le roman d'horreur anglais, les auteurs révoltés comme Rimbaud ou sulfureux comme Sade.

Dès la fin des années vingt, la politique les divise. Aragon et Eluard obéissent aux directives du parti communiste, tandis qu'André Breton entend maintenir son indépendance et sympathise avec le trotskysme.

Les surréalistes croient qu'un jour la poésie sera faite par tous. Ils utilisent divers procédés, souvent pratiqués en groupe, comme celui de l'écriture automatique. 'Le cadavre exquis' est aussi une méthode d'écriture typiquement surréaliste: c'est un jeu de papier plié qui consiste à faire composer une phrase ou un dessin par

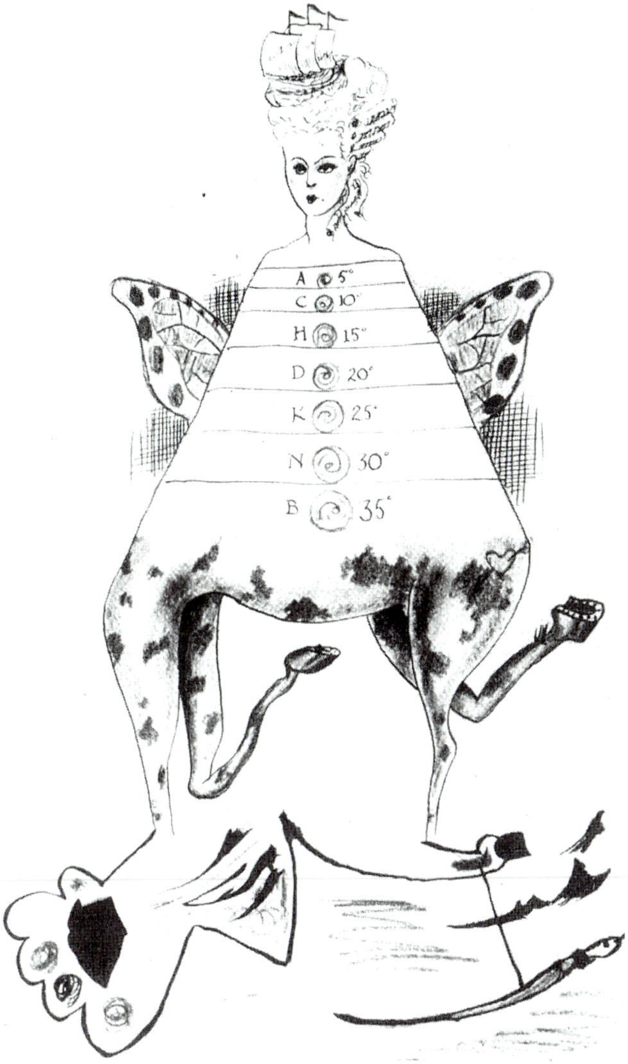

△ *'Le cadavre exquis', jeu collectif des surréalistes*
◁◁ *Salvador Dali (1909-1989), 'Hallucination partielle: six images de Lénine sur un piano', 1931*
◁◁◁ *René Magritte (1898-1967), 'Le double secret', 1927*

plusieurs personnes: il est interdit de tenir compte des collaborations précédantes. L'exemple devenu classique, qui a donné son nom au jeu, tient dans la première phrase obtenue de cette manière: Le cadavre-exquis-boira-le vin-nouveau. La poésie surréaliste se caractérise par l'abondance des images insolites; la rencontre arbitraire d'objets éloignés crée les vraies métaphores. L'activité surréaliste se manifeste dans tous les arts: la poésie (Breton, Éluard), le roman (Breton, Aragon), le théâtre (Vitrac, Artaud), le film (Buñuel) et la peinture (Dali, Ernst, Magritte, Tanguy).

Le théâtre surréaliste a Jarry et Apollinaire pour précurseurs, Antonin Artaud comme théoricien et Roger Vitrac comme principal auteur. Dans son célèbre manifeste *Le théâtre et son double* (1938), Antonin Artaud (1896-1948) oppose au théâtre néo-classique prôné par Copeau , un théâtre total, un 'théâtre de la cruauté', qui utilise tous les moyens pour bousculer le repos des sens et libérer l'inconscient. Il demande le retour à un théâtre 'primitif', rituel et violent.

Roger Vitrac (1899-1952) est l'auteur de nombreuses pièces, mais seules les sept premières, écrites entre 1922 et 1929, sont d'inspiration surréaliste (*Le Peintre, Les mystères de l'amour, Victor ou les enfants au pouvoir*). Le théâtre de Vitrac se trouve à mi-chemin entre les violences de Jarry et l'absurdisme de Ionesco.

Isolée à ravir

Voici un poème surréaliste type écrit de manière collective. Il figure dans le recueil 'Ralentir Travaux', publié en 1930 par André Breton, René Char et Paul Éluard.

Elle a jeté un pont de soupirs
Sur la mer inhabitable
Elle a quitté ses habits de terre
Mis ses habits de sable
Elle parle une langue de liège
Épuise le temps en une saison
Elle danse par des parterres de galets
Sous des lustres de larmes

Un jour elle est revenue d'un étrange voyage
Tous ses bagages étaient couverts d'étiquettes orangées
Les porteurs l'un après l'autre se trouvaient mal
Accablés par le point-du-jour qu'elle avait enveloppé dans ses dessous tourbillonnants
Elle est revenue pour distraire la fraîcheur de son ennui brûlant
Pour ne plus être seule à maudire le feu

Originale

Les surréalistes

André Breton (1896-1966) a été appelé 'le pape' du surréalisme. Mobilisé en 1914, il travaille à l'hôpital militaire de Nantes où il s'initie aux techniques nouvelles de la psychanalyse freudienne. Il devient le chef incontesté du mouvement surréaliste au début des années 20. Il séjourne aux États-Unis pendant la Deuxième Guerre Mondiale. Il publie des poèmes mais aussi de nombreux articles littéraires et politiques.

Nadja (1928) est le livre le plus célèbre de Breton. Ce n'est ni un roman ni une autobiographie mais le récit de la rencontre, due au hasard, de Breton avec une jeune femme très sensible qui voit 'au delà' des choses réelles. Breton rapporte les circonstances mystérieuses de ces rencontres, les endroits de Paris où elles ont lieu, les paroles que Nadja lui adresse. Elle le fascine parce qu'elle est entièrement libre et détachée des conventions sociales: 'J'ai pris, du premier au dernier jour, Nadja pour un génie libre, quelque chose comme un de ces esprits de l'air que certaines pratiques de magie permettent momentanément de s'attacher, mais qu'il ne saurait être question de se soumettre.' Cependant, Nadja finira par sombrer dans la folie.

△ *Paul Éluard et André Breton (1930), par le photographe Man Ray, célèbre pour ses effets de lumière particuliers ('solarisations')*
▽ *Paul Delvaux (1897-1994), 'Le train bleu', 1946. Tableau très représentif du peintre surréaliste belge*

Les autres auteurs les plus connus de la première génération surréaliste sont Louis Aragon, Paul Éluard et Michel Leiris. Paul Éluard (1895-1952) collabore avec André Breton jusqu'en 1936; il écrit presqu'exclusivement des poèmes, qui sont d'une grande simplicité malgré leur vocabulaire surréaliste. Ses principaux sujets sont l'amour et la politique.

Louis Aragon (1897-1982) se sépare dès 1932 d'André Breton pour devenir l'écrivain quasi officiel du parti communiste français. Après des poèmes et des romans surréalistes (*Le paysan de Paris,* 1926), il publie des romans réalistes d'inspiration sociale (*Les cloches de Bâle,* 1934). En 1954 il devient membre du comité central du parti communiste français. Les dernières décennies de sa vie constituent une troisième période: il écrit des romans psychologiques complexes qui le rapprochent du Nouveau Roman (*Blanche ou l'oubli,* 1967).

Un rêve

Les surréalistes s'intéressent aux rêves, en particulier aux jeux de mots qu'ils contiennent. Leurs revues ont dans chaque numéro une rubrique spéciale qui contient les rêves notés par les membres du groupe. En voici un d'Aragon, publié en 1927 dans la revue 'La révolution surréaliste'. La bataille de Marignan, dont il est question à la fin, a eu lieu en 1515.

Après une longue marche je me trouve dans un compartiment de troisième classe où il y a d'autres voyageurs que je distingue mal. Sur le point de m'endormir je remarque que les secousses régulières du wagon scandent un mot, toujours le même, qui est à peu près *Adéphaude.* L'adéphaude est une pierre précieuse jaune que je vois posée dans le filet à côté d'un paquet très mal fait, enveloppé dans de la toile d'emballage, sur lequel une étiquette de chemin de fer porte cette inscription: Rhodes 1415, ce qui est une erreur, j'en suis convaincu. Il m'est impossible de retrouver la bataille dont il est question, malgré les vanniers que j'interroge l'un après l'autre au bord de cet interminable marécage que je traverse sous l'aspect d'un vagabond. Je suis arrivé dans un compartiment de deuxième classe. Je me fais sur un ton sardonique l'observation qu'il y a maintenant dans le filet deux paquets portant la mention: Rhodes sans date. À ce moment je remarque dans le coin opposé une jeune dame qui parle avec agitation à un compagnon d'abord invisible, qui pourrait être moi-même, ou quelque parent éloigné d'une certaine dame Carnegie que je pense avoir connue dans mon enfance. La jeune dame est habillée avec une grande élégance. Je n'arrive à saisir que quelques mots de la conversation: '*...au défaut de laque...*'. Il s'agit évidemment des paquets qui en effet ont un aspect extrêmement écaillé. Je tourne les yeux vers l'interlocuteur de la dame et je m'aperçois qu'il est couvert d'une armure qui le cache entièrement. Je me lève indigné. À mes pieds se trouvent les restes d'une collation froide. La dame s'essuie les mains avec un mouchoir de dentelle. Nous sommes en pleine campagne, auprès d'un talus. C'est le soir de la bataille de Marignan.

L'ethnologue Michel Leiris (1901-1992), dont le père fut le banquier de Raymond Roussel, reste toute sa vie attaché au surréalisme. Il accorde une profonde importance aux rêves et aux jeux de mots. Son autobiographie *L'âge d'homme* (1939) est une tentative courageuse de décrire sa propre vie en s'inspirant de la psychanalyse.

Le romancier Julien Gracq (1910) reste marqué par l'expérience surréaliste. Peu soucieux de la psychologie des personnages, Gracq crée dans ses romans (*Le rivage des Syrtes,* 1951, *Un balcon en forêt,* 1958) une curieuse atmosphère de rêve et d'attente, grâce à un style où dominent métaphores et descriptions poétiques.

L'amoureuse

Voici l'un des nombreux poèmes d'amour de Paul Éluard, publié dans 'Capitale de la douleur' en 1923.

Elle est debout sur mes paupières
Et ses cheveux sont dans les miens,
Elle a la forme de mes mains,
Elle a la couleur de mes yeux,
Elle s'engloutit dans mon ombre
Comme une pierre sur le ciel.

Elle a toujours les yeux ouverts
Et ne me laisse pas dormir.
Ses rêves en pleine lumière
Font s'évaporer les soleils,
Me font rire, pleurer et rire,
Parler sans avoir rien à dire.

Le théâtre entre les deux guerres – Jean Cocteau, Jean Giraudoux

Jean Cocteau (1889-1963) est poète, romancier, dramaturge, cinéaste et peintre. Ami de Diaghilev, le maître légendaire des ballets russes, du peintre Picasso, de Cendrars, du célèbre aviateur Roland Garros, il est proche des surréalistes (qui se méfient de lui) et entretient en même temps des contacts avec des écrivains catholiques comme Claudel et Mauriac. Cocteau monte avec Picasso un spectacle pour les ballets russes, crée des pièces-ballets d'avant-garde (*Les mariés de la Tour Eiffel,* 1921), mais s'inspire ensuite des mythes grecs pour faire des pièces d'une facture classique (*La machine infernale,* 1934). Parallèlement il écrit des romans (*Les enfants terribles,* 1929), il met en scène des films (*Le sang d'un poète,* 1932, *Le testament d'Orphée,* 1959) et publie, de 1919 à 1954, de nombreux recueils de poésie. Enfin, surtout vers la fin de sa vie, Cocteau présente ses tableaux et dessins dans plusieurs expositions.

Les mariés de la Tour Eiffel

Dans cette pièce de Cocteau, les acteurs ne parlent pas, ils exécutent des mouvements. Seuls deux phonographes parlent. Les mariés organisent leur repas de noce sur la première plate-forme de la Tour Eiffel. Un enfant demande à être photographié avec son oncle, le général.

PHONO DEUX: Pauvre photographe. La mort dans l'âme, il charge son appareil.
PHONO UN: L'enfant, à cheval sur le sabre, fait semblant d'écouter le général qui fait semblant de lui lire un livre de Jules Verne.
PHONO DEUX: Ne bougeons plus. C'est parfait. Un oiseau va sortir.

Sort un lion.

PHONO UN: Grand Dieu! un lion. Le photographe se cache derrière son appareil. Toute la noce monte dans les guipures de la Tour Eiffel. Le lion regarde le général car, seul, le général ne bouge pas. Il parle. Que dit-il?
PHONO DEUX: N'ayez pas peur. Il ne peut y avoir de lion sur la Tour Eiffel. Donc, c'est un mirage, un simple mirage. Les mirages sont en quelque sorte le mensonge du désert. Ce lion est en Afrique... il me voit, je le vois, et nous ne sommes l'un pour l'autre que des reflets.
PHONO UN: Pour confondre les incrédules, le général s'approche du lion. Le lion pousse un rugissement. Le général se sauve, suivi par le lion.
PHONO DEUX: Le général disparaît sous la table. Le lion disparaît derrière lui.
PHONO UN: Après une minute, qui semble un siècle, le lion sort de sous la nappe.
PHONO DEUX: Horreur! Horreur! Ahhhhhh!
PHONO UN: Que tient-il dans sa gueule?
PHONO DEUX: Une botte, avec un éperon.
PHONO UN: Après avoir mangé le général, le lion disparaît dans l'appareil.

Plainte funèbre

PHONO UN ET PHONO DEUX: Ahhhh! Ahhhh!
PHONO UN: Pauvre général.
PHONO DEUX: Il était si gai, si jeune de caractère. Rien ne l'aurait plus amusé que cette mort.

△ *'La Course des Rois', dessin de Jean Cocteau, 1942*
◁◁ *Portrait de Jean Cocteau par Gisèle Freund, 1939*

Après l'austérité de Copeau, la vie théâtrale est dominée, entre 1919 et 1939 par le 'Cartel des Quatre': les quatre grands directeurs de théâtre, metteurs en scène et acteurs Pitoëff, Dullin, Jouvet et Baty s'unissent pour rénover l'art dramatique, pour redonner plus de spontanéité au jeu.

Louis Jouvet (1887-1951) fait triompher *Knock ou le triomphe de la médecine* (1923) du romancier Jules Romains; cette farce dans la tradition de Molière est restée dans le répertoire. C'est encore Jouvet qui, par ses mises en scène et son jeu personnel, contribue puissamment au succès de Giraudoux, le plus célèbre auteur dramatique de cette période.

Jean Giraudoux (1882-1944) fait des études d'allemand et s'engage en 1910 dans la carrière diplomatique; il la quitte en 1940 au moment de la défaite. Il publie d'abord plusieurs romans psychologiques, teintés de préciosité. À partir de 1928 il se tourne vers le théâtre: Louis Jouvet monte et interprète presque chaque année une nouvelle pièce de Giraudoux.

Son théâtre s'inspire de la mythologie grecque (*Electre*, 1937) et du romantisme allemand (*Ondine*, 1939); ses pièces constituent une tentative d'humaniser la mythologie: il faut choisir d'être homme, les dieux ont à apprendre des hommes. C'est par le refus de la mythologie cruelle et inhumaine que Giraudoux entend concilier les deux pays qu'il aime, l'Allemagne et la France.

La guerre de Troie n'aura pas lieu

Pourtant, devant la montée des périls, le théâtre de Giraudoux devient plus sombre: le tragique est présent. *La guerre de Troie n'aura pas lieu* (1935) est un avertissement. Hector, le chef des Troyens et son épouse Andromaque font tout pour empêcher que la guerre éclate. Un ultime entretien avec Ulysse, le chef de la délégation grecque, semble aboutir. Mais un soudard grec ivre et un poète troyen nationaliste réussissent à ameuter la foule: la guerre va avoir lieu, à cause de la bêtise des hommes. Voici le dernier entretien des chefs avant la guerre.

HECTOR: C'est une conversation d'ennemis que nous avons là?

ULYSSE: C'est un duo avant l'orchestre. C'est le duo des récitants avant la guerre. Parce que nous avons été créés justes et courtois, nous nous parlons, une heure avant la guerre, comme nous nous parlerons longtemps après, en anciens combattants. Nous nous réconcilions avant la lutte même, c'est toujours cela. Peut-être d'ailleurs avons-nous tort. Si l'un de nous doit un jour tuer l'autre et arracher pour reconnaître sa victime la visière de son casque, il vaudrait peut-être mieux qu'il ne lui donnât pas un visage de frère... Mais l'univers le sait, nous allons nous battre.

HECTOR: L'univers peut se tromper. C'est à cela que l'on reconnaît l'erreur, elle est universelle.

ULYSSE: Espérons-le. Mais quand le destin, depuis des années, a surélevé deux peuples, quand il leur a ouvert le même avenir d'invention et d'omnipotence, (...) il n'entend pas préparer aux hommes deux chemins de couleur et d'épanouissement, mais se ménager son festival, le déchaînement de cette brutalité et de cette folie humaine qui seules rassurent les dieux.

7 Les grands conflits: 1936-1958

Vers la fin des années 30, la situation politique s'assombrit. Les régimes totalitaires deviennent de plus en plus nombreux et menaçants: Franco en Espagne, Mussolini en Italie, Hitler en Allemagne, Staline en Union Soviétique.

Pendant la deuxième guerre mondiale, de 1940 à 1944, la France est occupée par l'armée allemande. Le gouvernement installé à Vichy, avec comme président le maréchal Pétain, collabore avec l'ennemi. Ce régime conservateur et fascisant se nomme l'État Français. La devise de Pétain, 'Travail, Famille, Patrie', remplace la devise traditionnelle de la République: 'Liberté, Égalité, Fraternité'. Mais, dès 1940, le général de Gaulle organise à partir de Londres la Résistance, en France comme dans la plupart des colonies. La Quatrième République est installée au moment de la Libération.

Après la guerre, la décolonisation entraîne le pays dans de nouveaux conflits armés: la guerre d'Indochine (1954) et la guerre d'Algérie (1958). La crise politique met fin à la Quatrième République. Le général de Gaulle devient en 1958 le premier président de la Cinquième République.

Dès la fin des années trente, les écrivains se rendent compte que les expériences de l'avant-garde ont fait leur temps, qu'ils doivent assumer leur responsabilité. Presque tous participent activement aux grands combats idéologiques de l'époque, la plupart s'engagent à gauche.

Un nouveau courant philosophique se répand après 1945: l'existentialisme. L'homme se trouve au milieu d'un monde absurde, mais il est responsable de ses actes. Cette philosophie marque la littérature, en particulier le roman (Sartre, Camus, Malraux) et le théâtre (Beckett).

◁◁ *Pablo Picasso (1881-1973), 'La femme qui pleure', 1937*

Colette

Le roman constitue la partie la plus considérable de la littérature entre les deux guerres; il offre un tableau complet des préoccupations morales de l'époque: roman d'inspiration chrétienne (Mauriac, Bernanos, Green), roman social (Martin du Gard, Jules Romains, Céline), roman psychologique (Montherlant, Bove), roman de la nature (Giono).

Dans cet ensemble, Sidonie-Gabrielle Colette (1873-1954) représente un type particulier du roman féminin. Elle passe son enfance en Bourgogne, dans un village, et garde toute sa vie un profond amour de la nature et des animaux. À 20 ans elle épouse Willy, un journaliste parisien à la mode qui découvre ses talents littéraires et lui fait écrire des romans qu'il signe lui-même (la série des *Claudine,* 1900-1905). En 1906, elle divorce et obtient le droit de publier sous son nom. Elle est pendant six ans danseuse au music-hall. Plus tard, elle ouvrira même un institut de beauté, tout en poursuivant ses activités de journaliste et d'écrivain.

Son roman *Chéri* (1920), admiré par Proust, Gide et Cocteau, la rend célèbre; c'est l'histoire d'amour entre un jeune homme et une femme d'une cinquantaine d'années. Dans *Le blé en herbe* (1923) Colette raconte la naissance de l'érotisme chez deux adolescents: le livre fait scandale. *La chatte* (1933) est le récit de la rivalité jalouse entre une femme et une chatte. *Gigi* (1943) évoque le demi-monde de la Belle Époque.

Le thème principal des romans de Colette est l'amour, le couple, la différence des sexes. À la tradition romantique de la 'femme fatale', elle oppose l'image d'une femme généreuse et capable de bonheur; c'est l'homme, égoïste et borné, qui séduit, trompe et abandonne.

Le monde de Colette est sensuel, entouré et embelli par la nature, les animaux toujours présents. Colette présente des êtres libres: ses héroïnes aiment la vie, elles refusent les conventions sociales étouffantes.

△ *Colette jeune fille*
▷▷ *Kees van Dongen (1877-1968), 'Le promenoir des Folies-Bergère', 1909*
▽▽ *Colette à sa table de travail*

La Chatte

Camille, qui vient d'épouser Alain, est jalouse de Saha, la chatte qu'il aime tant. Toutes deux s'épient sur le balcon d'un immeuble moderne.

Un jour de juillet qu'elles attendaient toutes deux le retour d'Alain, Camille et la chatte se reposèrent au même parapet, la chatte couchée sur ses coudes, Camille appuyée sur ses bras croisés. Camille n'aimait pas ce balcon-terrasse réservé à la chatte, limité par deux cloisons de maçonnerie, qui le gardaient du vent et de

toute communication avec la terrasse (...). Un instant après, elle devait céder le passage à Camille qui se mit en marche d'une cloison à l'autre, à pas brusques et longs, et la chatte sauta sur le parapet. Comme par jeu, Camille la délogea en s'accoudant et Saha de nouveau se gara contre la porte fermée.

L'oeil au loin, immobile, Camille lui tournait le dos. Pourtant la chatte regardait le dos de Camille et son souffle s'accélérait. Elle se leva, tourna deux ou trois fois sur elle-même, interrogea la porte close. Camille n'avait pas bougé. Saha gonfla ses narines, montra une angoisse qui ressemblait à la nausée; un miaulement long, désolé, réponse misérable à un dessein imminent et muet, lui échappa et Camille fit volte-face.

Elle était un peu pâle, c'est-à-dire que son fard évident dessinait sur ses joues deux lunes ovales. Elle affectait l'air distrait, comme elle l'eût fait sous un regard humain. Même elle commença un chantonnement à bouche fermée et reprit sa promenade de l'une à l'autre cloison, sur le rythme de son chant, mais la voix lui manqua. Elle contraignit la chatte, que son pied allait meurtrir, à regagner d'un saut son étroit observatoire puis à se coller contre la porte.

Saha s'était reprise et fût morte plutôt que de jeter un second cri. Traquant la chatte sans paraître la voir, Camille alla, vint, dans un complet silence. Saha ne sautait sur le parapet que lorsque les pieds de Camille arrivaient sur elle et elle ne retrouvait le sol du balcon que pour éviter le bras tendu qui l'eût précipitée du haut des neufs étages.

Elle fuyait avec méthode, bondissait soigneusement, tenait ses yeux fixés sur l'adversaire et ne condescendait ni à la fureur, ni à la supplication. L'émotion extrême, la crainte de mourir mouillèrent de sueur la sensible plante de ses pattes qui marquèrent des empreintes de fleurs sur le balcon stucqué.

Camille sembla faiblir la première, et disperser sa force criminelle. Elle commit la faute de remarquer que le soleil s'éteignait, donna un coup d'oeil à son bracelet-montre, prêta l'oreille à un tintement de cristaux dans l'appartement... Saha sentit chanceler la fermeté de son ennemie, hésita sur le parapet et Camille, tendant les deux bras, la poussa dans le vide.

François Mauriac

Né à Bordeaux, dans une famille de la bourgeoisie catholique, François Mauriac (1885-1970) est élevé par une mère très pieuse. Les images de son enfance, les Landes, un milieu très fermé le marquent pour toujours: 'l'artiste, dans son enfance,' écrit-il, 'fait provision de visages, de silhouettes, de paroles... et cela, sans qu'il en sache rien surgira au moment venu.'

Grand admirateur de Pascal, de Racine, de Baudelaire, Mauriac est convaincu que l'homme est un être à passions, même s'il fait tout pour les cacher. Le plus souvent, la passion l'entraîne vers le mal, les personnages de Mauriac ont une conscience aiguë du péché; mais ils connaissent aussi un élan spirituel, une soif de pureté, le désir de Dieu.

Mauriac n'aime pas les romans à thèse et se défend d'être un romancier catholique: il est un catholique qui écrit des romans. Ses romans, une dizaine, sont en général sombres. Ils montrent des êtres solitaires et malheureux, prisonniers d'une bourgeoisie dure et hypocrite: *Thérèse Desqueyroux*, 1927; *Le nœud de vipères*, 1932; *Le mystère Frontenac*, 1933; *Galigaï*, 1952. En 1952, il reçoit le Prix Nobel de littérature; en 1959, il publie les *Mémoires intérieurs*, consacrés à sa vie privée et à ses écrivains préférés. Dans les dernières années de sa vie, Mauriac se révèle un brillant polémiste: il défend dans ses chroniques hebdomadaires la politique coloniale du général de Gaulle contre ses détracteurs de droite qui accusent celui-ci de brader la France.

Thérèse Desqueyroux

Très jeune, Thérèse fait un mariage de raison avec Bernard, qui appartient lui aussi à la bourgeoisie landaise. Elle est vite dégoûtée de son mari, qu'elle tente d'empoisonner. Pendant le procès, les familles obtiennent un non-lieu pour éviter le scandale. La vengeance a lieu en privé: Thérèse est séquestrée dans sa maison au milieu des pins. Elle pense au suicide. Bernard se décide alors à lui rendre sa liberté et la conduit à Paris.

Le tout début du mariage laisse déjà prévoir le drame à venir. Anne est l'amie d'enfance de Thérèse.

Le jour étouffant des noces, dans l'étroite église de Saint-Clair où le caquetage des dames couvrait l'harmonium à bout de souffle et où les odeurs triomphaient de l'encens, ce fut ce jour-là que Thérèse se sentit perdue. Elle était entrée somnambule dans la cage et, au fracas de la lourde porte refermée, soudain la misérable enfant se réveillait. Rien de changé, mais elle avait le sentiment de ne plus pouvoir désormais se perdre seule. Au plus épais d'une famille, elle allait couver, pareille à un feu sournois qui rampe sous la branche, embrase un pin, puis l'autre, puis de proche en proche crée une forêt de torches. Aucun visage sur qui reposer ses yeux dans cette foule, hors celui d'Anne; mais la joie enfantine de la jeune fille l'isolait de Thérèse: sa joie! Comme si elle eût ignoré qu'elles allaient être séparées le soir même, et non seulement dans l'espace; à cause aussi de ce que Thérèse était au moment de souffrir, – de ce que son corps innocent allait subir d'irrémédiable. Anne demeurait sur la rive où attendent des êtres intacts; Thérèse allait se confondre avec le troupeau de celles qui ont servi. (...) Longtemps après ce jour, à Saint -Clair et à B..., les gens ne s'entretinrent jamais de ces noces de Gamache (où plus de cent métayers et domestiques avaient mangé et bu sous les chênes) sans rappeler que l'épouse 'qui sans doute n'est pas régulièrement jolie, mais qui est le charme même' parut à tous, ce jour-là, laide et même affreuse: 'Elle ne se ressemblait pas, c'était une autre personne...' Les gens virent seulement qu'elle était différente de son apparence habituelle; ils incriminèrent la toilette blanche, la chaleur; ils ne reconnurent pas son vrai visage.

Au soir de cette noce mi-paysanne, mi-bourgeoise, des groupes où éclataient les robes des filles obligèrent l'auto des époux à ralentir, et on les acclamait. Ils dépassèrent sur la route jonchée de fleurs d'acacia, des carrioles zigzagantes, conduites par des drôles qui avaient bu.

Thérèse, songeant à la nuit qui vint ensuite, murmure: 'Ce fut horrible...', puis se reprend: 'Mais non..., pas si horrible...' Durant ce voyage aux lacs italiens, a-t-elle beaucoup souffert? Non, non, elle jouait à ce jeu: ne pas se trahir. Un fiancé se dupe aisément; mais un mari! N'importe qui sait proférer des paroles menteuses; les joies du corps exigent une autre science. Mimer le désir, la joie, la fatigue bienheureuse, cela n'est pas donné à tous. Thérèse sut plier son corps à ces feintes et elle y goûtait un plaisir amer. (...)

Bernard, ce garçon au regard désert, toujours inquiet de ce que les numéros des tableaux ne correspondaient pas à ceux du Baedecker, satisfait d'avoir vu dans le moins de temps possible ce qui était à voir, quelle facile dupe! Il était enfermé dans son plaisir comme ces jeunes porcs charmants qu'il est drôle de regarder à travers la grille lorsqu'ils reniflent de bonheur dans une auge.

▷ *Georges Braque (1882-1963), 'Paysage à l'Estaque', 1906*
◁◁ *François Mauriac*

Georges Bernanos

Georges Bernanos (1888-1948) est l'un des écrivains catholiques les plus lus de France. Il est monarchiste et nationaliste à ses débuts, mais lorsqu'il s'installe aux îles Baléares, il découvre la cruauté de l'armée de Franco; il se tourne contre le fascisme et rompt avec ses anciens camarades de droite. Il dénonce avec des accents pathétiques les tortionnaires dans *Les grands cimetières sous la lune* (1938). Pendant la deuxième guerre mondiale il est au Brésil. En 1945, le général de Gaulle le rappelle en France, mais il est vite déçu par les mesquineries de la vie politique.

Profondément ému par le sort des humbles et par la souffrance des pauvres, Bernanos considère le roman comme une scène où s'affrontent Dieu et Satan, le péché et la grâce. Plus proche de Péguy que de Mauriac, il montre le triomphe de la foi. Dans son roman le plus célèbre, *Journal d'un curé de campagne* (1936), un jeune prêtre pauvre et malade réussit, avant de mourir, à vaincre la haine et l'orgueil d'une aristocrate, la plus puissante de ses paroissiens, qui tyrannise son mari et sa fille. Les combats et les souffrances sont les gages d'une joie éternelle.

Journal d'un curé de campagne

Le jeune curé veut devenir le vrai gardien des âmes de sa paroisse, non seulement quelqu'un qui 'est là en cas de besoin'. Il confie à son journal ses hésitations et ses luttes.

Jour anniversaire de ma nomination au poste d'Ambricourt. Trois mois déjà! J'ai bien prié ce matin pour ma paroisse, ma pauvre paroisse – ma première et dernière paroisse peut-être, car je souhaiterais d'y mourir. Ma paroisse! Un mot qu'on ne peut prononcer sans émotion, – que dis-je! sans un élan d'amour. Et cependant, il n'éveille encore en moi qu'une idée confuse. Je sais qu'elle existe réellement, que nous sommes l'un à l'autre pour l'éternité, car elle est une cellule vivante de l'Église impérissable et non pas une fiction administrative. Mais je voudrais que le bon Dieu m'ouvrît les yeux et les oreilles, me permît de voir son visage, d'entendre sa voix. Sans doute est-ce trop demander? Le visage de ma paroisse! Son regard! Ce doit être un regard doux, triste, patient, et j'imagine qu'il ressemble un peu au mien lorsque je cesse de me débattre, que je me laisse entraîner par ce grand fleuve invisible qui nous porte tous, pêle-mêle, vivants et morts, vers la profonde Éternité. Et ce regard ce serait celui de la chrétienté, de toutes les paroisses, ou même... peut-être celui de la pauvre race humaine? Celui que Dieu a vu du haut de la Croix. Pardonnez-leur parce qu'ils ne savent pas ce qu'ils font...

(J'ai eu l'idée d'utiliser ce passage, en l'arrangeant un peu, pour mon instruction du dimanche. Le regard de la paroisse a fait sourire et je me suis arrêté une seconde au beau milieu de la phrase avec l'impression, très nette hélas! de jouer la comédie. Dieu sait pourtant que j'étais sincère! Mais il y a toujours dans les images qui ont trop ému notre cœur quelque chose de trouble. (...) À la sortie de la messe, M. le comte m'a dit, de sa drôle de voix un peu nasale: 'Vous avez eu une belle envolée!' J'aurais voulu rentrer sous terre.)

Simone Weil

Simone Weil (1909-1943) naît à Paris dans une famille juive aisée et fait, comme Sartre et Camus, des études de philosophie. Elle quitte assez vite l'enseignement et à 24 ans elle décide de travailler comme ouvrière chez Renault: au lieu de prêcher l'engagement et la solidarité, elle veut connaître sur place la véritable condition des ouvriers. En 1936 elle est en Espagne pour se battre du côté républicain. Elle se convertit au catholicisme. En 1942 elle réussit à gagner Londres où, malade, elle meurt bientôt parce qu'elle refuse d'accepter une ration de nourriture supérieure à celle que recevaient les déportés juifs dans un camp nazi.

L'engagement est plus direct et plus dramatique chez elle que chez Sartre ou Camus. Elle refuse les institutions – le parti communiste, l'église catholique – pour rester près des hommes, de leur misère et de leur souffrance. Son désir d'absolu la conduit à l'autodestruction. Simone Weil a toujours refusé de publier ses écrits, qui n'ont paru qu'après sa mort.

L'esclavage moderne

Dans une lettre du 15 mai 1942, écrite à Marseille, Simone Weil raconte au Père Perrin son expérience du malheur. C'est cette expérience qui la mènera à la foi chrétienne.

Après mon année d'usine, avant de reprendre l'enseignement, mes parents m'avaient emmenée au Portugal, et là je les ai quittés pour aller seule dans une petit village. J'avais l'âme et le corps en quelque sorte en morceaux. Ce contact avec le malheur avait tué ma jeunesse. Jusque-là je n'avais pas eu l'expérience du malheur, sinon le mien propre, qui, étant le mien, me paraissait de peu d'importance, et qui d'ailleurs n'était qu'un demi-malheur, étant biologique et non social. Je savais bien qu'il y avait beaucoup de malheur dans le monde, j'en étais obsédée, mais je ne l'avais jamais constaté par un contact prolongé. Étant en usine, confondue aux yeux de tous et à mes propres yeux dans la masse anonyme, le malheur des autres est entré dans ma chair et dans mon âme. Rien ne m'en séparait, car j'avais réellement oublié mon passé et je n'attendais aucun avenir, pouvant difficilement imaginer la possibilité de survivre à ces fatigues. Ce que j'ai subi là m'a marquée d'une manière si durable qu'aujourd'hui encore, lorsqu'un être humain, quel qu'il soit, dans n'importe quelles circonstances, me parle sans brutalité, je ne peux pas m'empêcher d'avoir l'impression qu'il doit y avoir erreur et que l'erreur va sans doute malheureusement se dissiper. J'ai reçu là pour toujours la marque de l'esclavage, comme la marque au fer rouge que les Romains mettaient au front de leurs esclaves les plus méprisés.

▷ Simone Weil
▷▷ Grève des ouvrières d'un atelier de couture en 1936: on leur apporte des rafraîchissements
◁◁ Pablo Picasso (1881-1973) 'Ménage de pauvres', 1903

Louis-Ferdinand Céline

Louis-Ferdinand Céline (pseudonyme de Louis-Ferdinand Destouches, 1894-1961) est né dans une famille modeste, en banlieue parisienne. Pour apprendre les langues, il fait de brefs séjours en Allemagne et en Angleterre. Engagé volontaire, il est blessé dès 1914 et réformé en 1915. Il essaie de faire fortune en Afrique; après la guerre, il commence des études de médecine, défend sa thèse en 1924 et fait de nombreuses conférences scientifiques à l'étranger. Il parcourt l'Amérique du Nord, l'Afrique et l'Europe. En 1927 il ouvre un cabinet médical à Clichy.

Son activité littéraire commence tard. Il publie en 1932 *Voyage au bout de la nuit,* en 1936 *Mort à crédit.* Écrivain désormais célèbre, Céline se lance dans la vie politique et publie des pamphlets dont l'antisémitisme forcené le range parmi les auteurs d'extrême-droite. En 1944 il fuit la France et gagne d'abord la petite ville allemande de Sigmaringen, où se sont réfugiés Pétain et son gouvernement, puis le Danemark où il est emprisonné (1945-1946). Amnistié en 1951, il s'installe à Meudon et publie plusieurs autres romans (*D'un château l'autre*, 1957).

Les romans de Céline sont d'inspiration autobiographique; tous sont écrits à la première personne. Ils témoignent d'un pessimisme radical. Céline décrit les atrocités de la guerre, l'exploitation des Noirs dans les colonies africaines, la vie monotone des ouvriers dans les usines américaines, la misère et les maladies des gens pauvres dans la banlieue parisienne. Mais Céline n'écrit pas des romans à thèse: les personnages malheureux de ses romans sont des lâches et des médiocres, les exploités ne valent pas mieux que les exploiteurs.

La nouveauté et l'originalité de Céline tiennent autant à son style qu'à ses sujets. Il rompt avec la tradition qui veut qu'on utilise en littérature un français écrit, grammaticalement correct. Il introduit la langue parlée et l'argot, ainsi qu'une grande vitesse d'écriture: 'Je suis bien l'émotion avec les mots, je ne lui laisse pas le temps de s'habiller en phrases'.

Voyage au bout de la nuit

Dans *Voyage au bout de la nuit*, son premier livre, Céline retrace sa propre jeunesse sous le nom de Ferdinand Bardamu: le héros s'engage avec enthousiasme en 1914 mais découvre bientôt l'absurdité de la guerre. Blessé et réformé, il part pour le Togo. Vendu galérien, il se retrouve aux États-Unis où il travaille dans les usines Ford et vit une aventure amoureuse avec une prostituée. De retour en France, Bardamu se fait médecin mais se trouve bientôt entraîné par ses malades dans des histoires sordides.

Céline montre ici un monde absurde et cruel sans aucune lueur d'espoir. Cet énorme roman est l'un des livres les plus noirs de la littérature française. Sa force violente et son style provocateur ont profondément marqué les jeunes, le Sartre de *La nausée* et le Camus de *L'étranger.*

▷▷ *Henri Cartier-Bresson (1908), 'Près de l'écluse de Bougival', 1955*
▽ *Edward Hopper (1882-1967), 'Sunday', 1926. Dans des tableaux forts et intenses, Hopper peint la vie quotidienne en Amérique*

La banlieue

En banlieue, c'est surtout par les tramways que la vie vous arrive le matin. Il en passait des pleins paquets avec des pleines bordées d'ahuris bringuebalant, dès le petit jour, par le boulevard Minotaure, qui descendaient vers le boulot.

Les jeunes semblaient même comme contents de s'y rendre au boulot. Ils accéléraient le trafic, se cramponnaient aux marchepieds, ces mignons, en rigolant. Faut voir ça. Mais, quand on connaît depuis vingt ans la cabine téléphonique du bistrot, par exemple, si sale qu'on la prend toujours pour les chiottes, l'envie vous passe de plaisanter avec les choses sérieuses et avec Rancy en particulier. On se rend alors compte où on vous a mis. Les maisons vous possèdent, toutes pisseuses qu'elles sont, plates façades, leur cœur est au propriétaire. Lui on ne le voit jamais. Il n'oserait pas se montrer. Il envoie son gérant, la vache. On dit pourtant dans le quartier qu'il est bien aimable le proprio quand on le rencontre. Ça n'engage à rien.

La lumière du ciel à Rancy, c'est la même qu'à Detroit, du jus de fumée qui trempe la plaine depuis Levallois. Un rebut de bâtisses tenues par des gadoues noires au sol. Les cheminées, des petites et des hautes, ça fait pareil de loin qu'au bord de la mer les gros piquets dans la vase. Là-dedans, c'est nous.

Faut avoir le courage des crabes aussi, à Rancy, surtout quand on prend l'âge et qu'on est bien certain d'en sortir jamais plus. Au bout du tramway voici le pont poisseux qui se lance au dessus de la Seine, ce gros égout qui montre tout. Au long des berges, le dimanche et la nuit les gens grimpent sur les tas pour faire pipi. Les hommes ça les rend méditatifs de se sentir devant l'eau qui passe. Ils urinent avec un sentiment d'éternité, comme des marins. Les femmes, ça ne médite jamais, Seine ou pas. Au matin donc le tramway emporte sa foule se faire comprimer dans le métro. On dirait à les voir tous s'enfuir de ce côté-là, qu'il leur est arrivé une catastrophe du côté d'Argenteuil, que c'est le pays qui brûle. Après chaque aurore, ça les prend, ils s'accrochent par grappes aux portières, aux rambardes. Grande déroute. C'est pourtant qu'un patron qu'ils vont chercher dans Paris, celui qui vous sauve de crever de faim, ils ont énormément peur de le perdre, les lâches. Il vous la fait transpirer pourtant sa pitance. On en pue pendant dix ans, vingt ans et davantage. C'est pas donné.

Et on s'engueule dans le tramway déjà, un bon coup pour se faire la bouche. Les femmes sont plus râleuses encore que des moutards. Pour un billet en resquille, elles feraient stopper toute la ligne. C'est vrai qu'il y en a déjà qui sont saoûles parmi les passagères, surtout celles qui descendent au marché vers Saint-Ouen, les demi-bourgeoises. 'Combien les carottes?' qu'elles demandent bien avant d'y arriver pour faire voir qu'elles ont de quoi.

Comprimés comme des ordures qu'on est dans la caisse en fer, on traverse tout Rancy et on odore ferme en même temps, surtout quand c'est l'été. Aux fortifications on se menace, on gueule un dernier coup et puis on se perd de vue, le métro avale tous et tout, les complets détrempés, les robes découragées, bas de soie, les métrites et les pieds sales comme des chaussettes, cols inusables et raides comme des termes, avortements en cours, glorieux de la guerre, tout ça dégouline par l'escalier au coaltar et phéniqué et jusqu'au bout noir, avec le billet de retour qui coûte autant à lui tout seul que deux petits pains.

André Malraux

André Malraux (1901-1976) n'est pas seulement un écrivain qui observe et décrit son époque; il aime l'aventure – très jeune, entre 1923 et 1927, il voyage au Cambodge et en Chine – et surtout il participe activement à plusieurs grands événements de l'Histoire. En 1936, en pleine guerre civile d'Espagne, il crée l'escadrille España qui soutient l'aviation républicaine et il participe aux combats dans les Brigades Internationales. En 1944, il dirige un groupe de maquisards et échappe de justesse à la mort; ensuite il libère, avec la brigade Alsace-Lorraine, créée par lui, plusieurs villes de l'Est de la France.

Admirateur, puis ami du général de Gaulle, il s'éloigne après la guerre de ses camarades de gauche. Il est ministre de l'Information en 1946, et devient en 1958 ministre des Affaires Culturelles lorsque de Gaulle revient au pouvoir. Ses activités de ministre marquent durablement la vie culturelle en France. On lui doit la création des Maisons de la Culture et des grandes expositions internationales qui attirent les foules.

Malraux écrit la plupart de ses romans avant la guerre (*La Condition humaine,* 1933; *L'Espoir,* 1937). Après 1945, il publie des ouvrages sur l'art (*Les Voix du silence,* 1951) et des mémoires (*Antimémoires,* 1967).

Les romans de Malraux ont une composition très particulière: les personnages comptent moins que les idées qu'ils incarnent et qu'ils discutent dans de longues conversations. Ils sont tous des combattants venus de différents pays et de différentes classes sociales pour lutter pour la même cause. Leurs opinions divergent, c'est la lutte commune qui les unit, qui crée une communion, une fraternité virile. Le combat est déjà en soi une libération: 'l'homme est ce qu'il fait'.

La condition humaine se passe en Chine, pendant la guerre qui oppose les nationalistes et les communistes. *L'espoir* se déroule au début de la guerre civile d'Espagne et relate les aventures de l'aviation républicaine et les discussions à l'intérieur des Brigades Internationales.

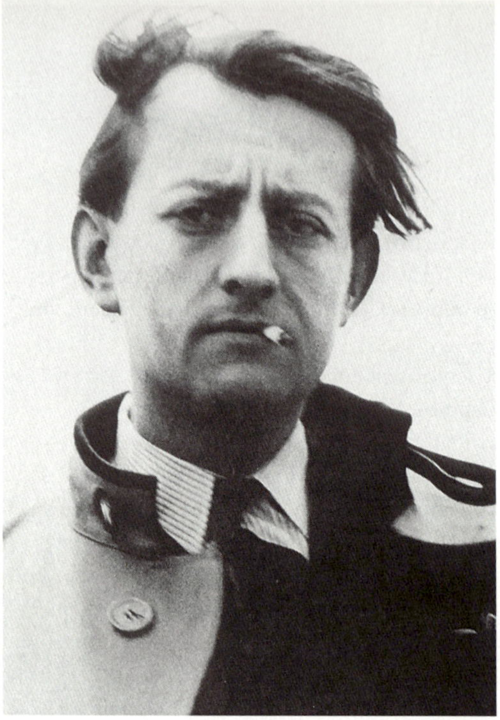

△ *André Malraux photographié par Gisèle Freund en 1935*
▽ *Pablo Picasso (1881-1973), 'Guernica', 1937. La petite ville de Guernica dans le Nord de l'Espagne est bombardée par l'aviation allemande au service des nationalistes, le 27 avril 1937. Il y a des milliers de victimes. C'est le début des bombardements aériens contre la population civile. Ce drame inspire à Picasso l'une de ses toiles les plus célèbres*

La condition humaine

'La condition humaine' se déroule à Changhaï en 1927, au moment où Moscou, pour des raisons tactiques, s'allie avec son ennemi Chang-Kaï-Shek et décide de sacrifier les communistes dans cette ville. Les révolutionnaires sont désorientés. Quelques-uns s'enfuient, l'anarchiste Tchen choisit la voie solitaire et meurt pendant un attentat manqué contre Chang, les communistes Kyo et Katow sont arrêtés et condamnés à être jetés dans le feu d'une locomotive.

La voix qui répondait était si étranglée que Katow regarda attentivement les deux visages: les jeunes gens pleuraient, sans un sanglot. 'Y a pas grand chose à faire avec la parole,' pensa Katow. Souen voulut bouger l'épaule et grimaça de douleur – il était blessé aussi au bras.

– Brûlé, dit-il. Être brûlé vif. Les yeux aussi, les yeux, tu comprends...

Son camarade sanglotait maintenant.

– On peut l'être par accident, dit Katow.

Il semblait qu'ils parlassent, non l'un à l'autre, mais à quelque troisième personne invisible.

– Ce n'est pas la même chose. (...)

Malgré la rumeur, malgré tous ces hommes qui avaient combattu comme lui, Katow était seul, seul entre le corps de son ami mort et ses deux compagnons épouvantés, seul entre ce mur et ce sifflet perdu dans la nuit. Mais un homme pouvait être plus fort que cette solitude et même peut-être que ce sifflet atroce: la peur luttait en lui contre la plus terrible tentation de sa vie. Il ouvrit à son tour la boucle de sa ceinture. Enfin:

– Hé là, dit-il à voix très basse. Souen, pose ta main sur ma poitrine, et prends dès que je la toucherai: je vais vous donner mon cyanure. Il n'y en a absolument que pour deux.

Il avait renoncé à tout, sauf à dire qu'il n'y en avait que pour deux. Couché sur le côté, il brisa le cyanure en deux. Les gardes masquaient la lumière, qui les entourait d'une auréole trouble; mais n'allaient-ils pas bouger? Impossible de voir quoi que ce fût; ce don de plus que sa vie, Katow le faisait à cette main chaude qui reposait sur lui, pas même à des corps, pas même à des voix. Elle se crispa comme un animal, se sépara de lui aussitôt. Il attendit, tout le corps tendu. Et soudain, il entendit l'une des deux voix:

– C'est perdu. Tombé. (...)

Sans doute cherchaient-ils entre eux. Ils cherchèrent ensuite entre Katow et Souen, sur qui l'autre était probablement presque couché, car Katow, sans rien voir, sentait près de lui la masse de deux corps. Il cherchait lui aussi, s'efforçant de vaincre sa nervosité, de poser sa main à plat, de dix centimètres, en dix centimètres, partout où il pouvait atteindre. Leurs mains frôlaient la sienne. Et tout à coup une des deux la prit, la serra, la conserva.

– Même si nous ne trouvons rien... dit une des voix.

Katow, lui aussi serrait la main, à la limite des larmes, pris par cette pauvre fraternité sans visage, presque sans vraie voix (tous les chuchotements se ressemblent) qui lui était donnée dans cette obscurité contre le plus grand don qu'il eût jamais fait, et qui était peut-être fait en vain. Bien que Souen continuât à chercher, les deux mains restaient unies. L'étreinte devint soudain une crispation:

– Voilà.

Emmanuel Bove

Emmanuel Bove (1898-1945) naît à Paris, de père russe. Son père s'installe en 1911 à Genève avec une riche Anglaise et Bove vit pendant longtemps déchiré entre ces deux milieux, fortuné chez son père, pauvre chez sa mère. Colette fait publier son premier roman, *Mes amis* (1924), qui obtient un grand succès. Bove travaille sans arrêt, il publie une vingtaine de romans (*Journal écrit en hiver,* 1930; *Piège,* 1945). Farouchement antifasciste, il est à Alger à la fin de la guerre. Malgré le succès de ses livres à son époque, il est complètement oublié pendant plus de trente ans et n'est redécouvert qu'à la fin des années 70.

Les romans de Bove sont d'une immense tristesse. Ses personnages sont presque toujours des hommes: pauvres, vaincus, hésitants, sans situation sociale. Les femmes sont superficielles et cruelles. Bove s'intéresse à peine aux problèmes politiques et sociaux de son époque et il n'analyse pas non plus ses héros, il n'explique pas leurs motifs; nous les voyons de l'extérieur, nous ne voyons que ce qu'ils font, leurs banales activités. Leur dénuement annonce Beckett (qui est un admirateur de Bove), leur mélancolie l'atmosphère des romans de Modiano.

Mes amis

Timide, le narrateur ne sait pas comment aborder son camarade.

Il était trois heures. C'est le moment de la journée que je déteste le plus. Aucun des petits faits de la vie quotidienne ne l'égale.

Pour chasser mon ennui, je retournai rue Gît-le-Cœur avec l'intention de rendre visite à Billard.

Je passai quatre fois devant la porte de l'hôtel, gêné de faire demi-tour. C'est ridicule d'être gêné, quand on fait demi-tour, dans la rue. (...)

Je regardais les fenêtres des maisons depuis quelques minutes, lorsque Billard, accompagné d'un homme que je ne connaissais pas, apparut sur le seuil de la porte.

Je voulus courir à lui, mais comme il aurait supposé que je l'avais attendu plusieurs heures, je me retins. Jamais il n'eût voulu admettre que je venais d'arriver.

Les gens ne croient pas au hasard, dès que celui-ci est seul pour vous excuser.

Billard avait un cache-col neuf. Ses cheveux étaient coupés dans la nuque. Les gestes qu'il faisait me semblaient ceux d'un étranger. J'ai remarqué qu'il en est toujours ainsi quand on aperçoit un ami avec un inconnu, sans être vu.

Je me cachai derrière une voiture. Billard n'aurait pu me reconnaître à mes pieds.

Les deux hommes marchaient vite, au milieu de la chaussée. (...)

À entendre le claquement de leurs quatre semelles, on eût dit qu'un cheval marchait sur le trottoir.

Dans quelques secondes, Billard et son compagnon seraient là.

Je n'osai plus regarder la vitrine du magasin de peur que mes yeux ne rencontrassent ceux de Billard, dans la glace. (...)

Malheureusement, les deux hommes me dépassèrent sans m'adresser la parole.

Antoine de Saint-Exupéry

Antoine de Saint-Exupéry (1900-1944) est aviateur et romancier. Il appartient à cette génération légendaire de pilotes qui prennent d'énormes risques pour mettre au point le trafic aérien entre les continents. En 1927 il est pilote de ligne entre Toulouse et Dakar, de 1929 à 1931 il organise à Buenos Aires les vols entre la France et l'Amérique du Sud. En 1943, il rejoint les armées alliées en Afrique du Nord et se porte volontaire pour des missions aériennes; au cours de l'une de ces missions, en 1944, son avion disparaît.

◁◁ *Emmanuel Bove sur la côte d'Azur en 1928*
▽ *'Le petit Prince' illustré par l'auteur*

L'œuvre littéraire de Saint-Exupéry (*Vol de nuit,* 1931; *Pilote de guerre,* 1942; *Le petit Prince,* 1945) est marquée par son métier. Le vol lui permet de méditer sur la grandeur et les limites de l'homme; l'espace aérien donne à l'aviateur un sentiment de vertige et d'extase, mais lui inspire aussi la responsabilité. L'engagement héroïque rapproche les textes de Saint-Exupéry de ceux de Malraux.

Le petit Prince

Pour quelles valeurs s'engager? Voici le grand sujet de réflexion que pose 'Le petit Prince', sous forme d'un conte. Le narrateur a fait un atterrissage forcé dans le désert, il y a rencontré le petit prince qui vient d'une autre planète.

– Les épines, à quoi servent-elles?
Le petit prince ne renonçait jamais à une question, une fois qu'il l'avait posée. J'étais irrité par mon boulon et je répondis n'importe quoi:
– Les épines, ça ne sert à rien, c'est de la pure méchanceté de la part des fleurs!
– Oh!
Mais après un silence il me lança, avec une sorte de rancune:
– Je ne te crois pas! Les fleurs sont faibles. Elles sont naïves. Elles se rassurent comme elles peuvent. Elles se croient terrribles avec leurs épines. (...)
– Et tu crois, toi, que les fleurs...
– Mais non! Mais non! Je ne crois rien! J'ai répondu n'importe quoi. Je m'occupe, moi, de choses sérieuses!
Il me regarda stupéfait.
– De choses sérieuses! (...)
Le petit prince était maintenant tout pâle de colère.
– Il y a des millions d'années que les fleurs fabriquent des épines. Il y a des millions d'années que les moutons mangent quand même les fleurs. Et ce n'est pas sérieux de chercher à comprendre pourquoi elles se donnent tant de mal pour se fabriquer des épines qui ne servent jamais à rien? Ce n'est pas important la guerre des moutons et des fleurs? (...) Et si je connais, moi, une fleur unique au monde, qui n'existe nulle part, sauf dans ma planète, et qu'un petit mouton peut anéantir d'un seul coup, comme ça, un matin, sans se rendre compte de ce qu'il fait, ce n'est pas important ça!

La Deuxième Guerre Mondiale: l'Occupation

En juin 1940, les armées allemandes envahissent la France. Le Nord de la France est occupé, le Midi constitue une zone non-occupée (jusqu'en 1943), dirigée par le gouvernement pro-allemand du maréchal Pétain. Le 18 juin 1940, le général de Gaulle appelle les populations à résister à l'occupant.

Les écrivains sont en désarroi. Quelques-uns partent pour les États-Unis, comme Breton et Saint-Exupéry; d'autres acceptent la situation (Cocteau, Morand). Certains collaborent (Céline), plusieurs enfin s'engagent activement dans la Résistance (Char, Aragon, plus tard Malraux).

△ *Le vainqueur et le vaincu*
▷▷ *De Gaulle à la Libération, le 25 août 1944*
▽ *La place de l'Opéra à Paris sous l'Occupation*

Le loriot, 3 septembre 1939

Au moment où la guerre éclate, le poète René Char écrit ces lignes.

Le loriot entra dans la capitale de l'aube.
L'épée de son chant ferma le lit triste.
Tout à jamais prit fin.

L'appel du 18 juin 1940

Jugeant que la guerre est perdue, Pétain demande l'armistice. De Gaulle, un général inconnu, rejoint par bateau l'Angleterre et lance de Londres à la radio le célèbre appel du 18 juin aux Français.

Les chefs qui, depuis de nombreuses années, sont à la tête des armées françaises, ont formé un gouvernement. Ce gouvernement, alléguant la défaite de nos armées, s'est mis en rapport avec l'ennemi pour cesser le combat. Certes, nous avons été, nous sommes submergés par la force mécanique, terrestre et aérienne, de l'ennemi. Mais le dernier mot est-il dit? L'espérance doit-elle disparaître? La défaite est-elle définitive? Non. Car la France n'est pas seule. Elle n'est pas seule. Elle n'est pas seule. (...)
Moi, général de Gaulle, actuellement à Londres, j'invite les officiers et soldats français qui se trouvent en territoire britannique ou qui viendraient à s'y trouver, avec ou sans armes, j'invite les ingénieurs et les ouvriers spécialisés des industries d'armement qui se trouvent en territoire britannique, ou qui viendraient à s'y trouver, à se mettre en rapport avec moi.
Quoi qu'il arrive, la flamme de la résistance ne doit pas s'éteindre et ne s'éteindra pas.
Demain comme aujourd'hui je parlerai à la radio de Londres.

Le Silence de la Mer

Ce récit du romancier Vercors, publié clandestinement en 1942, raconte les relations entre un officier allemand et ses hôtes français, un homme âgé et sa nièce. L'officier, homme cultivé, poli, tente de briser le silence des Français qui 'résistent' à leur manière.

Il ne venait pas absolument chaque soir, mais je ne me souviens pas d'un seul où il nous quittât sans avoir parlé. Il se penchait sur le feu et, tandis qu'il offrait à la chaleur de la flamme quelque partie de lui-même, sa voix bourdonnante s'élevait doucement, et ce fut au long de ces soirées, sur les sujets qui habitaient son coeur – son pays, la musique, la France – , un interminable monologue; car pas une fois il ne tenta d'obtenir de nous une réponse, un acquiescement, ou même un regard. Il ne parlait pas longtemps – jamais beaucoup plus longtemps que le premier soir. Il prononçait quelques phrases, parfois brisées de silences, parfois s'enchaînant avec la continuité monotone d'une prière. Quelquefois immobile contre la cheminée, comme une cariatide, quelquefois s'approchant, sans s'interrompre, d'un objet, d'un dessin au mur. Puis il se taisait, il s'inclinait et nous souhaitait une bonne nuit.

Il dit une fois (c'était dans les premiers temps de ses visites):

– Où est la différence entre un feu de chez moi et celui-ci? Bien sûr le bois, la flamme, la cheminée se ressemblent. Mais non la lumière. Celle-ci dépend des objets qu'elle éclaire – des habitants de ce fumoir, des meubles, des murs, des livres sur les rayons... (...)

'Et nous nous sommes fait la guerre!' dit-il lentement en remuant la tête. Il revint à la cheminée et ses yeux souriants se posèrent sur le profil de ma nièce. 'Mais c'est la dernière! Nous ne nous battrons plus: nous nous marierons!' Ses paupières se plissèrent, les dépressions sous les pommettes se marquèrent de deux longues fossettes, les dents blanches apparurent. Il dit gaiement: 'Oui, Oui!' Un petit hochement de tête répéta l'affirmation. 'Quand nous sommes entrés à Saintes, poursuivit-il après un silence, j'étais heureux que la population nous recevait bien. J'étais très heureux. Je pensais: Ce sera facile. Et puis, j'ai vu que ce n'était pas cela du tout, que c'était la lâcheté.' Il était devenu grave. 'J'ai méprisé ces gens. Et j'ai craint pour la France. Je pensais: Est-elle vraiment devenue ainsi?' Il secoua la tête: 'Non! Non! Je l'ai vu ensuite; et maintenant je suis heureux de son visage sévère.'

Ecce Homo

Dans 'Épreuves, Exorcismes', un livre écrit en pleine guerre et publié en 1945, le poète Henri Michaux montre la barbarie humaine.

Je n'ai pas vu l'homme comptant pour homme. J'ai vu 'Ici, l'on brise les hommes'. Ici on les brise, là on les coiffe et toujours il sert. Piétiné comme une route, il sert.
Je n'ai pas vu l'homme recueilli, méditant sur son être admirable. Mais j'ai vu l'homme recueilli comme un crocodile qui de ses yeux de glace regarde venir sa proie et en effet il l'attendait bien protégé au bout d'un fusil long. Cependant, les obus tombant autour de lui étaient encore beaucoup mieux protégés. Ils avaient une coiffe à leur bout qui avait été spécialement étudiée pour sa dureté, pour sa dureté implacable.
Je n'ai pas vu l'homme répandant autour de lui l'heureuse conscience de la vie. Mais j'ai vu l'homme comme un bon bimoteur de combat répandant la terreur et les maux atroces.

La Deuxième Guerre Mondiale: la Résistance

Éluard raconte ainsi la naissance de 'Liberté': 'J'ai écrit ce poème pendant l'été de 1941. En composant les premières strophes, je pensais révéler pour conclure le nom de la femme que j'aimais, à qui ce poème était dédié. Mais je me suis vite aperçu que le seul mot que j'avais en tête était le mot 'liberté'. Et ce mot 'liberté' n'était lui-même, dans tout mon poème, que pour éterniser une très simple volonté, très quotidienne, très appliquée, celle de se libérer de l'occupant...' Ce poème est publié en secret comme beaucoup d'autres (de Char, d'Aragon, de Prévert); il sera parachuté en France en même temps que des containers d'armes.

Liberté

Sur mes cahiers d'écolier
Sur mon pupitre et les arbres
Sur le sable sur la neige
J'écris ton nom

Sur toutes les pages lues
Sur toutes les pages blanches
Pierre sang papier ou cendre
J'écris ton nom

Sur les images dorées
Sur les armes des guerriers
Sur la couronne des rois
J'écris ton nom

Sur la jungle et le désert
Sur les nids sur les genêts
Sur l'écho de mon enfance
J'écris ton nom (...)

Sur les sentiers éveillés
Sur les routes déployées
Sur les places qui débordent
J'écris ton nom

Sur la lampe qui s'allume
Sur la lampe qui s'éteint
Sur mes maisons réunies
J'écris ton nom

Sur le fruit coupé en deux
Du miroir et de ma chambre
Sur mon lit coquille vide
J'écris ton nom

Sur mon chien gourmand et tendre
Sur ses oreilles dressées
Sur sa patte maladroite
J'écris ton nom

Sur le tremplin de ma porte
Sur les objets familiers
Sur le flot du feu béni
J'écris ton nom

Sur toute chair accordée
Sur le front de mes amis
Sur chaque main qui se tend
J'écris ton nom

Sur la vitre des surprises
Sur les lèvres attentives
Bien au-dessus du silence
J'écris ton nom (...)

Sur l'absence sans désir
Sur la solitude nue
Sur les marches de la mort
J'écris ton nom

Sur la santé revenue
Sur le risque disparu
Sur l'espoir sans souvenir
J'écris ton nom

Et par le pouvoir d'un mot
Je recommence ma vie
Je suis né pour te connaître
Pour te nommer

Liberté.

La Douleur

'Il s'agit d'une histoire vraie jusque dans le détail. C'est par égard pour la femme et l'enfant de cet homme nommé ici Rabier que je ne l'ai publiée avant', dit Marguerite Duras à propos de ce texte qui paraît seulement en 1985. Duras faisait partie de la Résistance, comme son mari emprisonné à Fresnes. La scène se passe au Flore, café parisien. François Morland est le nom de guerre de François Mitterrand qui fut un chef dans la Résistance.

Il rouvre le cartable et il sort la paire de menottes qu'il place près du revolver. Cela au Flore. C'est un grand jour pour lui, d'être vu là, avec la panoplie du parfait policier. Je ne sais pas ce qu'il cherche. Veut-il me faire courir le risque de la honte la plus grande, celui d'être vue à la même table qu'un agent de la Gestapo, ou veut-il simplement me convaincre qu'il est vraiment cela, cette fonction-là, celle de donner la mort à ce qui n'est pas nazi. Il sort de son cartable un paquet de photographies, il en choisit une, la pose devant moi.

'Regardez cette photo,' dit-il.

Je regarde la photo. C'est Morland. La photo est très grande, elle est presque grandeur nature. François Morland me regarde lui aussi, les yeux dans les yeux, en souriant. Je dis:

'Je ne vois pas. Qui c'est?'

Je ne m'y attendais pas du tout. À côté de la photo, les mains de Rabier. Elles tremblent. Rabier tremble d'espoir parce qu'il croit que je vais reconnaître François Morland. Il dit:

'Morland – il attend. Ce nom ne vous dit rien?

– Morland...

– François Morland, c'est le chef du mouvement auquel appartenait votre mari.'

Je regarde toujours les photos. Je demande:

'Je devrais le connaître dans ce cas.

– Pas forcément.

– Vous avez d'autres photos?'

Il en a une autre. (...)

'Si vous me dites comment je peux trouver cet homme, votre mari sera libéré dans la nuit, il rentrera demain matin.' (...)

Rabier ne sourit plus du tout, il tremble toujours. Je ne tremble pas. Du moment qu'il n'y va pas seulement de sa vie, on trouve ce qu'il faut dire. Je trouve ce qu'il faut dire et faire, je suis sauvée. Je dis: 'Même si je le connaissais, ce serait dégoûtant de ma part de vous donner des renseignements pareils. Je ne comprends pas comment vous osez me demander ça.'

Cependant que je le lui dis, je regarde l'autre photo. Son ton est moins convaincant: 'C'est un homme qui vaut deux cent cinquante mille francs. Mais ce n'est pas pour cette raison. C'est très important pour moi.'

Morland est entre mes mains. J'ai peur pour Morland. Je n'ai plus peur pour moi. Morland est devenu mon enfant. Mon enfant est menacé, je risque ma vie pour le défendre. J'en suis responsable. Tout à coup, c'est Morland qui risque sa vie. Rabier continue:

'Je vous l'affirme, je vous le jure: votre mari quitterait Fresnes cette nuit même.

– Même si je le connaissais, je ne vous le dirais pas.'

Je regardai enfin les gens du café. Personne ne semblait avoir vu les menottes et le revolver sur la table.

'Mais vous ne le connaissez pas?

– C'est ça, il se trouve que je ne le connais pas.'

Rabier remet les photos dans le cartable. Il tremble encore un peu, il ne sourit pas.

▷ Fernand Léger (1881-1955), illustration pour le poème 'Liberté' de Paul Éluard

◁◁ Deux enfants observent le passage d'une voiture de la Résistance et d'une jeep alliée

L'existentialisme – Jean-Paul Sartre

L'existentialisme est un courant philosophique, mais qui devient aussi une mode intellectuelle à Paris après 1945. Les grandes catastrophes européennes exigent une nouvelle manière de penser le destin de l'homme et sa responsabilité. Grâce au succès des ouvrages de Sartre, l'influence de l'existentialisme est immense. Pendant quelques années, Saint-Germain-des Prés, le quartier parisien où Sartre et sa compagne Simone de Beauvoir habitent et dont ils fréquentent les cafés (Le Flore, Les Deux Magots), devient le centre intellectuel du monde occidental.

Selon Sartre 'l'existence précède l'essence'; on existe d'abord, on est ensuite. La première chose dont l'homme soit conscient, c'est l'angoisse d'exister. Son existence est contingente: l'homme ne vient de nulle part et ne va nulle part. Comme le dit son héros Roquentin: 'On ne pouvait même pas se demander d'où ça sortait, tout ça, ni comment il se faisait qu'il existât un monde, plutôt que rien. Ça n'avait pas de sens, le monde était partout présent, devant, derrière. Il n'y avait rien eu avant lui. Rien.'

L'existentialisme sartrien est résolument athée. Comme rien ne détermine l'homme, sa liberté est totale, vertigineuse: il est 'condamné à être libre', il doit choisir et se choisir. Mais son choix est jugé par autrui; l'homme vit en situation, il se constitue par le regard des autres.

Après la mort de son père en 1906, Jean-Paul Sartre (1905-1980) est élevé par sa mère et son grand-père maternel, parent du docteur Albert Schweitzer. Il fait des études de philosophie et se lie avec une camarade, Simone de Beauvoir, qui partagera désormais sa vie. Ils enseignent dans des lycées jusqu'à la fin de la guerre. En 1945 il fonde la revue *Les Temps modernes,* qui rassemble les existentialistes et où Sartre s'engage dans les grands débats idéologiques de son époque. Ses sympathies avec le communisme l'éloignent de ses amis (il rompt avec Camus en 1952); à la suite de la révolution hongroise de 1956 il se détourne du parti communiste mais pour adopter, en particulier en 1968, une attitude plus radicale, 'gauchiste'. Sartre poursuit parallèlement ses activités politiques, philosophiques, littéraires et critiques. *L'Être et le Néant* (1943) est son ouvrage philosophique le plus célèbre. *La nausée* (1938) est un récit à la première personne: Antoine Roquentin, le héros, décrit ce sentiment absurde de l'existence qui naît de la conscience d'être 'contingent'. *Les mots* (1964) sont des souvenirs d'enfance. Dans sa pièce *Huis clos* (1944) Sartre pose le problème des rapports avec autrui, dans *Les mains sales* (1948), celui des rapports entre la morale et la politique. Dans ses livres de critique il juge les auteurs d'autrefois (Flaubert) à la lumière de la morale existentialiste.

△ *Le café 'Les Deux Magots' et l'église de Saint-Germain-des-Prés*
◁◁ *Sartre, Vian, Michelle Vian et Simone de Beauvoir dans un café de Saint-Germain-des-Prés*
▽▽ *Une représentation de 'Les mains sales', 1987*

Huis clos

Trois morts sont réunis dans un salon, sans fenêtre, ni glaces: Garcin est un révolutionnaire lâche qui a été fusillé, Estelle est une enfanticide dont l'amant s'est tué, et Inès s'est suicidée. Le regard de l'Autre, son jugement, auquel aucun des trois ne peut échapper, font de ce lieu un enfer.

GARCIN: C'est à cause d'elle que je suis resté.
(Estelle lâche Inès et regarde Garcin avec stupeur.)
INES: A cause de moi? *(Un temps.)* Bon, eh bien, fermez la porte. Il fait dix fois plus chaud depuis qu'elle est ouverte. *(Garcin va vers la porte et la ferme.)* A cause de moi?
GARCIN: Oui. Tu sais ce que c'est qu'un lâche, toi.
INES: Oui, je le sais.
GARCIN: Tu sais ce que c'est que le mal, la honte, la peur. Il y a eu des lendemains où tu t'es vue jusqu'au coeur – et ça te cassait bras et jambes. Et le lendemain, tu ne savais plus que penser, tu n'arrivais plus à déchiffrer la révélation de la veille. Oui tu connais le prix du mal. Et si tu dis que je suis un lâche, c'est en connaissance de cause, hein?
INES: Oui. (...)
GARCIN, *la prenant aux épaules:* Écoute, chacun a son but, n'est-ce pas? Moi je me foutais de l'argent, de l'amour. Je voulais être un homme. Un dur. J'ai tout misé sur le même cheval. Est-ce que c'est possible qu'on soit un lâche quand on a choisi les chemins les plus dangereux? Peut-on juger une vie sur un seul acte?
INES: Pourquoi pas? Tu as rêvé trente ans que tu avais du cœur; et tu te passais mille petites faiblesses parce que tout est permis aux héros. Comme c'était commode! Et puis, à l'heure du danger, on t'a mis au pied du mur et... tu as pris le train pour Mexico.
GARCIN: Je n'ai pas rêvé cet héroïsme. Je l'ai choisi. On est ce qu'on veut.
INES: Prouve-le. Prouve que ce n'était pas un rêve. Seuls les actes décident de ce qu'on a voulu.
GARCIN: Je suis mort trop tôt. On ne m'a pas laissé le temps de faire *mes* actes.
INES: On meurt toujours trop tôt – ou trop tard. Et cependant la vie est là, terminée; le trait est tiré, il faut faire la somme. Tu n'es rien d'autre que ta vie.
GARCIN: Vipère! Tu as réponse à tout. (...)
(Pour échapper à Inès, Garcin se penche sur Estelle.)
INES: Garcin le lâche tient dans ses bras Estelle l'infanticide. Les paris sont ouverts. Garcin le lâche l'embrassera-t-il? Je vous vois, je vous vois; à moi seule je suis une foule, la foule, Garcin, la foule, l'entends-tu? *(Murmurant.)* Lâche! Lâche! Lâche! Lâche! En vain tu me fuis, je ne te lâcherai pas. Que vas-tu chercher sur ses lèvres? l'oubli? Mais je ne t'oublierai pas, moi. C'est moi qu'il faut convaincre. Moi. Viens, viens! Je t'attends. Tu vois, Estelle, il desserre son étreinte, il est docile comme un chien... Tu ne l'auras pas!
GARCIN: Il ne fera donc jamais nuit?
INES: Jamais.
GARCIN: Tu me verras toujours?
INES: Toujours. (...)
GARCIN: Tous ces regards qui me mangent... *(Il se retourne brusquement.)* Ha! Vous n'êtes que deux? Je vous croyais beaucoup plus nombreuses. *(Il rit)* Alors c'est ça l'enfer. Je n'aurai jamais cru... Vous vous rappelez: le soufre, le bûcher, le gril... Ah! quelle plaisanterie. Pas besoin de gril, l'enfer, c'est les Autres.

Simone de Beauvoir

Simone de Beauvoir (1908-1986) forme avec Sartre un couple mythique. Elle prépare avec lui en 1928-1929 une agrégation de philosophie. Elle ne quittera plus Sartre, malgré une vie très libre qui laisse place chez l'un et l'autre à de multiples 'amours'.

Elle collabore aux *Temps modernes,* publie des romans (*L'invitée,* 1943; *Les mandarins,* 1954), plusieurs volumes d'autobiographie (*Mémoires d'une jeune fille rangée,* 1958; *La force de l'âge,* 1960) où elle témoigne du monde qu'elle a connu. La série est complétée en 1964 par *Une mort très douce:* elle cherche à comprendre sa relation avec sa mère qui va mourir.

Après la mort de Sartre, elle publie *La cérémonie des adieux* (1983), un récit qui corrige l'image idéalisée que le public se formait du couple Sartre-Beauvoir. Cependant, elle doit sa réputation tout autant à sa personnalité qu'à ses œuvres. Intellectuelle de gauche, femme émancipée, l'une des premières à revendiquer l'égalité des sexes (*Le deuxième sexe,* 1949), elle sert de modèle à des générations.

△ *Simone de Beauvoir photographiée par Gisèle Freund en 1939*

La Force de l'âge

Sartre enseigne à Tours, Simone de Beauvoir à Paris. Ils se retrouvent pendant les weekends. Le café restera toujours pour Sartre et Beauvoir l'endroit privilégié où l'on peut écrire des livres et commenter le monde.

Les dimanches où Sartre restait à Tours, je m'y rendais par le premier train; il dévalait à bicyclette le monticule sur lequel était perchée la villa Paulownia et nous nous retrouvions à la gare, un peu avant midi. Je découvris les charmes, restreints, mais pour moi inédits, des dimanches de province. Il y avait une grande brasserie où jouait un orchestre féminin, un tas de cafés, quelques restaurants, un dancing miteux, un parc mal peigné où s'égaraient les amoureux, des promenades au bord de la Loire que fréquentaient les familles et beaucoup de vieilles rues silencieuses. C'était bien assez pour nous occuper; en ce temps-là tous les objets ressemblaient à ces minuscules mouchoirs dont les prestidigitateurs font sortir des flots de rubans, de foulards, de banderoles, d'étendards. Une tasse de café, c'était un kaléidoscope où nous contemplions longtemps les reflets changeants d'un lustre ou d'un plafond. Nous inventions à la violoniste un passé, un avenir tout à fait différents de ceux de la pianiste. D'une rencontre à l'autre, il nous était toujours arrivé un tas de choses; rien ne nous paraissait insignifiant, nous ne passions rien sous silence. Je connaissais les moindres tics de chaque acolyte de Sartre; il n'ignorait aucun des faits et gestes de nos amis de Paris. Le monde n'arrêtait pas de nous raconter des histoires que nous ne nous lassions pas d'écouter. Nous n'avions pas tout à fait la même manière de nous y intéresser. Je me perdais dans mes admirations, mes joies: 'Voilà le Castor qui entre en transe!' disait Sartre; lui, il gardait son sang-froid et il essayait de traduire verbalement ce qu'il voyait.

Le deuxième sexe

'On ne naît pas femme, on le devient', écrit Simone de Beauvoir dans 'Le deuxième sexe', brillante analyse de la condition féminine. Cet essai publié en 1949 fait beaucoup de bruit et influence fortement le mouvement féministe. Simone de Beauvoir parle ici de l'institution du mariage.

Souvent dans les premières années la femme se berce d'illusions, elle essaie d'admirer inconditionnellement son mari, de l'aimer sans réserve, de se sentir indispensable à lui et aux enfants; et puis ses vrais sentiments se découvrent; elle s'aperçoit que son mari pourrait se passer d'elle, que ses enfants sont faits pour se détacher d'elle: ils sont toujours plus ou moins ingrats. Le foyer ne la protège plus contre sa liberté vide; elle se retrouve, solitaire, délaissée, un sujet; et elle ne trouve pas d'emploi à faire d'elle-même. Affections, habitudes peuvent être encore un grand secours, non un salut. Tous les écrivains féminins qui sont sincères ont noté cette mélancolie qui habite le cœur des 'femmes de trente ans'; (...)

Le drame du mariage, ce n'est pas qu'il n'assure pas à la femme le bonheur qu'il lui promet - il n'y a pas d'assurance sur le bonheur – c'est qu'il la mutile – il la voue à la répétition et à la routine. Les vingt premières années de la vie féminine sont d'une extraordinaire richesse; la femme traverse les expériences de la menstruation, de la sexualité, du mariage, de la maternité; elle découvre le monde et son destin. À vingt ans, maîtresse d'un foyer, liée à jamais à un homme, un enfant dans les bras, voilà sa vie finie pour toujours. Les vraies actions, le vrai travail sont l'apanage de l'homme: elle n'a que des occupations qui sont parfois harassantes mais qui ne la comblent jamais. (...)

Il y a des jeunes femmes qui déjà s'essaient à conquérir cette liberté positive; mais rares sont celles qui persévèrent longtemps dans leurs études ou leur métier: le plus souvent elles savent que les intérêts de leur travail seront sacrifiés à la carrière de leur mari; elles n'apporteront au foyer qu'un salaire d'appoint; elles ne s'engagent que timidement dans une entreprise qui ne les arrache pas à la servitude conjugale. Celles mêmes qui ont un sérieux métier n'en tirent pas les mêmes bénéfices sociaux que les hommes: les femmes d'avocats, par exemple, ont droit a une pension à la mort de leur mari; on a refusé aux avocates de verser symétriquement une pension à leurs époux en cas de décès. C'est dire qu'on ne considère pas que la femme qui travaille entretienne le couple à égalité avec l'homme. Il y a des femmes qui trouvent dans leur profession une véritable indépendance; mais nombreuses sont celles pour qui le travail 'au-dehors' ne représente dans les cadres du mariage qu'une fatigue supplémentaire. D'ailleurs, le plus souvent, la naissance d'un enfant les oblige à se cantonner dans leur rôle de matrone; il est actuellement fort difficile de concilier travail et maternité.

Une mort très douce

Simone de Beauvoir visite sa mère à l'hôpital

Un jour elle m'a dit: 'Les parents ne comprennent pas leurs enfants, mais c'est réciproque...'; nous avons parlé de ces malentendus, mais dans leur généralité. Et nous ne sommes plus revenues sur la question. Je frappais. J'entendais un petit gémissement, le frottement de ses pantoufles sur le plancher, encore un soupir, et je me promettais que cette fois je trouverais des sujets de conversation, un terrain d'entente. Au bout de cinq minutes la partie était perdue: nous avions si peu d'intérêts communs! Je feuilletais ses livres: nous ne lisions pas les mêmes. Je la faisais parler, je l'écoutais, je commentais. Mais, parce qu'elle était ma mère, ses phrases déplaisantes me déplaisaient plus que si elles étaient sorties d'une autre bouche. Et j'étais aussi crispée qu'à vingt ans quand elle essayait – avec son ordinaire maladresse – de faire de l'intimité: 'Je sais que tu ne me trouves pas intelligente. Mais en tout cas, c'est de moi que tu tiens ta vitalité, ça me fait plaisir.' Sur ce dernier point, j'aurais de grand cœur abondé dans son sens; mais le début de sa phrase coupait mon élan. Ainsi nous paralysions-nous mutuellement. C'est tout cela qu'elle avait voulu dire en m'enveloppant de son regard: 'Toi, tu me fais peur'.

Boris Vian

Ingénieur passionné de jazz, Boris Vian (1920-1959) se lie après la guerre avec Sartre. Il joue de la trompette dans les boîtes de nuit de Saint-Germain-des-Prés. Ses romans (*L'écume des jours,* 1947; *Automne à Pékin,* 1947), pleins de poésie, d'humour et de jeux de mots, connaissent un grand succès auprès des jeunes, surtout après sa mort.

◁ Joan Miró (1893-1983), 'Main attrapant un oiseau', 1926
▽ Henri Matisse (1869-1954), 'Jazz', 1947

L'écume des jours

Dans ce passage, Colin dîne avec son ami Chick, peu de temps après la fête où il a rencontré Chloé.

– Est-ce que tu la reverras? demanda Chick.

Ils étaient attablés devant la dernière création de Nicolas, un courge aux noix.

– Je ne sais pas, dit Colin. Je ne sais pas quoi faire. Tu sais, c'est une fille très bien élevée. La dernière fois chez Isis, elle avait bu beaucoup de champagne...

– Ça lui allait très bien, dit Chick. Elle est très jolie. Ne fais pas cette tête-là!... Songe que j'ai trouvé, aujourd'hui, une édition du Choix Préalable avant le Haut-le-Coeur de Partre, sur rouleau hygiénique non dentelé...

– Mais, où prends-tu tout cet argent? dit Colin.

Chick s'assombrit.

– Ça me coûte très cher, mais je ne peux pas m'en passer, dit-il. J'ai besoin de Partre. Je suis collectionneur. Il me faut tout ce qu'il a fait.

– Mais il n'arrête pas d'en faire, dit Colin. Il publie au moins cinq articles par semaine...

– Je sais bien, dit Chick...

Colin lui fit reprendre du courge.

– Comment est-ce que je pourrais revoir Chloé? dit-il.

Chick le regarda et sourit.

– C'est vrai, dit-il. Je te bassine avec mes histoires de Jean-Sol Partre. Je veux bien t'aider... Qu'est-ce qu'il faut que je fasse?...

– C'est horrible, dit Colin. Je suis à la fois désespéré et horriblement heureux. C'est très agréable d'avoir envie de quelque chose à ce point là. (...)

– Si on coupait le gâteau? dit Chick.

Colin saisit un couteau d'argent et se mit à tracer une spirale sur la blancheur polie du gâteau. Il s'arrêta soudain et regarda son œuvre avec surprise.

– Je vais essayer quelque chose, dit-il.

Il prit une feuille de houx au bouquet de la table et saisit le gâteau d'une main. Le faisant tourner rapidement sur le bout du doigt, il plaça, de l'autre main, une des pointes du houx dans la spirale.

– Écoute!... dit-il.

Chick écouta. C'était Chloé, dans l'arrangement de Duke Ellington.

Chick regarda Colin. Il était tout pâle.

Chick lui prit le couteau des mains et le planta d'un geste ferme dans le gâteau. Il le fendit en deux, et, dans le gâteau, il y avait un nouvel article de Partre pour Chick et un rendez-vous avec Chloé pour Colin.

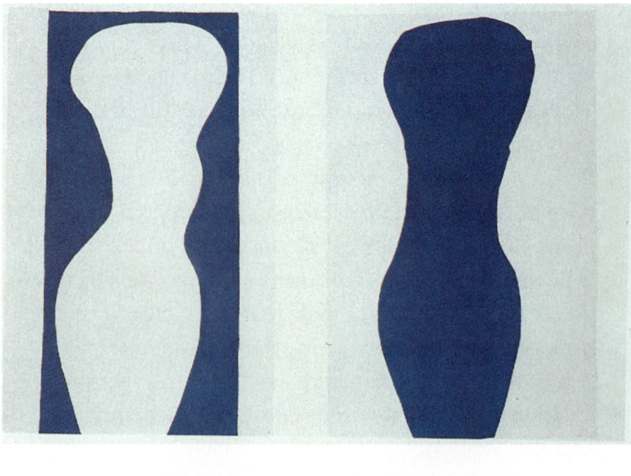

Jacques Prévert

Surréaliste à ses débuts, Jacques Prévert (1900-1977) écrit une poésie simple et socialement engagée. Il participe à la vie existentialiste de Saint-Germain-des Prés; ses poèmes sont mis en musique et chantés dans les boîtes de nuit. Prévert est le parolier de nombreux chanteurs: Yves Montand, Juliette Gréco, Serge Reggiani ou les frères Jacques. Il est aussi le scénariste de films restés célèbres comme *Les enfants du paradis* (1945). Son recueil *Paroles* (1946) est un des plus grands succès de librairie.

Paris at night

Trois allumettes une à une allumées dans la nuit
La première pour voir ton visage tout entier
La seconde pour voir tes yeux
La dernière pour voir ta bouche
Et l'obscurité tout entière pour me rappeler tout cela
En te serrant dans mes bras

Pour faire le portrait d'un oiseau

Peindre d'abord une cage
avec une porte ouverte
peindre ensuite
quelque chose de joli
quelque chose de simple
quelque chose de beau
quelque chose d'utile
pour l'oiseau
placer ensuite la toile contre un arbre
dans un jardin
dans un bois
ou dans une forêt
se cacher derrière l'arbre
sans rien dire
sans bouger...
Parfois l'oiseau arrive vite
mais il peut aussi mettre de longues années
avant de se décider
Ne pas se décourager
attendre
attendre s'il le faut pendant des années
la vitesse ou la lenteur de l'arrivée
de l'oiseau n'ayant aucun rapport
avec la réussite du tableau
Quand l'oiseau arrive
s'il arrive
observer le plus profond silence
attendre que l'oiseau entre dans la cage
et quand il est entré
fermer doucement la porte avec le pinceau
puis
effacer un à un tous les barreaux
en ayant soin de ne toucher aucune des plumes de
l'oiseau
Faire ensuite le portrait de l'arbre
en choisissant la plus belle de ses branches
pour l'oiseau
peindre aussi le vert feuillage et la fraîcheur du vent
la poussière du soleil
et le bruit des bêtes de l'herbe dans la chaleur de l'été
et puis attendre que l'oiseau se décide à chanter
Si l'oiseau ne chante pas
c'est mauvais signe
signe que le tableau est mauvais
mais s'il chante c'est bon signe
signe que vous pouvez signer
alors vous arrachez tout doucement
une des plumes de l'oiseau
et vous écrivez votre nom dans un coin du tableau

On frappe

Qui est là
Personne
C'est simplement mon coeur qui bat
Qui bat très fort
A cause de toi
Mais dehors
La petite main de bronze sur la porte de bois
Ne bouge pas
Ne remue pas
Ne remue pas seulement le petit bout du doigt.

Albert Camus

Albert Camus (1913-1960) est né en Algérie, de parents ouvriers. Grâce à une bourse, il fait des études de philosophie à Alger. *L'étranger* (1942) le rend célèbre. Il participe à la résistance et, après la guerre, en tant que journaliste, aux combats politiques. Son essai *L'homme révolté* (1951) est mal accueilli par la gauche et l'éloigne de ses camarades (Sartre). Les évènements en Algérie le touchent profondément. Il meurt dans un accident de voiture. Il transportait avec lui le manuscrit de *Le premier homme,* récit de son enfance algérienne qui paraîtra seulement en 1994.

Camus se passionne pendant toute sa vie pour le théâtre: il écrit des pièces (*Le malentendu,* 1944; *Les justes,* 1949), il met en scène, il adapte des romans au théâtre (Dostoïevski, Malraux, Faulkner). Après une période de silence, il publie un récit (*La chute,* 1956) et des nouvelles (*L'exil et le royaume,* 1957).

Les personnages de Camus ne sont pas vraiment des individus, ils sont plutôt des personnages allégoriques. *La peste* (1947), le récit fictif d'une épidémie qui coupe la ville d'Oran du reste du monde, est l'allégorie de la France occupée. Meursault, le héros de *L'étranger,* symbolise l'homme moderne, comme le René de Chateaubriand incarnait l'homme romantique.

L'étranger

Meursault est un étranger parce qu'il n'accepte pas les valeurs traditionnelles. Le lendemain de l'enterrement de sa mère, Meursault rencontre Marie qui devient sa maîtresse. Lors d'une bagarre sur la plage avec des Arabes, la vue d'un couteau l'amène à tirer des coups de revolver: un Arabe est tué. Son apparente indifférence après la mort de sa mère, et sa liaison avec Marie indignent les jurés; il est condamné à mort. Son attitude impassible est interprétée comme le refus de toute morale: il se sent innocent mais il est coupable. Le style exprime à merveille l'apparente impassibilité de Meursault. Voici deux fragments du début du récit.

△ *Un autre visage d'Albert Camus*
▷▷ *Nicolas de Staël (1914-1955), 'Figures au bord de la mer', 1952*

Aujourd'hui, maman est morte. Ou peut-être hier, je ne sais pas. J'ai reçu un télégramme de l'asile: 'Mère décédée. Enterrement demain. Sentiments distingués.' Cela ne veut rien dire. C'était peut-être hier. L'asile de vieillards est à Marengo, à quatre-vingts kilomètres d'Alger. Je prendrai l'autobus à deux heures et j'arriverai dans l'après-midi. Ainsi, je pourrai veiller et je rentrerai demain soir. J'ai demandé deux jours de congé à mon patron et il ne pouvait pas me les refuser avec une excuse pareille. Mais il n'avait pas l'air content. Je lui ai même dit: 'Ce n'est pas de ma faute.' Il n'a pas répondu. J'ai pensé alors que je n'aurais pas dû lui dire cela. En somme, je n'avais pas à m'excuser. C'était plutôt à lui de me présenter ses condoléances. Mais il le fera sans doute après-demain, quand il me verra en deuil. Pour le moment, c'est un peu comme si maman n'était pas morte. Après l'enterrement, au contraire, ce sera une affaire classée et tout aura revêtu une allure plus officielle.

J'ai pris l'autobus à deux heures. Il faisait très chaud. J'ai mangé au restaurant, chez Céleste, comme d'habitude. Ils avaient tous beaucoup de peine pour moi et Céleste m'a dit: 'On n'a qu'une mère.' Quand je suis parti, ils m'ont accompagné à la porte. J'étais un peu étourdi parce qu'il a fallu que je monte chez Emmanuel pour lui emprunter une cravate noire et un brassard. Il a perdu son oncle, il y a quelques mois.

J'ai couru pour ne pas manquer le départ.

La scène suivante se passe quelques jours après l'enterrement. Marie est l'amie de Meursault.

Le soir, Marie est venue me chercher et m'a demandé si je voulais me marier avec elle. J'ai dit que cela m'était égal et que nous pourrions le faire si elle le voulait. Elle a voulu savoir alors si je l'aimais. J'ai répondu comme je l'avais déjà fait une fois, que cela ne signifiait rien mais que sans doute je ne l'aimais pas. 'Pourquoi m'épouser alors?' a-t-elle dit. Je lui ai expliqué que cela n'avait aucune importance et que si elle le désirait, nous pouvions nous marier. D'ailleurs, c'était elle qui le demandait et moi je me contentais de dire oui. Elle a observé alors que le mariage était une chose grave. J'ai répondu: 'Non.' Elle s'est tue un moment et elle m'a regardé en silence. Puis elle a parlé. Elle voulait simplement savoir si j'aurais accepté la même proposition venant d'une autre femme, à qui je serais attaché de la même façon. J'ai dit: 'Naturellement'. Elle s'est demandé alors si elle m'aimait et moi, je ne pouvais rien savoir sur ce point. Après un autre moment de silence, elle a murmuré que j'étais bizarre, qu'elle m'aimait sans doute à cause de cela mais que peut-être un jour je la dégoûterais pour les mêmes raisons. Comme je me taisais, n'ayant rien à ajouter, elle m'a pris le bras en souriant et elle a déclaré qu'elle voulait se marier avec moi. J'ai répondu que nous le ferions dès qu'elle le voudrait. Je lui ai parlé alors de la proposition du patron et Marie m'a dit qu'elle aimerait connaître Paris. Je lui ai appris que j'y avais vécu dans un temps et elle m'a demandé comment c'était. Je lui ai dit: 'C'est sale. Il y a des pigeons et des cours noires. Les gens ont la peau blanche.'

La chute (1956) complète *L'étranger*. Le monologue de l'avocat Clamence dans un bar d'Amsterdam est une confession: malgré son activité sociale comme avocat, Clamence se sent coupable parce qu'il n'a rien fait pour sauver une inconnue qui s'était précipitée devant ses yeux dans la Seine. Meursault est solitaire parce qu'il est indifférent aux valeurs de la société, Clamence est solitaire parce qu'il est resté indifférent à la misère de l'individu.

Les personnages de Camus vivent intensément l'absurde. Le monde et la vie n'ont pas de sens. Mais de ce drame, Camus cherche à tirer une morale: l'homme lucide doit rejeter les faux-fuyants du suicide ou de la religion; c'est en agissant, c'est en se révoltant qu'il fera apparaître un sens. Cette révolte est un acte qui enrichit (authentifie) le présent; il ne faut pas le confondre avec la révolution (Camus pense ici au communisme), qui sacrifie le présent et les individus à l'illusion d'un avenir meilleur.

Francis Ponge, Louis-René Des Forêts

Francis Ponge (1899-1988) est fasciné par les objets: 'Le monde muet est notre seule patrie.' Sa poésie est un combat incessant pour saisir les 'choses', les objets, par les mots. Ce qui est impossible. Le problème philosophique posé par Ponge, lorsqu'il publie en 1942 *Le parti pris des choses,* suscite d'abord l'intérêt de Sartre et plus tard celui des avant-gardes des années 70 (Sollers).

Le parti pris des choses

De l'eau

Elle est blanche et brillante, informe et fraîche, passive et obstinée dans son seul vice: la pesanteur, disposant de moyens exceptionnels pour satisfaire ce vice: contournant, transperçant, érodant, filtrant.

À l'intérieur d'elle-même ce vice aussi joue: elle s'effondre sans cesse, renonce à chaque instant à toute forme, ne tend qu'à s'humilier, se couche à plat ventre sur le sol, quasi cadavre, comme les moines de certains ordres. Toujours plus bas: telle semble être sa devise: le contraire d'excelsior.

On pourrait presque dire que l'eau est folle, à cause de cet hystérique besoin de n'obéir qu'à sa pesanteur, qui la possède comme une idée fixe.

Certes, tout au monde connaît ce besoin, qui toujours et en tous lieux doit être satisfait. Cette armoire, par exemple, se montre fort têtue dans son désir d'adhérer au sol, et si elle se trouve un jour en équilibre instable, elle préférera s'abîmer plutôt que d'y contrevenir. Mais enfin, dans une certaine mesure, elle joue avec la pesanteur, elle la défie: elle ne s'effondre pas dans toutes ses parties, sa corniche, ses moulures ne s'y conforment pas. Il existe en elle une résistance au profit de sa personnalité et de sa forme.

LIQUIDE est par définition ce qui préfère obéir à la pesanteur, plutôt que maintenir sa forme, ce qui refuse toute forme pour obéir à sa pesanteur. Et qui perd toute tenue à cause de cette idée fixe, de ce scrupule maladif

Louis-René Des Forêts (1918) vit à la campagne. Il est peintre, poète et romancier. Son roman *Le bavard* (1946) est le monologue d'un homme qui veut briser sa solitude et cherche à établir, mais sans succès, la communication avec autrui grâce à la parole. Les nouvelles de *La chambre des enfants* (1960) reprennent la même problématique.

Le bavard

À la fin de son récit, le narrateur avoue que les faits qu'il a relatés sont entièrement inventés.

Donc, je vais me taire. Je me tais parce que je suis épuisé par tant d'excès: ces mots, ces mots, tous ces mots sans vie qui semblent perdre jusqu'au sens de leur son éteint. Je me demande si quelqu'un est encore près de moi à m'écouter? Il y a déjà un moment que j'ai le sentiment de m'obstiner à poursuivre un ridicule et futile monologue sur une place d'où le public déçu s'est retiré en haussant les épaules, mais telle est ma puérilité que je me réjouis à l'idée que ma revanche consistera à le laisser ignorer si je mentais encore quand je prétendais mentir.

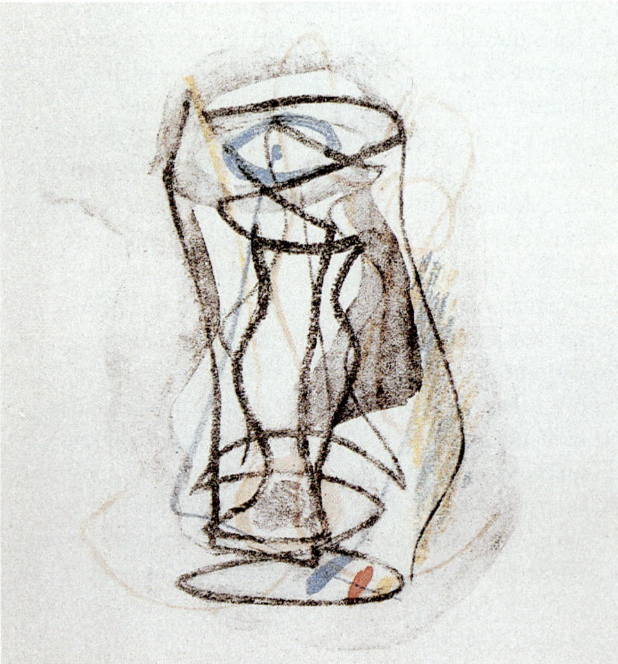

Le théâtre – Jean Anouilh

Les pièces de Sartre et de Camus ne sont pas les seules à refléter les préoccupations morales de l'époque. On les retrouve dans le théâtre d'Anouilh et surtout, dans le 'théâtre de l'absurde', dont Beckett et Ionesco sont les principaux représentants.

Jean Anouilh (1910-1987) connaît la célébrité déjà avant la guerre. La plupart de ses pièces se présentent comme des comédies dans la tradition de Marivaux et de Musset, mais leur message est noir et cynique. Les héroïnes d'Anouilh sont à la recherche de la pureté et se heurtent à une société bâtie sur les compromis lâches. Dans *Antigone* (1944) l'héroïne s'oppose à son oncle Créon au nom du devoir de piété: elle veut enterrer le cadavre de son frère rebelle, malgré la peine de mort. Le succès de cette pièce s'explique à l'époque par les allusions politiques: Créon symboliserait la collaboration, Antigone la résistance.

◁◁ *Eugène de Kermadec, lithographie pour 'Le verre d'eau' de Ponge, 1949*
▽ *André Barsacq, maquette de décor pour Antigone, 1944*

Antigone

ANTIGONE:
Pauvre Créon! avec mes ongles cassés et pleins de terre et les bleus que les gardes m'ont faits aux bras, avec ma peur qui tord le ventre, moi je suis reine.

CRÉON:
Alors aie pitié de moi, vis. Le cadavre de ton frère qui pourrit sous mes fenêtres, c'est assez payé pour que l'ordre règne dans Thèbes. Mon fils t'aime. Ne m'oblige pas à payer avec toi encore. J'ai assez payé.

ANTIGONE:
Non. Vous avez dit 'oui'. Vous ne vous arrêterez jamais de payer maintenant!

CRÉON
(la secoue soudain, hors de lui): Mais, bon Dieu! Essaie de comprendre une minute, toi aussi, petite idiote! J'ai bien essayé de te comprendre, moi. Il faut pourtant qu'il y en ait qui disent oui. Il faut pourtant qu'il y en ait qui mènent la barque. Cela prend l'eau de toutes parts, c'est plein de crimes, de bêtise, de misère... Et le gouvernail est là qui ballotte. L'équipage ne veut plus rien faire, il ne pense qu'à piller la cale et les officiers sont déjà en train de se construire un petit radeau confortable, rien que pour eux, avec toute la provision d'eau douce pour tirer au moins leurs os de là... Crois-tu, alors, qu'on a le temps de faire le raffiné, de savoir s'il faut dire 'oui' ou 'non', de se demander s'il ne faudra pas payer trop cher un jour et si on pourra encore être un homme après? On prend le bout de bois, on redresse devant la montagne d'eau, on gueule un ordre et on tire dans le tas, sur le premier qui s'avance. Dans le tas! Cela n'a pas de nom. (...) C'était peut-être celui qui t'avait donné du feu la veille. Il n'a plus de nom. Et toi non plus, tu n'as plus de nom, cramponné à la barre. Il n'y a plus que le bateau qui ait un nom et la tempête. Est-ce que tu le comprends, cela?

ANTIGONE:
secoue la tête: Je ne veux pas comprendre. C'est bon pour vous. Moi je suis là pour autre chose que pour comprendre. Je suis là pour vous dire non et pour mourir.

Le théâtre de l'absurde – Samuel Beckett, Eugène Ionesco

L'Irlandais Samuel Beckett (1906-1989) fait de longs séjours à Paris avant la guerre et il s'y installe définitivement en 1945. Il écrit en anglais et en français, traduit lui-même ses œuvres d'une langue à l'autre et fait ainsi partie des deux littératures. Il choisit d'écrire dans une langue étrangère afin de 's'appauvrir', de se limiter à l'essentiel. Ses romans, puis son théâtre, représentent autant de pas vers le néant, vers le silence.

En attendant Godot, qui le rend célèbre en 1953, ne comporte pas de véritable intrigue: deux personnages attendent pendant deux actes un monsieur mystérieux, qui ne vient jamais, mais qui leur fait savoir qu'il 'viendra sûrement demain'. Cette pièce a reçu une interprétation religieuse (God = Dieu), que Beckett récuse. Son théâtre devient encore plus dépouillé par la suite. Dans *Oh! les beaux jours* (1963), Winnie, une femme vieillissante, n'arrête pas de dire des banalités à son mari Willie, qui lui répond à peine. La mise en scène aussi bien que les paroles suggèrent la dégradation inexorable de l'homme en marche vers la mort: les mots banals et les actes futils meublent absurdement le temps.

En attendant Godot

ESTRAGON: Endroit délicieux. *(Il se retourne, avance jusqu'à la rampe, regarde vers le public)* Aspects riants. *(Il se tourne vers Vlamidir.)* Allons-nous-en.
VLADIMIR: On ne peut pas.
ESTRAGON: Pourquoi?
VLADIMIR: On attend Godot. (...)
ESTRAGON: Il devrait être là.
VLADIMIR: Il n'a pas dit ferme qu'il viendrait.
ESTRAGON: Et s'il ne vient pas?
VLADIMIR: Nous reviendrons demain.
ESTRAGON: Et puis après-demain.
VLADIMIR: Peut-être.
ESTRAGON: Et ainsi de suite.
VLADIMIR: C'est-à-dire...
ESTRAGON: Jusqu'à ce qu'il vienne.
VLADIMIR: Tu es impitoyable.
ESTRAGON: Nous sommes déjà venus hier.
VLADIMIR: Ah non, là tu te goures.
ESTRAGON: Qu'est-ce que nous avons fait hier?
VLADIMIR: Ce que nous avons fait hier?
ESTRAGON: Oui.
VLADIMIR: Ma foi... *(Se fâchant)* Pour jeter le doute, à toi le pompon.
ESTRAGON: Pour moi, nous étions ici.
VLADIMIR *(regard circulaire):* L'endroit te semble familier?
ESTRAGON: Je ne dis pas ça.
VLADIMIR: Alors ?
ESTRAGON: Ça n'empêche pas.
VLADIMIR: Tout de même... cet arbre... *(se tournant vers le public)*... cette tourbière.
ESTRAGON: Tu es sûr que c'était ce soir?
VLADIMIR: Quoi?
ESTRAGON: Qu'il fallait attendre?
VLADIMIR: Il a dit samedi. *(Un temps.)* Il me semble.
ESTRAGON: Après le turbin.
VLADIMIR: J'ai dû le noter. *(Il fouille dans ses poches archibondées de saletés de toutes sortes.)*
ESTRAGON: Mais quel samedi? Et sommes-nous samedi? Ne serait-on pas plutôt dimanche? Ou lundi? Ou vendredi?
VLADIMIR *(regardant avec affolement autour de lui, comme si la date était inscrite dans le paysage):* Ce n'est pas possible.
ESTRAGON: Ou jeudi.
VLADIMIR: Comment faire?
ESTRAGON: S'il s'est dérangé pour rien hier soir, tu penses bien qu'il ne viendra pas aujourd'hui.
VLADIMIR: Mais tu dis que nous sommes venus hier soir.
ESTRAGON: Je peux me tromper. *(Un temps.)* Taisons-nous un peu, tu veux?

△ *Alberto Giacometti (1901-1966), 'Femmes de Venise I-IX', 1956, bronzes*
◁◁ *Samuel Beckett photographié par Gisèle Freund, 1964*
▽ *Stanislas Lepri, 'La vie intérieure', 1977*

D'origine roumaine, Eugène Ionesco (1912-1994) s'installe dès avant la guerre en France. Il veut faire un théâtre contre les traditions dramatiques courantes: contre le réalisme, contre le divertissement du boulevard. Aussi 'absurde' que celui de Beckett, le théâtre de Ionesco est plus exubérant: le délire des personnages, les fréquents jeux de mots invitent le lecteur au rire, malgré le pessimisme du message.

La cantatrice chauve (1950) s'inspire de manuels de conversation pour étrangers. Dans les environs de Londres, les Smith reçoivent les Martin. Les personnages parlent pour ne rien dire, ils sont interchangeables: à la fin de la pièce les Smith disent les paroles des Martin et vice versa.

La cantatrice chauve

MARY, *(entrant):* Je suis la bonne. J'ai passé un après-midi très agréable. J'ai été au cinéma avec un homme et j'ai vu un film avec des femmes. A la sortie du cinéma, nous sommes allés boire de l'eau de vie et du lait et puis on a lu le journal.

MME SMITH: J'espère que vous avez passé un après-midi très agréable, que vous êtes allée au cinéma avec un homme et que vous avez bu de l'eau de vie et du lait.

M. SMITH: Et le journal!

MARY: Mme et M. Martin, vos invités sont à la porte. Ils m'attendaient. Ils n'osaient pas entrer tout seuls. Ils devaient dîner avec vous, ce soir.

MME SMITH: Ah oui. Nous les attendions. Et on avait faim. Comme on ne les voyait plus venir, on allait manger sans eux. On n'a rien mangé, de toute la journée. Vous n'auriez pas dû vous absenter!

MARY: C'est vous qui m'avez donné la permission.

M. SMITH: On ne l'a pas fait exprès!

MARY, *(éclate de rire. Puis, elle pleure. Elle sourit):* Je me suis acheté un pot de chambre.

MME SMITH: Ma chère Mary, veuillez ouvrir la porte et faire entrer M. et Mme Martin, s'il vous plaît. Nous allons vite nous habiller.

Rhinocéros (1958) est une allégorie: dans une petite ville, un homme s'est transformé en rhinocéros. C'est une épidémie, tous les habitants suivent son exemple, à l'exception de Bérenger, qui se voit abandonné par son ami et sa fiancée. Cette pièce est une satire des idéologies collectives, en particulier du communisme, dont Ionesco est un adversaire farouche; elle vise aussi les intellectuels de gauche en Occident (comme Sartre) qui sont fascinés par ces idéologies et suivent leurs mots d'ordre aveuglément.

Les poètes – Henri Michaux, René Char, Yves Bonnefoy

L'influence du surréalisme sur la poésie s'affaiblit au cours des années 40. Les poètes s'opposent à la prolifération d'images insolites. Ils cherchent l'essence de la poésie ailleurs: dans l'immédiateté qu'offre la peinture et dans la quête métaphysique.

Henri Michaux (1899-1984) cherche, dans ses 'récits' (*Un certain Plume,* 1930) comme dans sa poésie (*Épreuves, Exorcismes,* 1945), à 'se parcourir', à explorer la condition humaine qui est ici toujours ressentie comme 'mal à être', souffrance du 'je' dans un monde hostile et menaçant. Il voyage beaucoup, de l'Ecuador à l'Asie (*Un barbare en Asie,* 1933); vers 1956, il expérimente avec les drogues, sous contrôle médical, dans le but de mieux connaître le fonctionnement de la pensée. Michaux commence à peindre dès 1937, de nombreuses expositions suivront.

△ Henri Michaux, gouache, 1952
▷▷ Georges Braque (1882-1963). Illustration pour un poème de René Char, 1961

Plume voyage

Plume ne peut pas dire qu'on ait excessivement d'égards pour lui en voyage. Les uns lui passent dessus sans crier gare, les autres s'essuient tranquillement les mains à son veston. Il a fini par s'habituer. Il aime mieux voyager avec modestie. Tant que ce sera possible, il le fera.

Si on lui sert, hargneux, une racine dans son assiette, une grosse racine: 'allons, mangez. Qu'est-ce que vous attendez?'

'Oh, bien, tout de suite, voilà.' Il ne veut pas s'attirer des histoires inutilement.

Et si, la nuit, on lui refuse un lit: 'Quoi! Vous n'êtes pas venu de si loin pour dormir, non? Allons, prenez votre malle et vos affaires, c'est le moment de la journée où l'on marche le plus facilement.'

'Bien, bien, oui... certainement. C'était pour rire naturellement. Oh oui, par... plaisanterie.' Et il repart dans la nuit obscure.

Et si on le jette hors du train: 'Ah! alors vous pensez qu'on a chauffé depuis trois heures cette locomotive et attelé huit voitures pour transporter un jeune homme de votre âge, en parfaite santé, qui peut parfaitement être utile ici, qui n'a nul besoin de s'en aller là-bas, et que c'est pour ça qu'on aurait creusé des tunnels, fait sauter des tonnes de rochers à la dynamite et posé des centaines de kilomètres de rails par tous les temps, sans compter qu'il faut encore surveiller la ligne continuellement par crainte des sabotages, et tout cela pour...'

'Bien, bien. Je comprends parfaitement. J'étais monté, oh, pour jeter un coup d'oeil! Maintenant, c'est tout. Simple curiosité, n'est-ce pas. Et merci mille fois.' Et il s'en retourne sur les chemins avec ses bagages.

Et si, à Rome, il demande à voir le Colisée: 'Ah! Non. Ecoutez, il est déjà assez mal arrangé. Et puis après Monsieur voudra le toucher, s'appuyer dessus, ou s'y asseoir. C'est comme ça qu'il ne reste que des ruines partout. Ce fut une leçon pour nous, une dure leçon, mais à l'avenir, non, c'est fini, n'est-ce pas.'

'Bien! Bien! C'était... Je voulais seulement vous demander une carte postale, une photo, peut-être... si des fois...' Et il quitte la ville sans avoir rien vu. (...)

Mais il ne dit rien, il ne se plaint pas. Il songe aux malheureux qui ne peuvent pas voyager du tout, tandis que lui, il voyage, il voyage continuellement.

Ancien surréaliste, René Char (1907-1988) passe la plus grande partie de sa vie loin des milieux littéraires, en Provence. Il y dirige pendant la guerre un réseau de la résistance. Il a de nombreux amis peintres (Georges Braque, Nicolas de Staël). Sa poésie s'inspire des philosophes grecs et des paysages méditerranéens (*Fureur et mystère,* 1948).

Le carreau

Ce poème de Char est tiré du recueil 'Les matinaux', 1950.

Pures pluies, femmes attendues,
La face que vous essuyez,
De verre voué aux tourments,
Est la face du révolté;
L'autre, la vitre de l'heureux,
Frissonne devant le feu de bois.

Je vous aime mystères jumeaux,
Je touche à chacun de vous;
J'ai mal et je suis léger.

Yves Bonnefoy (1923) passe sa jeunesse à Tours, où il fait des études de mathématique. Il voyage souvent en Italie, dont il admire le paysage et la peinture: la géométrie sévère et métaphysique de Piero della Francesca aussi bien que de Giorgio Morandi. La poésie de Bonnefoy est dépouillée, elle refuse les couleurs voyantes. Elle veut, comme la peinture, s'installer dans la présence, c'est-à-dire qu'elle entend dire les choses dans leur essence, sans ornement. En dehors de la poésie (*Du mouvement et de l'immobilité de Douve,* 1953, *Ce qui fut sans lumière,* 1987), Bonnefoy publie aussi de nombreuses études sur les poètes et les artistes qu'il aime (Baudelaire, Rimbaud, Mallarmé, Des Forêts, Giacometti).

Vrai lieu

Ce poème figure dans le recueil 'Du mouvement et de l'immobilité de Douve'.

Qu'une place soit faite à celui qui approche,
Personnage ayant froid et privé de maison.

Personnage tenté par le bruit d'une lampe,
Par le seuil éclairé d'une seule maison.

Et s'il reste recru d'angoisse et de fatigue,
Qu'on redise pour lui les mots de guérison.

Que faut-il à ce coeur qui n'était que silence,
Sinon des mots qui soient le signe et l'oraison,

Et comme un peu de feu soudain la nuit,
Et la table entrevue d'une pauvre maison?

Saint-John Perse (pseudonyme d'Alexis Saint-Léger, 1887-1975) est originaire de la Guadeloupe. Il publie *Anabase* en 1924, salué par Breton et traduit aussitôt par Rilke et Eliot. Saint-John Perse se consacre ensuite à la diplomatie et ne revient à la poésie que 30 ans après (*Amers,* 1957).
En 1960 il reçoit le Prix Nobel de littérature.
Pour Saint-John Perse, la poésie est célébration, 'adhésion totale à ce qui est'. Comme Claudel, il écrit de longs versets qui évoquent les travaux de l'homme mais aussi les forces de la nature, en particulier les mers et les paysages de son enfance.

8 L'époque contemporaine

Les premières années de l'après-guerre se déroulent sous le signe de la reconstruction. Vingt ans plus tard, une nouvelle génération, déçue par la société de consommation, se révolte contre ses aînés. En mai 1968, des milliers de jeunes suivent partout en Occident l'exemple des étudiants français et américains en révolte; ils exigent la démocratie à tous les niveaux et la liberté sexuelle. Les étudiants contestataires tracent sur les murs des salles de cours et des bâtiments publics des slogans anarchiques et poétiques qui expriment l'idéal de cette génération: 'Il est interdit d'interdire' (Loi du 13 mai 1968), 'Soyez réalistes, demandez l'impossible', 'Les frigidaires sont les cercueils de votre liberté', 'Sous les pavés, la plage', 'Vivre sans temps mort et jouir sans entrave'.

La Cinquième République recherche la décentralisation administrative et culturelle; des revendications régionalistes se font entendre. Une politique culturelle très active (André Malraux, Jacques Lang) poursuit le même but. Elle cherche aussi à s'opposer à l''américanisation' des médias ainsi.

Après l'euphorie des années soixante, la fin du siècle offre un tableau plus sombre: l'économie stagne, le chômage se répand. Le monde se déstabilise, les nationalismes se réveillent. Les jeunes se sensibilisent aux dangers de l'intolérance religieuse et du racisme. La pollution de l'environnement préoccupe de plus en plus les esprits.

En littérature, le théâtre n'a plus l'importance qu'il a eue pendant la période précédente. La poésie semble connaître, elle aussi, le déclin. L'écriture féminine et la littérature francophone attirent davantage l'attention que par le passé. Et les formes populaires de la littérature prennent une grande ampleur: roman policier, science-fiction, bandes dessinées.

◁◁ *La pyramide du Louvre, architecte Ieoh Ming Pei. Le mélange des styles caractérise l'architecture postmoderne*

Structuralisme, Nouveau Roman

Au cours des années 60, une révolution a lieu dans les études littéraires. La critique se détourne de l'Histoire et ne cherche plus à expliquer les œuvres dans leur contexte historique; elle s'intéresse uniquement aux structures du texte, aux caractéristiques formelles. Cette 'nouvelle critique' s'inspire de l'ethnologie et de la linguistique; en refusant la subjectivité des interprétations psychologiques et historiques, elle entend créer une science de la littérature. Roland Barthes (1915-1980) est le représentant le plus important de ce structuralisme littéraire.

Parallèlement, la jeune génération d'écrivains des années 60 se met à critiquer l'attitude de ses aînés: bien que la plupart soient de gauche, ils refusent de suivre Sartre. Ce n'est plus l'engagement politique qui compte, mais l'attitude à l'égard du langage et de l'écriture.

Les Nouveaux Romanciers dénoncent l'illusion du narrateur omniscient à la Balzac. Ils critiquent le récit organisé ainsi que la psychologie claire des personnages, qui correspond à une vision bien ordonnée du monde. Le narrateur regarde, observe les hommes et les objets mais ne cherche pas à les intégrer dans un ensemble, à leur donner un sens. La naissance du Nouveau Roman est parallèle à celle de la Nouvelle Vague dans le film français (Truffaut, Godard), qui s'oppose au film classique à la Hollywood.

▷ *Plusieurs Nouveaux Romanciers sont présents sur cette photo. De gauche à droite: Alain Robbe-Grillet, Robert Pinget, Samuel Beckett, Nathalie Sarraute, Claude Ollier*
△ *Francis Bacon (1909-1992), 'Triptique-Études du corps humain, 1970. Panneau gauche*
▷▷ *Alain Robbe-Grillet lors de son séjour à la Martinique*

Alain Robbe-Grillet

Ingénieur, Alain Robbe-Grillet (1922) ne se consacre à la littérature qu'à partir de 1953. Grâce à ses prises de positions théoriques, il est considéré comme le chef de file du mouvement. Ses romans n'ont pas une intrigue linéaire, ils contiennent beaucoup d'éléments policiers et érotiques (*Le voyeur,* 1955; *La jalousie,* 1957). Dans les films qu'il réalise (*L'année dernière à Marienbad,* 1961), on passe imperceptiblement du monde de la réalité au monde des rêves et des fantasmes sexuels. En 1985 Robbe-Grillet fait grand bruit en publiant une autobiographie, *Le miroir qui revient,* dans laquelle il revient sur ses positions antérieures. Il affirme ainsi: 'Je n'ai jamais parlé que de moi'.

La jalousie

Dans *La jalousie,* Robbe-Grillet joue avec les deux sens du mot: la jalousie d'un mari (présent dans le récit grâce à des indices: nombre de verres, chaises) qui soupçonne sa femme A... d'avoir une liaison avec leur ami commun Franck, et, dans cette maison coloniale, la jalousie à travers laquelle le mari observe le couple.

Sur la terrasse, l'ombre du pilier s'est allongé encore. Elle a tourné en même temps. Elle atteint presque maintenant la porte d'entrée, qui marque le milieu de la façade. La porte est ouverte. Les carreaux du couloir sont ornés de hachures en chevrons, comparables à celles du ruisseau, quoique plus régulières.

Le couloir conduit tout droit vers l'autre porte, celle qui donne sur la cour d'arrivée. La grosse voiture bleue est arrêtée au centre. La passagère en descend et se dirige aussitôt vers la maison, sans être incommodée par le sol caillouteux, malgré ses chaussures à talons hauts. Elle est allée faire une visite à Christiane, et Franck l'a reconduite jusque chez elle.

Celui-ci est assis dans son fauteuil, sous la première fenêtre du bureau. L'ombre du pilier s'avance vers lui; après avoir traversé en diagonale plus d'une moitié de la terrasse, longé la chambre sur toute sa largeur et dépassé la porte du couloir, elle arrive à présent jusqu'à la table basse où A... vient de déposer son livre. Franck ne fait qu'une brève halte avant de rentrer chez lui, ayant fini, lui aussi, sa journée.

Il est presque l'heure de l'apéritif et A... n'a pas attendu pour appeler le boy, qui apparaît à l'angle de la maison, portant le plateau avec les deux bouteilles, trois grands verres et le seau à glace. Le chemin qu'il suit, sur les dalles, est sensiblement parallèle au mur et converge avec le trait d'ombre au niveau de la table, ronde et basse, où il place le plateau avec précaution, près du roman à couverture vernie.

C'est ce dernier qui fournit le sujet de la conversation. Les complications psychologiques mises à part, il s'agit d'un récit classique sur la vie coloniale, en Afrique, avec description de tornade, révolte indigène et histoire de club. A... et Franck en parlent avec animation.

Nathalie Sarraute

D'origine russe, Nathalie Sarraute (1900) vit dès 1909 à Paris. Elle commence à critiquer en même temps que Robbe-Grillet les naïvetés psychologiques du roman traditionnel (*L'ère du soupçon,* 1956). Dans ses romans elle ne présente pas des personnalités toutes faites, mais elle enregistre les clichés et les lieux communs de la conversation pour mieux saisir les mobiles des comportements humains *(Le planétarium,* 1959; *Les fruits d'or,* 1963). Plus récemment, elle revient, comme Robbe-Grillet, à la forme de l'autobiographie *(Enfance,* 1983).

Enfance

Ce livre est écrit sous forme de dialogue entre Nathalie Sarraute et son double qui par ses interrogations, l'aide à retrouver 'quelques moments, quelques mouvements encore assez intacts, assez forts' de son enfance. Dans ce passage, Natacha, après le divorce de ses parents, doit vivre à Paris avec son père et Véra, la nouvelle épouse.

Mes soirées, quand j'étais dans mon lit, étaient consacrées à maman, à pleurer en sortant de sous mon oreiller sa photo, où elle était assise auprès de Kolia, à l'embrasser et à lui dire que je n'en pouvais plus d'être loin d'elle, qu'elle vienne me chercher...

Il avait été entendu entre maman et moi que si j'étais heureuse je lui écrirais: 'Ici je suis *très* heureuse', en soulignant 'très'. Et seulement 'Je suis heureuse', si je ne l'étais pas. C'est ce qu'un jour je m'étais décidée à lui écrire à la fin d'une lettre... Je n'avais plus la force d'attendre encore plusieurs mois, jusqu'en septembre, qu'elle vienne me reprendre. Je lui ai donc écrit: 'Je suis heureuse ici.' (...)

Donc quelques jours après mon envoi de cette lettre à maman, mon père me retient après le dîner et m'amène dans son bureau qu'une porte vitrée sépare de la salle à manger... Il me dit: Tu as écrit à ta mère que tu étais malheureuse ici. Je suis stupéfaite: Comment le sais-tu?

– Eh bien j'ai reçu une lettre de ta mère. Elle me fait des reproches, elle me dit qu'on ne s'occupe pas bien de toi, que tu te plains...

Je suis atterrée, accablée sous le coup d'une pareille trahison. Je n'ai donc plus personne au monde à qui me plaindre. Maman ne songe même pas à venir me délivrer, ce qu'elle veut c'est que je reste ici, en me sentant moins malheureuse. Jamais plus je ne pourrai me confier à elle. Jamais plus je ne pourrai me confier à personne. Je devais montrer un si total, si profond désespoir que tout à coup mon père, abandonnant cette réserve, cette distance qu'il montre toujours ici à mon égard, me serre dans ses bras plus fort qu'il ne m'avait jamais serrée, même autrefois... Il sort son mouchoir, il essuie avec une maladresse tendre, comme tremblante, mes larmes, et il me semble voir des larmes dans ses yeux. Il me dit juste: 'va te coucher, ne t'en fais pas... une expression qu'il a souvent employée en me parlant... rien dans la vie n'en vaut la peine... tu verras, dans la vie, tôt ou tard, tout s'arrange...'

A ce moment là, et pour toujours, envers et contre toutes les apparences, un lien invisible que rien n'a pu détruire nous a attachés l'un à l'autre...

Claude Simon, Michel Butor, Robert Pinget

Claude Simon (1913) voyage beaucoup et ne commence à écrire qu'au début des années 50. Sa technique, les phrases longues, le mélange des temps l'apparentent au Nouveau Roman, mais ses thèmes sont différents. Les romans de Robbe-Grillet, de Butor, de Sarraute, de Pinget se déroulent surtout dans le présent, ceux de Simon conduisent le lecteur vers le passé. Ils sont dominés par le souvenir d'un père mort pendant la première guerre mondiale, par des souvenirs de l'enfance, de la guerre civile d'Espagne (*La route des Flandres,* 1960; *Histoire,* 1967; *L'acacia,* 1989). Dans *Les Géorgiques* (1981), Simon mêle trois histoires: celle d'un ancêtre général de Napoléon, celle d'un combattant de la guerre d'Espagne et celle d'un cavalier en Flandre en 1940. En 1980, il reçoit le Prix Nobel.

Michel Butor (1926) écrit dans les années 50 des romans où les descriptions minutieuses prédominent. En 1957 il publie son roman le plus célèbre, *La modification.* C'est l'histoire d'un homme, Léon Delmont, et d'un voyage entre deux villes, Paris et Rome, et deux femmes, son épouse et sa maîtresse. La modification se produit pendant le voyage, dans le train: Delmont décide de retourner à Paris, chez sa femme. Michel Butor publie ensuite de nombreux essais critiques, il collabore avec des peintres pour créer des livres d'art et s'adonne à des expériences typographiques (*Intervalle,* 1973).

◁◁ *Balthus (1908), 'Thérèse', 1938*
▽ *Daniel Spoerri, 'Qui dort dîne – hommage à Rauschenberg', 1963*

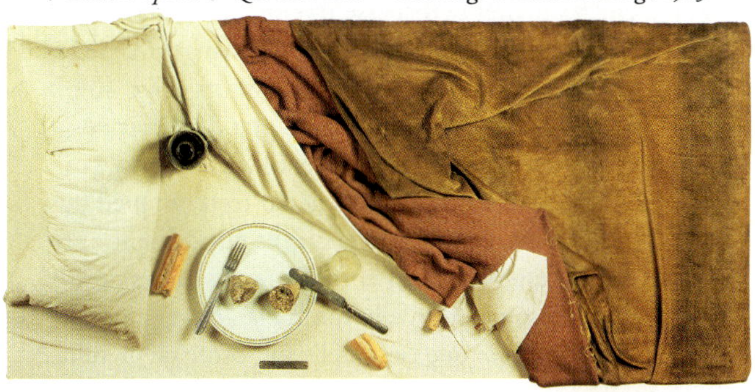

Robert Pinget (1919), d'origine suisse, semble rechercher, à travers des descriptions minutieuses et répétées, la 'vérité' au sujet de la vie quotidienne de personnages médiocres; mais ces descriptions échouent et rendent les personnages ridicules *(L'inquisitoire,* 1962; *Monsieur Songe,* 1982).

Le déjeuner de Monsieur Songe

Monsieur Songe est un retraité de province qui suit un rythme de vie stricte. Voici la fin de son déjeuner.

Il mange son fromage dans la même attitude pensive que précédemment, puis un fruit. Si c'est une pomme il la pèle avec son couteau en la faisant tourner de la main gauche sous la lame de telle sorte qu'un seul ruban de pelure tombe dans l'assiette en fin d'opération. Il la coupe ensuite en quatre quartiers selon l'axe vertical et de chacun extrait le morceau de trognon comme il dit qui contient les pépins.

Si c'est une orange il trace sur l'écorce avec son couteau un premier sillon circulaire en partant du haut et en faisant tourner le fruit de haut en bas, puis un second sillon à angle droit de telle sorte que l'écorce ainsi divisée en quatre segments se détache aisément à l'aide des doigts. Il mange alors l'orange côte par côte en crachant les pépins dans sa main droite qui les laisse tomber dans l'assiette.

Si c'est une banane il la pèle comme tout le monde puis la coupe en rondelles dans son assiette et la saupoudre abondamment de sucre. Il y a donc du sucre devant lui à la saison des bananes. Et lorsque la bonne revient au dernier coup de sonnette elle dit Monsieur gaspille le sucre. Elle débarrasse et va poser le café sur le guéridon marocain devant la fenêtre.(...)

Qu'est-ce qui préoccupe monsieur Songe?

S'il était possible de glisser ici quelques lignes pénétrantes sur le passé de monsieur Songe qui donneraient au personnage un intérêt rétroactif pour ainsi dire, cela serait fait. Mais c'est impossible et la raison n'a pas à en être donnée. Des gestes que l'on voit et des mots que l'on entend doivent suffire à évoquer le drame si drame il y a.

Marguerite Duras

Marguerite Duras (1914) est née en Indochine. Son père meurt lorsqu'elle a quatre ans, sa mère est institutrice, ils vivent très pauvrement. Elle va au lycée à Saigon, puis part en 1931 pour Paris. Pendant la guerre elle adhère au parti communiste clandestin. À partir des années 50, elle écrit un grand nombre de romans et de scénarios de films. Souvent ce sont ses propres romans qu'elle adapte pour le cinéma. Son roman *Moderato cantabile* (1958) et surtout le scénario du film *Hiroshima mon amour* (1960) la font connaître. Elle ne devient célèbre auprès du grand public qu'en 1984, avec *L'amant*, un récit autobiographique.

△ *Marguerite Duras*
▷▷ *Les comédiens Tony Leung et Jane March dans la version filmée de 'L'amant', 1992*

Marguerite Duras renouvelle la psychologie, en particulier féminine, ce qui la distingue des Nouveaux Romanciers. Les dialogues sont essentiels. Ses héroïnes souffrent des conventions bourgeoises. Pour échapper à la solitude, elles suivent leur désir. Mais la passion est destructrice, elle est souvent liée à la mort. Son style dépouillé et elliptique donnent une grande tension à ces récits et communique un profond sentiment d'inquiétude aux lecteurs.

Moderato cantabile

Anne Desbaresdes, la femme d'un riche industriel, accompagne son fils à sa leçon de piano; elle apprend qu'un crime passionnel vient d'être commis dans le café tout proche. Pour en savoir davantage elle interroge un inconnu, Chauvin, un ancien ouvrier de son mari. Au mépris des convenances, elle revient régulièrement dans ce café parler avec Chauvin, de sa vie, du meurtre qui a eu lieu et qui les fascine. Une passion semblable, impossible, commence à naître entre eux mais ils décident de ne plus se revoir. Dans le fragment suivant, Anne reçoit des invités, elle sait qu'elle doit renoncer à Chauvin, 'l'homme'. Une étrange 'nuit d'amour' se joue ici.

Dans l'éclatante lumière des lustres, Anne Desbaresdes se tait et sourit toujours.
L'homme s'est décidé à repartir vers la fin de la ville, loin de ce parc. A mesure qu'il s'en éloigne, l'odeur des magnolias diminue, faisant place à celle de la mer.
Anne Desbaresdes prendra un peu de glace au moka afin qu'on la laisse en paix.
L'homme reviendra malgré lui sur ses pas. Il retrouve les magnolias, les grilles, et les baies au loin, encore et encore éclairées. Aux lèvres, il a de nouveau ce chant entendu dans l'après-midi, et ce nom dans la bouche qu'il prononcera un peu plus fort. Il passera.
Elle, le sait encore. Le magnolia entre ses seins se fane tout à fait. Il a parcouru l'été en une heure de temps.
L'homme passera outre au parc tôt ou tard. Il est passé.
Anne Desbaresdes continue dans un geste interminable à supplicier la fleur.
– Anne n'a pas entendu.
Elle tente de sourir davantage, n'y arrive plus. On répète.
Elle lève une dernière fois la main dans le désordre blond de ses cheveux. Le cerne de ses yeux s'est encore agrandi. (...)
Alors que les invités se disperseront en ordre irrégulier dans le grand salon attenant à la salle à manger, Anne Desbaresdes s'éclipsera, montera au premier étage. Elle regardera le boulevard par la baie du grand couloir de sa vie. L'homme l'aura déjà déserté. Elle ira dans la chambre de son enfant, s'allongera par terre, au pied du lit, sans égard pour ce magnolia qu'elle écrasera entre ses seins, il n'en restera rien. Et entre les temps sacrés de la respiration de son enfant, elle vomira là, longuement, la nourriture étrangère que ce soir elle fut forcée de prendre.

L'amant

Dans *L'amant,* Marguerite Duras retrace l'histoire de son premier amour en Indochine, à quinze ans, avec un riche Chinois.

Quinze ans et demi. Déjà je suis fardée. Je mets de la crème Tokalon, j'essaye de cacher les taches de rousseur que j'ai sur le haut des joues, sous les yeux. Par-dessus la crème Tokalon je mets de la poudre couleur chair, marque Houbigan. Cette poudre est à ma mère qui en met pour aller aux soirées de l'Administration générale. Ce jour-là j'ai aussi du rouge à lèvres sombre comme alors, cerise. (...)

Sur le bac, à côté du car, il y a une grande limousine noire avec un chauffeur en livrée de coton blanc. Oui, c'est la grande auto funèbre de mes livres. C'est la Morris Léon-Bollé. La Lancia noire de l'ambassade de France de Calcutta n'a pas encore fait son entrée dans la littérature.

Entre les chauffeurs et les maîtres il y a encore des vitres à coulisses. Il y a encore des strapontins. C'est encore grand comme une chambre.

Dans la limousine il y a un homme très élégant qui me regarde. Ce n'est pas un blanc. Il est vêtu à l'européenne, il porte le costume de tusor clair des banquiers de Saigon. Il me regarde. J'ai déjà l'habitude qu'on me regarde. On regarde les blanches aux colonies, et les petites filles blanches de douze ans aussi. Depuis trois ans les blancs aussi me regardent dans les rues et les amis de ma mère me demandent gentiment de venir goûter chez eux à l'heure où leurs femmes jouent au tennis au Club sportif.

Je pourrais me tromper, croire que je suis belle comme les femmes belles, comme les femmes regardées, parce qu'on me regarde vraiment beaucoup. Mais moi je sais que ce n'est pas une question de beauté mais d'autre chose, par exemple, oui, d'autre chose, par exemple d'esprit. Ce que je veux paraître je le parais, belle aussi si c'est ce que l'on veut que je sois, belle, ou jolie, jolie par exemple pour la famille, pour la famille, pas plus, tout ce que l'on veut de moi je peux le devenir. Et le croire. (...)

Je suis avertie déjà. Je sais quelque chose. Je sais que ce ne sont pas les vêtements qui font les femmes plus ou moins belles ni les soins de beauté, ni le prix des onguents, ni la rareté, le prix des atours. Je sais que le problème est ailleurs. je ne sais pas où il est. Je sais seulement qu'il n'est pas là où les femmes croient. Je regarde les femmes dans les rues de Saigon, dans les postes de brousse. Il y en a de très belles, de très blanches, elles prennent un soin extrême de leur beauté ici, surtout dans les postes de brousse. Elles ne font rien, elles se gardent seulement, elles se gardent pour l'Europe, les amants, les vacances en Italie, les longs congés de six mois tous les trois ans lorsqu'elles pourront enfin parler de ce qui se passe ici, de cette existence coloniale si particulière, du service de ces gens, de ces boys, si parfait, de la végétation, des bals, de ces villas blanches, grandes à s'y perdrent, où sont logés les fonctionnaires dans les postes éloignés. Elles attendent. Elles s'habillent pour rien. Elles se regardent. Dans l'ombre de ces villas, elles se regardent pour plus tard, elles croient vivre un roman, elles ont déjà les longues penderies pleines de robes à ne savoir qu'en faire, collectionnées comme le temps, la longue suite des jours d'attente. Certaines deviennent folles. Certaines sont plaquées pour une jeune domestique qui se tait. Plaquées. On entend ce mot les atteindre, le bruit qu'il fait, le bruit de la gifle qu'il donne. Certaines se tuent.

Albert Cohen

Albert Cohen (1895-1981) est né à Corfou, de parents juifs. Il passe son enfance à Marseille, fait son droit à Genève, puis travaille dans la diplomatie (Société des Nations, Nations Unies). Il est marqué dès son enfance par des manifestations d'antisémitisme dans la vie quotidienne; il consacrera une grande partie de ses activités à la défense du judaïsme et des réfugiés.

Son œuvre présente une image nostalgique de la communauté juive de Corfou et parle de la confrontation entre Juifs et Chrétiens; mais elle dit surtout la passion de l'amour. *Le livre de ma mère* (1954) est un chant d'amour à sa mère disparue; *Belle du seigneur* (1968) est l'histoire d'une grande passion dans la société mondaine de Genève, passion qui mène à la mort. Venu des îles grecques (Corfou) et travaillant en Suisse, Cohen apporte à la littérature française une atmosphère et un style très originaux, loin des traditions 'parisiennes'.

△ *Marc Chagall (1887-1985), 'La vierge au traineau', 1947*
▷▷ *Marguerite Yourcenar photographiée par Gisèle Freund, île des Monts-Déserts, 1974*

Le livre de ma mère

Je suis hanté par cette scène que je lui fis. 'Je demande pardon', sanglotait mon adorable. Elle était si épouvantée par son péché d'avoir osé téléphoner à cette comtesse et de lui avoir demandé 'si mon fils Abert est toujours chez vous, madame'. Cette comtesse, à cause de qui je fis du mal à ma sainte mère, était une crétine sans postérieur, qui prenait au sérieux les fonctions et les décorations de son diplomate de mari, et qui parlait sans arrêt, l'idiote, comme un perroquet ivre de vin blanc. 'Je ne le ferai plus', sanglotait mon adorable. Lorsque je vis les taches bleues sur ses mains, les larmes me vinrent et je m'agenouillai et je baisai follement ses petites mains et elle baisa mes mains et nous nous regardâmes, fils et mère à jamais. Elle me prit sur ses genoux et elle me consola. Mais lorsque le lendemain soir, je m'en fus à une autre brillante réception, je n'emmenai pas ma mère avec moi.

Elle ne s'indignait pas d'être ainsi mise de côté. Elle ne trouvait pas injuste son destin d'isolée, son pauvre destin de rester cachée et de ne pas connaître mes relations, mes idiotes relations mondaines, cette sale bande de bien élevés. Elle savait qu'elle ne connaissait pas ce qu'elle appelait 'les grands usages'. Elle acceptait, bon chien fidèle, son petit sort d'attendre, solitaire dans mon appartement et cousant pour moi, d'attendre mon retour de ces élégants dîners dont elle trouvait naturel d'être bannie. Attendre dans son obscurité, tout en cousant pour son fils, humblement attendre le retour de son fils lui suffisait. Admirer son fils revenu, son fils en smoking ou en habit et bien-portant, suffisait à son bonheur. Apprendre de lui les noms des importants convives lui suffisait. Connaître en détail les divers plats du luxueux menu et les toilettes des dames décolletées, de ces grandes dames qu'elle ne connaîtrait jamais, lui suffisait, suffisait à cette âme sans fiel. Elle savourait de loin ce paradis dont elle était exclue. Ma bien-aimée, je te présente à tous maintenant, fier de toi, fier de ton accent oriental, fier de tes fautes de français, follement fier de ton ignorance des grands usages. Un peu tardive cette fierté.

Marguerite Yourcenar

Marguerite Yourcenar (anagramme de de Crayencour; 1903-1987) est née à Bruxelles. Sa mère meurt quelques jours après sa naissance et elle est élevée par un père original et cultivé qui lui fait découvrir la littérature et le monde: ils voyagent beaucoup; elle approfondit ses connaissances du latin et du grec. Elle découvre tôt ses tendances homosexuelles et en parle dans ses écrits. Pendant la deuxième guerre mondiale elle s'installe définitivement aux États-Unis, dans l'île des Monts-Déserts. Elle est en 1980 la première femme à être élue à l'Académie française.

Elle publie d'abord des récits qui montrent l'influence de Gide (*Alexis ou le traité du vain combat,* 1929; *Nouvelles orientales,* 1938). La célébrité vient avec la publication de deux romans historiques, les *Mémoires d'Hadrien* (1951), qui est l'autobiographie fictive d'un empereur romain, et *L'œuvre au noir* (1968), la biographie d'un savant imaginaire du 16e siècle. Enfin, de 1974 à 1988 paraissent trois volumes de mémoires, consacrés à l'histoire de sa famille (*Le labyrinthe du monde*).

Marguerite Yourcenar se documente avec minutie, comme les grands auteurs réalistes du 19e siècle; elle reconstitue l'atmosphère politique et intellectuelle de Rome et de la Renaissance. Même ses ouvrages autobiographiques ont une valeur de document historique. Loin des expériences de l'avant-garde, Yourcenar est une 'classique moderne'.

Quoi? L'Éternité

Ce livre (1988) est le troisième volet de l'histoire familiale intitulée 'Le labyrinthe du monde'. Le centre du récit est encore une fois le personnage de son père. Cette scène se passe en 1900. Jeanne, l'amie de la mère de Yourcenar, est fiancée à un jeune Hollandais, Johann-Karl.

Quelques semaines plus tard, ils se trouvaient dans l'île de Texel, dans la grande paix d'avant l'arrivée des familles estivantes, déjà à l'époque envahissant les plages et les dunes. Ils sont quasi seuls dans leur hôtel perché au haut d'une falaise de sable. En pleine nuit, elle ouvre sans bruit la porte-fenêtre qui donne directement sur la dune. Ses pieds nus touchent avec bonheur l'herbe rare et rude. Le vent venu de très loin souffle doucement sur elle, apportant un peu du bruit amorti des vagues. L'air et l'eau la baignent plus complètement qu'ils ne le feraient au soleil. C'est alors qu'elle entend le léger crissement d'une autre porte à ras sur le sable. Johann-Karl est là, invisible autant qu'elle l'est elle-même. La crainte d'une sensation inconnue, mais souhaitée, l'effleure un instant, puis cesse aussitôt qu'il approche.

Il est bon de s'étreindre aussi, peau contre peau, chair contre chair, sans en passer par les petites décences et les petites indécences des vêtements qui s'ouvrent et qui tombent. Pas très sûre de l'aimer, pas particulièrement avide de se donner à lui, elle répond simplement au désir par le désir. Le couple tout debout s'agenouille sans desserrer l'étreinte; il est contre elle, et elle contre lui, comme ils le seraient chacun contre un tiède rocher (...). L'échange terminé, ils se séparent. Elle rentre seule dans sa chambre comme elle l'a voulu.

Ils eurent deux ou trois rencontres du même genre, mais sans la solennité de l'air libre et de la nuit, dans la maison de ville que Johann-Karl habite, ou plutôt qu'il n'habite pas, à La Haye, et où il s'agira bientôt de tout mettre en état en vue du prochain mariage: faire faire quelques raccords aux vieux parquets de marqueterie, retrouver ça et là un stuc de Daniel Marot, blanc sur bleu, un peu effrité par le temps. Johann-Karl exige le grand jour dans la chambre dépourvue de rideaux à la mode hollandaise: la vitre n'encadre, au dessus du toit d'en face, qu'un grand rectangle de ciel. Ce grand jour plaît à Jeanne.

Raymond Queneau

Raymond Queneau (1903-1976) est avant tout un expérimentateur du langage. Dans *Les exercices de style* (1947), il reprend 99 fois de suite la même histoire en changeant chaque fois le point de vue du narrateur, le vocabulaire, le style. Les aventures de *Zazie dans le métro* (1959), avec l'emploi de l'argot et de l'écriture phonétique, le font connaître du grand public. En 1960, Queneau fonde avec Georges Perec et d'autres auteurs l'*Oulipo,* un groupe pour l'expérimentation de formes littéraires nouvelles; il poursuit son œuvre poétique avec en particulier *Cent Mille Milliards de poèmes* (1961).

Les exercices de style

Récit

Un jour vers midi du côté du parc Monceau, sur la plate-forme arrière d'un autobus à peu près complet de la ligne S (aujourd'hui 84), j'aperçus un personnage au cou fort long qui portait un feutre mou entouré d'un galon tressé au lieu de ruban. Cet individu interpella tout à coup son voisin en prétendant que celui-ci faisait exprès de lui marcher sur les pieds chaque fois qu'il montait ou descendait des voyageurs. Il abandonna d'ailleurs rapidement la discussion pour se jeter sur une place devenue libre.

Deux heures plus tard, je le revis en grande conversation avec un ami qui lui conseillait de diminuer l'échancrure de son pardessus en en faisant remonter le bouton supérieur par quelque tailleur compétent.

Hésitations

Je ne sais pas très bien où ça se passait... dans une église, une poubelle, un charnier? un autobus peut-être? Il y avait là... mais qu'est-ce qu'il y avait donc là? Des œufs, des tapis, des radis? Des squelettes? Oui, mais avec encore leur chair autour, et vivants. Je crois bien que c'est ça. Des gens dans un autobus. Mais il y en avait un (ou deux?) qui se faisait remarquer, je ne sais plus très bien par quoi. Par sa mégalomanie? Par son adiposité? Par sa mélancolie? Mieux...plus exactement... par sa jeunesse ornée d'un long... nez? menton? pouce? non: cou, et d'un chapeau étrange, étrange, étrange. Il se prit de querelle, oui c'est ça, avec sans doute un autre voyageur (homme ou femme? enfant ou vieillard?). Cela se termina, cela finit bien par se terminer d'une façon quelconque, probablement par la fuite de l'un des deux adversaires.

Je crois bien que c'est le même personnage que je rencontrai, mais où? Devant un charnier? devant une poubelle? Avec un camarade qui devait lui parler de quelque chose, mais de quoi? de quoi? de quoi?

Négativités

Ce n'était ni un bateau, ni un avion, mais un moyen de transport terrestre. Ce n'était ni le matin, ni le soir, mais midi. Ce n'était ni un bébé, ni un vieillard, mais un homme jeune. Ce n'était ni un ruban, ni une ficelle, mais du galon tressé. Ce n'était ni une procession, ni une bagarre, mais une bousculade. Ce n'était ni un aimable, ni un méchant, mais un rageur. Ce n'était ni une vérité, ni un mensonge, mais un prétexte. Ce n'était ni un debout, ni un gisant, mais un voulant-être assis.

Ce n'était ni la veille, ni le lendemain, mais le jour même. Ce n'était ni la gare du Nord, ni la gare de Lyon, mais la gare Saint Lazare. Ce n'était ni un parent, ni un inconnu, mais un ami. Ce n'était ni une injure, ni une moquerie, mais un conseil vestimentaire.

Rêve

Il me semblait que tout fût brumeux et nacré autour de moi, avec des présences multiples et indistinctes, parmi lesquelles cependant se dessinait assez nettement la seule figure d'un homme jeune dont le cou trop long semblait annoncer déjà par lui-même le caractère à la fois lâche et rouspéteur du personnage. Le ruban de son chapeau était remplacé par une ficelle tressée. Il se disputait ensuite avec un individu que je ne voyais pas, puis, comme pris de peur, il se jetait dans l'ombre d'un couloir.

Une autre partie du rêve me le montre marchant en plein soleil devant la gare Saint-Lazare. Il est avec un compagnon qui lui dit: 'Tu devrais faire ajouter un bouton à ton pardessus.'

Là-dessus, je m'éveillai.

Georges Perec

Georges Perec (1936-1982) est le fils de juifs polonais immigrés. Ses parents sont tués pendant la guerre. Perec considère la littérature comme un exercice de virtuosité: il s'impose toutes sortes de contraintes: il écrit un roman dans lequel la lettre *e*, la plus utilisée en français, ne figure pas une seule fois (*La disparition,* 1969). Dans *Un cabinet d'amateur* (1979), Perec décrit minutieusement une collection de tableaux inexistants. *La vie mode d'emploi* (1978) est son roman le plus célèbre: les 99 chapitres sont consacrés aux 99 pièces d'un immeuble et à la vie de leurs occupants.

La disparition

Anton Voyl, le héros, souffre d'insomnie.

Il fit tout pour dormir, mais il n'y parvint jamais. Il mit un pyjama à pois, puis un maillot, puis un collant, puis un foulard... Mais tout s'affirmait vain. Il n'y arrivait pas. Il croyait s'assoupir, mais ça fondait sur lui, dans lui, ça bourdonnait tout autour. Ça l'opprimait. Ça l'asphyxiait.

Un voisin compatissant l'accompagna à la consultation à l'hôpital Cochin. Il donna son nom, son rang d'immatriculation à l'Association du Travail. On l'invita à subir auscultation, palpation, puis radio. Il fut d'accord. On s'informa: souffrait-il? Plus ou moins, dit-il. Qu'avait-il? Il n'arrivait pas à dormir.

▽▽ *Yves Klein (1928-1962), 'Relief éponge bleu sans titre', 1960*
▽ *Illustration de Carelman pour 'Exercices de style'*

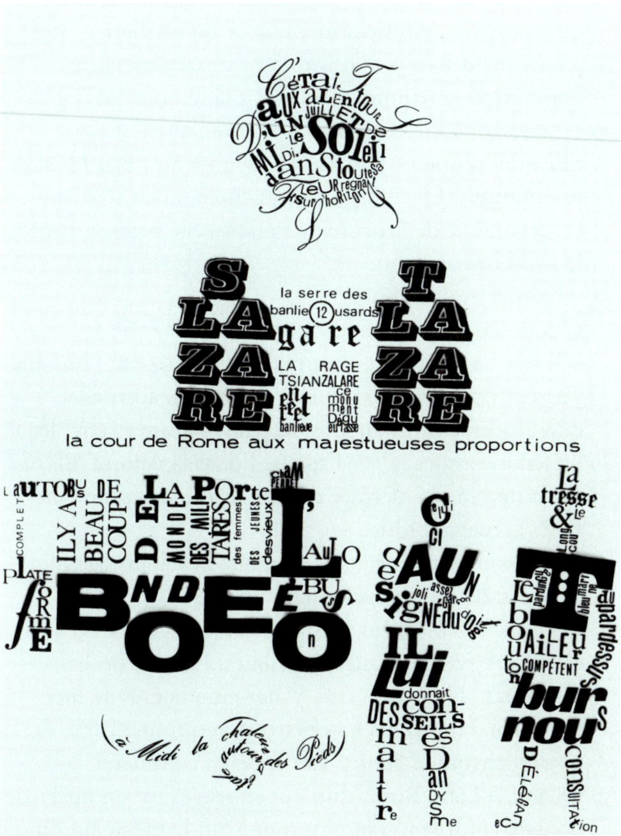

Michel Tournier

△ *Michel Tournier et J.M.G. Le Clézio (à droite)*
▷▷ *Willem de Kooning (1904), 'Sans titre IX', 1975*

Michel Tournier (1924) fait de 1946 à 1949 un séjour en Allemagne où il étudie la philosophie. Plus tard il fait des traductions et, entre autres, anime à la télévision une émission sur la photographie. Tournier aime écrire des histoires que tout le monde connaît. Ses romans reprennent des mythes connus mais il les modifie, il les subvertit. C'est à travers les histoires mille fois répétées que l'écrivain peut mettre en cause l'ordre établi.

Vendredi ou les limbes du Pacifique (1967) renverse les rôles de Robinson et de Vendredi dans le roman célèbre de Defoe. Dans *Le roi des aulnes* (1970), Abel Tiffauges, un garagiste parisien, assouvit ses penchants pervers dans l'Allemagne nazie. Ce roman d'une profonde ambiguïté morale, a choqué tout en ayant eu un immense succès. *La goutte d'or* (1985) raconte les aventures d'Idriss, un jeune Marocain qui part à Paris à la recherche de sa photo.

La goutte d'or

Le soleil flambait en plein ciel quand il aperçut dans le tremblement de la terre surchauffée, glissant sur un boqueteau de tamaris, la silhouette pataude d'une Land Rover. Elle ne roulait pas très vite, mais Idriss n'avait aucune chance de la ratrapper. D'ailleurs il n'y songeait pas. Cloué par l'étonnement et la timidité, il s'arrêta, bientôt entouré par ses moutons et ses chèvres. La Land Rover, braquant vers le nord, s'engageait maintenant sur la piste de Béni Abbès. Dans cinq minutes, elle serait hors de vue. Non. Elle ralentissait. Elle amorçait un demi-tour. Elle reprenait de la vitesse et fonçait droit sur lui. Il y avait deux personnes à bord, un homme au volant et à côté de lui une femme dont Idriss ne distingua d'abord que les cheveux blonds et les grosses lunettes noires. La voiture stoppa. La femme retira ses lunettes et sauta à terre. Ses cheveux flottaient en nappe décolorée sur ses épaules. Elle portait une chemise kaki très échancrée et un short outrageusement court. Idriss remarqua aussi ses ballerines dorées et pensa qu'elle n'irait pas loin avec ça dans la pierraille environnante. Elle brandissait un appareil de photo.

– Hé petit! Ne bouge pas trop, je vais te photographier.

– Tu pourrais au moins lui demander son avis, grommela l'homme. Il y en a qui n'aiment pas ça.

– C'est bien à vous de le dire! remarqua la femme.

Idriss prêtait l'oreille et rassemblait les bribes de français qu'il possédait pour comprendre ce qui se disait. Visiblement il faisait l'objet d'une discussion entre l'homme et la femme, mais c'était la femme qui s'intéressait à lui, cela surtout le troublait. (...)

Elle avait plusieurs fois réarmé, visait à nouveau Idriss et ses moutons. Elle le regardait maintenant en souriant, et, débarassée de l'appareil de photo, elle paraissait enfin le voir normalement.

– Donne-moi la photo.

C'était les premiers mots que prononçait Idriss.

– Il veut sa photo, c'est normal, non? intervint l'homme. Tu vois, on devrait toujours emporter un appareil à développement instantané. Le pauvre gosse va être déçu.

La femme avait replacé l'appareil dans la voiture. Elle en sortit une carte enfermée dans un cadre de cellophane. Elle s'aprocha d'Idriss.

– Impossible, mon gars. Il faut faire développer le film et demander des tirages. Ta photo, on te l'enverra. Regarde. On est là, tu vois: Tabelbala. La tache verte, c'est ton oasis. Demain Béni Abbès. Ensuite Béchar. Puis Oran. Là, le car-ferry. Vingt-cinq heures de mer. Marseille. Huit cents kilomètres d'autoroute. Paris. Et là, on t'envoie ta photo. Tu t'appelles comment?

Quand la Land Rover disparut en soulevant un nuage de poussière, Idriss n'était plus tout à fait le même homme.

J.M.G. Le Clézio

J.M.G. Le Clézio (1940) vit à Nice, a fait plusieurs voyages au Mexique. Pour lui, le monde moderne est le mal; ses personnages cherchent à fuir les grandes villes, ils voyagent dans l'espoir de retrouver, souvent grâce aux mythes ou dans d'autres civilisations (les Touaregs en Afrique, les Mayas du Mexique), une vie simple et naturelle. Ses romans les plus célèbres sont *Le procès verbal* (1963), *L'inconnu sur la terre* (1978) et *Désert* (1980).

L'inconnu sur la terre

J'aime la plus belle des lumières, chaude, jaune, celle qui apparaît quelquefois l'après-midi sur le mur d'une chambre face au sud. C'est en elle que je voudrais habiter, pendant des jours, des mois, des années. Souple, tiède, vivante, douce, jaune comme la paille, jaune comme la flamme des allumettes, elle entre par la fenêtre ouverte sans que je sache d'où elle vient, de quels sables, de quels champs de maïs ou de blé mur. Elle entre, pareille à une chevelure de femme, elle se met à bouger entre les murs de la chambre, d'un mouvement continu qui emplit de bonheur, d'un seul long mouvement qui se déploie et rebondit sans cesse, la belle lumière chaude, la lumière d'été.(...)

On n'entend pas son bruit. C'est à l'intérieur des oreilles qu'elle murmure son chant, c'est à l'intérieur du ventre qu'elle fait tourner sa ronde. Lumière de la paix, et il n'y aura jamais d'autre paix, jamais de bonheur plus grand dans le monde. Les guerres, les crimes, les mensonges, la faim, la soif, la souffrance, tout cela s'efface quand cette lumière emplit l'espace. C'est elle que les hommes veulent voir.

Désert

Lalla Hawa, jeune fille venue du désert, est devenue un mannequin célèbre. Elle danse ici dans une boîte de nuit.

Elle danse, pour partir, pour devenir invisible, pour monter comme un oiseau vers les nuages. Sous ses pieds nus, le sol de plastique devient brûlant, léger, couleur de sable, et l'air tourne autour de son corps à la vitesse du vent. Le vertige de la danse fait apparaître la lumière, maintenant, non pas la lumière dure et froide des spots, mais la belle lumière du soleil, quand la terre, les rochers et même le ciel sont blancs.

C'est la musique lente et lourde de l'électricité, des guitares, de l'orgue et des tambours, elle entre en elle, mais peut-être qu'elle ne l'entend même plus. La musique est si lente et profonde qu'elle couvre sa peau de cuivre, ses cheveux, ses yeux. L'ivresse de la danse s'étend autour d'elle, et les hommes et les femmes, un instant arrêtés, reprennent les mouvements de la danse, mais en suivant le rythme du corps de Hawa, en frappant le sol avec leurs doigts de pieds et leurs talons... La lourde chevelure de Hawa se soulève et frappe ses épaules en cadence, ses mains aux doigts écartés frémissent. Sur le sol vitrifié, les pieds nus des hommes et des femmes frappent de plus en plus vite, de plus en plus fort, tandis que le rythme de la musique électrique s'accélère. Dans la grande salle, il n'y a plus ces villes sans espoir, ces villes d'abîme, ces villes de mendiants et de prostituées, où les rues sont des pièges, où les maisons sont des tombes. Il n'y a plus tout cela, le regard ivre des danseurs a effacé tous les obstacles, tous les mensonges anciens. Maintenant, autour de Lalla Hawa, il y a une étendue sans fin de poussière et de pierres blanches, une étendue vivante de sable et de sel, et les vagues des dunes.

Christiane Rochefort

Christiane Rochefort (1917) est une romancière de l'actualité (*Les petits enfants du siècle,* 1961; *Printemps au parking,* 1969; *La porte du fond,* 1988). Ses personnages, en général des jeunes femmes parlant à la première personne, sont emblématiques: ils vivent de près les grands problèmes sociaux de l'époque contemporaine: crise du logement, immigration, drogues, inceste.

Les petits enfants du siècle

Ce roman se déroule dans les grands ensembles de la banlieue parisienne. Josyane, la narratrice, est la fille aînée de la famille Rouvier. Elle s'occupe de ses dix frères et sœurs, dont le petit Nicolas. Elle raconte ici sa vie au quotidien.

Je n'avais pas d'amies à l'école; je n'aime pas les filles, elles sont con. Fatima c'était spécial, on pouvait causer. On s'est revues. Mais on n'avait jamais le temps, c'était toujours elle allant aux courses, moi en revenant, ou le contraire. Et c'est dommage, parce que je l'aimais bien. Ça me faisait toujours plaisir quand je la voyais arriver de loin, avec ses grands cheveux noirs, et son sourire. Fatima et moi, on se comprenait. Mais elle partit, ils allaient dans les grandes maisons de Nanterre, parce qu'içi ils n'avaient plus assez de place, ils étaient onze dans trois pièces. je dis à Nicolas que Fatima était partie. J'étais triste.

Tous les soirs en allant me coucher, je le trouvais dressé sur mon lit. Je n'allume pas pour me déshabiller, afin de ne pas éveiller les petits, mais lorsqu'il y a la lune on voit tout clair dans la chambre; Nicolas ne s'endormait jamais avant que je sois venue lui parler et l'embrasser, et ça me faisait plaisir de le voir là, qui m'attendait, et de le sentir contre moi tout chaud et doux. (...) Catherine s'agite dans de mauvais rêves; Chantal, toujours le nez pris, ronfle aussi fort que le père, chétive comme elle est. Dès que je l'ai embrassé, Nicolas s'endort comme un ange et ne bouge plus.

A deux ans et demi, il ne parlait pas. Pas même papa maman. Ils finissaient tout de même par s'étonner. Ils essayaient de le faire parler, dis maman, papa, pa pa pa... Rien. Pipi. Il les regardait d'un air abruti. Da da da, bafouillaient les tantes le dimanche en lui chatouillant le museau. il secouait la tête comme s'il était couvert de mouches, et si on s'obstinait il grognait.

'Il est peut-être muet', conclut tante Odette après une série d'échecs et il l'avait mordue. Ce petit. 'Pourtant tous les enfants m'adorent sans exception.'

Elle était grasse et avait une grande poitrine, comme une paire d'oreillers; les enfants devaient sans doute confondre.

'Je ne vois qu'une chose, il est peut-être muet.

– C'est gai, dit la mère. Faudra le mettre aux Arriérés. D'un côté, ajouta-t-elle, s'il est muet il ne nous cassera au moins pas les oreilles.

– Oh! maman!

– Quoi? me dit-elle.

– Tu ne devrais pas devant lui! En tout cas il n'est pas sourd.

– Y peut pas comprendre, dit-elle. Tiens, essuie le grand plat et fais attention de pas le foutre par terre.'

Pour la conversation, elle au moins, elle se posait là.

'Con maman!'

On se retourna en se demandant d'où ça venait. C'était Nicolas qui disait ses premiers mots.

'Ben dis donc! dit la tante.

– Con maman, con tante.

– En voilà des façons de parler où t'as appris ça!' dit la mère et elle lui fila une beigne. C'était sa première. Il ne pleura pas. Il se marrait. Quant à où il avait appris, j'aurais pu en dire long. On ne se méfie pas assez des bébés. J'essuyais mon plat.

'C'est Josyane qui lui a appris, dit Chantal. La nuit elle lui raconte des histoires. J'entend.'

Je posais le plat et je sautais sur Chantal, la mère s'élança au secours de son enfant, la tante essaya de m'empoigner, Nicolas mordit Chantal aux mollets et pas pour rire d'après le cri qu'elle poussa, et après c'est la mère qui s'étala en entraînant le sèche-assiettes. On ramassa les morceaux du grand plat, j'étais ravie qu'il soit cassé et pas par moi; et bref ce fut un dimanche comme les autres.

Françoise Sagan

Françoise Sagan connaît un immense succès dès son premier roman qu'elle publie à 19 ans (*Bonjour tristesse,* 1954). L'auteur dit admirer les œuvres de Sartre et de Simone de Beauvoir, mais elle exprime l'attitude désenchantée d'une nouvelle génération. Françoise Sagan publie avec une grande régularité; les sujets de ses romans changent à peine: elle esquisse, dans des intrigues simples, les drames discrets de couples dans un milieu caractérisé par la richesse, l'ennui, l'alcool, et un désespoir tranquille.

Bonjour tristesse

Cécile passe avec son père Raymond des vacances d'été insouciantes, en toute liberté; elle supporte mal l'arrivée d'Anne, la nouvelle maîtresse de son père.

Je me débattais des heures entières dans ma chambre pour savoir si la crainte, l'hostilité que m'inspirait Anne à présent se justifiaient ou si je n'étais qu'une petite jeune fille égoïste et gâtée en veine de fausse indépendance.

En attendant, je maigrissais un peu plus chaque jour, je ne faisais que dormir sur la plage et, aux repas, je gardais malgré moi un silence anxieux qui finissait par les gêner. Je regardais Anne, je l'épiais sans cesse, je me disais tout au long du repas: 'Ce geste qu'elle a eu vers lui, n'est-ce pas l'amour, un amour comme il n'y en aura jamais d'autre? Et ce sourire vers moi avec ce fond d'inquiétude dans les yeux, comment pourrais-je lui en vouloir?' Mais soudain, elle disait: 'Quand nous serons rentrés, Raymond...' Alors l'idée qu'elle allait partager notre vie, y intervenir, me hérissait. Elle ne me semblait plus qu'habileté et froideur. Je me disais: 'Elle est froide, nous sommes indépendants; elle est réservée, nous sommes gais. Il n'y a que nous deux de vivants et elle va se glisser entre nous avec sa tranquillité, elle va se réchauffer, nous prendre peu à peu notre bonne chaleur insouciante, elle va nous voler tout, comme un beau serpent.' Je me répétais, un beau serpent... un beau serpent! Elle me tendait le pain et soudain je me réveillais (...) je me sentais blêmir de honte, je la regardais, je la suppliais tout bas de me pardonner. Parfois, elle surprenait ces regards et l'étonnement, l'incertitude assombrissaient son visage, coupaient ses phrases. Elle cherchait instinctivement mon père des yeux; il la regardait avec admiration ou désir, ne comprenait pas la cause de cette inquiétude. Enfin, j'arrivais peu à peu à rendre l'atmosphère étouffante et je m'en détestais.

▷▷ *Françoise Sagan au moment du succès fulgurant de 'Bonjour tristesse'*
▽ *La star des années 50, Brigitte Bardot dans 'Et Dieu créa la femme' de Roger Vadim*

Patrick Modiano

La vie de Patrick Modiano (1945) est profondément marquée par un père juif qui disparaît quelques années après sa naissance et par la mort de son frère en 1957. Modiano écrit contre l'oubli. Dans tous ses romans (*La place de l'étoile,* 1968; *Villa triste,* 1975; *Livret de famille,* 1977) il se tourne vers le passé, en particulier la période de l'occupation, pour le reconstruire et pour trouver sa propre identité. Modiano écrit des récits simples, brefs et mystérieux. Il aime les emprunts et le pastiche, il se plaît à 'copier' Morand et Simenon.

△ Patrick Modiano et Annie Ernaux
▷▷ Rob Scholte (1958), 'Reproduction obligatoire', 1986

Livret de famille

Le narrateur découvre que l'appartement dans lequel il a vécu autrefois est à louer: les lieux de son enfance réveillent des souvenirs très anciens.

Je montai le petit escalier intérieur jusqu'au cinquième étage et j'entrai dans la pièce de droite, transformée en salle de bains par mon père. Le dallage noir, la cheminée, la baignoire de marbre clair étaient toujours là, mais dans la chambre côté Seine, les boiseries bleu ciel avaient disparu, et je contemplai le mur nu. Il portait par endroits des lambeaux de toile de Jouy, vestiges des locataires qui avaient précédé mes parents et j'ai pensé que si je grattais ces lambeaux de toile de Jouy, je découvrirais de minuscules parcelles d'un tissu encore plus ancien.

Il était près de huit heures du soir et je me demandais si le roux brillantiné de l'agence ne m'avait pas oublié. La chambre baignait dans cette lumière de soleil couchant qui faisait sur le mur du fond, de petits rectangles dorés, les mêmes qu'il y a vingt ans. L'une des fenêtres était entrouverte et je me suis accoudé à la barre d'appui. Très peu de circulation. Quelques pêcheurs tardifs à la pointe de l'île, sous les feuillages lourds du jardin du Vert-Galant. Un bouquiniste dont je reconnaissais la haute silhouette et la pélerine – il était déjà là du temps de mon enfance – pliait son siège de toile portatif et s'en allait d'une démarche lente vers le pont des Arts.

A quinze ans, lorsque je me réveillais dans cette chambre, je tirais les rideaux, et le soleil, les promeneurs du samedi, les bouquinistes qui ouvraient leurs boîtes, le passage d'un autobus à plate-forme, tout cela me rassurait. Une journée comme les autres. La catastrophe que je craignais, sans savoir trop bien laquelle, n'avait pas eu lieu. Je descendais dans le bureau de mon père et j'y lisais les journeaux du matin. Lui, vêtu de sa robe de chambre bleue, donnait d'interminables coups de téléphone. Il me demandait de venir le chercher, en fin d'après-midi, dans quelque hall d'hôtel où il fixait ses rendez-vous. Nous dînions à la maison. Ensuite nous allions voir un vieux film ou manger un sorbet, les nuits d'été, à la terrasse du Ruc-Univers. Quelquefois nous restions tous deux dans son bureau, à écouter des disques ou à jouer aux échecs, et il se grattait de l'index le haut du crâne avant de déplacer un pion. Il m'accompagnait jusqu'à ma chambre et fumait une dernière cigarette en m'expliquant ses 'projets'.

Et comme les couches successives de papiers peints et de tissus qui recouvrent les murs, cet appartement m'évoquait des souvenirs plus lointains: les quelques années qui comptent tant pour moi, bien qu'elles aient précédé ma naissance. À la fin d'une journée de juin 1942, par un crépuscule aussi doux que celui d'aujourd'hui, un vélo-taxi s'arrête, en bas, dans le renfoncement du quai Conti, entre la Monnaie et l'Institut. Une jeune fille descend du vélo-taxi. C'est ma mère. Elle vient d'arriver à Paris par le train de Belgique.

Annie Ernaux

Née dans un milieu modeste, Annie Ernaux (1940) fait des études universitaires et connaît l'expérience douloureuse de la distance qui sépare les divers milieux sociaux. Elle écrit aux limites de la sociologie et de la littérature. *La place* (1983) est un hommage à la mémoire de son père. Le même souci d'observation 'sociologique' dépouillée caractérise *Passion simple* (1991), le récit de sa passion pour A., un homme marié venu de l'Est.

Passion simple

Pendant des semaines:

je me suis réveillée au milieu de la nuit, restant jusqu'au matin dans un état indistinct, éveillée et incapable de penser. Je voulais m'enfouir dans le sommeil mais il demeurait continuellement comme au-dessous de moi.

je n'avais pas envie de me lever. Je voyais la journée devant moi, sans projet. La sensation que le temps ne me conduisait plus à rien, il me faisait seulement vieillir.

au supermarché, je pensais, 'je n'ai plus besoin de prendre telle chose' (du whisky, des amandes, etc.).

je regardais les chemisiers, les chaussures que j'avais achetés pour un homme, redevenues des fringues sans signification, juste pour être à la mode. Était-il possible de désirer ces choses, n'importe quelle chose, autrement que pour quelqu'un, pour servir l'amour? Il m'a fallu un châle à cause du froid vif: 'Il ne le verra pas.'

je ne supportais personne. Les gens que j'arrivais à fréquenter étaient ceux que j'avais connu durant ma relation avec A. Ils figuraient dans ma passion. Même s'ils ne m'inspiraient aucun intérêt ou estime, j'avais une sorte d'affection pour eux. Mais je ne pouvais pas regarder à la télévision un présentateur d'émission, un acteur, en qui j'aimais auparavant retrouver l'allure, les mimiques, les yeux de A. Ces signes de lui dans une autre personne dont je me fichais étaient comme une imposture. Je haïssais ces types de continuer à ressembler à A.

je faisais des vœux, s'il m'appelle avant la fin du mois je donne cinq cent francs à un organisme humanitaire.

j'imaginais qu'on se retrouvait dans un hôtel, un aéroport, ou qu'il m'envoyait une lettre. Je répondais à des paroles qu'il n'avait pas dites, à des mots qu'il n'écrira jamais.

si je me rendais dans un endroit où j'étais allée l'année dernière quand il était là – chez le dentiste ou à une réunion de professeurs –, je mettais le même tailleur qu'alors, essayant de me persuader que les mêmes circonstances produieraient les mêmes effets, qu'il m'appellerait le soir au téléphone. En me couchant vers minuit, abattue, je me rendais compte que j'avais réellement cru à cet appel toute la journée. (...)
Je calculais toujours 'il y a deux semaines, qu'il est parti', et 'l'année dernière, à cette date, j'étais là, je faisais ça'. À propos de n'importe quoi, l'ouverture d'un centre commercial, la visite de Gorbatchev à Paris, la victoire de Chang à Roland-Garros, immédiatement: 'C'était quand il était là.' Je revoyais des moments de cette époque, qui n'avaient rien de particulier – je suis dans la salle des fichiers de la Sorbonne, je marche boulevard Voltaire, j'essaie une jupe dans un magasin Benetton –, avec une telle sensation d'y être encore que je me demandais pourquoi il était impossible de *passer* dans ce jour-là, ce moment-là, de la même façon qu'on passe d'une chambre à l'autre.

Philippe Labro

Philippe Labro (1936), part à dix-huit ans faire ses études aux Etats-Unis, dans une université de Virginie. De retour en France, il devient reporter, journaliste pour la radio et la télévision; en même temps il écrit et réalise plusieurs films. Philippe Labro a publié cinq romans depuis 1960; *L'étudiant étranger* (1986) est un récit autobiographique et un roman d'initiation: un jeune Français des années cinquante, invité pour un an par une université américaine, fait l'apprentissage de la vie.

L'étudiant étranger

Je veux me conformer. Je veux être américain comme eux, comme les *freshmen* (première année), les *sophomores* (deuxième année), les *juniors* (troisième année) et les *seniors* (dernière année), parce que je me dis que c'est la seule chance de survivre à l'immense solitude qui se profile devant moi. Ça m'exalte d'être là, dans cette vallée perdue de Virginie, sur ce campus si beau et si impeccable que j'en ai eu un coup à la poitrine lorsque je l'ai découvert; ça m'exalte, parce que là-bas, loin, très loin, en France, mes frères ne le vivront jamais et les amis que j'ai laissés derrière moi, au lycée, au lendemain du bac philo, eux aussi ont raté cette formidable aventure. Alors je pense à eux très souvent – au début tout au moins – et ça me stimule, ça réveille en moi tout ce qui m'a toujours fait avancer malgré une timidité maladive, une pudeur farouche, des lambeaux de brume d'adolescent rêveur, silencieux, profondément concentré sur lui-même et sur ses gouffres. Mais c'est toujours: 'les autres', 'ils vont voir' qui m'ont poussé à des actions que je me croyais incapable d'accomplir. Or, les 'autres' ne sont pas ici dans le *dorm*, sur le campus. Je les ai quittés. Il me plaît d'imaginer qu'ils pensent à moi et qu'ils en meurent de jalousie douloureuse. Très bientôt, je les oublierai.

Bien sûr, ça m'exalte d'être là. Je ne me dis jamais: quelle chance tu as, tu es en train de vivre ce que peu de Français de ton âge auront l'occasion de connaître. Je suis incapable d'une telle analyse, car c'est celle d'un homme mûr, d'un 'vieux'. (...)

Pourtant, au début, je ne comprends rien. Ce qui est dit autour de moi, les mots, les phrases, les expressions. Ce qui est fait, les gestes, les simulacres. Ce qui est porté, les vêtements, les couleurs. Tout est nouveau, à traduire. Ça fait peur et en même temps ça me soulève de bonheur, de désir. Mais comme je n'ai pas le courage ou l'honnêteté de dire à haute voix à ceux qui m'entourent: 'Expliquez-moi', parce que je ne veux pas qu'ils me méprisent ou me négligent ou se moquent de moi, il faut que j'apprenne en faisant semblant d'avoir déjà tout compris. Cela signifie qu'il faut que je joue ma propre comédie, à l'intérieur de la comédie sociale du campus, des étudiants, de la petite ville, de l'Amérique silencieuse et profonde, l'Amérique tranquille des années tranquilles dont le président était un homme qui ressemblait à un père, cheveux blancs, front dégarni, lunettes cerclées. Mais cela ne m'est pas pénible. C'est comme si j'apprenais une façon nouvelle de faire la brasse coulée ou si je devais, du jour au lendemain, écrire de la main gauche. J'avance à pas feutrés dans une couleur verte qui n'est peut-être pas le vert qu'on m'avait montré depuis que je suis enfant. Si bien que je vis chaque instant de chaque jour dans un extraordinaire où la peur succède à l'émerveillement et l'émerveillement à la peur.

Alexandre Jardin

Alexandre Jardin (1965) a déja publié trois romans, tous des succès de librairie, dont *Fanfan* (1990): Alexandre, le narrateur, a vingt ans lorsqu'il tombe amoureux de la très jolie Fanfan (diminutif de Françoise). Il décide de ne jamais faire l'amour avec elle pour que sa passion pour elle dure éternellement. Bien sûr, Fanfan fera tout pour qu'Alexandre renonce à sa résolution.

Fanfan

Au lieu de retourner chez moi après le week-end à Orléans, je partis dans les Alpes cueillir un edelweiss, pour l'offrir à Fanfan. Je voulais commettre un acte susceptible de lui prouver l'étendue de ma passion, afin de mieux la déconcerter ensuite en m'abstenant de l'embrasser.

Mais derrière le calcul il y avait en moi une sincérité totale.

Plus le train progressait vers les Alpes, plus la joie me gagnait. J'avais le sentiment de vivre un roman en échappant à un comportement normal. Le sourire ne quittait pas mes lèvres.

Au wagon-bar, je rencontrai quelques étudiants qui se proposaient de fouler le sommet du mont Blanc dès le lendemain. Mes questions sur leur équipée nous lièrent superficiellement. Nous échangeâmes des propos insignifiants jusqu'à ce que l'un d'entre eux m'interrogeât sur ma destination.

– Je vais cueillir un edelweiss sur un sommet pour la fille que j'aime, répondis-je avec enthousiasme.

– Ta petite amie? s'enquit une fille, étonnée.

– Non, je l'aime trop pour la toucher.

Tous crurent d'abord à une farce.

– Où vas-tu vraiment?

– Je vous jure que c'est la vérité, protestai-je.

Il me fallut une demi-heure pour leur faire admettre que l'objet de mon périple était bien de rapporter un edelweiss à une femme, et une autre demi-heure pour qu'ils acceptent l'idée que je ne voulais pas étreindre celle que j'aimais et de qui j'étais aimé. Au bout de soixante minutes, les garçons me considéraient comme un extra-terrestre mais les filles, elles, n'avaient pas toutes l'air de juger mon attitude désuète.

J'eus beau dilapider mon énergie à tenter de convaincre les garçons de la nécessité de ma démarche, ils ne cessaient de se moquer de moi. Leur réaction me blessa et m'inspira des traits chargés d'ironie. Ces jeunes gens paraissent ignorer que les hommes n'ont été créés que pour aimer les femmes et qu'ils n'atteignent au sublime que lorsqu'ils entrent dans les sphères de la passion. Hors l'amour, ils ne sont que des pantins animés par des aspirations dérisoires. Hors l'amour, ils mènent une vie en trompe-l'oeil.

Je les laissai quelques heures plus tard sur le quai de la gare de Chamonix, certain de la beauté de mon entreprise. Ils me regardèrent m'éloigner avec perplexité. J'entendis alors une voix masculine murmurer:

– Il est cinglé...

– Et toi, ça fait combien de temps que tu ne m'as pas offert des fleurs? fit observer une voix de fille.

Ces deux phrases renforcèrent encore ma résolution. Coûte que coûte, il me fallait dénicher un edelweiss pour Fanfan.

◁◁ *Un campus typiquement américain*
▽ *Andy Warhol, 'Flowers', 1970*

Philippe Sollers

Au cours des années 70 et 80, le Nouveau Roman s'essouffle, la narration fait sa rentrée. Le Je réapparaît, les écrivains commencent à retrouver le goût du récit. Plusieurs Nouveaux Romanciers se mettent à écrire des autobiographies. Le retour au récit, décrié par le structuralisme et le Nouveau Roman, caractérise la littérature à l'époque postmoderne. Sollers et Toussaint représentent deux aspects différents de cette tendance.

Philippe Sollers (1936) est dans les années 60 le chef de file de l'avant-garde en littérature. Il dirige la revue *Tel Quel,* de tendance maoïste; en 1972 il visite la Chine avec Julia Kristeva et Roland Barthes. Ses romans de cette période sont des textes, des travaux sur le langage, ils ne ressemblent en rien au roman traditionnel.

Au début des années 80, Sollers prend une nouvelle direction; il crée une nouvelle revue, *L'infini,* il s'intéresse à des problèmes métaphysiques. Il écrit désormais des romans dont les sujets aussi bien que le style reflètent la vitesse et la complexité de la société informatisée (*Femmes,* 1983; *La fête à Venise,* 1991; *Le secret,* 1992).

Le secret

Dans 'Le secret', comme dans les autres romans de Sollers, le narrateur est le témoin lucide de la société contemporaine: montée générale de la corruption, crime organisé, monde où tout devient marchandise.

Mais n'exagérons rien. Nous vivons dans un monde dur, certes, mais qui n'en demeure pas moins magnifiquement humain. In God We Trust. La Pyramide sera. L'oeil qui nous contemple a une cornée éternelle, ne serait-ce d'ailleurs que son représentant sur terre: l'oeil tout puissant de la caméra. Si vous ne vendez pas vos organes, comme n'importe quel sous-prolétaire du tiers monde (qui pourra ainsi, avec un seul rein, faire vivre sa famille dans une relative aisance alors qu'autrement elle serait morte de faim), sachez pourtant que vous êtes guettés, chaque week-end, par des équipes spéciales, attendant avec impatience les accidents de la route. Vous serez, en cas d'écrabouillage, promptement délesté du principal et acheminé par bribes vers d'autres physiologies qui ont le plus urgent besoin de vos palpitants débris. Vos reins seront chez l'un, votre coeur ou votre rate chez l'autre, vos yeux se baladent chez un troisième (...). Bon, soit, vous voulez garder votre corps, mais votre image, elle, est bien à vendre? Allons plus loin: si vous êtes un peu connu, pourquoi ne pas enregistrer, ce serait si beau, le déroulement de votre agonie? Allons, un bon mouvement, vous aurez une programmation exceptionnelle. Le spectacle adore la mort, c'est sa nature même. Comme tel, il a déjà ses bienheureux, ses saints, ses martyrs, dont on célèbre sans cesse les apparitions miraculeuses. Soyez vous aussi un bon Christ, offrez-nous vos derniers moments. Faut-il filmer les pauvres, les misérables? Oui, sans doute, tous les hommes sont égaux, mais seulement s'ils sont dans l'actualité. Vous êtes éthiopien? Désolé, cette semaine on fait les Kurdes. Vous êtes croate? On a déjà donné avant-hier, ce soir ce sont les Serbes, chacun son tour. Les Somaliens? On est saturé pour trois mois. Une personnalité moribonde? Sans doute, mais alors de préférence, un jeune homme irrésistible, blond, boudeur, au masque cruel et pénétrant, raffiné, sûr de son charme pervers, déjà incomparable cadavre d'ange maudit ou de démon troublant, miam-miam.

▷▷ *Valerio Adami, 'Salle de bain à l'Hôtel Chelsea', 1969*
▽ *Philippe Sollers après l'émission de Guillaume Durand, 1992*

Jean-Philippe Toussaint

Depuis les années 80, les Éditions de Minuit, qui avaient lancé 30 ans plus tôt le Nouveau Roman, publient une nouvelle génération d'écrivains qui, contrairement aux Nouveaux Romanciers, racontent des histoires. Pourtant ce n'est pas un retour au roman à la Balzac. Jean-Philippe Toussaint (1957) est l'un des représentants les plus caractéristiques de ce 'Nouveau Nouveau Roman'. Ses personnages refusent d'agir, d'exprimer leurs sentiments. Ils préfèrent la méditation, comme dans *La salle de bain* (1985) où le narrateur constate que tout mouvement mène vers l'immobilité et la mort. C'est un 'art minimal': l'intrigue est très mince, la métaphysique est présentée pauvrement, avec ironie.

La salle de bain

1) Lorsque j'ai commencé à passé mes après-midi dans la salle de bain, je ne comptais pas m'y installer; non, je coulais là des heures agréables, méditant dans la baignoire, parfois habillé, tantôt nu. Edmondsson, qui se plaisait à mon chevet, me trouvait plus serein; il m'arrivait de plaisanter, nous riions. Je parlais avec de grands gestes, estimant que les baignoires les plus pratiques étaient celles à bords parallèles, avec dossier incliné, et un fond droit qui dispense l'usager de l'emploi du butoir cale-pieds.

2) Edmondsson pensait qu'il y avait quelque chose de désséchant dans mon refus de quitter la salle de bain, mais cela ne l'empêchait pas de me faciliter la vie, subvenant aux besoins du foyer en travaillant à mi-temps dans une galerie d'art.

3) Autour de moi se trouvaient des placards, des porte-serviettes, un bidet. Le lavabo était blanc; une tablette le surplombait, sur laquelle reposaient brosses à dents et rasoirs. Le mur qui me faisait face, parsemé de grumeaux, présentait des craquelures; des cratères ça et là trouaient la peinture terne. Une fissure semblait gagner du terrain. Pendant des heures, je guettais ses extrémités, essayant vainement de surprendre un progrès. Parfois je tentais d'autres expériences. Je surveillais la surface de mon visage dans un miroir de poche et, parallèlement, les déplacements de l'aiguille de ma montre. Mais mon visage ne laissait rien paraître. Jamais.

4) Un matin, j'ai arraché la corde à linge. J'ai vidé tous les placards, débarrassé les étagères. Ayant entassé les produits de toilette dans un grand sac-poubelle, j'ai commencé à déménager une partie de ma bibliothèque. Lorsque Edmondsson rentra, je l'accueillis un livre à la main, allongé, les pieds croisés sur le robinet.

5) Edmondsson a fini par avertir mes parents.

6) Maman m'apporta des gâteaux. Assise sur le bidet, le carton grand ouvert posé entre ses jambes, elle disposait les pâtisseries dans une assiette à soupe. Je la trouvais soucieuse, depuis son arrivée elle évitait mes regards. Elle releva la tête avec une lasse tristesse, voulut dire quelque chose, mais se tut, choisissant un éclair dans lequel elle croqua. Tu devrais te distraire, me dit-elle, faire du sport, je ne sais pas moi. Elle s'essuya le coin des lèvres avec son gant. Je répondis que le besoin de divertissement me paraissait suspect. Lorsque, en souriant presque, j'ajoutai que je ne craignais rien moins que les diversions, elle vit bien que l'on ne pouvait pas discuter avec moi et, machinalement, me tendit un mille-feuilles.

L'écriture féminine

△ *Niki de Saint-Phalle (1930), 'La dame et le petit chien'*
▷▷ *L'actrice Isabelle Huppert, 1994*

Le féminisme, c'est-à-dire le mouvement qui revendique l'égalité des femmes à tous les échelons de la vie sociale, est un phénomène caractéristique des dernières décennies. Le nombre des auteurs-femmes a considérablement augmenté. Elles parlent de la prise de conscience des femmes, elles cherchent à définir leur particularité.

Le deuxième sexe (1949) de Simone de Beauvoir est un premier signal. Au début, le féminisme recherche surtout l'égalité avec les hommes: il ne s'agit pas de changer les structures, mais d'y intégrer les femmes. Le féminisme critique la société, construite depuis des siècles selon la volonté des hommes: la femme est reléguée au foyer, idéalisée mais soumise et victime; l'homme détient le pouvoir.

Plus tard, le féminisme insiste davantage sur la différence et refuse certaines visions masculines de la femme, celle des romantiques, celle des surréalistes, celle de Freud. Mais si 'l'éternel féminin' est une invention des mâles, est-il possible, pour les femmes, de définir 'la féminité'?

La différence existe-t-elle dans tous les domaines? Certaines femmes-auteurs disent qu'il existe une écriture spécifiquement féminine: Louise Labé, Madame de La Fayette, Madame de Stael, George Sand seraient autant de précurseurs. Enfin, pour certaines écrivaines, la différence se confond avec le sentiment d'être autre. La femme rejoint tous ceux dont le statut social est précaire et menacé: les Juifs, les Noirs, les homosexuels.

Marie Cardinal (1929) a enseigné la philosophie. Elle est l'auteur d'une dizaine de romans (*Les mots pour le dire,* 1975). Voici comment elle décrit son adolescence lors d'une enquête sur les écrivains-femmes, intitulée *La création étouffée* et publiée en 1973.

La création étouffée

Le lavage de cervelle. Du beau travail! Je peux témoigner qu'à l'âge de douze ans le modèle féminin bourgeois était en moi et que j'étais incapable de dire qu'il ne m'était pas naturel. J'étais même persuadée qu'il faisait partie de mon essence, que j'étais née avec, que cela appartenait à mon espèce comme d'avoir des seins et des règles. J'étais une bonne pâte et j'aimais ma mère, je voulais lui plaire et qu'elle m'aime, je lui obéissais donc. Je me sentais coupable quand on disait de moi que je me comportais comme un 'garcon manqué' parce que j'aimais grimper aux arbres, faire des courses de vélo et nager pendant des kilomètres. J'aimais me battre avec les garçons aussi. J'ai longtemps eu peur des miroirs, peur d'y voir le 'vice', à force d'entendre: 'ne te regarde pas dans les glaces, la véritable beauté est intérieure'. (...) Au lieu de m'aider à accepter mon vrai visage, mon vrai corps, ma vraie nature, je n'entends que des réflexions telles que: 'Ne sois pas garçonnière. Tiens-toi avec décence. Tu as des yeux comme des trous de mite. Tu es trop cambrée. Tes pieds sont trop grands. Grâce à Dieu tu as des oreilles et des mains ravissantes!'. Comme si les oreilles et les mains n'étaient pas dangereuses! Pourtant grâce à elles j'en entendais et je sentais des choses troublantes! Il aurait fallu me les boucher et me les couper. J'avais une telle peur de ma 'féminité' que le soir je me serrais la poitrine avec une grosse ceinture pour empêcher mes seins de pousser. C'est qu'ils prenaient des proportions honteuses! Tout tournait autour de la sexualité, de la virginité, sans qu'il en soit jamais question. Ma mère avait dit une fois pour toutes: 'Si je te vois avec un garçon, je te briserai les reins'. ou: 'Si je venais à apprendre que tu flirtes, je t'interdirais de rentrer chez moi. Tu iras dans une maison de correction jusqu'à ta majorité'. À vingt ans je n'avais pas fait l'amour. Mieux, je n'avais jamais embrassé un garçon.

Hélène Cixous (1937) fait des études de lettres et participe au courant structuraliste. Dès les années 70, elle écrit des textes – essais, poèmes, récits – pour explorer par le langage la féminité (*La jeune née,* 1975; *Portrait de Dora,* 1976; *Manne,* 1985).

À partir des années 80, elle collabore avec le metteur en scène Ariane Mnouchkine pour monter des spectacles

épiques consacrés à l'histoire contemporaine (*L'histoire terrible mais inachevée de Norodom Sihanouk,* 1985; *L'Indiade,* 1987). Dramaturge et romancière, Hélène Cixous revendique pour les femmes, et en fait pour tous, le droit d'être différent. Mais la société n'a jamais très bien toléré l'Autre.

La jeune née

Donc, j'ai trois ou quatre ans, et la première chose que je vois dans la rue c'est que le monde est divisé en deux, hiérarchisé; et qu'il maintient cette séparation par la violence. Je vois, qu'il y a ceux qui mendient, qui crèvent de faim, de misère, de désespoir, et les offenseurs, qui crèvent de richesse et de morgue, qui bouffent, qui écrasent, qui humilient. Qui tuent. (...)
Et à moi aussi, on me fait le coup de 'nos ancêtres les Gaulois'. Mais je suis née en Algérie, et mes ancêtres ont vécu en Espagne, au Maroc, en Autriche, Hongrie, Tchécoslovaquie, Allemagne, mes frères de naissance sont arabes; alors, dans l'histoire, où sommes-nous? Je suis du parti des offensés, des colonisés. Je (ne) suis (pas) arabe. Qui suis-je? Je 'fais' de l'histoire de France. Je suis juive. Pendant vos guerres et vos révolutions, dans quel ghetto suis-je parquée? Je veux me battre. Quel est mon nom? Je veux changer la vie. Qui 'je'? Où est ma place? Je cherche. Je fouille partout. Je lis, j'interroge. Je commence à parler, quelle langue est la mienne? le français? l'allemand? l'arabe? Qui a parlé pour moi à travers les générations? J'ai ma chance. Quel accident! Être née en Algérie, non en France, non en Allemagne; un peu plus et comme tels membres de ma famille, je n'écrirais pas aujourd'hui, je m'anonymiserais pour l'éternité du côté d'Auschwitz. (...)
Alors tout se complique. Je ne renonce pas à la guerre. Autant se suicider: plus que jamais la lutte est nécessaire. Car dans le réel, c'est aussi maintenant en tant que femme que je suis offensée, et l'ennemi se généralise: contre moi, il n'y a pas seulement les adversaires de classe, les colonialistes, les racistes, les bourgeois, les antisémites. S'y ajoutent les 'hommes' (...) la discrimination, le fondamental racisme masculin inconscient.

Littératures francophones: la poésie

L'expression 'littérature francophone' désigne la littérature de langue française écrite hors de France, dans un pays où le français joue un rôle important. Dans la plupart des cas, il s'agit d'anciennes colonies de la France. Dans certains pays, comme la Belgique, la Suisse, le Canada et Haïti, le français (ou une variante du français) est la langue natale de tous ou d'une partie de la population; dans d'autres pays, où les peuples parlent plusieurs langues, le français est la langue commune de la communication, comme à Madagascar ou en Afrique noire; enfin, dans quelques pays arabes, le Maroc, l'Algérie, la Tunisie et le Liban, le français a été la langue du colonisateur qui a donné accès à la civilisation européenne. Dans plusieurs de ces pays le statut du français est en danger, l'arabe et l'anglais pourraient le supplanter.

Les écrivains belges et suisses de langue française (Maeterlinck, Michaux, Simenon; Rousseau, Cendrars, Cohen) ne sont pas considérés comme des écrivains 'francophones'. La littérature francophone est une littérature qui se nourrit des mêmes traditions d'histoire littéraire que la française mais qui exprime une réalité très différente. Elle montre le mélange de la civilisation française avec une autre civilisation, celle de l'Afrique, celle de l'Islam, celle des États-Unis. Elle est le lieu d'un conflit: le français est menacé par l''American way of life' (au Canada) ou c'est le français qui menace les valeurs traditionnelles non-européennes (en Afrique). La littérature francophone est ainsi très souvent une littérature engagée; elle est un appel à la prise de conscience de l'identité nationale, ou à la révolte contre les oppresseurs: autrefois les colonisateurs, aujourd'hui les nouveaux dirigeants.

La poésie occupe une place particulière dans cette littérature: là où le roman critique, conteste le présent, la poésie chante le passé et la tradition. Elle célèbre l'Afrique, l'Orient ou bien encore au Québec la civilisation française.

△ *Statue en bois, Zaïre*
▷▷ *Princesse assise. Miniature, Iran, vers 1540*

Léopold Sédar Senghor (1906), ministre du général de Gaulle en 1959, premier président de la république du Sénégal (1960-1979), mène une vie active pour promouvoir la poésie et la littérature de l'Afrique noire en France. Dans ses poèmes, il évoque son pays natal et la beauté de son peuple. Le poème suivant se trouve dans le recueil *Éthiopiques* (1956).

Je voyais les peuples du Sud comme une fourmilière de silence
Au travail. Le travail est saint, mais le travail n'est plus le geste.
Le tam-tam ni la voix ne rythment plus les gestes des saisons.
Peuples du Sud dans les chantiers, les ports, les mines, les manufactures
Et le soir, ségrégés dans les kraals de la misère.
Et les peuples entassent des montagnes d'or noir, d'or rouge, et ils crèvent de faim.
Et je vis un matin, sortant de la brume de l'aube, la forêt des têtes laineuses,
Les bras fanés, le ventre cave, des yeux et des lèvres immenses appelant un dieu impossible.
Pouvais-je rester sourd à tant de souffrances bafouées?

Rina Lasnier (1915) est originaire du Québec, elle écrit une poésie dense, d'inspiration religieuse (*L'arbre blanc,* 1966).

Au large

Le poète évoque l'immensité (canadienne) de la nature, que l'homme moderne risque d'oublier.

Nous avons oublié le vent de nul voyage,
le ciel de nulle bassesse de miroir,
oublié la large nudité de la neige et du sable,
la marée immémoriale de chaque nuit
sans l'alluvion des étoiles caillouteuses,
cette âme sans la mèche étroite du corps,
ce corps sans le carré inévitable de l'ombre.

'Poète maudit' du Liban, Fouad Gabriel Naffah (1925-1985) passe toute sa vie à Beyrouth et publie des alexandrins qui allient la tradition française à des images orientales. Son recueil le plus célèbre s'intitule *La description de l'homme, du cadre et de la lyre* (1957).

Lâcheté

Avide de sommeil de voyages de mort
Mais doutant des vertus somnifères du vin
Fatigué des essais de mourir en poèmes
Et déçu du voyage en chambre aux bras des femmes
Un homme triste et seul en quête de miracles
Ne peut manquer de rencontrer la mer
Or l'ayant rencontrée un soir au crépuscule
Il salue et s'assied sur un rocher mal sûr
Intimidé d'abord par cette voix nombreuse
Puis résolu de plaire aux miroirs qui l'implorent
Le voilà qui s'embarque au bleu de l'aventure
Ayant pour se hisser tout jeune au dos des vagues
Quitté la lâcheté de ses amours terrestres
Et sa barque déjà touche au disque de feu
Quand retenant soudain sa course au sabordage
Il renonce au néant mais si près de l'atteindre
Qu'il reviendra souvent le pleurer sur la plage

Salah Stétié (1929), né à Beyrouth, combine une vie diplomatique qui le mène à Paris et à La Haye, avec une intense activité poétique. Connaisseur et traducteur de la poésie arabe, il s'inspire en même temps de Maurice Scève et de Valéry. Le poème suivant figure dans le recueil *Colombe aquiline* (1983).

Ses yeux devenus fous
Un soir de feux et d'herbe
Elle va, son visage

Avec le liséré des larmes et les cils
Donnés à l'ange de tout froid
– Sa plume, flamme ouverte

Elle va, son visage
À l'arrivée au port qui brûle
Se défait en immense cendre

Littératures francophones: le continent africain

L'Afrique possède deux littératures francophones, celle du Maghreb (Maroc, Algérie, Tunisie) et celle de l'Afrique noire, du Sénégal au Cameroun. Ce qui les distingue, ce sont leurs origines. Ce qui les réunit, c'est leur caractère engagé: la description de la misère du peuple, la lutte contre l'oppresseur, qu'il soit français, arabe ou noir.

La plupart de ces écrivains font des études en France et veulent d'abord faire connaître au public français la vie et la souffrance de leur peuple. Pendant les années 50 et 60, ils s'engagent dans la lutte contre le colonisateur français. Plus récemment, ils examinent les problèmes sociaux et politiques de leurs pays: liberté de la presse, rôle de l'Islam, condition de la femme. Plusieurs d'entre eux vivent en exil. L'utilisation de la langue française pose un problème dramatique, en particulier à certains auteurs maghrébins: faut-il cultiver la langue qui éloigne l'écrivain de ses racines, la langue de l''ennemi'?

Le Polygone étoilé (1966) de Kateb Yacine (1929-1989; Kateb est le nom de famille) est un roman de la quête de l'identité nationale.

Le Polygone étoilé

Dans ce passage, le narrateur raconte à un ami les conditions de vie des travailleurs algériens immigrés.

Tout ça, c'est du vent. Dans les usines, faut des papiers prouvant qu'on a déjà travaillé, faut passer tous les jours, ils ont pris l'habitude de voir des Algériens à leur porte. C'est loin. À notre époque, un chômeur consciencieux devrait avoir une bicyclette, et des habits qui ne Les dégoûtent pas. Il devrait les écouter en défilant éternellement devant leurs bureaux, en cachant ses cheveux frisés, le nombre de ses enfants et de ses maladies puisqu'Ils ont peur de payer trop de cotisations. Et si on est trop jeune, célibataire, alors Ils craignent qu'on pille leurs savonneries, et qu'on débauche leurs innocents. Enfin, je ne sais pas, moi! On arrive comme tout le monde, mais dès qu'on avoue un prénom original, on se demande s'Ils ne vont pas appeler les gendarmes. Dans le Bâtiment, on fait que passer. Au bout de la quinzaine, le chantier ferme. Tu peux pas te figurer combien j'en ai rencontré, de tous les douars. Ils disent qu'ils travaillent, que ça va, qu'on va bientôt acheter une vache. Ils disent ça au bureau de placement, en faisant les yeux doux aux employés, comme s'ils rendaient de simples visites d'amitié. Naturellement, ils ne trouvent rien, et on les revoit soufflant sur un pipeau. Plus question de travail.

Le roman se termine par des souvenirs d'enfance.

Après de laborieux et peu brillants débuts, je prenais goût rapidement à la langue étrangère, et puis, fort amoureux d'une sémillante institutrice, j'allais jusqu'à rêver de résoudre, pour elle, à son insu, tous les problèmes proposés dans mon volume d'arithmétique! Ma mère était trop fine pour ne pas s'émouvoir de l'infidélité qui lui fut ainsi faite. Et je la vois encore, toute froissée, m'arrachant à mes livres – tu vas tomber malade! – puis un soir, d'une voix candide, non sans tristesse, me disant: 'Puisque je ne dois plus te distraire de ton autre monde, apprends-moi donc la langue française...' Ainsi se refermera le piège des Temps Modernes sur mes frêles racines, et j'enrage à présent de ma stupide fierté, le jour où, un journal français à la main, ma mère s'installa devant ma table de travail, lontaine comme jamais, pâle et silencieuse.

△ *Photographie d'Edouard Boubat*
◁◁ *Lubaina Himid, 'Cinq', 1991*

Psychiatre et romancier, le Marocain Tahar Ben Jelloun (1944) décrit dans ses romans la vie de son peuple et en particulier les déshérités (*L'écrivain public,* 1983; *L'enfant de sable,* 1985; *La nuit sacrée,* 1988, premier Prix Goncourt donné à un non-Français).

L'écrivain public

Le héros de ce récit fait son service militaire.

Il y avait un grand moustachu surnommé Volkswagen, à cause d'une ressemblance troublante avec la voiture allemande, et qui se promenait avec son grand transistor en dehors des heures de service. Il aimait envoyer des lettres vides, ou avec un peu de terre, à n'importe qui, il recopiait les adresses des enveloppes ramassées à la poubelle. C'était quelqu'un de gentil, un peu simplet, facilement irritable. Il voulait un jour écrire à Gamal Abdel Nasser pour lui proposer ses services, ministre ou ambassadeur, ou à la limite espion. Il portait sur lui une photo du Raïs avec une dédicace qu'il s'était faite lui-même. Il disait que Nasser allait sauver la nation arabe et qu'il fallait le nommer chef suprême de tous les Arabes. Il parlait à voix basse en dialecte égyptien qu'il avait appris à force de voir les films de Farid El Atrache.

Le romancier et cinéaste sénégalais Sembene Ousmane (1923, Sembene est le nom de famille) raconte dans *Ô pays, mon beau peuple!* (1957) l'histoire de Faye – sa mère Rokhaya l'appelle Hare – qui fait la guerre en Europe et se marie avec Isabelle, une blanche. Il retourne ensuite avec elle au pays natal.

Ô pays, mon beau peuple!

La mère et le fils se regardaient. Les larmes ruisselaient sur le visage de la vieille: elle était déchirée de voir son petit tenir la main d'une toubabe... Qui était cette femme? Pourquoi avait-elle suivi son fils jusqu'ici? Avait-elle ravi l'amour que lui devait son Hare? Ne savait-elle pas qu'elle, la vieille Rokhaya, n'avait rien à voir avec les blancs? Alors que faisait une blanche avec son petit? Est-ce que le pays des toubabs manquait d'hommes pour que ses filles se mettent à épouser des noirs? Quelle maladie avait eu Hare pour se marier avec celle-là? Les noires ne sont-elles donc plus de son goût, ni assez jolies?
Tant de questions se précipitaient dans sa tête, se heurtaient, la déchiraient! Debout, là, elle sentait cette douleur que seules ressentent les femmes qui portent. Elle examina longuement la blanche. Pour elle, Isabelle n'était pas une femme.

Ahmadou Kourouma (1927), né en Côte d'Ivoire, est un écrivain de nationalité ivoirienne réfugié au Cameroun. *Les soleils des indépendances* (1968) est un récit baroque qui dit les déceptions et le désordre qui ont lieu après l'indépendance des pays africains. Le prince Fama devient employé des pompes funèbres; innocent, il est arrêté pour des raisons politiques; amnistié, il est tué à la frontière lorsqu'il veut rentrer dans son pays natal.

Littératures francophones: le Québec

La France a dû céder en 1763 ses territoires américains aux Anglais. Le Québec est la seule région unie du continent où des millions de Français ont su garder leur langue et où ils ont pu acquérir, depuis les années 60, une relative indépendance. Une littérature québécoise existe depuis plusieurs siècles. Le pouvoir de l'église catholique a été très grand et, à ses débuts, cette littérature est surtout religieuse: l'un des plus grands auteurs mystiques français, la sœur Marie de l'Incarnation (1599-1672) rédige ses écrits dans un cloître des Ursulines, dans la (future) ville de Québec. La poésie symboliste a eu un représentant important à Montréal, Émile Nelligan (1879-1941).

Mais c'est un Français qui, cherchant l'aventure, attire le premier l'attention du public moderne sur le Canada français: le célèbre roman de Louis Hémon (1880-1913), *Maria Chapdelaine* (1914), est un hymne à la beauté des grandes terres du Nord du Canada. C'est un texte naïvement poétique qui incite à la fidélité au Canada français, aux traditions ancestrales. Après plusieurs années de vagabondage en Angleterre, Louis Hémon part pour le Canada. Marchant sac au dos le long d'une voie ferrée, il trouve la mort happé par une locomotive.

Maria Chapdelaine

Maria Chapdelaine vient de perdre sa mère. Son père lui parle des vertus de la morte. Maria pense aux grandes villes du Sud, où elle pourrait être heureuse.

Vivre toute sa vie en des lieux désolés, lorsqu'on aurait aimé la compagnie des autres humains et la sécurité paisible des villages; peiner de l'aube à la nuit, dépensant toutes les forces de son corps en mille dures besognes et de garder de l'aube à la nuit toute sa patience et une sérénité joyeuse. Et quelle était la récompense? Quelques mots d'éloge, après la mort.

Est-ce que cela en valait la peine? La question ne se posait pas dans son esprit avec cette netteté; mais c'est bien à cela qu'elle songeait. (...)

Maria, assise, près de la petite fenêtre, regarda quelque temps sans y penser le ciel, le sol blanc, la barre lointaine de la forêt, et tout à coup il lui sembla que cette question qu'elle s'était posée à elle-même venait de recevoir une réponse. Vivre ainsi, dans ce pays, comme sa mère avait vécu, et puis mourir, elle sentait qu'elle serait capable de cela. Elle s'en rendait compte sans aucune vanité et comme si la réponse était venue d'ailleurs. Oui, elle serait capable de cela; et une sorte d'étonnement lui vint, comme si c'était là une nouvelle révélation inattendue.

◁ *Winslow Homer, 'La chasse au Renard', 1893*
▷▷ *Anne Hébert photographiée par G. Shachmes*

Dès les années 30, la littérature canadienne connaît plusieurs grands poètes. Alain Grandbois parle d'aventures et de voyages, Hector de Saint-Denis Garneau de sa vie intérieure, Gaston Miron allie la poésie au combat social.

De nos jours, le roman occupe la première place: grâce à lui, la lutte contre une nature rude, la révolte des jeunes de Montréal, l'américanisation de la vie quotidienne sont autant de sujets qui deviennent familiers à un nombre grandissant de lecteurs en France.

Anne Hébert (1916) publie depuis 1942 des poèmes, des pièces de théâtre et surtout des romans. Ses récits adoptent les procédés narratifs modernes et trahissent l'influence du roman américain (Faulkner): ils parlent, dans un langage poétique et violent, de sorcellerie, de vampirisme, de crimes.

Les fous de Bassan (1982) décrit l'été 1936 dans une petite communauté anglophone et protestante du Canada. Le secret règne dans ce milieu puritain et frustré, où l'érotisme refoulé aboutit au crime. La femme du pasteur se suicide, le jeune Stevens, revenu des États-Unis, étrangle ses deux cousines sur la plage. Mais tout le monde se tait devant les policiers, ces intrus: Stevens sera acquitté.

Les fous de Bassan

Voici un fragment du journal d'Olivia, l'une des deux jeunes filles que Stevens étranglera quelques jours plus tard. Griffin Creek est le lieu où se trouve la petite communauté protestante dont le roman d'Anne Hébert décrit la vie. Les jeunes se retrouvent pour une soirée de danse folklorique.

Les grandes femmes crayeuses, couchées dans le petit cimetière de Griffin Creek, depuis longtemps ont l'âme légère, partie sur la mer, changée en souffle et buée. Ma mère, parmi elles, la plus fraîche et la plus salée à la fois, me parle en secret ma douce langue natale et me dit de me méfier de Stevens.

Tout le long de l'été lorsque je le vois, je tremble comme si mes os s'entrechoquaient à l'intérieur de moi. Surtout qu'il ne s'aperçoive de rien. Que je demeure lisse et droite devant lui. Je pense cela très fort, tandis qu'une flamme brûlante monte dans mon cou, couvre mes joues et mon front. Surtout qu'il ne s'aperçoive de rien. S'il me voyait rougir devant lui, à cause de lui qui me tourmente, une fois, une fois seulement et je mourrais de honte. (...)

Les violons grincent, l'accordéon se déchaîne. Sa longue silhouette, un instant immobile, découpée dans l'encadrement de la porte. Des paquets de nuit autour de lui. Sa chemise blanche. Son visage dans l'ombre de son chapeau. Les ténèbres de la nuit le projettent parmi nous dans tout l'éclat de sa chemise blanche et de sa vie insolente. La danse se referme sur lui, l'entraîne avec nous piaffant et tournant avec nous, respirant le même air que nous, l'imprégnant de l'odeur de sa sueur, dans la touffeur de la grange. La danse seule me porte, me balance, pense Olivia qui ferme les yeux, éprouve la musique à même la peau, tandis que les mains des garçons effleurent ses doigts, enserrent sa taille au passage. C'est Stevens qui m'a touchée, lui qui a un petit cal à la main droite. Ne pas lever les yeux. Mes mères et grand-mères me recommandent tout bas de ne pas lever les yeux vers lui. Seule la joie de danser jusqu'au matin, dans l'odeur du foin fraîchement coupé, me fait tourner la tête, pense-t-elle, seule la joie de danser me possède et m'enchante.

Le roman policier – Georges Simenon

Le roman policier se développe à partir de célèbres cas judiciaires et sous l'influence de modèles anglais. Georges Simenon (1903-1989) est le plus célèbre auteur français du genre. Né en Belgique, il s'établit en 1919 à Paris et publie, entre 1931 et 1972, 193 romans qui ont un succès international. Le personnage principal est le plus souvent le commissaire Maigret. Simenon évoque des petites villes de province sous la pluie; l'enquête policière dévoile la vie des petits bourgeois, leurs frustrations et leurs haines. Le réalisme sombre des romans de Simenon rappelle les films français des années 30.

Le chien jaune

Ce célèbre récit de Simenon est paru dans 'Les 13 énigmes' (1958).

Une sale affaire! Je le sentis dès notre arrivée, par un temps gris, pluvieux, dans ce village en *heim* des environs de Mulhouse. Il soufflait un vent d'ouest qui nous plaquait l'eau du ciel, par paquets, sur les vêtements et sur le visage. Nous étions boueux. Une de mes semelles avait renoncé soudain à être imperméable.

Naturellement, tous les rideaux bougent! grondai-je.

C'était vrai. Le village où nous étions n'ayant pas de gare, nous venions à pied d'un autre patelin situé à sept kilomètres dans la vallée. Nous avions été dépassés par deux cyclistes et par une charette attelée d'un cheval.

Et nous étions signalés! A notre passage, les rideaux frémissaient. Des gens éprouvaient le besoin de sortir de chez eux sous prétexte de jeter une poignée de maïs aux poules.

Pas de saluts. Des regards soupçonneux.

Je commençais à avoir l'expérience de ces sortes d'affaires, et cela se passa exactement comme je prévis à cet instant que cela se passerait; des réticences, des accusations détournées, des rétractations, de la défiance surtout! Une défiance épaisse, insondable, incompréhensible et décourageante.

Six cents habitants dans le village. Quatre cents ne parlant que l'allemand ou plutôt le patois du Haut-Rhin. Deux églises: l'une protestante, avec un pasteur suisse, l'autre catholique.

Enfin des haines et des jalousies à vous dégoûter à jamais de l'humanité et en tout cas de la campagne. (...)

– D'abord, on a entendu hurler le chien jaune!

Je me souviens de la phrase, parce que c'est la première phrase que nous entendîmes au cours de l'interrogatoire. Nous devions l'entendre par la suite à nous en faire tinter les oreilles.

– Quel chien jaune?

Nous étions dans le bureau du maître d'école, transformé pour quelque temps en cabinet d'instruction. Le témoin, un domestique de ferme qui mélangeait dans ses discours le français et le bas-allemand, étreignait fiévreusement ses mains.

– Le chien jaune! Celui qu'on entend chaque fois...

– Racontez-moi les évènements...

– Les patrons venaient de se coucher... J'étais dans la grange, à cent mètres derrière la maison, où j'ai mon lit... J'ai entendu le chien jaune et presque aussitôt après un grand cri...

Jean-Patrick Manchette

Jean-Patrick Manchette, né en 1942, est un grand admirateur de Chandler, l'un des maîtres du genre policier en Amérique. Il donne une nouvelle impulsion au roman noir français. Avec un style sobre, refusant l'émotion, il met en scène des antihéros, anarchistes (*Nada,* 1972) ou bourgeois (*Le petit bleu de la côte Ouest,* 1976).

Le petit bleu de la côte Ouest

Voici les deux premières pages de ce roman:

Et il arrivait parfois ce qui arrive à présent: Georges Gerfaut est en train de rouler sur le boulevard périphérique extérieur. Il y est entré porte d'Ivry. Il est deux heures et demie ou peut-être trois heures un quart du matin. Une section du périphérique intérieur est fermée pour nettoyage et sur le reste du périphérique intérieur la circulation est quasi nulle. Sur le périphérique extérieur, il y a peut-être deux ou trois ou au maximum quatre véhicules par kilomètre. Quelques-uns sont des camions dont plusieurs sont extrêmement lents. Les autres véhicules sont des voitures particulières qui roulent toutes à grande vitesse, bien au-delà de la limite légale. Plusieurs conducteurs sont ivres. C'est le cas de Georges Gerfaut. Il a bu cinq verres de bourbon 4 Roses. D'autre part il a absorbé, voici environ trois heures de temps, deux comprimés d'un barbiturique puissant. L'ensemble n'a pas provoqué chez lui le sommeil, mais une euphorie tendue qui menace à chaque instant de se changer en colère ou bien en une espèce de mélancolie vaguement tchékovienne et principalement amère qui n'est pas un sentiment très valeureux ni intéressant. Georges Gerfaut roule à 145 km/h.

Georges Gerfaut est un homme de moins de quarante ans. Sa voiture est une Mercedes gris acier. Le cuir des sièges est acajou, et de même l'ensemble des décorations intérieures de l'automobile. L'intérieur de Georges Gerfaut est sombre et confus, on y distingue vaguement des idées de gauche. Au tableau de bord de la voiture, au-dessus des cadrans, se voit une petite plaque métallique mate où sont gravés le nom de Georges, son adresse, son groupe sanguin et une représentation merdeuse de saint Christophe. Par le truchement de deux diffuseurs – un sous le tableau de bord, un sur la plage arrière – un lecteur de cassettes diffuse à bas niveau du jazz de style *West-Coast:* du Gerry Mulligan, du Jimmy Giuffre, du Bud Shank, du Chico Hamilton. (...)

La raison pour laquelle Georges file ainsi sur le périphérique avec des réflexes diminués et en écoutant cette musique là, il faut la chercher surtout dans la place de Georges dans les rapports de production. Le fait que Georges a tué au moins deux hommes au cours de l'année n'entre pas en ligne de compte. Ce qui arrive à présent arrivait parfois auparavant.

◁◁ *Scène d'un court métrage des années 50, 'Chicago Digest'*
▽ *Michael Mazur, 'Incident à Walden Pond', 1979*

Aux confins de la littérature

Dès le 19e siècle, l'alphabétisation se généralise; il y a beaucoup plus de lecteurs, tous ne s'intéressent pas à la littérature. Une autre littérature se développe parallèlement à celle-ci, 'la littérature de quai de gare' (exemple: Collection Arlequin), et d'autres genres: les livres d'actualité politique, les récits de voyage, le roman policier, la science-fiction. À côté du texte l'image joue un rôle important dans les romans-photos et les bandes dessinées. Une partie de cette littérature populaire (ou: paralittérature) a ses origines à l'étranger, notamment en Grande-Bretagne et aux États-Unis et ne s'impose que lentement en France.

À la fin des années soixante, la distinction entre la littérature 'officielle' et la paralittérature s'estompe; la critique structuraliste s'y intéresse et la génération de 68 y trouve des éléments qui nourrissent la 'contre-culture'. Cette évolution conduit à un renouveau du roman policier, de la science-fiction et de la bande dessinée.

La science-fiction a pour ancêtre les utopies de la Renaissance (en France Cyrano de Bergerac) et plus particulièrement le roman d'anticipation à la Jules Verne. Son succès ne s'explique pas uniquement par l'intérêt porté aujourd'hui à la technologie; la science-fiction est le roman de l'avenir qui met en garde contre les dangers et imagine des solutions pour des problèmes planétaires. Le genre s'impose lentement en France, mais connaît beaucoup de succès depuis les années 70. René Barjavel (1911) se spécialise dans des récits de voyage à travers le temps, Gérard Klein dans des récits de robot, Philippe Curval dans des utopies parodiques.

La place de l'écrit, du texte imprimé se réduit dans la culture contemporaine; le cinéma d'abord, la télévision ensuite habituent l'homme moderne à aimer des œuvres où le texte se transforme en parole accompagnée d'images. Le son et l'image exigent leur part au détriment du texte imprimé.

La bande dessinée est le genre littéraire qui se rapproche le plus du film: des images se succèdent, accompagnées de paroles (écrites), texte et image sont en général inséparables, l'un ne se comprend pas sans l'autre. Depuis 1968, la bande dessinée connaît de grands changements. Elle était d'abord un genre réservé aux enfants: *La famille Fenouillard, Le Sapeur Camenber, Bécassine, Tintin* et *Astérix* sont les séries les plus célèbres. Depuis les années 70, la bande dessinée pour adultes se multiplie, elle élargit son territoire avec de nouveaux domaines: l'érotisme, la politique, l'autobiographie.

Moebius (alias Jean Giraud) est l'artiste le plus représentatif des années 70. Parallèlement à sa série classique, *Blueberry*, il multiplie les expériences. En 1976, son volume *Arzach* propose quatre récits très compréhensibles mais sans aucune parole. *Major Fatal*, long feuilleton paru pendant trois ans dans le mensuel *Métal hurlant* est composé de façon spontanée, sans aucun scénario préétabli.

La liberté d'expression, l'inventivité graphique marquent la bande dessinée des annes 70. Mais le grand public commence à perdre son intérêt pour ces bandes où le récit est malmené. En février 1978, Casterman, l'éditeur de *Tintin* et d'*Alix*, lance le premier numéro d'*À suivre* et propose de présenter 'chaque mois les nouveaux chapitres de *grands récits*.' Dans ce premier numéro, on trouve deux artistes très présents ces dix dernières années: Hugo Pratt (1927) a inventé le roman en bande dessinée (les aventures de *Corto Maltese*); Jacques Tardi (1946) le créateur des *Aventures extraordinaires d'Adèle Blanc-Sec,* propose de longs récits en noir et blanc (*C'était la guerre des tranchées*) et rend compte de l'univers qui nous entoure (*Griffu*).

Parallèlement, les grands classiques (Mme de La Fayette, Balzac, Céline) sont 'traduits' en images. De plus en plus la bande dessinée se caractérise par son ambition narrative, elle veut offrir au lecteur de véritables récits, comme par exemple chez Loustal-Paringaux.

△ *Jacques Tardi, 'Adèle Blanc-Sec, Adèle et la bête', 1976*
△△ *Loustal-Laringaux, 'Barney et la note bleue', 1987*

Index des noms

Index des termes

Sources bibliographiques

N.B. Sauf indication contraire, le lieu de publication est Paris.

chapitre 1

pp.4-5 *La chanson de Roland*, adaptation de Joseph Bédier, Éd. d'Art, 1922

pp.6-7 *Les troubadours*, anthologie bilingue p.p. Jacques Roubaud, Seghers, 1980
Les Vies des troubadours, textes réunis et traduits par Margarita Egan, Union générale d'éditions, 1985

pp.8-9 *Le roman de Tristan et Iseut*, renouvelé par Joseph Bédier, Piazza, s.d.

pp.10-11 Chrétien de Troyes, in: Lagarde et Michard, *Moyen Âge*, Bordas, 1948

p.12 *Aucassin et Nicolette*, trad. Albert Pauphilet, Piazza, 1932

p.13 Guillaume de Lorris et Jean de Meung, *Le roman de la Rose*, mis en français moderne par André Mary, Payot, 1928

pp.15 *Le roman de Renart*, choix et adaptation par Albert-Marie Schmidt, Albin Michel, 1963

pp.16-17 Jacques de Voragine, *La légende dorée*, trad. Teodor de Wyzewa, Perrin, 1902
Le Mystère d'Adam, trad. Henri Chamard, Armand Colin, 1925
Gesta Romanorum. La traduction française a paru sous le titre *Le violier des histoires romaines* en 1521; rééd. G. Burnet, Jannet, 1858

pp.18-19 Christine de Pisan, *Œuvres poétiques*, p.p.Maurice Roy, tome 1, Firmin Didot, 1886
Charles d'Orléans, *Poésies*, p.p.Pierre Champion, tome 2, Honoré Champion, 1928
Œuvres de Villon, Éd. J. Dufournet, Garnier, 1970

chapitre 2

p.23 Rabelais, Pantagruel, in: *Œuvres complètes*, éd. G. Demerson, Seuil, 1973

pp.24 Marguerite de Navarre, *L'Heptaméron*, Flammarion, 1982
Jean Molinet in: Paul Zumthor, éd., *Anthologie des grands rhétoriqeurs*, Union générale d'éditions, 1978
Clément Marot, Les Épîtres, in: *Œuvres*, p.p. Jean Plattard, tome 3, 1931

pp.27 Rabelais, Gargantua, in: *Œuvres complètes*, éd. G. Demerson, Seuil, 1973

p.28-29 Maurice Scève, *Œuvres complètes*, texte établi et annoté par Pascal Quignard, Mercure de France, 1974
Louise Labé, *Œuvres*, Slatkine, Genève, 1968
Joachim du Bellay, L'Olive et Les Regrets, in: *Œuvres poétiques*, éd. Henri Chamard, Champion, 1907

pp.30-31 Pierre de Ronsard, *Œuvres complètes*, 2 vol., Pléiade, 1950

p.33 Montaigne, *Les essais*, 2 vol., Flammarion, 1963

chapitre 3

p.39 Bossuet, Politique tirée de l'Écriture Sainte, in: *Œuvres*, 1846, tome 5

p.40-41 Martial de Brives, *Paraphrase du cantique des trois enfants*, in: A. J. Steele, éd., *Three Centuries of French Verse, 1511-1819*, Universtity Press, Edinburgh, 1961
Descartes, *Discours de la Méthode,* p.p. André Bidoux, Pléiade, Gallimard, 1951
Descartes, *Traité des Passions*, Union générale d'éditions, 1965

pp.42-43 Bossuet, *Sermons,* Pléiade, Gallimard, 1961
Pascal, *Pensées*, éd. Philippe Sellier, Mercure de France, 1976

pp.44-45 Pierre Beurrier, Mémoires, in: Antoine Adam, éd., *Les libertins au XVIIe siècle*, Buchet/Chastel, 1964
Cyrano de Bergerac, L'autre monde, in: *Œuvres complètes*, éd. J. Prévot, Belin, 1977

pp.46-47 'Le langage précieux' et 'Une précieuse attaque le mariage', in: Georges Mongrédien, éd., *Les Précieux et les Précieuses*, Mercure de France, 1963
Molière, Les précieuses ridicules, in: *Œuvres complètes,* p.p. Georges Couton, Pléiade, Gallimard, 1970

pp.48-49 Théophile de Viau, *Œuvres poétiques*, éd. Jeanne Streicher, vol. 1, Droz, Genève, 1951;
Vincent Voiture, *Poésies*, éd. Henri Lafay, vol. 1, Didier, 1971
Malherbe, *Œuvres poétiques*, Flammarion, 1972

p.51 La Fontaine, *Fables*, p.p. Georges Couton, Garnier, 1962

p.53 Charles Sorel, *Le berger extravagant,* 1627 (Slatkine Reprints, Genève, 1970)

p.55 Madame de La Fayette, La Princesse de Clèves, in: *Romans et nouvelles*, p.p. Émile Magne, Garnier, 1961

p.57 Madame de Sévigné, *Lettres,* préface Philippe Sollers, SCALA, 1992
La Rochefoucauld, *Maximes et Réflexions diverses*, p.p. Jean Lafond, Gallimard, 1976

p.59 Corneille, *Le Cid*, p.p. Georges Forestier, Magnard, 1988

p.61 Racine, Phèdre, in: *Théâtre complet*, p.p. J. Morel et A. Viala, Garnier, 1980

p.63 Molière, Le bourgeois gentilhomme, in: *Œuvres complètes*, p.p. Georges Couton, Pléiade, Gallimard, 1970

pp.64-65 La Bruyère, *Les caractères*, p.p. Robert Garapon, Garnier, 1962
Saint-Simon, *Mémoires*, choix et présentation de Paul Galleret, Union générale d'éditions, 1974

chapitre 4
p.71 Montesquieu, *Les lettres persanes*, p.p. Paul Vernière, Classiques Garnier, 1960
Montesquieu, Cahiers, in: *Politique de Montesquieu*, présenté par Jean Ehrard, Armand Colin, 1965
p.72 *L'Encyclopédie,* choix présenté par Alain Pons, Collection J'ai Lu, 1963
p.73 Diderot, in: *Le XVIIIe Siècle,* Collection 'La Classe de Français' dirigée par Pierre Clarac, Librairie Belin, 1954
p.75 Voltaire, *Romans et contes*, Pléiade, Gallimard, 1954
p.76 Diderot, *Jacques le fataliste et son maître*, p.p. Paul Vernière, Garnier-Flammarion, 1970
p.77 *L'Encyclopédie,* choix présenté par Alain Pons, Collection J'ai Lu, 1963
p.79 Voltaire, *Correspondance,* 107 vol., p.p. Théodore Besterman, Genève, 1953-1965
Rousseau, *Les confessions,* préface J.-B. Pontalis, Folio, Gallimard, 1973
p.80 Marivaux, *Le jeu de l'amour et du hasard*, Classiques Larousse, 1991
p.82-83 Abbé Prévost, *Mémoires et aventures d'un Homme de Qualité – Manon Lescaut*, Hachette, 1958
Laclos, *Les liaisons dangereuses,* p.p. René Pomeau, Garnier-Flammarion, 1981
p.84 Bernardin de Saint-Pierre, *Paul et Virginie*, p.p. Pierre Trahard, Classiques Garnier, 1964
p.85 William Beckford, *Vathek, conte arabe*, José Corti, 1946

chapitre 5
p.93 Alfred de Musset, Qu'est-ce que le romantisme?, in: *Revue des Deux Mondes,* 15 septembre 1836
p.94 Chateaubriand, *René*, in: *Atala - René - Le dernier Abencérage*, p.p. F. Letessier, Garnier, 1962
p.95 Benjamin Constant, *Adolphe*, p.p. Antoine Adam, Garnier-Flammarion, 1965
p.97 Nerval, *Œuvres,* p.p. Albert Béguin et Jean Richer, Pléiade, Gallimard, 1952
pp.98-99 Victor Hugo, *Poésies,* 2 volumes, Hachette, 1950; *Dieu*, Nizet, 1961
pp.100-101 Théophile Gautier, *Histoire du romantisme*, Sainte Maxime, Éd. d'Aujourd'hui, 1978
Alfred de Musset, *Théâtre complet*, p.p. Maurice Allem, Pléiade, Gallimard, 1952
pp.102-103 George Sand, *La mare au diable, François le Champi,* p.p. Salomon et J. Maillon, Garnier, 1982
George Sand, *Correspondance*, tome XXII, éd. Georges Lubin, Garnier, 1987
p.105 Stendhal, *Vie de Henry Brulard*, p.p. Henri Martineau, Garnier, 1952
Stendhal, *De l'amour*, p.p. Henri Martineau, Garnier, 1959
pp.106-107 Stendhal, *Romans et nouvelles*, tome 1, p.p. Henri Martineau, Pléiade, Gallimard, 1947
p.109 Balzac, *La comédie humaine*, Pléiade, Gallimard, tome 5, 1977
pp.110-111 Balzac, *Le père Goriot*, p.p. Pierre-Georges Castex, Garnier, 1963
pp.112-113 Baudelaire, *Œuvres complètes*, texte établi par Y.-G. Le Dantec, complété par Claude Pichois, Pléiade, Gallimard, 1961
p.114 Flaubert, *Correspondance,* p.p. Jean Bruneau, 3 vol., Pléiade, Gallimard, 1973-1991
p.115 Flaubert, *Madame Bovary*, p.p. Jacques Suffel, Garnier-Flammarion, 1966
p.117 Zola, *Les Rougon Macquart*, Pléiade, Gallimard, tome 3, 1964
pp.118-119 Maupassant, *Contes et nouvelles*, p.p. Albert-Marie Schmidt, Albin Michel, 1957
p.121 Verlaine, *Œuvres poétiques complètes*, p.p. Y.G. Le Dantec, Pléiade, Gallimard, 1951
Rimbaud, *Œuvres complètes,* p.p. Rolland de Renéville et Jules Mouquet, Pléiade, Gallimard, 1951
p.123 Huysmans, *À rebours*, p.p. Marc Fumaroli, Folio, Gallimard, 1977

chapitre 6
pp.128-129 Henri Alain-Fournier, *Le Grand Meaulnes*, p.p. Alain Rivière et Françoise Touzan, Garnier, 1986
Raymond Radiguet, *Œuvres complètes*, Grasset, 1952
pp.130-131 Paul Valéry, *Œuvres*, vol. 1, p.p. Jean Hytier, Pléiade, Gallimard, 1957
Roger Martin du Gard, *Œuvres complètes*, préface Albert Camus, Pléiade, Gallimard, 1955
pp.132-133 André Gide, *Les Nourritures terrestres*, Mercure de France, 1897
André Gide, *Les Faux-Monnayeurs*, Folio, Gallimard, 1972
pp.134-135 Georges Feydeau, *Théâtre complet*, 4 vol., Garnier, 1988-1989
Alfred Jarry, *Tout Ubu*, p.p. Maurice Saillet, Livre de Poche, 1962
pp.138-139 Marcel Proust, *À la recherche du temps perdu*, p.p. Pierre Clarac et André Ferré, 3 vol., Pléiade, Gallimard, 1954
p.140 Charles Péguy, *Le Porche du mystère de la deuxième vertu,* Gallimard, 1929
p.141 Paul Claudel, *Corona benignitatis anni Dei*, Gallimard, 1946
p.142-143 Romain Rolland, *Au-dessus de la mêlée,* Ollendorff, 1915
Paul Valéry, *Variété*, Gallimard, 1924
pp.144-145 Henri Barbusse, *Le feu*, Flammarion, 1916
Roland Dorgelès, *Les croix de bois*, Albin Michel, 1931
Paul Éluard, *Les sentiers et les routes de la poésie*, Gallimard, 1948
p.146 Valery Larbaud, *Œuvres,* p.p. Gérard Jeanaubry et Robert Mallet, Pléiade, Gallimard, 1970
p.147 Blaise Cendrars, *Œuvres complètes*, Denoël, 1962
pp.149 Bernard Delvaille, *Paul Morand*, Seghers, 1966
Paul Morand, *L'homme pressé*, Gallimard, (1941), 1990
pp.151 Pierre Reverdy, *Main d'œuvre*, Mercure de France, 1962
Marinetti, in: Giovanni Lista, *Marinetti,* Seghers, 1976
pp.152-153 Guillaume Apollinaire, *Œuvres poétiques*, p.p. Marcel Adéma et Michel Décaudin, Pléiade, Gallimard, 1956
pp.154-155 Pierre Albert-Birot, *Grabinoulor*, Jean-Michel Place, 1991
Raymond Roussel, *L'étoile au Front*, Jean-Jacques Pauvert, 1963
pp.156-157 Tristan Tzara, *sept manifestes DADA*, Jean-Jacques Pauvert, 1963
André Breton, René Char et Paul Éluard, *Ralentir Travaux*, José Corti, 1968
pp.158-159 'Un rêve', *La révolution surréaliste*, 1927
Paul Éluard, *Choix de poèmes*, Gallimard, 1951
p.160-161 Jean Cocteau, *Théâtre I*, Gallimard, 1948
Jean Giraudoux, *Théâtre,* 4 vol., Grasset, 1958-1959

chapitre 7
pp.164-165 Colette, *Œuvres*, tome 3, p.p. Claude Pichois, Pléiade, Gallimard, 1984
pp.166-167 François Mauriac, *Thérèse Desqueyroux*, Grasset, 1927
p.168 Georges Bernanos, *Journal d'un curé de campagne*, Plon, 1936
p.169 Simone Weil, *Attente de Dieu*, Le Vieux Colombier, 1950
p.171 Céline, *Œuvres*, tome 1, Pléiade, Gallimard, 1962
p.173 André Malraux, *La condition humaine*, Gallimard, 1946
p.174 Emmanuel Bove, *Mes amis*, Flammarion, 1977
p.175 Antoine de Saint-Exupéry, *Le petit Prince*, Gallimard, 1946
p.176-177 René Char, Seuls demeurent, in: *Œuvres complètes*, p.p. Jean Roudaut, Pléiade, Gallimard, 1983
Charles de Gaulle, *Mémoires de guerre,* tome 1, Plon, 1954
Vercors, *Le silence de la mer,* Minuit, 1946
Henri Michaux, *Épreuves, Exorcismes*, Gallimard, 1945

p.178 Paul Éluard, *Choix de poèmes*, Gallimard, 1951
p.179 Marguerite Duras, *La douleur*, POL, 1985
p.181 Jean-Paul Sartre, *Huis clos*, Folio, Gallimard, 1972
pp.182-183 Simone de Beauvoir, *La Force de l'âge*, Gallimard, 1960
Simone de Beauvoir, *Le deuxième sexe*, 2 vol., Gallimard, 1949
Simone de Beauvoir, *Une mort très douce*, Gallimard, 1964
p.184 Boris Vian, *L'écume des jours*, Jean-Jacques Pauvert, 1963
p.185 Jacques Prévert, *Paroles*, Gallimard, 1949
pp.186-187 Albert Camus, *Théâtre, récits et nouvelles*, p.p. Jean Grenier, Pléiade, Gallimard, 1962
p.188 Francis Ponge, *Le parti pris des choses*, Gallimard, 1942
Louis-René Des Forêts, *Le bavard*, Gallimard, 1946
p.189 Jean Anouilh, *Nouvelles pièces noires*, La Table Ronde, 1961
p.190 Samuel Beckett, *En attendant Godot*, Minuit, 1952
p.191 Eugène Ionesco, *Théâtre I*, Gallimard, 1954
p.192 Henri Michaux, *Plume*, précédé de *Lointain intérieur*, Gallimard, 1963
p.193 René Char, *Œuvres complètes*, p.p. Jean Roudaut, Pléiade, Gallimard, 1983
p.193 Yves Bonnefoy, *Du mouvement et de l'immobilité de Douve*, Mercure de France, 1953

chapitre 8
p.197 Alain Robbe-Grillet, *La jalousie*, Minuit, 1957
p.198 Nathalie Sarraute, *Enfance*, Gallimard, 1983
p.199 Robert Pinget, *Monsieur Songe*, Minuit, 1982
pp.200-201 Marguerite Duras, *Moderato cantabile*, Minuit, 1958
Marguerite Duras, *L'amant*, Minuit, 1984
p.202 Albert Cohen, *Le livre de ma mère*, Gallimard, 1954
p.203 Marguerite Yourcenar, *Quoi? L'Éternité*, Gallimard, 1988
p.204 Raymond Queneau, *Les exercices de style*, Gallimard, 1947
p.205 Georges Perec, *La disparition*, Denoël, 1969
p.206 Michel Tournier, *La goutte d'or*, Gallimard, 1985
p.207 J.M.G. Le Clézio, *L'inconnu sur la terre*, Gallimard, 1978
J.M.G. Le Clézio, *Désert*, Gallimard, 1980
p.208 Christiane Rochefort, *Les petits enfants du siècle*, Grasset, 1961
p.209 Françoise Sagan, *Bonjour tristesse*, Julliard, 1954
p.210 Patrick Modiano, *Livret de famille*, Gallimard, 1977
p.211 Annie Ernaux, *Passion simple*, Gallimard, 1991
p.212 Philippe Labro, *L'étudiant étranger*, Gallimard, 1986
p.213 Alexandre Jardin, *Fanfan*, Gallimard, 1990
p.214 Philippe Sollers, *Le secret*, Gallimard, 1992
p.215 Jean-Philippe Toussaint, *La salle de bain*, Minuit, 1985
p.216 Marie Cardinal, in: Suzanne Horer et Jeanne Socquet, *La création étouffée*, Pierre Horay, 1973
p.217 Hélène Cixous in: Catherine Clément et Hélène Cixous, *La jeune née*, Union générale d'éditions, 1975
p.218 Léopold Sédar Senghor, *Œuvres poétiques*, Seuil, 1984
p.219 Rina Lasnier, *Poèmes*, 2 vol., Fides, Montréal, 1972
Fouad Gabriel Naffah, *La description de l'homme, du cadre et de la lyre*, Mercure de France, 1963
Salah Stétié, *Colombe aquiline*, Gallimard, 1983
p.220 Kateb Yacine, *Le Polygone étoilé*, Seuil, 1966
p.221 Tahar Ben Jelloun, *L'écrivain public*, Seuil, 1983
Sembène Ousmane, *Ô pays, mon beau peuple!*, Seuil, 1959
p.222 Louis Hémon, *Maria Chapdelaine, récit du Canada français*, Grasset, 1921
p.223 Anne Hébert, *Les fous de Bassan*, Seuil, 1982
p.224 Georges Simenon, *Les 13 énigmes*, Fayard, 1958
p.225 Jean-Patrick Manchette, *Le petit bleu de la côte Ouest*, Gallimard, 1976

Illustrations

ABC Press, Amsterdam 23, 115, 177, 194, 201; (J.-P. Laffont - Sygma) 212
Adami, Valerio, c/o Beeldrecht Amsterdam 215
Amsterdams Historisch Museum, Amsterdam 41
Antony Penrose Collection, London 162
Archives de l'Acadédie française, Paris 148*b-g*
Archiv für Kunst und Geschichte, Berlin 178
Archives Martin du Gard, Paris 131
Archives Matisse, collection Claude Duthuit 154, 184*b*
BPU, Neuchâtel 79*b*
Bernand, Paris 61, 81*b*, 180*b*
Bibliothèque des Arts décoratifs, Paris 25*b-dr*, 73*g*, 149 *(couverture)*
Bibliothèque de l'Arsenal, Paris 2, 13
Bibliothèque de l'institut/Jean-Loup Charmet 110
Bibliothèque de la Comédie Française, Paris 63 *(couverture)*
Bibliothèque du Musée Condé, Chantilly 1, 8, 19
Bibliothèque Historique, Paris 143
Bibliothèque Nationale, Paris 7*ht*, 9, 14, 25*ht-g*, 26, 37*ht*, 44, 47*dr*, 47*g*, 58*dr*, 58*g*, 82*g*, 84*dr*, 90*b*, 91*dr*, 128, 135*b-dr*, 169*dr*, 189; Arch. Photeb. 3, 4, 5, 10, 11, 18
Bibliothèque Nationale, Paris/Archives Hatier 15
Bildarchiv Preussischer Kulturbesitz, Anders 29
Boubat, Edouard 221
British Library, London 6, 22*b-dr*
Cartier-Bresson, Henri, Paris 171
Casterman, Dronten 227
Catharijneconvent, Rijksmuseum, Utrecht 43*g*
Cathédrale d'Autun, Autun 16*b-g*
Cathédrale d'Reims, Reims 16*b-dr*
Charmet, Jean-Loup, Paris 75, 117*ht*, 152*b-g*
Chester Beatty Library, Dublin 85
Clemens Sels Museum, Neuss 120
Collection carmélitaine 55*dr*
Collection Chevalier, Edimedia 106
Collection Cl. Altarriba, Paris 97*b* *(couverture)*
Collection Claude Séférian 161
Collection du Duc de Gramont 137
Collection Joachim Abberbach, New York 158
Collection K. Gmurzynska, Köln 148*b-dr*
Collection M. et Mme. Samuel A. Marx, Chicago 145
Collection Sir Alfred Beit Ph., Russborough, Ireland 69*ht*
Collection Louis Carré, Paris 151 *(couverture)*
Collection particulière 27, 46, 118, 122, 126, 165*ht*, 167 *(couverture)*, 184*ht*, 191*b*, 139 *(couverture)*, 192; Archives photographiques, Paris 20
Condominas, Laurent 216 *(couverture)*
Contact Editions 176*b*
Convent de Santa Teresa, Solofra 40
Courtauld Institute Galleries, University of London, London 117*b*
Courtesy Barbara Mathes Gallery, NYC 225
Dartmouth College Museum and Galleries, New Hampshire 205*dr*
Dondero, Mario/Editions du Minuit, Paris 196*b*
Dudognon, Georges 224
Explorer Archives, Paris 33*ht-g*
Expo Ecriv 190
Factory Additions 213
Flammarion, Paris 193*ht*
Fondation Maeght, Saint-Paul 191*ht*
Francis Bacon/Galerie Marlborough 196*ht*